天津师范大学法学院学术著作出版基金资助出版
天津市"优秀青年教师资助计划"资助出版

谨以此书献给我的爱人何莉苹

民商法论丛
Civil and Commercial Law Series

● 杨会 著

数人侵权责任研究

Research on Multi-party Tort Liability

北京大学出版社
PEKING UNIVERSITY PRESS

图书在版编目(CIP)数据

数人侵权责任研究/杨会著. —北京:北京大学出版社,2014.5
(民商法论丛)
ISBN 978-7-301-24096-0

Ⅰ.①数… Ⅱ.①杨… Ⅲ.①侵权行为-民法-研究 Ⅳ.①D913.04

中国版本图书馆 CIP 数据核字(2014)第 068207 号

书　　　名:数人侵权责任研究
著作责任者:杨　会　著
责 任 编 辑:周　菲
标 准 书 号:ISBN 978-7-301-24096-0/D·3552
出 版 发 行:北京大学出版社
地　　　址:北京市海淀区成府路 205 号　100871
网　　　址:http://www.pup.cn
新 浪 微 博:@北京大学出版社
电 子 信 箱:law@pup.pku.edu.cn
电　　　话:邮购部 62752015　发行部 62750672　编辑部 62752027
　　　　　　出版部 62754962
印 刷 者:三河市北燕印装有限公司
经 销 者:新华书店
　　　　　　965 毫米×1300 毫米　16 开本　20.75 印张　383 千字
　　　　　　2014 年 5 月第 1 版　2014 年 5 月第 1 次印刷
定　　　价:36.00 元

未经许可,不得以任何方式复制或抄袭本书之部分或全部内容。
版权所有,侵权必究
举报电话:010-62752024　电子信箱:fd@pup.pku.edu.cn

序

吃水果对身体极为有益,这是尽人皆知的生活常识。但我就不爱吃水果,尤其看见苹果,总会不自觉地想要避开。因此,尽管我削水果的水平较高,也乐意为太太或者客人献上一个绝对精致的果盘,但从不主动削一个水果供自己品尝。对此,我很长时间里不能理解。后来才发现,作为一个理性的自然人,我与生活常识相悖而排斥水果的原因纯系生理方面的:我自小胃酸过多,大部分水果吃了后胃都不大舒服,所以见了水果本能要躲。由此可以推定,人与人在智力特征和兴趣倾向上的差异,完全有可能都是天生的。比如,我从事民商法的研究三十多年,研究的领域不算太窄,但一旦涉及公司、证券、知识产权等领域的某些问题,便本能地躲得远远的。其原因并不是我不喜欢研究具体制度,而是那些制度中有些东西似乎并不具有法律的意味,也就是说,我有关法的观念显然比较保守和纯粹,所以,会下意识地排斥与之不相吻合的事物。又比如,在民法传统的研究领域,我的研究对象几乎都有所涉及。尤其是在民事立法的时期,无论是作为一种学术研究策略,还是出于一种社会责任,我通常会结合当前或者是未来的立法展开理论研究,合同法如此,物权法如此,民法典也如此。但十分奇怪的是,在侵权责任立法时期,我自觉不自觉地让自己实行了边缘化,除了几篇有关侵权法体系的文章,我基本上打不起精神去研究侵权责任的某个具体问题,接到有关学术研讨会的邀请函,也推三推四不去参加,尽管明知此种消极怠工于公于私均非有利,但就是抵御不了那种想要避开的本性指引,只是在懊恼很久以后,我才渐渐明白其中的原因:在谈及大陆法系与英美法系的区别时,人们常常会确定地指出:两大法系最大的区别在于大陆法是成文法,英美法则是判例法。但既有理论研究成果已经发现,两大法系的本质区别其实并不在于法律的表现形式,有关数据表明,美国的某些州的成文法数量,远远超过某些大陆法国家,而且具有权威性。两大法系的本质区别,在于立法权与司法权是否清晰划分,在于法官的地位和司法的功能不同。诚然,这种观点的科学性或者准确性是否绝对可靠是值得商榷的。但无论如何,大陆法是成文法的说法肯定不会错。不过,非常奇怪的是,人们从来就承认,在大陆法系民法的各项制度中,唯有侵权法从来就不算是成文法。对于侵权责任问题,大陆法系典型民法典仅作出为数极少的几条原则性规定。据此,侵权责任在大陆法系实际上是判例法,这种说法,大体上可以成立。而这正是我不喜欢研究侵权法的原因:鉴于我长期形成的研究方法和思维模式具有特别强烈的大陆法特点,这种保守而又顽固的特点,造成我对侵权法研究的本能的排斥,和胃酸过多的胃排斥营养很高的苹果,完全是一回事。

由此可见,侵权法的研究是一件比较困难的事情。就不法行为的民事效果而言,对那些行为人意在引起预期的民事效果的不法行为(如违法合同等),民法所赋予当事人的最严重的惩罚后果只能是行为无效,即阻止该种预期效果的发生,合同法等制度并不对该种行为本身直接设置任何处罚,因此,对于该种行为,只要立法上以一般规则划清了行为有效与无效的界限,司法上便不一定需要更为具体的指引。侵权行为则完全不同,尽管侵权行为不法性的判断标准仍然是相对不复杂的,但侵权法的目标完全不在于评价某种行为是否值得保护,而在于将不法行为导致的损害在加害人和受害人之间进行恰当的分配,或者说,是以尽可能补偿受害人损失为目的,确定在何种条件下、何种范围内以及以何种方式对加害人进行制裁。由于侵权行为方式和种类纷繁复杂,且侵权方式的差异对于受害人损失的补偿范围并无实质意义,故传统侵权法仅仅对侵权责任的一般构成要件及其例外(特殊侵权责任)作出了规定,而就行为的不法性、行为人的过错、行为与损失的因果关系以及损失的具体范围,则交由法官根据个案的情况予以定夺。这大概就是侵权法在大陆法上成为"判例法"的原因。但是,大陆法系的法官并不擅长运用司法裁量权或者"造法",仍然渴求得到某些比一般条款更为具体的规则作为裁判依据,而基于各种侵权行为的差异性和复杂性,学者却又难以采用惯常的研究方法对之予以精当的归纳和总结,以提炼出法官真正能用的及固定的具体规则(否则,侵权法就不必成为"判例法"了!)。于是,英美侵权法便当然地受到学者的青睐,以至于但凡涉及侵权责任的研究文章,几乎没有一个不是以英美国家的判例作为主要论据的。不过,英美国家的法官有他们独特的思维方法,和咱们的不完全对路,所以,有关的研究结论是不是真的有用或者能用,实在是值得怀疑的。这种情形,真的有点像是用烹饪中餐的方法去制作西餐,或者倒过来,让西餐大师去制作中餐,其难度一定是很高的。而研究(制作)显然在本质上属于"西餐"(判例法)的侵权法,如果让我这样一个只懂得如何烹饪"中餐"(大陆法)的厨师去完成,不仅难度很大,而且完全不是一件令人惬意的工作。

而在侵权法诸多复杂问题之中,数人侵权显然具有又特别的难度,这种难度,其实早在十几年前我就体味到了:那时,我是西南政法大学的法律系主任。一天晚上,发生了一桩校园惨案:一群外校学生与本校刑侦系几个男生在宿舍楼黑暗的过道因故发生争吵,进而相互推搡。极度混乱之中,有一个外校学生将一个本校学生从楼梯上扔下摔死。但后来那些外校学生一个也没有被定罪,原因是公安机关无法确定究竟是哪个人将受害人扔下楼梯的。对此刑事裁判我是能够理解的。但接下来的民事赔偿诉讼似乎也同样面临如何确定产生死亡损害后果的行为人的问题。当然我很清楚,侵权法上早就存在"共同危险行为"的责任承担规则:三人打猎,同时开枪,误将行人当做猎物打死,但只有一颗子弹射中行人。由于无法鉴定该子弹由哪一支枪射出,故责令该三人对死亡后果共同承担赔偿责任。问题在于,本案中,根据证人证言和现场痕迹,确实只有一个外校学生实施了有可能导致学生死亡的加害行为,所以,并不具备共同危险行为的条件。很显然,如果因此而判令参与争吵的全部外校学生均不承担赔偿责任,则放跑了坏人,不利于受害人利益保护;相反,如果因此而判令参与争吵的全部外校学生对死亡后果共同承担赔偿责任,则除加害人之外的其他人便受到冤枉。对此,因法无明文规定,法官不知所措,我也不知所措。因死亡学生不是法律系的,我没有再予关注,法院最终怎样判决此案,我也就不知道,但这个不解的疑问,却从来没有忘记过。很多年以后,又听说重庆有路人被楼上扔下的烟灰缸砸成重伤,因为确定不了加害人,法院便判令全楼无法提供相反证据的业主共同承担赔偿责任,从而引起激烈讨论。很显然,此类事体怎么处理都令人难以接受,以至于我国《侵权责任法》对此不得不保持了绝对说不过去的沉默。

因此,当我指导的博士生杨会决定将数人侵权责任作为他的博士论文选题时,我表示了支持,但并没有忘记指出这一选题有可能具有的挑战性。

杨会的论文写得十分认真，当然，也十分艰苦，这种艰苦甚至于会表现为一种刻骨铭心的狼狈：论文选题提交审核之前，我和杨会在我的办公室里发生了一场激烈的争执，面对我的尖锐批评，他面红耳赤予以拼死抵抗。而在几天后的选题报告会上，虽我一声未吭，但其他几位老师不约而同地对他进行了与我的批评完全相同的猛烈批评，让他在其他博士生面前颜面丢尽，以至于我在事后不得不对他郑重申明：本老师与其他老师之间事前绝对不存在任何串通关系。事已至此，杨会不得不红着脸表示心悦诚服，然后又去绞尽脑汁写他的文章。

绞尽脑汁写出的文章肯定是好文章，好文章变成的书也肯定是值得一读的好书。据此，我很愿意把这本书推荐给大家。

是为序。

尹田

2014年2月28日于北京

目　　录

导论…………………………………………………………………（1）

第一章　数人侵权责任的基本理论…………………………………（6）
　　第一节　数人侵权责任的界定……………………………………（6）
　　第二节　侵权责任的比较法考察…………………………………（16）
　　第三节　确定数人侵权责任的理论基础…………………………（26）

第二章　共同加害行为的数人侵权责任（一）：一般共同加害行为 …（37）
　　第一节　共同加害行为的界定……………………………………（37）
　　第二节　共同加害行为的责任构成要件：以意思联络为主要
　　　　　　研究对象………………………………………………（66）
　　第三节　共同加害行为的责任确定………………………………（72）
　　第四节　共同加害行为的责任承担：从绝对主义到相对主义……（80）

第三章　共同加害行为的数人侵权责任（二）：特殊共同加害行为
　　…………………………………………………………………（102）
　　第一节　特殊共同加害行为侵权责任的一般理论………………（102）
　　第二节　特殊共同加害行为的意思联络…………………………（115）
　　第三节　特殊共同加害行为的责任承担…………………………（120）

第四章　分别加害行为侵权责任的一般理论………………………（132）
　　第一节　分别加害行为的界定……………………………………（132）
　　第二节　分别加害行为的侵权责任形态…………………………（137）

第五章　分别加害行为的数人侵权责任（一）：连带责任…………（154）
　　第一节　连带责任的适用情形……………………………………（154）
　　第二节　分别加害行为连带责任的正当性考察…………………（193）

第三节　技术意义上的连带责任的承担 …………………………（206）
第六章　分别加害行为的数人侵权责任（二）：按份责任 …………（219）
　　第一节　间接结合行为：按份责任的存在空间 …………………（219）
　　第二节　间接结合行为的责任形态：按份责任而非无责 ………（235）
　　第三节　按份责任的承担 …………………………………………（243）
第七章　分别加害行为的数人侵权责任（三）：大补充责任 …………（246）
　　第一节　大补充责任的作业范围 …………………………………（246）
　　第二节　分别加害行为人承担大补充责任的原因 ………………（278）
　　第三节　大补充责任的承担 ………………………………………（289）
结语 ………………………………………………………………………（308）
参考文献 …………………………………………………………………（312）
后记 ………………………………………………………………………（319）

导　　论

> 凡是值得思考的事情，没有不是被人思考过的；我们所做的只是试图重新加以思考而已。①
>
> ——歌德

一、研究之缘起

人生活在社会中，必须要与其他人打交道；在人们打交道的过程中，摩擦也就不可避免地产生了；这些摩擦中，有的摩擦是人们必须容忍的，有的摩擦则超出了人们的容忍限度成为侵权行为；在侵权行为中，不仅有一个人实施侵权行为的情形，还有数个人实施侵权行为的情形。对于前者，由于侵权行为人就是一个人，侵权责任的承担比较简单；对于后者，由于侵权行为人是数个人，该数人如何对侵权行为所导致的损害后果承担责任则比较复杂。复杂的原因在于数个侵权行为不同的样态、数个行为人不同的主观心态、每个侵权行为所起到的不同作用等诸多因素。

早期的法律仅仅以前者为规制对象，人们逐渐发现，尽管二者在本质上并无区别，但用前者的法律规范来规制后者会造成很多不公平的结果，于是规范后者的法律日益出现。当今世界大多数国家和地区都通过立法或司法确立了数人侵权制度，规定由造成损害的数个侵权行为人对受害人的损害后果承担不同形态的侵权责任。在我国，关于数人侵权的理论研究，如果从

---

① 〔德〕歌德：《歌德的格言与感想录》，程代熙、张惠民译，中国社会科学出版社1982年版，第3页。

上世纪80年代初在《法学季刊》上的两篇争鸣文章①开始计算的话,至今已有三十年的历史。在这三十年间,我国先后出台了《中华人民共和国民法通则》(以下简称《民法通则》)、《最高人民法院关于贯彻执行〈中华人民共和国民法通则〉若干问题的意见》(以下简称《民通意见》)、《最高人民法院关于审理人身损害赔偿案件适用法律若干问题的解释》(以下简称《人身损害赔偿司法解释》)和《中华人民共和国侵权责任法》(以下简称《侵权责任法》)四个涉及数人侵权的重要法律规范;在这三十年间,我国民法学者作出了很多的努力,关于数人侵权责任的理论研究也层层推进,取得了长足的进步。比如原因力理论。虽然原因力在数人侵权中是非常小的一个问题,但是学界对此展开了比较深入的研究,不仅有数篇高质量的论文②,而且还有一篇博士学位论文③;并且,还对一些具体侵权领域的原因力进行了细致的研究。④

但是,部门法之外的研究却发出了另一个声音。2008年华东政法大学法制史专业的孙维飞博士在其博士学位论文中从学说史的角度考察了我国近三十年有关共同侵权行为的学说、司法及立法。该研究发现一个现象:我国理论界在共同侵权行为的研究上十分薄弱,学说受价值判断牵引的成分较多,受体系考量约束的成分较少;由于缺乏体系考量,学界的共识就难以达成;因为没有共识,分歧之真正所在就被忽略;而体系考量的缺乏使得学说论理的力量减弱,其结果不仅导致学说之间无谓的争执较多,而且致使学说对于立法的指导作用无法发挥。最后,他从共同侵权行为出发得出一个结论:(中国)当代侵权行为法学处于初创阶段。⑤

这个研究结果可能会令民法学界不太舒服,但是不能不承认,其分析非

---

① 参见邓大榜:《共同侵权行为的民事责任初探》,载《法学季刊》1982年第3期;伍再阳:《意思联络是共同侵权行为的必备要件》,载《法学季刊》1984年第2期。
② 典型者如张新宝、明俊:《侵权法上的原因力理论研究》,载《中国法学》2005年第2期;杨立新、梁清:《原因力的因果关系理论基础及其具体应用》,载《法学家》2006年第6期;范春莹、周植鬻:《侵权法"原因力"探析》,载《华北电力大学学报(社会科学版)》2007年第2期。
③ 参见梁清:《原因力研究》,中国人民大学博士学位论文,2007年。
④ 典型者如杨立新:《论医疗过失赔偿责任的原因力规则》,载《法商研究》2008年第6期;程景华:《辨析电力侵权的原因力》,载《中国电力企业管理》2005年第11期。
⑤ 参见孙维飞:《当代侵权行为法学之发展——以法教义学理论为视角的观察》,华东政法大学博士学位论文,2008年,第80—97页。

常客观。我国关于共同侵权责任的理论研究确实存在"重价值判决、轻体系考量"的弊端,很多研究动辄以"保护受害人"作为武器横冲直撞,不(或少)讲逻辑,不(或少)考虑整个侵权法逻辑体系,由此导致共同侵权责任的研究不能深入。

此外,《人身损害赔偿司法解释》和《侵权责任法》都不仅规定了共同加害行为、共同危险行为,还规定了无意思联络的数人侵权;从某种意义上说,我国数人侵权责任体系的架子已经初步搭建。但遗憾的是,其规定过于简陋,有些内容不科学,有些内容还没有规定。与此同时,理论界的研究并没有跟上,已有的研究大多还围绕着共同侵权,虽然也有溢出共同侵权的范围涉及无意思联络的数人侵权,但还都是在研究共同侵权责任时附带研究,并且数量不多[1],零零散散、不成体系。

笔者从几年前撰写《高楼坠物致害责任研究》[2]一文开始,就对数人侵权责任产生了浓厚的兴趣。基于上述两个原因,笔者决定以数人侵权责任为题进行研究。一方面,改变我国数人侵权责任理论研究"忽视体系考量"的局面,另一方面,加强我国无意思联络的数人侵权的理论研究。因此,笔者试图通过本书的研究,构建出一个科学的数人侵权责任体系,为推进我国数人侵权责任理论研究、完善相关法律规定贡献出微薄的力量。

二、研究之方法

方法论的使用是一个成功研究不可或缺的要素。正因为如此,大部分著作的作者都会对他所采用的研究方法做一个或详或略的交代。笔者也不例外。本书使用的主要研究方法是比较法、案例剖析法、类型化方法。

本书将比较大陆法系和英美法系主要国家和地区有关数人侵权责任的理论成果、法律规范,力求在比较中寻找我国有关数人侵权责任理论研究和法律规范完善中可能需要的理论及实践经验。

判例剖析法是英美侵权法的一个基本方法,本书也将采用这种研究方

---

[1] 关于共同侵权,我国已经有了两篇博士论文(它们分别是张铁薇:《共同侵权制度研究》,中国人民大学博士学位论文,2007年;王承霞:《共同侵权行为论》,北京大学博士学位论文,2009年),但关于无意思联络的数人侵权,一篇博士论文都没有。

[2] 参见杨会、何莉苹:《高楼坠物致害责任研究》,载李少平主编:《天津法官论丛》(第1卷),中国法制出版社2010年版,第197—209页。

法。笔者在写作过程中,整理了国内外几十个关于数人侵权责任的案例。在相关部分,笔者用案例来进行分析,将抽象的理论与具体的案例相结合,尽量使本书的论证更有说服力。

类型化的方法是通过选取一定的标准对研究对象进行类型划分,从而进行相关的研究。类型化方法能够使抽象者接近于具体,使具体者接近于抽象。黄茂荣教授曾这样比喻:"其意义有如从山之两腰向中央发掘山洞以正会于山中,比单从山之一腰向另一腰挖去较容易贯穿。"[①]本书也采用了这种研究方法。本书将数人侵权行为分为共同加害行为和分别加害行为进而研究其侵权责任,就是一个体现。在分别加害行为中,本书用因果关系作为分类标准,将分别加害行为的侵权责任分为三类进行研究。

三、研究之思路

研究侵权责任,其实就是研究侵权行为的责任;因此,在数人侵权领域,研究数人侵权责任主要是通过对不同类型的数人侵权行为的研究来实现。本书将数人侵权行为分为共同加害行为和分别加害行为两大类,因此,本书就是研究共同加害行为与分别加害行为的侵权责任。

第一章是本书的总论部分。在第一章,本书首先界定了数人侵权行为和数人侵权责任,指出数人侵权行为与单人侵权行为的不同。其次考察了外国法律关于数人侵权责任的规定,也梳理了我国法律有关数人侵权责任的规定。最后确定了研究数人侵权责任的基本观念和原则。

第二章和第三章是对共同加害行为侵权责任的研究。其中,第二章研究一般共同加害行为的侵权责任,第三章研究特殊共同加害行为的侵权责任。

在第二章,本书首先界定了共同加害行为,详细阐述了本书为什么在主观说、客观说、折中说、兼指说中选择了兼指说。其次研究了共同加害行为的责任构成要件,主要研究了意思联络。最后讨论了共同加害行为中连带责任的承担,指出连带责任的承担不能仅仅考虑受害人利益,还应考虑侵权行为人的利益和社会利益,实现从绝对主义向相对主义的转变。

在第三章,本书首先明确了特殊共同加害行为的指向,即教唆、帮助行

---

① 黄茂荣:《法学方法与现代民法》,中国政法大学出版社2001年版,第472页。

为;然后根据教唆、帮助行为的特殊性给教唆、帮助行为进行定位。其次分析了教唆、帮助行为中的意思联络,指出其与一般共同加害行为中意思联络的区别。最后讨论了教唆、帮助行为的侵权责任。

第四章、第五章、第六章和第七章是对分别加害行为侵权责任的研究。其中,第四章研究分别加害行为侵权责任的一般原理,第五章研究分别加害行为中的连带责任,第六章研究分别加害行为中的按份责任,第七章研究分别加害行为中的补充责任。

在第四章,本书首先通过对分别加害行为的含义、特征和范围的描述,对分别加害行为进行一个准确的界定。其次分析了研究分别加害行为侵权责任的各种方法,找到因果关系这个武器,然后用因果关系指出了分别加害行为的三种数人侵权责任形态。最后还辨析了几个有关分别加害行为侵权责任形态的错误观点。

在第五章,本书首先指出连带责任在分别加害行为中的三种适用情形,并且对三者进行了详细的论述。其次对分别加害行为中的连带责任的正当性进行考察,指出一体因果关系是分别加害行为人承担连带责任的法律原因;并且指出这种连带责任是技术意义上的连带责任,与共同加害行为中的逻辑意义上的连带责任不同。最后论述了技术意义上的连带责任的承担,指出其在成立上存在"门槛"。

在第六章,本书首先讨论了按份责任在分别加害行为中的存在空间,即间接结合行为,并且详细介绍了间接结合行为。其次指出间接结合行为的责任形态应当是按份责任,并且给出了并列因果关系这个原因;同时,还就"无责"观点与曹险峰博士进行了商榷。最后分析了一般情况和特殊情况两种情况下按份责任的承担。

在第七章,本书首先明确了大补充责任的指向,即大安全保障义务违反行为。其次讨论了分别加害行为人承担补充责任的原因,既分析了抽象的原因,也分析了具体的原因。最后研究了大补充责任的承担,指出第三人承担直接责任,安全保障义务人承担补充责任:赔偿顺位是第二顺位、赔偿范围为部分损害,对第三人享有追偿权。

第一章 数人侵权责任的基本理论

第一节 数人侵权责任的界定

研究数人侵权责任,需要对数人侵权责任做一个基本的了解。简单地说,数人侵权责任就是基于数人侵权行为所产生的民事责任。因此,要界定数人侵权责任,首先要弄清楚什么是数人侵权行为。

一、数人侵权行为的含义

有学者说道:"作为一个抽象概念,共同侵权行为的综合性、复杂性及其发生场合的多样性和频繁性使得我们无法用一条抽象的规范或者一个概念来化解其内涵的所有问题。"[1]共同侵权行为如此,数人侵权行为也不例外。但是,如果从其上位概念,侵权行为,出发,或许稍微能够容易一些。

（一）侵权行为

笔者认为,侵权行为是指行为人实施的侵害他人合法权益的行为。这里并没有过错的存在,因为笔者认为,过错是成立侵权责任的要件而非成立侵权行为的要件,侵权行为与侵权责任不是一回事,没有过错侵害他人合法权益的行为同样是侵权行为。

一般情况下的侵权行为都是这个意思。但是,考虑到广义的侵权行为还包括无民事责任能力人、动物、物件实施的加害行为或加害举动等准侵权

---

[1] 张铁薇:《共同侵权制度研究》,法律出版社2007年版,第12页。

行为①,所以,本书中的侵权行为仅仅是作为自然人的成年人、精神健全者,法人和其他组织等民事主体基于自己的自由意志而实施的侵权行为,不包括准侵权行为。

一般情况下行为人实施侵权行为后,应当根据过错责任原则来承担侵权责任。但是,有一些侵权行为比较另类,不根据过错责任原则而是根据无过错责任原则来承担侵权责任。② 对于这些侵权行为,本书称之为特殊侵权行为。它们也和一般侵权行为一样,能为本书的数人侵权行为所包含。

侵权行为除了分为一般侵权行为和特殊侵权行为之外,还有其他的分类。根据侵权人的行为状态,可以将侵权行为分为作为侵权行为和不作为侵权行为;根据侵权行为所侵害的权益,可以将侵权行为分为侵害物权的侵权行为、侵害知识产权的侵权行为、侵害人身权的侵权行为等;根据侵权人一方的人数多少,可以将侵权行为分为单人侵权行为和数人侵权行为。而最后一种分类,则是本书的研究对象。

(二)单人侵权行为

所谓单人侵权行为是指单个行为人实施的侵权行为,即侵权行为人是一个人。在侵权法产生之初,大部分的侵权行为就是一个行为人实施的,数人侵权的情形较少,法律也没有予以规范,当时的侵权行为就是指单人侵权行为。因此,在本来的意义上,上述对侵权行为的分类就是对单人侵权行为的分类。

但是,从数人侵权的视野看,上述结论不能成立;因为侵权行为既包括单人侵权行为,还包括数人侵权行为。

---

① 这是张新宝教授的观点。他认为,准侵权行为是指行为人对自己的动物和物件或他人的加害行为与加害举动承担责任的"侵权行为"。参见张新宝:《侵权责任构成要件研究》,法律出版社2007年版,第22页。但是,他把被使用人也包括进去,笔者不甚赞同。如果说无民事责任能力人、动物、物件因为没有自由意志而无法实施侵权行为,那么被使用人则不存在这点;被使用人至多在责任承担上存在特殊,在侵权行为上并无特殊之处。所以,本书没有将其纳入进来。

② 由于本书把无民事责任能力人侵权、动物致害和物件致害从侵权行为中排除出去了,因此,没有过错推定责任原则的空间。更何况,过错推定责任原则其实就是一种特殊的过错责任原则,举证责任倒置罢了。

(三) 数人侵权行为

1. 数人侵权行为的含义

套用单人侵权行为的定义模式,数人侵权行为是指数个人实施的侵权行为,即侵权行为人是数个人。这样的定义显然过于简陋,不够精确;因为它仅仅考虑到行为主体而没有考虑到行为对象(受害人):数个侵权行为人针对不同对象实施的侵权行为(如在同一时间和地点甲殴打乙,丙殴打丁)并非数人侵权行为。因此,所谓数人侵权行为是指数个人实施的、针对同一对象的侵权行为。

这样的定义仍然有瑕疵:它没有考虑到同一对象不同损害的情况,如在同一时间和地点甲殴打乙的头部、丙殴打乙的腿部,结果乙的头部和双腿都受伤。此时,甲对乙头部所受损害负责,丙对乙的腿部所受损害负责。这种情况下,由于损害后果不同,数个侵权行为之间仍然没有联系,也不是数人侵权行为。

因此,数人侵权行为是指数个人实施的对同一对象造成同一损害后果的侵权行为。

2. 数人侵权行为的特征

(1) 数人侵权行为的行为人是多个人

在侵权行为中,存在着行为人与受害人双方当事人。单人侵权行为中,行为人就是一个人;而在数人侵权行为中,行为人不是一个人而是二个或二个以上。这也是数人侵权行为与单人侵权行为的最大区别。

数人侵权行为中的数个侵权行为人既可以是自然人,也可以是法人,还可以是其他组织;无论如何,每个侵权行为人都应该是独立的民事主体。

(2) 数人侵权行为的受害人是同一对象

在数人侵权行为中的受害人是同一对象;如果是不同对象,就像上面的例子(如在同一时间和地点甲殴打乙,丙殴打丁),则非数人侵权。

当然,同一对象并不意味着同一个受害人,因为还存在着一个侵权行为造成不同受害人的情况,如甲超速驾驶翻车,砸伤路边行人乙和丙。这种情况仍然是同一对象,只不过同一对象是数个受害人而已。

在数人侵权行为中,数个侵权行为人实施的侵权行为针对同一对象,可能是一个受害人(如在同一时间和地点甲殴打乙,丙也殴打乙,致使乙受伤),也可是多个受害人(如甲超速驾车,乙也在同一公路上超速驾驶,二车相撞致使路边的行人丙和丁受伤)。

(3) 数人侵权行为的侵害结果是同一个

数人侵权行为中,侵害后果是同一的,即数人侵权行为造成的是同一个损害后果。同一个损害后果就是数人行为都造成了这个损害后果,数个行为都与该损害后果存在这样或那样的关联。

同一损害后果是强调损害后果与数人侵权行为之间的同一,并不是指损害后果的数量上是一个损害后果。如甲乙二人共同殴打丙,打碎丙的眼镜扎破了丙的眼睛。在这里,损害后果在数量上就是两个,一个是丙的健康权(眼睛被玻璃扎破),另一个是丙的财产权(眼镜破碎);但是,它们仍为同一损害后果。

3. 数人侵权行为的基本分类

就像单人侵权行为可以分为一般侵权行为和特殊侵权行为一样,在数人侵权行为中也存在着这种分类。① 除此之外,数人侵权行为还有其他的分类。比如,根据数个行为人实施侵权行为时的主观心态,可以将数人侵权行为划分为数人共同实施的侵权行为和数人分别实施的侵权行为。这就是我国《侵权责任法》的分法。《侵权责任法》分别用第8、9条规范了数人共同实施的侵权行为,用第10、11、12条规范了数人分别实施的侵权行为。笔者基本赞同这种划分。② 但是,究竟何为数人共同实施的侵权行为、数人分别实施的侵权行为?

---

① 遗憾的是,有的学者却对此弄混淆了。对于这种现象,杨立新教授说道:"在我国最早的侵权行为法理论中,就存在对这个问题的困惑,这就是如何表述一般侵权行为与特殊侵权行为之间的关系问题;同时,在对侵权行为划分中,又分为单独的侵权行为和共同侵权行为,而对单独侵权行为有时候也被称为一般侵权行为。这样,这三个概念就搅和在一起,很难分清它们之间究竟应当如何进行协调,其逻辑关系究竟是什么。在一些侵权行为法著作的表述中,甚至认为这就是侵权行为的三种基本形态。因此,侵权行为就分为一般侵权行为、共同侵权行为和特殊侵权行为。"参见杨立新:《侵权责任形态研究》,载《河南省政法管理干部学院学报》2004年第1期。笔者认为,之所以会出现这样的混淆,是因为没有认识到共同侵权行为、特殊侵权行为属于不同的分类,其划分标准并不相同。

② 之所以说是基本赞同而非完全赞同,主要是因为本书对于共同实施的侵权行为的界定与我国《侵权责任法》立法者稍有区别。

根据我国《侵权责任法》立法者①的解释,共同实施侵权行为中的共同为主观共同,即通常所说的意思联络。② 易言之,只要数个侵权行为人事先就实施侵权行为有意思联络,不管事后真正亲自实施直接的侵权行为的人数、造成何种程度损害,都是共同侵权。分别实施侵权行为中的分别是指实施侵权行为的数个侵权行为人之间不具有主观上的共同,各个侵权行为人的主观意志是独立的。

因此,所谓数人共同实施的侵权行为,其实就是在共同主观意志支配下数个侵权行为人一起实施的侵权行为;所谓数人分别实施的侵权行为,就是在自己的意志支配下数个侵权行为人每个人单独实施的侵权行为。所以,"共同""分别"中的主客观是联系在一起的:有了共同意志,则是共同行为;无共同意志,则是单独行为。

本书将数人共同实施的侵权行为称为共同加害行为,把数人分别实施的侵权行为称为分别加害行为。

4. 数人侵权行为不同于共同侵权行为

在学界,"数人侵权行为"的表述很少有人使用,大家更多地使用"共同侵权行为"这一术语;并且,在狭义和广义两种意义上使用该术语。但是,笔者认为,不论是狭义和广义,共同侵权行为与本书的数人侵权行为都不等同。

(1) 数人侵权行为不同于狭义的共同侵权行为

关于狭义的共同侵权行为的含义,所有学者都认为是指数个侵权行为人基于共同性而实施的侵权行为。由于对"共同性"的理解存在着争议,所

---

① 当下中国,虽然没有立法理由书,但是在每一个新法制定后,市面上总会出现形形色色的对该新法进行解释的书籍;其中,全国人民代表大会常务委员会法制工作委员会和全国人大常委会法制工作委员会某法室往往也会参与其中。由于其身份的特殊性和中国的国情,他们所编撰的书籍一定程度上被认为是立法者的观点。《侵权责任法》制定后,全国人大常委会法制工作委员会副主任王胜明同志主编了《中华人民共和国侵权责任法释义》(中华人民共和国法律释义丛书)一书,全国人大常委会法制工作委员会民法室也编写了《中华人民共和国侵权责任法条文说明、立法理由及相关规定》。笔者认为,这两本书可以认为是立法者编写的,其体现了立法者的意思。

② 王胜明主编:《中华人民共和国侵权责任法释义》,法律出版社2010年版,第58页;全国人大常委会法制工作委员会民法室编:《中华人民共和国侵权责任法条文说明、立法理由及相关规定》,北京大学出版社2010年版,第35页。

以,学界的认识并不统一。就其外延来说,所有学者都认可数个侵权行为人基于意思联络而实施的侵权行为,即所谓的的共同正犯。除此之外,有人认为还包括教唆帮助行为①;有人认为还包括教唆帮助行为和团伙致害行为②;有人认为还包括教唆帮助行为和法律直接规定的类型③。

为了避免和广义的共同侵权行为的范围出现重叠,本书此处采最狭义的观点,即数个侵权行为人基于意思联络而实施的侵权行为。

此处狭义的共同侵权行为就是本书的共同加害行为,而数人侵权行为不仅包括共同加害行为,还包括分别加害行为。所以,数人侵权行为的范围比狭义的共同侵权行为大得多。

（2）数人侵权行为不同于广义的共同侵权行为

对广义的共同侵权行为的认识,学界也不统一。有人认为,共同侵权行为包括共同加害行为、共同危险行为、教唆帮助行为④;有人认为,共同侵权行为包括共同加害行为、教唆帮助行为、犯罪团伙行为、共同危险行为⑤;有

---

① 参见杨立新、袁雪石、陶丽琴:《侵权行为法》,中国法制出版社2008年版,第437—439页;黄萍主编:《侵权行为法》,中国政法大学出版社2008年版,第66—68页。

② 参见王利明:《侵权行为法研究》（上卷）,中国人民大学出版社2004年版,第709—717页;王利明、周友军、高圣平:《中国侵权责任法教程》,人民法院出版社2010年版,第360—362页、第366—374页;参见张新宝:《侵权责任法原理》,中国人民大学出版社2005年版,第82—83页;张新宝:《侵权责任法》,中国人民大学出版社2010年版,第50—51页;汪渊智:《侵权责任法学》,法律出版社2008年版,第156—158页;蒋云蔚、王康编著:《侵权责任法原理》,格致出版社2010年版,第106页;张铁薇:《共同侵权制度研究》,法律出版社2007年版,第182—203页。

③ 参见张新宝编著:《侵权行为法》,浙江大学出版社2008年版,第65—72页。

④ 参见程啸:《侵权行为法总论》,中国人民大学出版社2008年版,第374—375页;北京大学法学百科全书编委会:《北京大学法学百科全书·民法学商法学》,北京大学出版社2004年版,第313页;孔祥俊:《民商法新问题与判解研究》,人民法院出版社1996年版,第245页;周友军:《侵权责任法专题讲座》,人民法院出版社2011年版,第265页。

⑤ 参见王利明:《侵权行为法研究》（上卷）,中国人民大学出版社2004年版,第685—758页;王利明、周友军、高圣平:《中国侵权责任法教程》,人民法院出版社2010年版,第349—402页;张新宝:《侵权责任法原理》,中国人民大学出版社2005年版,第82—85页、第86—89页;张新宝:《侵权责任法》,中国人民大学出版社2010年版,第50—53页;汪渊智:《侵权责任法学》,法律出版社2008年版,第152页、第156—158页;蒋云蔚、王康编著:《侵权责任法原理》,格致出版社2010年版,第107—109页;张铁薇:《共同侵权制度研究》,法律出版社2007年版,第182—230页。

人认为,共同侵权行为包括共同加害行为、共同危险行为、犯罪团伙行为①;有人认为,共同侵权行为包括共同加害行为、共同危险行为、教唆帮助行为、无意思联络共同侵权行为②。

考虑到与狭义的共同侵权行为范围的无缝对接、不出现遗漏,本书此处采最广义的观点,即广义共同侵权行为包括共同加害行为、教唆帮助行为、犯罪团伙行为、共同危险行为、无意思联络的共同侵权行为。

即使不考虑内涵而仅仅考虑外延,数人侵权行为与广义的共同侵权行为也不相同。关于数人侵权行为的外延,后文将会提及,包括共同加害行为、共同危险行为、并发侵权行为、直接结合行为、间接结合行为、大安全保障义务违反行为等;与广义共同侵权行为的共同加害行为、教唆帮助行为、犯罪团伙行为、共同危险行为、无意思联络的共同侵权行为不同。

5. 数人侵权行为的表述优于共同侵权行为

虽然通过解释,可以将共同侵权行为的外延解释为包括共同加害行为、共同危险行为、并发侵权行为、直接结合行为、间接结合行为、大安全保障义务违反行为,和数人侵权行为相同;但是,笔者仍然认为,数人侵权行为的表述优于共同侵权行为。之所以如此认为,是因为以下几个原因:

(1) 理解上更明确

由于共同侵权行为有广义和狭义之分,看到共同侵权行为这个术语时,人们不禁要考虑到底是指广义的共同侵权行为还是狭义的共同侵权行为;在学术争鸣时,有些人如不特意指出何种意义上的共同侵权行为,对方可能就会理解错误。而数人侵权行为不存在什么广义和狭义的区分,内涵和外延都简单明了,一眼皆知。

(2) 文义上更精确

共同侵权行为要求数个侵权行为之间具有共同性,即使采最广义的理解,包括主观上的共同和客观上的共同,仍然不能涵盖所有的数人侵权行为

---

① 参见杨立新、袁雪石、陶丽琴:《侵权行为法》,中国法制出版社 2008 年版,第 437—439 页。

② 参见江平、费安玲主编:《中国侵权责任法教程》,知识产权出版社 2010 年版,第 60—63 页;车辉、李敏、叶名怡编著:《侵权责任法理论与实务》,中国政法大学出版社 2009 年版,第 155—156 页;尹志强:《侵权行为法论》,中国政法大学出版社 2008 年版,第 74—76 页;黄萍主编:《侵权行为法》,中国政法大学出版社 2008 年版,第 65—72 页。

的类型;像无意思联络的共同侵权行为中的数个侵权行为之间很难有什么共同而言。如此一来,则只有对"共同"二字进行扩张解释,这样的结果则是让"共同"这个概念悖离其文义。而使用数人侵权行为的表述则不会出现这种结果,因为该概念中的"数人"二字仅仅是从行为主体的角度进行界定,能够把共同加害行为、共同危险行为、并发侵权行为、直接结合行为、间接结合行为、大安全保障义务违反行为都轻轻松松涵盖在内,在文义解释上没有任何瑕疵。

(3)逻辑上更严密

从逻辑上讲,以意思联络的有无来区分,共同侵权行为只能分为有意思联络的共同侵权行为和无意思联络的共同侵权行为,不应该有第三种形态的出现。而在广义的共同侵权行为中,还有共同危险行为等其他共同侵权行为样态与二者并列;所以,无意思联络的共同侵权行为的表述逻辑不严谨,造成了分类上的瑕疵。而使用数人侵权行为的表述,则不会出现这样的尴尬局面。

与数人侵权行为相比,共同侵权行为存在着较多的弊端;因此,本书建议学界摒弃共同侵权行为而采用数人侵权行为。

二、数人侵权责任的含义

(一)侵权责任

简单地说,侵权责任是指侵权行为人实施侵权行为后所应承担的民事责任。

1. 责任的依据

侵权行为人实施侵权行为,侵害了他人合法权益后,为什么要承担侵权责任呢?德国法学家耶林的那段经典比喻道出了其中的道理:"使人负损害赔偿的,不是因为有损害,而是因为有过失。其道理就如同化学上的原则,使蜡烛燃烧的,不是光,而是氧气一样地浅显明白。"①

具有理性的人,在实施行为时知悉自己的行为可能会侵害他人的合法

---

① 参见王泽鉴:《侵权行为法》(第一册),中国政法大学出版社2001年版,第13页。当然,有学者对此表示了质疑。"这实在是一个蹩脚的比喻。即便是在化学上,要使蜡烛燃烧,也不能仅靠助燃的氧气,还要有火源和蜡油。"参见姜朋:《侵权责任的证成:基于立法、学理和法院判决的考察》,载《当代法学》2009年第5期。

权益,其基于自己的意志仍然为之,主观上有过错,应当对损害后果承担侵权责任;如行为时尽管造成了他人的损害,但是行为人并无过错,则不应当承担侵权责任。这样不仅体现了自由主义、理性主义、个人主义,也符合人们的道德观念,与市场经济的自由竞争理念也是一致的。① 所以,在一般侵权行为中,侵权行为人应当根据过错责任原则来承担侵权责任。

在特殊侵权行为中,基于侵权行为本身的危害性和保护受害人的需要,法律并不考虑侵权行为人在主观上是否具有过错,只要其侵权行为造成了损害后果的发生,行为人就要承担侵权责任。所以,在特殊侵权行为中,侵权行为人是基于客观上的原因而承担侵权责任。

2. 责任的成立

行为人实施一般侵权行为,具备了以下几个要素,就应当承担侵权责任:行为人实施的侵权行为具有违法性;他人的合法权益受到侵害;受害人的损害后果与行为人的违法行为之间具有因果关系;行为人在行为时有过错。如果是特殊侵权行为,则不需要过错这个要素。

当然,受害人要对上述几点负举证责任;如果有任何一点不能举证的话,则不能认定侵权责任成立。

3. 责任的承担

行为人实施侵权行为符合上述构成要件的,应当对受害人的全部损害承担侵权责任。

当然,侵权责任的责任承担方式有停止侵害、排除妨碍、消除危险、返还财产、恢复原状、赔礼道歉、恢复名誉等;但是,最重要的莫过于赔偿损失。因此,研究数人承担侵权责任,其实就是研究数人承担损害赔偿责任,而非其他形式的侵权责任。所以,本书在同一意义上使用"侵权责任"和"损害赔偿责任"两个术语。

(二) 单人侵权责任

所谓单人侵权责任是指一个人实施侵权行为所应承担的民事责任。从行为主体人数的角度看,单人侵权行为是常态,数人侵权行为是变态;因此,

---

① 王泽鉴教授认为,过失责任主义之所以被奉为金科玉律,视同自然法则,归纳言之,计有逻辑力量、道德观念、社会价值及人类尊严四个因素。参见王泽鉴:《侵权行为法之危机及其发展趋势》,载《民法学说与判例研究》(第 2 册),北京大学出版社 2009 年版,第 106 页。

上面关于一般侵权行为侵权责任的描述大都可以放到单人侵权责任身上。

(三) 数人侵权责任

1. 数人侵权责任的含义

套用单人侵权责任的定义模式,数人侵权责任是指数个侵权行为人实施侵权行为所应承担的民事责任。

如果说单人侵权责任主要解决的是侵权行为人与受害人之间的关系,那么数人侵权责任不仅要解决数个侵权行为人与受害人之间的关系,还要解决数个侵权行为人之间的关系。即他们之间如何分配责任,进而向受害人承担侵权责任。从应然的角度来说,数人侵权责任也包含是否承担侵权责任(责任的成立)和如何承担侵权责任(责任的承担)两个层次;但是由于前者与单人侵权责任相比,几乎没有特殊性,所以,数人侵权责任的中心是后者,即数个侵权行为人如何向受害人承担侵权责任。

2. 数人侵权责任形态

数个侵权行为人向受害人承担侵权责任,表现为不同的形式,如有的侵权行为人仅仅承担一部分损害赔偿责任而有的侵权行为人承担全部的侵权责任,如数个侵权行为人都承担全部的侵权责任。数个侵权行为人按照一定的规则向受害人承担侵权责任的基本形式,笔者称之为数人侵权责任形态。

数人侵权责任形态是笔者借鉴杨立新教授侵权责任形态所创造的一个术语。杨立新教授认为:"侵权责任形态,是指在侵权法律关系中,根据不同的侵权行为类型的要求,侵权责任在不同的当事人之间进行分配的表现形式。换言之,即侵权责任由侵权法律关系中的不同当事人按照侵权责任承担规则承担责任的基本形式。"[①]其主要强调侵权责任如何在不同当事人之间进行分配;而数人侵权责任形态主要强调侵权责任如何在责任人一方分配;因为责任人一方是数人,故称之为数人侵权责任形态。

如前所述,数个侵权行为人向受害人承担侵权责任的基本形式并非一种,而是呈现出复杂的样态,它包括连带责任、按份责任、大补充责任。

(1) 连带责任

连带责任是指责任人为数人时,数个责任人都有义务向权利人全部履

---

① 杨立新:《侵权责任形态研究》,载《河南省政法管理干部学院学报》2004年第1期。

行,权利人有权利向部分或全部责任人主张全部赔偿,被请求的责任人不能以还存在其他责任人进行抗辩。

关于数人侵权责任中的连带责任,笔者的理解与通说不同。笔者认为,每个侵权行为人都有义务向受害人承担侵权责任,但受害人首先只能向每个侵权行为人主张其各自应当承担的责任份额,在某一个或几个侵权行为人下落不明或没有赔偿能力时,再向其他侵权行为人主张权利从而获得全部赔偿——关于这点,本书第二章第四节将会详细论述。

(2)按份责任

按份责任是指责任人为数人时,每个责任人只是按照一定的份额向权利人承担民事责任,权利人不能因为某一责任人主观上不履行或客观上履行不能而向其他责任人主张权利。易言之,各个责任人的责任都是独立的,彼此之间无连带关系。

在数人侵权责任的按份责任中,每个侵权行为人仅仅就自己的责任份额负责,都只是按照一定的份额向受害人承担侵权责任,承担完自己份额的责任后就可以从数人侵权责任中脱身,其他侵权行为人是否承担责任与自己无关;只要数个侵权行为人都承担了自己份额的责任,那么受害人就能得到全部的救济。关于数人侵权责任的按份责任,本书第六章将会详细论述。

(3)大补充责任

大补充责任是指数个责任人中先顺序的责任人无法向权利人承担全部的侵权责任时,才由后顺序的责任人承担责任。

在数人侵权责任的大补充责任中,数个侵权行为人向受害人承担侵权责任有先后顺序,受害人开始只能向第一顺序的责任人主张权利,只有在第一顺序责任人无法承担时,受害人才能向第二顺序的责任人主张权利;并且,后顺序的责任人向受害人承担的责任是部分责任,而非全部责任。关于数人侵权责任的大补充责任,本书第七章将会详细论述。

第二节 侵权责任的比较法考察

当提及一种制度时,我们很自然地想到域外的法律对该制度是怎么规定的,也就是所谓的对国外相关规范的介绍。介绍、考察是为了借鉴,正如著名的比较法学者达维德所言,"比较研究有助于更好地认识并改进本国法"①。而侵权法是一个适合作比较研究的部门法。对此,我国台湾地区著名学者王泽鉴先生说道:"侵权行为法是一个适于作比较法研究的法律领域。英美法长期的历史经验、德国法上的理论体系构成,足供认识侵权行为法在法律政策(policy)及法律技术(judicial technique)的关系,有助于对侵权行为法的解释适用……"②

下面笔者就简单地介绍一下世界主要国家和地区的侵权法关于数人侵权责任的规定,然后再梳理一下我国关于数人侵权责任的法律规范。

一、外国法律中的数人侵权责任

(一)古罗马法中的数人侵权责任

和其他很多法律制度一样,数人侵权的历史最早可以上溯到古罗马法。但是,在整个罗马法的私法制度中,更多规定的是各种具体的侵权行为及其诉讼制度,对于数人侵权规定得比较简略,仅承认一些共同加害行为,即对一些教唆、帮助行为有所规定。如《法学总论——法学阶梯》中规定:"不仅可以对实施侵害的人,例如殴打者,提起侵害之诉,而且可以对恶意怂恿或唆使打人嘴巴的人提起侵害之诉。"③当然,在一般情况下,罗马法的数个加害人所承担的责任,并非连带责任;这与现代的数人侵权还是有区别的。

另外,罗马法也规定了数个准侵权行为的侵权责任。"……如对于由数个家畜造成损害的'动物损害之诉'(actin de panperie),则由数个共同所有主负连带责任。"④

此外,罗马共和国晚期还出现了被认为是现在共同危险行为鼻祖的"倒泼和投掷责任之诉";当然,按照其规定,该诉并不是向行为人提出,而是向房屋的居住者提起——无论他是所有人、用益权人还是承租人。

---

① 〔法〕勒内·达维德:《当代主要法律体系》,漆竹生译,上海译文出版社1984年版,第10页。
② 王泽鉴:《侵权行为法》(第一册),中国政法大学出版社2001年版,第6页。
③ 〔罗马〕查士丁尼:《法学总论——法学阶梯》,张企泰译,商务印书馆1989年版,第203页。
④ 〔意〕彼德·彭梵得:《罗马法教科书》,黄风译,中国政法大学出版社1993年版,第407页。

（二）大陆法中的数人侵权责任

作为近代社会中第一部民法典，《法国民法典》没有对数人侵权进行规定；但是，法国在司法实务中认可数人侵权行为，法院采用共同责任人或者共同债务人的概念，确定共同侵权行为的整体债务，并规定共同债务人之间的求偿权。并且，法国民法主要从因果关系的角度去解决共同侵权行为的有关问题，与同是大陆法系的德国民法、日本民法的解决思路并不相同。2005年，《法国民法典》对债法试图进行改革，提出了一个"2005年Avant债法改革草案"；其第1348条规定："如果损害是由多数人中不确定的行为人造成的，则由全体确定的人共同承担连带责任，但多数人能够证明自己不可能实施该行为的除外。"第1378条规定了共同侵权的法律后果，第1款规定："同一损害的共同侵权人共同承担连带责任。"第2款规定："明确查明全部行为人直接的过错以及责任的，则按照各行为人的彼此过错严重程度的比例承担赔偿责任。"第3款规定："如果任何行为人均不符合上述情况，则各行为人之间按照等额承担赔偿责任。"第4款规定："在例外情况下，仅由确定存在过错的所有行为人按照其各自过错严重程度的比例承担赔偿责任，无论其过错是否由受害人证明或者仅仅是在诉讼过程中得到确认。"第1378-1条第1款规定："如果关于赔偿份额的诉讼对象是受害人未投保的近亲友，且因受害人与被告人之间的社会关系，该诉讼可能直接或间接地导致受害人丧失其本应获得的赔偿，则对该诉讼不予受理。"第2款规定："如果作为诉讼对象的赔偿涉及直接受害人的遗产或其保险人，则对该诉讼同样不予受理。"①

《德国民法典》首开现代共同侵权责任规定的先河。民法典第一草案第714条就规定了共同侵权行为，"如数人，不问造意人或正犯人或从犯人，负因共同行为所生损害之责任时，应作为共同债务人负责。又数人负所生损害之责任时，已知就该损害，不能检出各人之部分者，数人并非共同而实施行为，亦同前段"。最后通过的《德国民法典》对上述规定稍加调整，成为第830条。其第1款规定："二人以上共同实施的侵权行为引起损害的，每一个人就损害负责任。"第2款规定："教唆人和帮助人视为共同行为人。"另

---

① 《法国民法典·2005年Avant债法改革草案》，载〔德〕布吕格迈耶尔、朱岩：《中国侵权责任法学者建议稿及其立法理由》，北京大学出版社2009年版，第310—320页。

外,第840条第1款又规定了连带责任,即"数人共同对某一侵权行为所产生的损害负有赔偿义务的,应作为连带债务人负其责任"。这一规定,对后世大陆法系民法的影响很大,很多大陆法系国家纷纷效为楷模。

《日本民法典》学习《德国民法典》,其第719条第1款规定:"因数人共同实施侵权行为加害于他人时,各加害人负连带赔偿责任。不知共同行为人中何人为加害人时,亦同。"第2款规定:"教唆人及帮助人,视为共同行为人。"

我国台湾地区也和日本一样学习德国,其"民法典"第185条第1款规定:"数人共同不法侵害他人之权利者,连带负损害赔偿责任;不能知其中孰为加害人者,亦同。"第2款规定:"造意人及帮助人,视为共同行为人。"

《瑞士债务法》虽然学习《德国民法典》,但比德国更为直接、简略,第50条第1款规定:"如果数人共同造成损害,则不管是教唆者、主要侵权行为人或者辅助侵权行为人,均应当对受害人承担连带责任。"第2款规定:"法院有权自由裁决责任人是否以及在多大程度上分担责任。"第3款规定:"教唆者的责任限于其获得的利益和由于其帮助造成的损失的范围。"

《荷兰民法典》则走了与上述国家不同的道路。其第六编第102条规定了共同侵权:"1、二人或二人以上对同一损害负有救济义务的,为共同责任。为依本法第6编第10条确定其对造成损害所起的作用之大小,适用本法第6编第101条决定其内部对损害的分担,但是法律对分担另有规定或者法律行为另有约定者除外。"第6:99条规定了共同危险行为的责任:"在损害可能产生于两个或者两个以上的人各自应当承担责任的事件时,如果能够认定损害至少产生于此等事件之一,这些人中的每一个人都对赔偿承担责任,除非他能证明损害不是由于他所负有责任的事件造成的。"此外,还在第6:166条规定了团伙成员的侵权责任。

(三)英美法中的数人侵权责任

在英美的侵权法中,虽然没有"共同侵权行为""数人侵权行为""数人侵权责任"这样的表述,但是也有共同侵权责任(数人侵权责任)的规定;并且,和大陆法系相似的是,它也是与连带责任紧密地联系在一起的。布莱克法律词典对共同侵权人(joint tortfeasors)的定义是:"共同侵权人指为其对他人的人身或财产造成的同一损害,共同地或个别地承担侵权法上责任的两个或者两个以上的人;其中,在侵权行为中采取了一致行动的人,应当承担相应的连带责任。"①

1. 英国法中的数人侵权责任

普通法上阐述数人侵权责任的第一个案例是 1691 年英国法院判决的 Smithson v. Garth 案。在该案中,三名被告袭击了原告,一个人抓住了他,另一个人殴打了他,第三个人则偷走了他的银纽扣。法官评估了非法拘禁、殴打和侵犯动产所造成的损害后,判决每一个被告都应为原告的全部损害承担责任,并特别指出该财产返还理论适用的前提是全部被告在侵权过程中一致行动。受害者可以起诉任何一个侵权人,向其主张全部损害赔偿,尽管该原告只能获得一次全额的赔偿。② 在 Smithson v. Garth 案之后,连带责任规则在共同侵权责任领域逐渐得以运用起来。

在英国的侵权法中,数人侵权责任主要包括以下两类:第一类是为追求同一目的而参与实施侵权行为并对他人造成同一损害的数个行为,即 joint tort。这肯定是数人侵权行为,要承担数人侵权责任,无须多言。第二类是数个侵权行为人并非追求同一目的而各自独立地实施侵权行为,只不过碰巧造成他人同一损害的情形,即 several and concurrent tort。它也属于数人侵权,至于是否承担连带责任,则要看具体情况。③

在早期的英国普通法上,尽管任何一个共同侵权责任人都有义务向受害人承担全部侵权的民事责任,但是如果其中一个行为人替其他共同侵权人承担了超过自己责任份额的赔偿金额,他无权要求追偿,即禁止共同侵权人之间的追偿。这种禁止追偿的规则(no contribution rule)源于 18 世纪英国的 Merryweather v. Nixan 案。法院认为,一名恶意或故意的侵权行为人无权从其他共同侵权人那里获得追偿,其基本原理是:从事了不当行为的一方不能起诉过错并不比他自身过错要大的另一方。后来逐渐改变这一规则,仅仅是主观故意时不能追偿。

在早期的英国普通法上,由于连带的侵权行为人实施的是一个侵权行

---

① Black's Law Dictionary, p. 839(6thed. 1990).
② 83 Eng. Rep. 711(1691).
③ 有学者还提及了第三类,即多个行为人并非追求同一目的而分别致同一原告不同损害的情形,即 separate and independence tort。参见程啸:《侵权行为法总论》,中国人民大学出版社 2008 年版,第 377 页;张铁薇:《共同侵权制度研究》,法律出版社 2007 年版,第 118 页。但是笔者认为,尽管也涉及同一受害人,但不是同一损害后果,所以不是数人侵权。

为,因此受害人如果仅针对其中一人提起损害赔偿诉讼的话,尽管判决所得到的赔偿并不能完全弥补损害,受害人也不能再对其他的侵权行为人提起诉讼。然而,个别的侵权行为人应当分别对各自的侵权行为负责,即使受害人所受到的损害是单一的、不可分的,受害人也可以针对他们提起连续诉讼。

1935年《法律改革(已婚妇女与连带侵权行为人)法》(The Law Reform (Married Women and Joint Tortfeasors) Act 1935)改变了普通法的这一规则。该法规定,受害人在未能从某一个连带侵权人处获得完全赔偿时,仍然可以对其他的连带侵权行为人提起诉讼。

此后在1978年《民事责任法》(Civil Liability (Contribution) Act 1978)第3条中继续保留了该规定,并且该条既运用于连带的侵权行为人,也运用于个别侵权行为人。

对于非共谋的数人侵权责任中的因果关系的认定,法院的做法颇有意思。在Fairchild v. Glenhaven Funeral Services Ltd.案中,由于原告并不清楚自己的间皮瘤是先接触到哪个石棉矿的石棉而导致的,上诉法院认为,让被告承担责任是不公平的,因为这样会导致在受害人无法证明谁是真正的责任人时而强行判决由被告代人受过①的结果。但是上议院却认为,有十分强大的政策理由支持该案应判决被告承担责任;因为雇主有义务保护其雇员免受相关损害却没有这样做,而现有的科学知识又无法为受害人在不同雇主间辨明责任归属提供应有的支持,在这种情况下,否认救济受害人所导致的不公正远胜于责令违反保护义务的雇主承担责任所导致的不公正。

Performance Car Ltd v. Abraham案与案情相似的Barker v. Willoughby案的判决相反、Rouse v. Squire案与案情相似的Knight v. Jones案的判决结果也大相径庭。

就像有的学者总结的那样,上述变化多端的案件处理结果,不仅反映出法院对后过失行为是否打破原因链的态度不一,还反映了法院对有时间间隔的过失行为是否作为共同侵权来处理在态度上的矛盾。之所以会这样,因为背后隐含着潜在的政策考虑,而这些政策考量因素在很多时候又无法

---

① 本案的另一个石棉矿已经倒闭——笔者注。

兼顾、有时甚至直接冲突。①

2. 美国法中的数人侵权责任

由于和英国的特殊关系,美国法律早期主要是沿用英国普通法的判例,侵权法亦不例外。总的说来,二者的区别不大。

在美国侵权法,数人侵权责任有连带责任与按份责任之分,其划分的一个主要区别标准是"伤害是否可分割"。如果几个人共同或各自的行为造成了一个分不清谁应该对什么地方负责的伤害,即,损害是不可分割的,那么该数人要承担连带责任;如果伤害是可以分割的,那么数个侵权行为人仅仅对自己造成的那部分伤害负责。

美国侵权法上的数人侵权引发的连带责任主要体现在《侵权法重述(第三次)》中,总结起来主要包括:第一类是共谋行为(concerted action),即数个侵权行为人基于共同的目的或共同追求的结果而对他人实施的加害行为。此类相当于大陆法上的共同加害行为。《侵权法重述(第三次)》第876(a)条规定:"共同实施同一侵权行为或共同追求同一谋划的侵权行为,每个人均须负责。"第二类是共同义务的违法(breach of joint duty),数人负有共同的义务,但却怠于履行该义务而构成侵权行为时,数个负有共同义务的人应当就他们怠于履行该义务所造成的损害承担连带责任。第三类是帮助、鼓励行为,这个我们比较熟悉,就是教唆、帮助行为。《侵权法重述(第三次)》第876(b)条规定,明知他人行为违反义务,仍给予实质的帮助和鼓励;第876(c)条规定,给予实施侵权行为的人以实质的帮助,并且他的行为分开来看,也构成对第三人义务的违反。还有一类就是上文提及的不可分割的损害。《侵权法重述(第三次)》第875条规定:"两个以上行为人的行为系受害人的单一的不可分割的损害的法律原因时,每个人都对受害人的全部损害承担责任。"第879条规定:"数个侵权行为人的任何一个行为都是不可分的伤害的法律原因的,不论该数人的行为是同时还是先后发生的,任何人都必须对全部伤害承担责任。"

在早期的美国侵权法,法院仅仅在故意侵权的案件中适用 Merryweather 案禁止追偿的规则。但是,到 19 世纪下半叶,这条英国普通法规则在美国逐渐从故意侵权案件扩展到了普通的过失侵权案件,从而禁止了任何共同

---

① 参见胡雪梅:《英国侵权法》,中国政法大学出版社 2008 年版,第 148—149 页。

侵权人之间的追偿。到20世纪之交,整个美国适用的规则都是,所有的共同侵权人之间都不允许追偿。

随着禁止追偿的普通法理论违反公平原则的呼声日益高涨,美国各州的司法机关、立法机关以及全国州法统一委员会联合美国法律协会,开始允许追偿规则的适用。美国法律协会于1939年制定了《统一侵权人间追偿法》。11个州以普通法的形式、42个州的立法机关以立法的形式创设了共同侵权人之间的追偿权。这些州的相关法规一般都是按照《统一侵权人间追偿法》的模式制定的。值得强调的是,各州一般均认为故意侵权人之间的追偿仍然不被允许。

近二十年来,由于存在诸多弊端,美国侵权法进行了改革。美国侵权法改革的一个显著的趋势就是向损害赔偿的完全分摊努力,以使侵权责任与过错真正相符,只有正确的损害分配,即仅根据判决确定的实际的过错比例承担赔偿责任,才是解决"深口袋"被告这一困境的真正答案,并且正确的责任分担能给被告带来由于历史性原因而缺失的诉讼程序上的逻辑完整性和公正感。① 其中重要体现就是对连带责任的限制。截止到2004年底,共有37个州对连带责任进行了改革。如犹他州等州完全废除连带责任;夏威夷等州原则上废除,只是在特殊情况才保留。②

二、我国法律中的数人侵权责任

中国古代法律一个重要特征是诸法合一、民刑不分,直到清朝末年,才开始区分不同的部门法;也是从那时开始,我国才有了第一个独立的民法草案,其中就有数人侵权的规定。从清朝末年到现在,新中国的成立使得前后的法律具有根本性的转变;因此,本书把它作为分割点。

（一）新中国成立前法律中的数人侵权责任

鸦片战争的失败及其后来一系列丧权辱国条约刺激了中国救亡图存运动的兴起,腐败的清政府也为形势所迫,实行法制变革。1902年光绪皇帝下诏:"参酌各国法律,改订律例",并指派沈家本、伍廷芳为修律大臣;次年

---

① 张铁薇:《共同侵权制度研究》,法律出版社2007年版,第258页。
② 参见胡海容:《美国侵权法上连带责任的新发展及其启示》,载《法商研究》2008年第3期。

设立修订法律馆,开始法规编纂工作。在相继制定《大清新刑律》《大清商律草案》《破产律》后,清政府于1907年又开始准备《大清民律草案》,1908年起草、1910年完成、1911年审议。但由于辛亥革命的爆发,该草案永远只是个草案。

《大清民律草案》将侵权法规定在第二编"债权"中,在第八章设"侵权行为"一节,从第945条到977条共33个条文。其中第950条规定:"数人因共同侵权行为加损害于他人者,负损害赔偿之义务。不能知孰为加损害者,亦同。"第972条规定:"侵权行为所生之损害有数人共任其责者,数人作为连带债务人而任其责。"很明显,这两个条文是借鉴德国的产物。

北洋民国政府成立后,1925年修订法律馆和大理院共同组成民律草案修订组,在《大清民律草案》的基础上,开始了《民国民律草案》的修订;并且在1925年至1926年间完成了各编的草案。

《民国民律草案》是在《大清民律草案》的基础上进行修订,就侵权法部分而言,无论在结构上还是在内容上,两者都很相似。《民国民律草案》第248条规定:"数人共同不法侵害他人权利者,连带负损害赔偿责任。其不能确知孰为加害人者,亦同。""教唆人和帮助人视为共同行为人。"由于北洋政府内部矛盾重重,国会解散,该草案和《大清民律草案》一样归于夭折。

南京国民政府成立后,1929年在立法院内设民法起草委员会,开始了民法典的起草;并且在1929年11月就完成了民法典债编的起草工作,随之公布;在1930年5月立法院通过生效。①

《中华民国民法典》"债编"共有两章,第一章是"通则",其185条规定:"数人共同不法侵害他人权利者,连带负损害赔偿责任;不能知其中孰为加害人者,亦同。造意人和帮助人视为共同行为人"。

1949年新中国成立后,《中华民国民法典》在我国大陆地区失效,在我国台湾地区仍然适用。

(二)新中国成立后法律中的数人侵权责任

新中国成立后,废除了国民政府的"六法全书",实行社会主义性质的法律制度,但受到当时社会环境的制约,法律制度不受重视,直到"文革"结束,

---

① 民法典各编草案是不同时间完成和公布,然后在不同的时间通过和生效。它是分段而非一体的。

我国的法律才得以恢复和发展。

在1984年最高人民法院制定的《关于贯彻执行民事政策法律若干问题的意见》中,第73条规定了数人侵权行为的审判原则:"两个以上致害人共同造成损害的,应根据各致害人的过错和原因力的大小,分别承担各自的赔偿责任。部分共同致害人无力赔偿的,由其他共同致害人负连带赔偿责任。"

1986年4月12日,在我国立法史上具有里程碑意义的《民法通则》通过。其130条规定:"二人以上共同侵权造成他人损害的,应当承担连带责任。"

由于这一条无法解决实践中的问题,1988年最高人民法院又制定了《关于贯彻执行〈中华人民共和国民法通则〉若干问题的意见》(以下简称《民通意见》)。其第148条规定:"教唆、帮助他人实施侵权行为的人,为共同侵权人,应当承担连带民事责任。教唆、帮助无民事行为能力人实施侵权行为的人,为侵权人,应当承担民事责任。教唆、帮助限制民事行为能力人实施侵权行为的人,为共同侵权人,应当承担主要民事责任。"

随着社会生活的不断发展,我国《民法通则》和《民通意见》也不能够有效解决司法实践中的需要,针对社会生活中频发的人身损害,2003年12月最高人民法院又制定了《人身损害赔偿司法解释》。该司法解释对于我国人身损害赔偿进行了比较详细的规定,其中涉及数人侵权的有三个条文。第3条规定:"二人以上共同故意或者共同过失致人损害,或者虽无共同故意、共同过失,但其侵害行为直接结合发生同一损害后果的,构成共同侵权,应当依照民法通则第130条规定承担连带责任。二人以上没有共同故意或者共同过失,但其分别实施的数个行为间接结合发生同一损害后果的,应当根据过失大小或者原因力比例各自承担相应的赔偿责任。"第4条规定:"二人以上共同实施危及他人人身安全的行为并造成损害后果,不能确定实际侵害行为人的,应当依照民法通则第130条规定承担连带责任。共同危险行为人能够证明损害后果不是由其行为造成的,不承担赔偿责任。"第5条规定:"赔偿权利人起诉部分共同侵权人的,人民法院应当追加其他共同侵权人作为共同被告。赔偿权利人在诉讼中放弃对部分共同侵权人的诉讼请求的,其他共同侵权人对被放弃诉讼请求的被告应当承担的赔偿份额不承担连带责任。责任范围难以确定的,推定各共同侵权人承担同等责任。人民法院应当将放弃诉讼请求的法律后果告知赔偿权利人,并将放弃诉讼请求的情况在法律文书中叙明。"

2009年12月26日通过的《侵权责任法》是我国关于数人侵权责任的最新法律。《侵权责任法》在第二章规定了数人侵权责任,从第8条到第14条共7个条文。第8条规定:"二人以上共同实施侵权行为,造成他人损害的,应当承担连带责任。"第9条规定:"教唆、帮助他人实施侵权行为的,应当与行为人承担连带责任。教唆、帮助无民事行为能力人、限制民事行为能力人实施侵权行为的,应当承担侵权责任;该无民事行为能力人、限制民事行为能力人的监护人未尽到监护责任的,应当承担相应的责任。"第10条规定:"二人以上实施危及他人人身、财产安全的行为,其中一人或者数人的行为造成他人损害,能够确定具体侵权人的,由侵权人承担责任;不能确定具体侵权人的,行为人承担连带责任。"第11条规定:"二人以上分别实施侵权行为造成同一损害,每个人的侵权行为都足以造成全部损害的,行为人承担连带责任。"第12条规定:"二人以上分别实施侵权行为造成同一损害,能够确定责任大小的,各自承担相应的责任;难以确定责任大小的,平均承担赔偿责任。"第13条规定:"法律规定承担连带责任的,被侵权人有权请求部分或者全部连带责任人承担责任。"第14条规定:"连带责任人根据各自责任大小确定相应的赔偿数额;难以确定责任大小的,平均承担赔偿责任。支付超出自己赔偿数额的连带责任人,有权向其他连带责任人追偿。"另外,在其他地方,也有数人侵权的规定,如第36条、第37条、第43条、第67条,等等。

第三节 确定数人侵权责任的理论基础

侵权法是根据什么来规定数人侵权责任?或者说侵权法在确定数人侵权责任的理论基础是什么?这是研究数人侵权责任的前提,本节对此进行研究。

一、数人侵权责任中的复杂化

数人侵权与单人侵权最大的区别就是侵权行为与行为人的数量,即侵权行为是数个、侵权行为人是数个人。这就导致了因果关系和责任承担发生变化,毫无疑问,变化的结果是使二者更加复杂。

(一) 因果关系的复杂化

在单人侵权中,就是一个人的侵权行为造成了损害后果,侵权行为与损害后果之间的因果关系往往比较明确,受害人证明起来并不困难;而在数人侵权中,则是另外一番景象。

1. 因果关系的不确定

在数人侵权行为中,由于存在多个侵权行为,而损害后果只有一个,所以,在多个侵权行为与损害后果之间的因果关系上,就存在着不确定的局面。这种不确定,可能是某一侵权行为人是否为实际致害人的不确定,如共同危险行为;也可能是某一侵权行为与损害范围之间的不确定,如直接结合行为;甚至是数人侵权行为中的一个侵权行为与损害后果之间因果关系的不确定,如大安全保障义务违反行为。

2. 受害人证明的困难

除了因果关系不确定,数人侵权因果关系复杂化还体现在受害人证明的困难上。证明的困难,自然来自于因果关系的不确定;除此之外,还因为情况的复杂:受害人要面对多个侵权行为人,面对多因一果、多因多果等复杂情况,受害人往往是无能为力。

在当事人能力有限的情况下,专家意见、技术鉴定等措施一定程度上可以弥补这点。遗憾的是,很多侵害行为呈现出高科技性、隐蔽性、复杂性等特点,而现有的技术并不总是完备的,一些侵害行为与损害后果之间的因果关系就是无法得以证明。

(二) 责任承担的复杂化

单人侵权中,侵权责任由侵权行为人承担,在责任人方面没有其他什么因素可以考量,除了替代责任等特殊情况。但在数人侵权责任中,由于存在数个侵权行为人,并且数个侵权行为人都向受害人承担侵权责任;那么,受害人的损害如何在数个侵权行为人之间合理分配,这是单人侵权责任承担中未曾出现的,也是数人侵权责任的特殊之处。

1. 形态多样化

如前所述,数人侵权责任形态呈现出多样化的局面,有连带责任、按份责任、补充责任几种形式。由于前文已述,此处不再赘述。

2. 连带责任内部二元化

数人侵权责任的数种责任形态中,最广为人熟知的莫过于连带责任。

但是,就连带责任而言,笔者认为,它远比我们目前的认识要复杂,它包括逻辑意义上的连带责任和技术意义上的连带责任——关于二者的详细介绍见本书第五章第二节。

因为存在两种连带责任,而两种连带责任又有所区别;所以,在给数个侵权行为人确定连带责任时,就不能不考虑这两种情况。

二、数人侵权责任理论研究中的困难和误区

(一) 数人侵权责任理论研究中的困难

进行数人侵权责任的理论研究,会遇到如下两个困难。

1. 价值判断的主观性

在进行数人侵权责任的理论研究中,很多地方会涉及价值判断。如就共同加害行为的认定上,到底采共同主观说还是共同客观说(折中说和兼指说是二者的变种,暂不考虑),通说认为共同主观说的支持者害怕人们的行为自由受到肆虐而限制连带责任的范围,共同客观说的支持者认为受害人更值得保护而应该扩展连带责任的范围。那么到底是保护人们的行为自由重要还是救济受害人重要? 这就涉及价值判断问题了。再如,数人侵权中,有的时候因果关系并不确定,本不该让行为人承担责任,但是如果不对受害人救济又不公平,所以对因果关系采取变通的做法,从而让行为人向受害人承担侵权责任。在这里,何种情况对受害人不公平? 如果让行为人承担责任是不是又对行为人不公平? 对于公平,不同的人又有不同的理解[①],难免又要涉及价值判断。

在价值取向多元化的背景下,民法学者在讨论价值判断问题时,由于每个人的社会阅历、教育背景以及个人偏好的不同,而持有不同的价值取向,讨论价值判断问题难免"仁者见仁智者见智"。讨论者面对追问,难免流于如下三种命运:一是无穷地递归,以至于无法确立任何讨论的根基;二是在相互支持的论点之间进行循环论证;三是在某个主观选择的点上断然终止讨论过程,例如,通过宗教信条、政治意识形态或其他方式的"教义"来结束

[①] 美国著名法学家博登海默说过:"正义有着一张普洛透斯的脸,变化无常,时可呈不同形状,具有不同面貌。"参见[美]博登海默:《法理学、法律哲学与法学方法》,邓正来译,中国政法大学出版社1999年版,第252页。笔者认为,公平也是如此。

论证的链条。① 如果不静下心来倾听不同意见并且经过理性讨论,那么,共识就很难达成。② 事实上,我国的数人侵权责任理论研究在有些方面的确存在自说自话的局面。

2. 我国国情的复杂性

在中国进行数人侵权责任的理论研究,必须要借鉴其他国家和地区的经验,汲取人类社会文明为我所用;因此,不论是大陆法系的德国、法国、日本、我国台湾地区,还是英美法系的英国、美国,其数人侵权责任理论研究成果和制度设计,我们都要学习,这点毋庸置疑。但是,必须强调的是,我们不能忘记苏力教授的提醒:研究中国法学必须从中国国情出发,在坚持"语境论"的前提下着力解决中国法律面临的实际问题。③ 因此,我们的研究成果是应当真正意义上"中国的数人侵权责任理论",而非域外某个国家或地区数人侵权责任理论亦步亦趋的追随者。因此,在研究数人侵权责任时,就必须考虑我国的国情,结合我国社会生活的实际情况,进而设计我国的数人侵权责任制度。

但是,我国国情较为复杂。一方面,我国的社会综合救助体系比较薄弱,社会保障差、责任保险少,商业保险也不发达;另一方面,部分案件当事人缠诉导致法院和稀泥。

随着社会生活的不断变迁和社会价值观念的渐进演化,传统侵权法中

---

① 〔德〕罗伯特·阿列克西:《法律论证理论》,舒国澄译,中国法制出版社2002年版,代译序第2页。

② 王轶教授认为,价值判断问题是民法问题的核心,在价值取向多元的背景下,民法学者如何能够经由理性的讨论,就具体的价值判断问题寻求相互理解,进而达成价值共识,颇值研究。他进而以中国民法学者最低限度的价值共识为前提,提出两项民法学者讨论价值判断问题的实体性论证规则:即在没有足够充分且正当理由的情况下,应当坚持强式意义上的平等对待;在没有足够充分且正当理由的情况下,不得主张限制民事主体的自由。其详细论述参见王轶:《民法价值判断问题的实体性论证规则》,载《中国社会科学》2004年第6期。

③ 参见苏力:《阅读秩序》,山东教育出版社1999年版,第113页。此外,关于学术研究的中国化,我国学术界已经意识到这个问题。典型者如邓正来教授。其观点的详细论述参见邓正来:《中国法学何处去》,商务印书馆2006年版;邓正来:《谁之全球化?何种法哲学》,商务印书馆2008年版。另外,就法学领域而言,除了耳熟能详的苏力教授的"本土资源论"之外,韩大元教授也强调法学研究中"中国问题意识"的重要性,其观点的详细论述参见韩大元:《法学研究应强化"中国问题意识"》,载《中国社会科学报》2009年7月2日第18版。更有学者在死刑这个法学内部比较细小的微观问题强调"中国问题",其详细论述参见周少华:《作为"中国问题"的死刑》,载《华东政法大学学报》2009年第2期。

的损害移转理论已经发生了变化,损害赔偿的一元调整机制已经被损害赔偿的多元调整机制所取代。某些原本由侵权法所单独调整的领域,如工伤、交通事故、产品责任、异常危险事故,现在由侵权法、责任保险法、社会保险法共同调整了。实际上,世界很多国家和地区都建立起由侵权损害赔偿、社会保障、责任保险、商业保险等共同组成的社会综合救助体系。遗憾的是,我国的社会综合救助体系比较薄弱,社会保障差(截至2008年底,全国参加城镇基本养老保险、基本医疗保险和失业保险的人数,分别达到2.19亿人、3.17亿人和1.24亿人。① 这些数据表明,我国社会保险制度的覆盖面仍然很窄)、责任保险少(我国责任保险总量不大。2000年到2007年之间,一直徘徊在3.6%左右;最高的2002年,占整个财产险业务的比重仅为4.7%。而全球责任保险业务占财产险业务总量的平均比重是15%②),商业保险也不发达(我国商业保险的保险企业组织结构规模庞大、产品创新力度匮乏、保险营销渠道过于单一)。

与此同时,中国目前正处于一个社会转型时期,各种社会矛盾急剧激化,因此,一个特殊的现象就是信访丛生。当事人对生效判决的不满③不是去申请再审,而是找政府并且是上级政府。而政府又认为信访是社会不稳定因素,因此,上级政府希望下级政府能够把问题解决,无形之中向下级政府施压。面对上级的压力,下级机关只有满足当事人的诉求,所以,政府"息事宁人"的心理也就自然而然地产生了。而当事人的很多诉求是对司法机关处理结果(因为名义上司法是最后一道防线)的不满,因此,政府又将问题交还给司法机关。我国司法机关的独立性较差,很大程度上又依附于当地政府,所以,司法机关就有着巨大的政治压力。在这种政治压力下,司法机关就只有妥协,满足当事人的诉求,不管其诉求合理与否。"爱哭的孩子有

---

① 无名氏:《居民社保状况调查:3.17亿人参加基本医疗保险》,http://business.sohu.com/20090326/n263023072.shtml,访问时间:2011年3月1日。

② 参见闫观博:《我国责任保险市场发展现状研究》,载《中国管理信息化》2009年第18期。

③ 吕忠梅法官曾经指出:"在这种情况下和中国的诉讼理念有很大关系。他不去判断诉讼的风险,他认为只要进了法院,不管怎样总是拿一点东西回来。这个可能就是中国诉讼的特点,这些人明明知道对方一无所有,但是他就是找法院,法院总得找一个人来承担责任。"参见《中国侵权责任法立法研讨会简报(三)》,http://www.civillaw.com.cn/qqf/weizhang.asp?id=35385,访问时间:2011年3月1日。

奶喝"的局面也就逐渐成为常态。在侵权案件中,由于受害人人身或财产遭受伤害,更有动力进行信访。还有,"在人身损害赔偿案件中,受害人为了获得充分赔偿,往往将案件涉及的所有人员都列为被告"①。因此,法院的政治压力更为突出。这种情况下,法院一般会倾向于让受害人获得更多赔偿。②

这种复杂的国情给数人侵权责任理论研究就带来了困难。

（二）数人侵权责任理论研究中的误区

在已有的数人侵权责任理论研究中,存在两个误区,笔者认为应当改正。

1. 将连带责任与数人侵权责任捆绑

和数人侵权行为一样,在学界,数人侵权责任的表述很少有人使用。在提及共同侵权行为的侵权责任时,大家更多的是使用连带责任,甚至有人把二者捆绑起来,将数人侵权责任等同于连带责任。学界这种观点比较多,此处仅举一个例子。"在传统侵权行为法中,连带责任与共同侵权行为（广义）是对等的关系。共同侵权行为是与单独侵权行为对立的侵权行为样态,这种侵权行为样态对应的侵权责任形态即是连带责任。因此,若共同侵权行为成立,必生连带责任;而若是因侵权行为而承担连带责任,则必是构成

---

① 季境:《共同侵权导致人身损害赔偿》,中国法制出版社2004年版,第41页。

② 对此,学界已有清醒的认识。张铁薇教授说道:"充分救济受害人并使其能够获得完全赔偿这一考虑已经成为司法界在处理多数人侵权时一个无法解开的心结。"参见张铁薇:《共同侵权制度研究》,法律出版社2007年版,导言第4页。早在二十多年前张佩霖教授就提及:"过去在相当长的时期里,我们的民事审判实践中往往有这样一种毛病,就是'和稀泥',比如凡是法人造成公民损害的,常常不分清楚法律上的是非责任,往往让法人赔偿了事,造成受害方要求无度、长期纠缠。"参见张佩霖:《也论侵权损害的归责原则》,载《政法论坛》1990年第2期。

了共同侵权行为。"①

实际上,数人侵权责任形态是多样的,不仅有连带责任,还有按份责任和大补充责任;连带责任仅仅是众多数人侵权责任形态的一种,尽管是最主要的一种。

更何况,即使不考虑分别加害行为也能产生连带责任,除了共同加害行为外,也还有其他情形下的连带责任。如《侵权责任法》第36条的网络经营者、第51条规定的拼装或者报废机动车、第74条规定的高度危险物等。如果放眼到侵权法之外,还有很多与侵权责任相关的承担连带责任的情形,如《公司法》第20条第3款规定的揭开公司面纱、《产品质量法》第43条规定的产品责任、《证券法》第69条规定的虚假陈述、《广告法》第38条发布虚假广告、《民法通则》第67条的违法代理等。

因此,数人侵权责任不等于连带责任,将连带责任与数人侵权责任捆绑的认识是错误的。

2. 简单套用传统侵权法理论

已有的研究往往都忽视数人侵权的特殊性,很少考虑数人侵权责任与单人侵权责任的区别。表现之一是在关于数人侵权的著述中,要么没有总

---

① 丁海俊、吴克孟:《论作为法律技术的连带责任——兼评我国〈侵权责任法草案(二次审议稿)〉第12、13条及相关条文》,载《政法论丛》2009年第4期。不过可喜的是,有些学者已经对此开始反思。如张新宝教授一篇论文的第一部分标题就是"'共同侵权行为——连带责任'模式的反思";他认为,传统观点忽视了共同责任的多种形式。参见张新宝、唐青林:《共同侵权责任十论》,载张新宝:《侵权责任立法研究》,中国人民大学出版社2009年版,第232、234页。阳雪雅博士说道:"与单一责任(即单人责任——笔者注)相对应的应该是多数人责任,而不是共同责任(连带责任——笔者注),这样才能穷尽责任的类型。"参见阳雪雅:《连带责任研究》,人民出版社2011年版,第152页。唐潇潇说道:"关于共同侵权的责任形式,学界取得共识是为连带责任,笔者对此也完全赞同。但是值得怀疑地是,如果某一数人侵权在立法论上应被课以连带责任,是否该数人侵权就当然地应被归入共同侵权;'共同侵权→连带责任'的模式是否能够被理所当然地反推适用。"参见唐潇潇:《试论数人侵权与共同侵权之关系——以现行规定为立足点展开》,载《长江师范学院学报》2009年第3期。

论这一部分①,要么是概念、分类等等比较简单的内容②。所以,几乎所有的数人侵权责任研究③都是直接对共同加害行为责任、共同危险行为责任等进行研究,而没有指出数人侵权与单人侵权的不同。之所以如此,是因为他们认为,数人侵权是侵权法的一部分,侵权法的基本理论和制度能够适用数人侵权。

我国台湾地区的侵权法研究也有这种现象。有学者描述道:"然而,国内侵权行为学理之发展,其研究成果及论证重心均集中于一般侵权行为规范功能及类型化探讨,至于第185条,虽通称为特殊侵权行为,然国内学理对该条并无投以特别之关注。或许学理普遍认为一般侵权行为(第184条)为侵权行为理论之下层结构或骨干核心(体),而共同侵权行为(第185条)为侵权行为理论之上层结构或枝微末节(用),则正本清源,只要下层结构理解得够清够澈,上层结构自然能长得又高又壮,源远流长。"④

这样的认识显然不当。传统侵权法理论是以单人侵权为模型而建立

---

① 典型者如王利明教授在《侵权责任法研究》(上卷)一书中专门的一编写"数人侵权",其中第一章是"共同侵权行为",第二章是"共同危险行为",第三章是"无意思联络数人侵权责任",第四章是"数人侵权中的责任。"参见王利明:《侵权责任法研究》(上卷),中国人民大学出版社2010年版,第二编。汪渊智教授在《侵权责任法学》一书中第六章是"共同侵权行为",其中第一节是"共同加害行为",第二节是"共同危险行为",第三节是"共同侵权行为人的法律责任"。参见汪渊智:《侵权责任法学》,法律出版社2008年版。

② 典型者如张新宝教授在《侵权责任法原理》一书中有一章是"共同侵权责任及其相关责任",其中第一节是"共同侵权责任概述",第二节是"共同侵权行为",第三节是"共同危险行为",第四节是"多数赔偿义务人承担共同侵权责任的其他情况";在第一节中只有两部分,分别是"共同侵权责任的概念"和"共同侵权责任的法律特征"。参见张新宝:《侵权责任法原理》,中国人民大学出版社2005年版,第四章。程啸博士在《侵权法总论》一书中专门一编四章写"共同侵权行为",其中第一章是"共同侵权行为概述",第二章是"共同加害行为",第三章是"共同危险行为",第四章是"教唆与帮助行为"。在第一章中也只有两节,第一节是"共同侵权行为的概念与特征",第二节是"共同侵权行为的类型"。参见程啸:《侵权行为法总论》,中国人民大学出版社2008年版,第十二章。

③ 当然,两篇关于共同侵权行为的博士论文是例外,她们在总论部分都有实质性的内容:张铁薇教授的论文有个第二章"共同侵权行为系统论",王永霞博士的论文第一章是"共同侵权行为的制度价值"。参见张铁薇:《共同侵权制度研究》,法律出版社2007年版,第二章;王永霞:《共同侵权行为论》,北京大学博士学位论文,2009年,第一章。但稍显遗憾的是,这两章仍然都缺乏对共同侵权(数人侵权)的特殊性探讨。

④ 张钰光:《共同侵权行为类型化之初探》,载《进入二十一世纪之民事法学研究——骆永家教授七秩华诞祝寿论文集》,元照出版公司2006年版,第514页。

的,单人侵权适用起来没有问题;但是这些理论、制度和规则不能原封不动地套用在数人侵权上,否则就会出现不妥当的结果。典型者如因果关系。不论是采条件说、实质原因说、相当因果关系说、规范目的说、危险范围说中的哪一个,都无法直接拿过来认定数人侵权中的因果关系。

因此,在进行数人侵权的理论研究和制度设计时,必须要考虑到数人侵权与单人侵权的不同之处,要针对数人侵权的特殊性,进行相应的理论研究和制度设计。

三、确定数人侵权责任的基本观念和原则

上文分析了数人侵权责任的特点,也分析了数人侵权责任的困难,还分析了数人侵权责任的误区,因此,本书的研究就要针对数人侵权与单人侵权的不同点,解决数人侵权责任的困难,同时要避免一些可能的误区。基于上述几点,本书确立了以下四个确定数人侵权责任的基本观念和原则。①

(一)强化逻辑体系的分量

上文的分析指出,数人侵权责任研究的一个难点是价值判断的主观性;也正是因为这个原因,我国已有的数人侵权责任的理论研究分歧较大。在本书导论中,笔者强调本书应当避免已有研究中的"受价值判断牵引的成分较多,受体系考量约束的成分较少"②的弊端,要强化逻辑体系的分量,让本书的研究尽可能地受到逻辑体系的约束。

既然要受到逻辑体系的约束,那么就不能再单纯以"救济弱者""保护受害人"为由任意课加侵权责任,毕竟行为人承担侵权责任要符合侵权责任的构成要件。既然要受到逻辑体系的约束,那么就不能再以"保护受害人"为由而只保护受害人、无视其他相关主体利益,毕竟利益平衡是侵权法基本的体系要求。既然要受到逻辑体系的约束,那么在确定不同的侵权责任形态时就不能仅仅因为"保护受害人"而必须有法律技术层面的支撑。

(二)以因果关系为突破口

上文的分析已经表明,因果关系在数人侵权中,既是特点,又是难点,还

---

① 需要说明的是,在某些语境下,基本观念和原则不是一回事;但在此处,笔者将二者视为一回事,都是指纲领性的东西。
② 孙维飞:《当代侵权行为法学之发展——以法教义学理论为视角的观察》,华东政法大学博士学位论文,2008年,第88页。

是重点;因此,本书拟以因果关系为数人侵权责任研究的突破口,多从因果关系上做文章。

在共同加害行为中,有些侵权行为与受害人的损害后果并不具有单人侵权中那样直接的、确定的、充分的因果关系,那么,在特殊的因果关系面前,如何让不可能变成可能? 这是本书所必须解决的问题。

在分别加害行为中,数个侵权行为形态繁杂:有的是单个侵权行为就能致害,有的是每个侵权行为都足以致害,有的是数个侵权行为结合后致害,有的结合程度非常紧密,有的结合程度比较松散……面对这纷繁复杂的数人侵权行为样态,本书还是以因果关系作为突破口,根据数人侵权行为中因果关系的不同,从而确定科学的数人侵权责任形态。

(三) 契合时代背景

现代社会是一个高速发展的社会,改变了传统社会的很多方面,出现了传统与现代并存的局面。以侵权行为为例,除了邻居两个人的打架斗殴之外,产品致害、环境污染、交通事故等事故伤害外亦已常见;以侵权行为人为例,一方面,自然人的侵权行为在数量上占优,另一方面,造成严重损害后果的企业慢慢成为现代社会侵权主体的主角。所以,现代社会既有传统社会的一面,也有风险社会的一面;这就是时代背景。

侵权法研究必须契合这样的时代背景,不能只留恋于男耕女织的传统社会,也不能眼中只有核辐射、动车事故的风险社会。妥当的做法是将两个方面都纳入自己的视野,对两个方面都加以规范。

传统一面自不待言,就风险社会这一面,需要侵权法作出相应的调整:企业责任应当受到重视;侵权法保护的范围不断地扩张;侵权法的救济功能越发突出;损害赔偿呈现社会化的趋势。

在研究数人侵权责任时,自然也要契合这样的时代背景,把保持传统侵权法理论的同时,把这些新的理念吸收到本书的研究中来。

(四) 结合中国国情

因为本书研究的是中国的数人侵权责任,构建的是中国的数人侵权责任体系,那么,本书的研究就必须结合中国的国情,在理论研究和制度设计上都从我国的国情出发,而不是无视中国与其他国家的差异。

前文已述,我国的国情比较复杂,这是研究数人侵权责任时不能不注意的。理论构建和制度设计上肯定要考虑我国的国情,关键是如何考虑。考虑的结果,无非是两种:对国情中有些现象予以理会,在数人侵权责任体系构建和制度设计作为一个影响因子;对国情中有些现象不予理会,不影响数人侵权责任体系构建和制度设计。笔者认为,"我国的社会综合救助体系比较薄弱,社会保障差、责任保险少,商业保险也不发达"的社会现实是研究数人侵权责任时必须考虑的因子,基于这个国情,数人侵权责任的设计上就要在不违反逻辑体系的基础上扩张连带责任的适用范围,以救济作为弱者的受害人;但是,对于"某些案件当事人缠诉由此导致维稳政治压力下法院和稀泥"现象就不能一味地迁就,不能为了"息事宁人"就违背侵权法基本理念和逻辑体系,让数个侵权行为人向受害人承担侵权责任、甚至是连带责任。

第二章 共同加害行为的数人侵权责任（一）：一般共同加害行为

数人侵权行为包括共同加害行为与分别加害行为，所以，本书对数人侵权责任的研究其实就是研究二者的侵权责任，这样才能构建完整的数人侵权责任体系。本书首先研究共同加害行为的侵权责任，然后再研究分别加害行为的侵权责任。在共同加害行为中，又存在一般共同加害行为与特殊共同加害行为之分；基于"先一般、后特殊"的逻辑顺序，本章研究一般共同加害行为的侵权责任，下一章研究特殊共同加害行为的侵权责任。

需要说明的是，尽管共同加害行为包括一般共同加害行为与特殊共同加害行为两种，但是一般共同加害行为占据大部分情形、是原则，而特殊共同加害行为只是少部分情形、是例外。因此，本书在同一意义上使用"一般共同加害行为"与"共同加害行为"两个表述。

第一节 共同加害行为的界定

关于共同加害行为的界定，学界有主观说、客观说、折中说、兼指说四种观点。其中，主观说强调主观过错的共同性是共同加害行为的本质，只有数个侵权行为人存在共同过错方可成立共同加害行为。客观说坚持共同加害行为的本质在于客观共同性，只有在数个侵权行为人之间存在共同行为方可成立共同加害行为。折中说既强调主观共同也强调客观共同，认为只有数个侵权行为人既存在共同过错又实施了共同行为方可成立共同加害行为。兼指说对于共同加害行为中的共同要件采取广义解释,只要主观上共同了就不再考虑客观上的行为,只要客观上行为共同则不再考虑主观心态,既包括主观共同,也包括客观共同。①

本书采兼指说。②

一、兼指说:意思联络和同一侵权行为

(一) 共同加害行为的含义

本书认为,共同侵权行为是指数个侵权行为人基于意思联络实施的数个侵权行为和数个侵权行为人实施的同一侵权行为。展开来说就是,数个侵权行为人基于意思联络实施的侵犯他人合法权益的数个侵权行为和数个侵权行为人实施的侵犯他人合法权益的同一侵权行为。

这个定义中有两个关键词,意思联络和同一侵权行为,有解释的必要。

1. 意思联络

意思联络是指数个侵权行为人之间就有关意思的联络、商量或者沟通。这里的有关意思是指数个侵权行为人对可能的损害后果的认识;而损害后果就是由他们的数个侵权行为(而非某一个侵权行为)所造成的损害后果。所以,意思联络其实就是数个侵权行为人就他们数个侵权行为可能造成的损害后果所达成的一致认识。它强调的是认识上统一或一致。③ 比如,甲找到丙、乙说,"丁昨天当着经理的面和我吵架。走,教训他一顿";乙、丙同意

---

① 以上四种观点的详细介绍,参见黄松有主编:《人身损害赔偿司法解释的理解与适用》,人民法院出版社 2004 年版,第 51—54 页;陈现杰:《共同侵权的立法规制与审判实务》,载《人民司法》2010 年第 3 期。需要说明的是,关于兼指说的界定,在笔者有限的阅读范围内,只见过陈现杰法官加以介绍。本书上述介绍是在其基础上加工的,之所以要加工,因为笔者认为其界定的兼指说范围较窄,无法涵盖本书的观点。

② 刘士国教授在谈及共同加害行为的总结、归类时曾经说过:"必须指出,持过错说的学者有时称自己的学说为客观说,但并非真正的客观说。只有包括公害、交通事故等在内的纯以当事人行为的客观关联性为成立条件的主张,才是真正的客观说。"参见刘士国:《现代侵权损害赔偿研究》,法律出版社 1998 年版,第 86 页。考虑到刘士国教授的提醒和总结、归类时出现错误,笔者本不想把自己对共同加害行为的界定总结为某某说、带上什么说的帽子;但是,为了防止被误读(后文会指出,张新宝教授很可能就被笔者误读了),笔者仍然冒着总结错误的风险进行总结、归类,给自己的观点戴上兼指说的帽子。

③ 因此,"认识联络"可能比"意思联络"更为贴切;但考虑到"意思联络"被学界广为接受,笔者没有使用"认识联络"的新表述。

了然后去殴打丁。这里的意思联络就是甲、乙、丙对三人去殴打丁,可能会侵害丁的健康权所形成的一致认识。再如,甲乙丙三人去某中学足球场踢足球,去晚了没有场地,三人商量就在足球场边的路上踢,甲说会不会踢到经过的行人,乙、丙都说我们小心点;然后三个人就在马路上踢了,结果丙一不小心将足球踢到路过此地的学生丁脸上,将其眼镜砸碎。在这里,三人都预见到在路上踢足球可能会踢到行人,但是仍然踢,都有自信的过失;由于甲的询问和乙、丙的回答,三人形成了一致的认识。

笔者认为,认识的对象是可能的损害后果,即侵害他人健康权(如上面第一个例子)、侵害他人财产权(如上面第二个例子)等,而非对加害行为的认识。在这点上,笔者与叶金强教授、王永霞博士的观点有所不同。他们认为,意思联络或共谋是加害行为的意思联络或共谋,而非损害后果的意思联络或共谋。[①] 本书之所以认为意思联络是对损害后果而非加害行为形成的一致认识,一是因为侵权行为人只有预见到可能的损害后果,才能有过错;如果仅仅是对加害行为的认识,那么侵权行为人可能就不会有过错。尽管笔者认为过错是侵权责任的成立要件而非侵权行为的成立要件,但是对于共同加害行为来说,如果侵权行为人没有过错,那么侵权行为人就不会承担侵权责任,而本书所界定的共同加害行为的后果是承担侵权责任;如此一来,本书的研究就没有意义。所以,意思联络是对损害后果的联络。二是考虑到在达成一致认识时数个侵权行为人可能对接下来所要实施的具体加害行为并不完全知晓,即对加害行为的认识不明确,无法形成一致的认识。比

[①] 参见叶金强:《共同侵权的类型要素及法律效果》,载《中国法学》2010年第1期;王永霞:《共同侵权行为论》,北京大学博士学位论文,2009年,第151页。需要说明的是,在这句话后面,王永霞博士还写了几百字,但是在笔者看来并非对该观点原因的阐述,所以,笔者无法对此进行评价。这三百多字是:"例如(1)甲、乙二人共谋抢劫,甲将丙打昏,乙将丙的手机钱包等财物拿走,丙后来由于脑部被重击不治身亡。(2)甲、乙为报复丙,一起将丙的一间闲置房屋烧毁,流浪汉丁在房屋中过夜,也被烧死。第一种情形下,如果甲、乙二人对于丙的死亡持放任态度,可以说虽然实施加害行为前二人没有杀害丙的直接故意,但是在实施过程中二人对于丙的死亡都有间接故意,以这种解释认定对于丙的死亡二人有"共谋",虽然有些牵强,但是仍可说得通,但是如果甲、乙对于丙的死亡不是放任的态度,他们根本没想到丙会死亡,或者说对于丙的死亡,二人以行为表现出这完全不是他们追求或放任的损害后果,例如甲将丙打昏后,乙发现丙受到重创可能身亡,二人拨打了120,那么对于丙的死亡,二人是否承担连带赔偿责任?第二种情形下,甲、乙完全没有预料到丁的存在,是否应对丁的死亡承担连带赔偿责任?"参见王永霞:《共同侵权行为论》,北京大学博士学位论文,2009年,第152页。

如,在教室里四个大学生中一个说,"咱哥几个去弄点钱花吧",于是大家跟着出去了。出去后可能去威胁低年级的学生,也可能上公交车实施盗窃,甚至拦路抢劫等。在大家同意出去弄点钱后的时候,虽然对怎么去弄钱(即加害行为)并不清楚,但是对从他人身上弄点钱(即侵犯他人财产权)却是很清楚。所以,本书认为,数人联络的对象是可能的损害后果而非加害行为。

需要说明的是,本书认为,数人联络的对象是可能的损害后果。之所以有个定语"可能的",是因为侵权行为还没实施或正在实施,损害后果还没有发生,只是可能发生。

既然意思联络是对可能的损害后果的认识,这说明侵权行为人已经预见到损害后果可能会因为他们的侵权行为而发生,但他们接下来仍然实施了侵权行为;因此,侵权行为人在行为时有过错。侵权行为人的过错既包括故意,也包括过于自信的过失,但不包括疏忽大意的过失。故意自不待言;在过于自信的过失中,侵权行为人已经预见到可能的损害后果,并且与他人联络、商量或者沟通,形成一致的认识;而在疏忽大意的过失中,侵权行为人没有预见到损害的发生,无法与他人联络、商量或者沟通,不可能形成意思联络。

2. 同一侵权行为

同一侵权行为是指数个侵权行为人同时实施的同一个侵权行为。如甲乙两人一起抬石头不小心石头掉下砸伤丙,如甲乙两人的双手一起扣动手枪扳机打死丙,如甲与乙通奸造成乙的丈夫丙名誉受损。

在这样的共同加害行为中,数个侵权行为人都实施了行为,并且是一起实施的。在时间上,数个侵权行为实施的时间完全相同;在空间上,数个侵权行为实施的空间完全相同;在侵害对象上,数个侵权行为侵害的对象是同一个;在侵害后果上,数个行为造成的损害后果一模一样;在因果关系上,只有一个因果关系。接下来笔者通过甲与乙通奸造成乙的丈夫丙名誉受损这个例子的解说,进一步解释同一侵权行为。甲乙两个人通奸,必须两个人在一起才能实施(时间、空间同一),侵害的是丙的权利。这个通奸必须由甲乙二人才能完成,光甲自己或乙自己都无法完成。不是甲自己的侵权行为造成了丙的名誉权受损,也不是乙自己的侵权行为造成了丙的名誉权受损,而是甲、乙实施的同一侵权行为造成了丙的名誉权受损。

由此可见,虽然同一侵权行为是由数个侵权行为人共同实施的,但是,在侵权行为的数量上只有一个,就是数个侵权行为人实施同一个侵权行为。因此,本书称之为同一侵权行为。

需要说明的是,这里的"同一"是一种客观描述,而非主观认定,这不同于有的学者的"一个共同的行为"。该学者认为,意思联络使得数个主体的各自行为统一起来成为一个共同行为。① 这种所谓的"一个共同行为"是主观认定为一,而非客观上的一个行为。

尽管"同一侵权行为"这个术语是笔者所发明的,但是,这个术语所描述的现象在日常生活中比比皆是,也为其他人学者所发现,只不过没有冠以此名。如郑玉波先生举的二人抬重物登高坠落伤人的例子②,王泽鉴先生举的同谋虚伪买卖、与有配偶者通奸、共同欺诈等例子③,王卫国教授举的数人共同操作一台机器、数人使用一个商标、数人合著发表一篇文章等例子④,叶金强教授举的两人抬木头过街碰人的例子⑤。四位学者都认为这是共同过失,而这种数人侵权行为在客观上的特点,他们都没有发现。

不仅理论界没有认识到这一点,就是司法实践中一些关于同一侵权行为的案件,也都被法院直接冠以共同加害行为的名头。⑥ 在吴冠中诉上海朵云轩、香港永成古玩有限公司出售假冒其署名的美术作品纠纷案⑦中,两个公司联合拍卖,而拍卖行为是一个行为,二被告的拍卖行为构成同一侵权行为。在马旭诉李颖、梁淦侵权损害赔偿纠纷案⑧中,李颖和梁淦是一起燃放烟火,其中李颖用手举着魔术弹,梁淦将小烟火放进魔术弹弹筒里点火;二人是一起燃放魔术弹,是同一侵权行为。在梁平诉张丽、黄艳人损害赔偿纠纷案⑨中,和上个案件案情几乎一样⑩,张丽手持魔术弹,黄艳点火,也是同

---

① 伍再阳:《意思联络是共同侵权行为的必备要件》,载《法学季刊》1984年第2期。
② 参见郑玉波:《民法债编总论》,中国政法大学出版社2004年版,第143页。
③ 参见王泽鉴:《侵权行为》,北京大学出版社2009年版,第358—359页。
④ 参见王卫国:《过错责任原则:第三次勃兴》,中国法制出版社2000年版,第273页。
⑤ 参见叶金强:《共同侵权的类型要素及法律效果》,载《中国法学》2010年第1期。
⑥ 下面三个案件在判决中无一例外都被认定为共同加害行为,法院也无一例外地对认定原因保持了沉默。
⑦ 参见《最高人民法院公报》1996年第2期。
⑧ 参见《最高人民法院公报》1996年第1期。
⑨ 参见季境:《共同侵权导致人身损害赔偿》,中国法制出版社2004年版,第1页。
⑩ 不可思议的是,连凶器都是一样的,都是魔术弹。

一侵权行为。

共同加害行为是数个侵权行为人共同实施的侵权行为,而同时实施正是共同实施的一种,并且从时空的角度来说最典型的一种;因此,这样的行为也属于数个侵权行为人共同实施的侵权行为。和其他共同加害行为相比,"同一"更能体现共同加害行为的"共同";毫不夸张地说,它是最纯正的、最原始、最正宗的共同加害行为。

(二)共同加害行为的范围

本书认为,共同加害行为的范围既包括意思联络下的所有客观情况,也包括任何主观状态下的同一侵权行为。

1. 意思联络下的所有客观情况

意思联络下的所有客观情况是指数个侵权行为人在主观上只要有了意思联络,其客观方面无论怎样都会构成共同侵权行为。具体说来,只要数个侵权行为人在侵犯他人合法权益上有了主观上的一致认识、形成了一个整体意志,不管客观上数个侵权行为人之间如何分工、如何实施加害行为,也不管每个侵权行为人实施的侵权行为是直接地造成损害后果还是间接地造成损害后果,都构成共同侵权行为。

之所以这样认定,原因在于:数个侵权行为人都有过错,经过联络、商量或者沟通,达成了一致的认识,形成了一个整体意志,正是这个整体意志支配着接下来数个侵权行为人实施的数个行为,进而造成了损害后果的发生。在这种情况下,数个侵权行为都受到该整体意志的支配,被视为一个整体侵权行为,每个侵权行为人的侵权行为都是构成该整体侵权行为的分子;所以,意思联络下的所有客观情况都构成共同侵权行为。

对于这种由意思联络构成的共同加害行为,本书称之为意思联络型共同加害行为。

2. 任何主观状态下的同一侵权行为

同一侵权行为中数个侵权行为人有不同的主观心态,可能数个侵权行为人有共同的过错:共同故意(如甲乙兄弟二人找到杀父仇人丙后共同扣动手枪的扳机射向丙),共同过失(如甲乙二人合著一篇文章付诸发表,就其中涉及丙名誉的部分,二人讨论之后认为不会侵害丙的名誉,文章发表后损害了丙的名誉),故意与过失的结合(如甲乙二人是陀螺游戏的同一方,甲看到仇人丙在不远处于是向乙建议朝着丙的方向抽打陀螺,乙根据距离估计不会击中丙于是同意,结果二人抽打飞出去的陀螺却击中了丙);也可能数个侵权行为人没有共同的过错,其过错都是各自的:各自的故意(甲乙二人从楼上往下一起扔楼板,怕误伤楼下行人,他们只等无人经过时才扔;甲看到仇人丙在路上走,于是用力把自己手中的楼板一端扔下去,碰巧丙也是乙的仇人,乙也把自己手中楼板的一端扔下去;结果丙被扔下的楼板砸伤),各自的过失(甲乙二人共抬一重物上楼,甲想偷懒就用一只手,乙以为甲用尽全力自己想偷懒也就用一只手,结果重物掉下砸伤楼下行人丙),各自的故意与各自的过失的结合(如甲乙二人是陀螺游戏的同一方,甲看到仇人丙在不远处于是向乙建议朝着丙的方向抽打陀螺,乙没有往丙的方向看就同意了,结果二人抽打飞出去的陀螺击中了丙)。

尽管同一侵权行为中数个侵权行为人在实施侵权行为时有不同的主观心态,但在客观上该行为是数个侵权行为人共同、一起、同时实施的。从某种意义上说,同一侵权行为像是一个单人侵权行为。因此,不论数个侵权行为人是有共同的过错,还是分别的过错,只要是同一侵权行为,都构成共同加害行为。

对于这种由同一侵权行为构成的共同加害行为,本书称之为同一行为型共同加害行为。

需要说明的是,本书关于共同加害行为界定中的侵权行为,既包括一般侵权行为,也包括特殊侵权行为。所以,本书的共同加害行为不仅包括数个侵权行为人基于意思联络而实施一般侵权行为和实施同一一般侵权行为,也包括数个侵权行为人基于意思联络而实施特殊侵权行为和实施同一特殊侵权行为。易言之,在构成共同加害行为方面,一般侵权行为与特殊侵权行为相同,后者并无特殊性。

二、兼指说的优越性

本书认为共同加害行为既包括意思联络型共同加害行为,也包括同一行为型共同加害行为,采兼指说。之所以有这样的立场,是因为主观说、客观说、折中说并不妥当,而兼指说有着重大的优越性。

(一)客观说的不妥

1. 客观说的主要观点及理由

客观说强调共同加害行为的本质在于客观共同性,而非主观共同性。

在客观说的内部,又分为共同行为说、关联共同说和共同损害说。

邓大榜先生早在20世纪80年代就提出共同行为说。他认为:"一个共同加害结果的发生,总是同共同加害行为紧密联系,不可分割的,每一个加害人的行为与共同行为又具有不可分割的性质,单个行为是共同行为的组成部分,缺少任何一个单个行为,共同侵权行为即不能构成,该损害后果亦不能发生。所以,只有共同行为才是损害后果发生的原因,而不能说每一个人的行为是损害发生的单个原因,此乃共同侵权行为与多因一果的根本区别。正是这种共同行为的不可分割性,才使共同行为与共同损害后果有了必然的、不可分割的联系,决定了任何一个人对全部损害后果负有不可推卸的责任。""从社会现实生活看,共同侵权行为,不仅存在着共同故意,而且存在着大量的共同过失,这在我们的日常生活中屡见不鲜。例如,某生产队社员孙某、柴某、冯某三人冬天下地劳动,休息时在距许某住房15米处用柴火生火取暖,回家时因疏忽大意未将余火灭尽,而致许某房屋着火,这就是共同过失的侵权行为。假定我们以共同意思联络为共同侵权的必备要件,结果将会把大量的共同过失排除在共同侵权之外,这显然是和共同侵权行为的基本概念自相矛盾。"① 后来持共同行为说的是王卫国教授。他认为:"现代侵权行为法的发展,主要集中在非故意侵权的领域,尤其是事故致损的领域。共同侵权行为规则的发展,也不例外。在共同的生产、经营和其他社会生活中,人们相互间协作、联系和影响的机会日益增加,产生出大量的共同行为。由这些共同行为,又产生出共同的注意义务。基于这种共同注意义务,就引申出共同过失的概念。共同过失,无论是共同的疏忽还是共同的懈怠,都属于消极的共同意志状态。由这种消极的共同意志状态,产生出不作为或错误作为的共同行为状态,从而由这种共同行为状态造成损害结果,这就是基于过失的共同侵权行为。例如,甲乙二人共同操作一台机器,二人违章操作,致事故发生。又如,甲乙二人合著一篇文章并付诸发表,因疏忽而致内容失实,造成丙的名誉受损害。在这些案件中,都具备'数人之行为构成损害发生之单一原因'这一标志,而这单一原因中既包含着客观的行为关联,也包含着主观的意志关联(即以共同之疏忽或懈怠违反共同之注意义务)。由此可见,拘泥于传统的共同意思联络观点,否认基于过失的共同侵

---

① 邓大榜:《共同侵权行为的民事责任初探》,载《法学季刊》1982年第3期。

权,实在是落后于时代的发展。"①

关联共同说的主要代表人物是史尚宽先生。他认为:"各自之违法行为,须关联共同为损害的原因或条件。为构成关联共同,有主张主体间应有通谋或共同认识者,然民法上之共同侵权行为,与刑法之共犯不同,苟各自之行为,客观的有关联共同,即为已足。盖数人的行为皆构成该违法行为的原因或条件,行为人虽无主观上之联络,以使其就结果负连带责任为妥。尤其在不作为时,有此必要。例如两个保姆因全然不哺乳,导致孤儿院收容的幼儿死亡。则此二保姆虽无意思之联络,应负连带责任,概无疑义。又如数个之报纸,无意思之联络,依各个之行为,毁坏一人之名誉,其各行为相合而发生或增大损害,共同侵权行为数人之行为,得为故意或过失,例如依著作者、印刷者、发行者、贩卖者之共同行为,发卖毁坏他人名誉之记事之时,各自虽无故意或仅其中一人为故意,他为过失,皆为共同侵权行为。数人行为之时之地,无须为同一。权利之损害,虽同时为之,而其行为为个别行为,其损害得分离者,例如某人名誉之损害,于某地之报纸有记载,同一记事同时于他地之报纸亦有记载,两报纸之间无意思之联络,其各记事之损害可个别的分离之时,则非共同侵权行为。反之,损害不可分离者,虽以单独之行为得生同一之损害,例如数个报纸毁坏名誉,虽以一个报纸之记事已足发生其结果,又由两个工厂放出毒水致鱼毙死,虽以一个工厂之放水亦不免发生其结果者,其各自之行为现为该损害之原因,仍为共同侵权行为。行为异时对于一个结果,与以条件或原因者,例如名誉毁损之事实,由他人传播,其传播与当初之毁损行为在于相当因果关系者,就传播后之损害,当初之毁损者与传播者为共同侵权行为人。又如骚扰行为得异时异地为之。其时间及场所相互牵连而参加之者,多就其结果有认识。如无特别之反证,纵无共通之故意或过失,就杀伤之行为,应为共同侵权行为人负其责任(日本昭和九年十月十五日大审院判例)。"②

王伯琦先生持共同损害说。他认为:"发生的损害须为同一,是共同侵权行为的中心观念,其所以异于一般侵权行为者,亦即在此。民法上的共同侵权行为与刑法上的共同正犯,不尽相同。刑法上的共同正犯,除有共同犯

---

① 王卫国:《过错责任原则:第三次勃兴》,中国法制出版社2000年版,第273页。
② 史尚宽:《债法总论》,中国政法大学出版社2000年版,第173—174页。

罪行为外,必须有共同意思联络。因为刑事责任以犯意为中心观念,而民事责任,则以填补损害为目的,如损害的发生系由于行为人的共同行为,纵使行为人无意思联络,也应负连带责任。反之,如果损害的发生非由于行为人的共同行为,纵使其有意思联络,除其应负教唆或帮助责任外,不能使其负共同加害行为责任。如甲乙二人并无意思联络,分别偶遇丙,各开一枪,丙被杀死。在刑事上并非共犯,但在民事上应负共同侵权行为责任,是指二人行为与丙的死亡结果,共同有相当之因果关系而言。如一以拳击,一以枪击中其心脏致死,则仍难成立共同侵权行为。如果甲乙二人有意思联络共同开枪杀丙,甲射中,乙未射中,在刑事上甲乙仍为共同正犯,但在民事方面,乙不应负共同加害行为责任。至于其是否应负教唆或帮助(物质的或精神的)责任,属于另一问题。"①

2. 对客观说的批评

笔者认为,在以下几个方面,客观说并不妥当。

(1) 欠缺责任基础

众所周知,对于侵权法中一般侵权行为和特殊侵权行为,法律对其行为人归责的基础不同:前者是因为主观过错,后者是因为客观行为。② 但在共同加害行为中,不论是由一般侵权行为构成的共同加害行为还是由特殊侵权行为构成的共同加害行为,每一个侵权行为人都要对所有侵权行为造成的全部损害后果承担责任而非仅仅对自己的侵权行为造成的损害后果负责。由于每个侵权行为人都有过错,并且就此进行了联络、商量或者沟通,从而使各自的意志凝结成一个整体意志,这个整体意志同时也是每个侵权行为人意志的体现;所以,该整体意志支配下的所有侵权行为其实也是在每个侵权行为人意志支配下实施的;因此,每个侵权行为人都要对该整体意志支配下的所有侵权行为所造成的全部损害后果负责。

客观说认为共同行为就能够构成共同加害行为,而忽视了数个侵权行为人的主观心态,欠缺对全部损害后果承担责任的基础,不足为取。

---

① 王伯琦:《民法债编总论》,台湾编译馆1963年版,第80页。
② 当然,也有的学者认为特殊侵权行为是客观存在的危险。笔者认为,客观行为与客观危险并没有什么实质性的差别。

(2) 悖离责任自负理念

在侵权法中,行为人往往只对自己的侵权行为负责而不对他人的行为负责。法律之所以要求行为人对自己侵权行为造成的全部损害承担责任,在于近代私法对于人的意志的尊重,将基于人的意志的行为作为侵权法的规制对象。这种责任自负理念源于康德的理性主义,强调人的自由意志。在共同加害行为中也要坚持责任自负理念,但如果取消意思联络这一要件,侵权行为人为他人的侵权行为承担责任缺少主观意志上的原因,也就背离了责任自负理念。

上述观点在一般共同加害行为中不难理解,但对于由特殊侵权行为构成的共同加害行为,似乎不太妥当;因为,毕竟特殊侵权行为的归责基础是客观行为而非主观过错。其实并非如此,由特殊侵权行为构成的共同加害行为,某一个侵权行为都是特殊侵权行为,每个侵权行为人对于自己的侵权行为造成的损害后果承担侵权责任是基于客观行为,但是,他为什么要对其他侵权行为人的特殊侵权行为造成的损害后果负责?毕竟为他人的侵权行为(不管是一般侵权行为还是特殊侵权行为)承担侵权责任并不符合责任自负理念?答案就是意思联络。因为意思联络而产生的整体意志,使得某一个特殊侵权行为人为他人的特殊侵权行为所致损害后果承担侵权责任就符合了责任自负理念。

(3) 造成利益失衡

客观说的最大弊端就是在某些情况下数个侵权行为人有意思联络但无共同行为,却不能被认定为共同加害行为,从而造成了侵权行为人与受害人之间的利益失衡。客观说的支持者王伯琦先生曾说过:"如损害的发生系由于行为人的共同行为,纵使行为人无意思联络,也应负连带责任。反之,如其损害之发生非由行为人之共同行为,则纵使其有意思联络,除其应负教唆或帮助责任外,要难使其负共同加害行为之责任。"①

这种观点明显欠妥,兹举一例加以论证。如甲、乙、丙准备伤害丁,商量的结果是甲策划方案,乙准备工具,丙负责殴打。如果按照主观说,很容易就可确定甲乙丙三人共同加害行为成立,因为三人之间有意思联络。但依据客观说,实施伤害行为的只有丙一个人,难以确定三人之间存在共同行

---

① 王伯琦:《民法债编总论》,台湾编译馆1963年版,第80页。

为,那么也就无法构成共同加害行为,自然无法让三人承担连带责任。这样的结果与充分保护受害人的初衷相悖,也造成了数个侵权行为人与受害人之间的利益失衡。

论者或曰,虽然甲、乙没有实施具体的加害行为,但是分别有策划方案和准备工具的行为,可以认定为对丙的加害行为的帮助,仍然成立共同加害行为,甲乙丙三人仍然要承担连带责任。首先,这种说法不成立,因为它混淆了一般共同加害行为与特殊结合行为。① 其次,即使这样的说法勉强能够成立,那么下面的情形无论如何客观说也解释不了。

甲乙二人准备抢劫,分工是甲负责打人,乙负责抢钱;结果丙携手提包路过,甲打断其右腿,乙抢走包里的一万元。如果按照主观说,很容易就可断定甲乙二人共同加害行为成立,因为二人之间有共同的意思联络。但依据客观说,甲乙二人造成的损害不同,一个侵犯的是丙的健康权,一个侵犯的是财产权,实施的侵权行为也不同,无论如何无法将二者视为共同行为,因此,也就无法构成共同加害行为。

(4) 违背法律指引功能

作为一种社会规范,法律的一个重要作用在于指引人们的行为、给人们的行为提供合理的预期;法律使人们能够有这样一种确信,只要依据法律规则行事,自己的行动一般不会与他人发生冲突,进而可以全心地在自己领域内追求自己的目的并开启创造性的工作。但是,如果按照上述客观说的逻辑,行为人将无法形成有效的行为预期:因为只要其行为与他人的行为结合成同一的不可分的结果,那么他就要承担共同侵权行为的连带责任。特别是,现代社会中与他人进行接触、行为结合成密不可分是较为常见的事情。因此,这种法律规则非但未能引导人们在新的未知领域内形成有效的行为预期进而弥补人们知识构成上的永恒局限;反而使人们变得更加无知、无助了。所以,如果采客观说,那么有关共同侵权行为的法律就成为了我们有效行动的阻碍、社会失序的源流。②

对此有学者说道:"客观说对行为人来说过于苛刻,也会在无形中束缚

---

① 帮助只能构成特殊共同加害行为,而非一般共同加害行为。二者虽然都产生连带责任,但并非一回事。对此,本书第三章将会详细论述。
② 参见戴兴利:《侵权责任形态考(下)》,http://www.civillaw.com.cn/article/default.asp? id=34761,访问时间:2011年6月2日。

民事主体正常的活动,因为他们要时刻提防自己的行为是否会与他人的行为相结合而给第三方造成损害,即使这样的结合是偶然的、不可预见的,这对于正常的民事活动的展开未免不利。"①

3. 对客观说合理部分的吸收

不能不承认,客观说的出发点是好,其目的很简单,就是为了更好地保护受害人,通过扩张连带责任的适用范围进而使受害人获得更充分的救济。一些学者认为,早期的主观说用意思联络为共同加害行为与其他无意思联络的数人侵权作出了划分,但是随着社会的发展,共同加害行为的发生日渐多样化、复杂化和频繁化,在这样的"势力范围"划分方式中,共同加害行为占有的地盘太小,连带责任的适用没有完全发挥它对于受害人的强大保护作用,有太多的受害人因为不能认定共同加害行为,不能适用连带责任而得不到充分的救济。因此,他们希望适当放松对共同侵权的"紧箍咒",通过宽泛的解释"共同性"扩大纳入共同侵权的多人侵权行为种类,让连带责任在更为宽广的范围内切实为受害人受损的权益提供保障。由此,"共同性"的含义便出现了由共同故意扩展到共同过失,由主观过错扩展到客观关联的多样化发展。②

上述描述确实存在合理的成分,随着社会的不断发展变化,特别是风险社会的到来,有的国家和地区对于共同加害行为的认定确实由主观共同变为客观共同。典型者如我国台湾地区"民法典"第185条,原本采主观说③,

---

① 参见邓玲玲:《共同侵权制度研究》,华东政法大学硕士学位论文,2007年,第16页。
② 参见张新宝、唐青林:《共同侵权责任十论》,载张新宝:《侵权责任立法研究》,中国人民大学出版社2009年版,第232页;刘士国:《现代侵权损害赔偿研究》,法律出版社1998年版,第85页;田国兴:《共同侵权行为立法研究》,载田土城、刘保玉、李明发主编:《民商法评论》(第1卷),郑州大学出版社2009年版,第257页;吴小慧:《论共同侵权行为的判定及民事责任之承担》,湘潭大学硕士学位论文,2010年,第20页。
③ 立法理由是:查民律草案第950条理由书谓数人共同为侵害行为,致加损害于他人时,(即意思及结果均共同)各有赔偿其损害之责任。至造意人及帮助人,应视为共同加害人,使足以保护被害人之利益。其因数人之侵权行为,生共同之损害时(即结果共同),亦然。此本条所由设也。

司法实务起初采纳的是主观的共同关系说①,理论界亦然。但是,1977年"司法院"以"例变字第1号"改变了这一立场:"民事上共同侵权行为,与刑事上之共同正犯,其构成要件并不完全相同,共同侵权行为人间不以意思联络为必要,数人因过失不法侵害他人之权利,苟各行为人之过失行为均为其所生损害之共同原因,即所谓行为关联共同,亦足以成立共同侵权行为。"因此,司法实务也随之改变立场②,理论界也纷纷由主观说改为客观说。③

现代社会的迅猛发展,迫使侵权法和共同加害行为理论要不断面对现实生活的挑战,及时回应现实生活的变化。所以,笔者对于客观说的"保护受害人"的出发点也深表赞同,笔者也强调在数人侵权中要加强对受害人的救济,特别是考虑到我国国情,适当扩大数人侵权中的连带责任是可取的。但是,笔者同时认为,不能只考虑保护受害人这一个价值取向,保障行为人的行为自由同样重要;侵权法要在二者之间实现平衡,不能厚此薄彼。④ 所以,我们在理论研究和制度设计时不能仅仅从价值判断出发:当论者主张最大限度地保护受害人,自然倾向客观说;当论者不赞成这一主张时,其可倾向主观说;从调和立场出发,既不能使受害人可请求连带责任赔偿的范围太窄,也不能使其太宽,则可能主张折中说。而在价值判断问题上各有喜好,谁也难以说服谁应是正常现象。所以,就像有的学者所言那样:"当价值判断成为论点的主导

---

① 如1931年上字第1960号判例指出:"他人所有物而为数人个别所侵害者,若各加害人并无意思上之联络,只能由加害人各就其所加害之部分,分别负赔偿责任。"1966年台上字第1798号判例认为:"本件车祸系计程车与卡车司机不慎肇事,依'司法院'第2383号解释,无共同过失之侵权行为,法院仅得就各该司机应负过失责任程度之范围内,令其与雇用人连带赔偿。"

② 如台上字第3182号判决谓:"按共同侵权行为之损害赔偿,固不以加害人有意思联络为要件,但仍须有客观的共同关联性,即必须损害之发生,及有责任原因之事实,二者之间有相当因果关系为其成立要件,如就其行为确能证明绝无发生损害之可能性,则行为与损害之间无因果关系,即难遽令负担共同侵权行为之连带赔偿责任。"

③ 当然也有不同认识。钱国成先生在司法院没有变更之前,就不认为司法实践采主观说。参见钱国成:《共同侵权行为与特殊侵权行为》,载郑玉波、刁荣华主编:《现代民法基本问题》,汉林出版社1981年版,第60页。

④ 所以,张谷教授对《侵权责任法》的定性是"作为救济法的侵权法,也是自由保障法。"参见张谷:《作为救济法的侵权法,也是自由保障法——对〈中华人民共和国侵权责任法(草案)〉的几点意见》,载《暨南学报(哲学社会科学版)》2009年第2期。

理由时,纷争难止。"①这点本书第一章已经提及,也是本书力图所避免的。

在这个问题上,不仅要考虑价值取向,还要考虑侵权法的逻辑和体系,实现二者的有机结合。过分强调外在于逻辑的价值,忽视了侵权法的可归责性,则可能使法律成为法官任意裁量的玩偶,侵蚀侵权法的最终根基②;过分强调法律逻辑的自治性,则会使受害人得不到应有的救济,又有悖现代维护民法实质正义的政策。③

然而,如何实现二者的有机结合呢?笔者认为,一方面,不能墨守主观说的陈规,连带责任的范围应当扩大;但是这种扩张应当以一定的逻辑体系为基础,而不能有了保护受害人的华丽外衣就可以无所顾忌地横冲直撞,如果保护受害人不考虑逻辑体系,那么就会动摇整个侵权法的根基。

另一方面,还要接受既有的侵权法逻辑体系。既然接受既有的侵权法逻辑体系的约束,那么在共同加害行为领域内仍然要坚持主观说;至于扩大连带责任的重任,可以在分别加害行为侵权责任中体现,让一些分别加害行为人承担连带责任,进而实现保护受害人的目的——关于这点,本书第五章将会详细论述。

(二) 折中说的不妥

1. 折中说的主要观点及理由

我国大陆地区折中说的代表学者是张新宝教授。早在上世纪 90 年代,张新宝教授就指出,主观说害怕扩大共同侵权及连带责任之适用而加重加害人的负担;客观说则试图寻求对受害人更有力的保护与救济。但侵权行为法的主要社会功能之一就是平衡社会法益。因此正确的理论应当把握加害人与受害人之间的利益平衡,不可偏执于一端。基于这一考量,对于共同侵权行为之"共同",应采折中的观点。判断数个加害人的侵害行为是否具有共同性或是否构成共同侵权行为,应从主观和客观两个方面来分析。从主观方面而言,(1)各加害人均有过错,或为故意或为过失,考虑数个加害人的主观方面的因素,但是不要求共同的故意或意思联络。(2)过错的内

---

① 孙维飞:《当代侵权行为法学之发展——以法教义学理论为视角的观察》,华东政法大学博士学位论文,2008年,第94页。

② 可怕的是,在司法实践中,这种倾向越发明显。

③ 参见麻锦亮:《人身损害赔偿新制度新问题研究》,人民法院出版社2006年版,第217页。

容应当是相同或相似的。过错的内容是指加害人具体的心理状态,如对他人之生命健康权试图进行加害,或者对他人之生命健康权疏于应有之注意。共同加害人应具有相同或相似的过错,如共同加害人某甲有加害某丙之健康的故意或过失,共同加害人某乙也应有加害某丙之健康的故意或过失,这样才可能构成共同侵权行为。否则,如果某甲有加害某丙之健康的故意或过失,而某乙只有侵害某丙财产(如盗窃)的故意或过失,某甲与某丙之行为即使其行为在客观上巧合地交织在一起(如发生在同样的时间、地点),也不认为是共同侵权行为。从客观方面而言,(1) 各加害人的行为具有关联性,构成一个统一的、不可分割的行为整体;(2) 各加害人的行为均构成损害后果发生原因不可或缺的一部分。共同侵权行为在客观方面的特征,将其与多因现象的侵权行为(如多因一果、多因多果)区别开来。于共同侵权行为,各共同加害人的行为具有关联性,不可分割,共同构成一个统一的行为,这一行为是损害结果发生的唯一原因。相反,多因现象的侵权行为,多个加害人的行为都是导致损害结果发生的原因。①

由此可见,折中说在强调主观共同的同时,又强调客观的共同,因此,在折中说下,既要主观共同又要客观共同(当然,这里的共同要作广义的理解),二者缺一不可。所以,它和兼指说有着本质的区别。兼指说认为,无论是主观说还是客观说,对受害人的保护利弊兼具;于是放弃主观说和客观说的狭隘,把二者都包括进去。具体说来就是,某些情况下的主观共同构成共同加害行为,某些情况下的客观共同也构成共同加害行为。易言之,在兼指说下,共同加害行为的外延包括包括两部分,这是它与主观说、客观说和折中说的不同;后三者的外延只有一部分:要么是主观的共同(主观说),要么是客观的共同(客观说),要么是主客观的都共同(折中说)。表面上看,折中说和兼指说都是吸收了主观说和客观说的精华,都追求利益的平衡而不偏执于一端,但二者存在着巨大的区别。做个可能不太形象的数学比喻:折

---

① 参见张新宝:《中国侵权行为法》,中国社会科学出版社1998年版,第167—168页。

中说是主观说与客观说的交集,而兼指说是主观说与客观说的并集。①

但笔者怀疑自己误读了张新宝教授的折中说,因为张新宝教授在下面三点又站在兼指说的立场。第一,他认为,根据折中说,共同侵权行为的类型包括:(1)由法律、法规明文规定的共同侵权行为,如教唆、帮助他人实施侵权行为;(2)基于数个加害人有意思联络的故意侵害行为;(3)基于内容相同的过失(如违反共同注意之义务)侵害同一受害人相同或相近民事权利之行为;(4)基于相同内容的过失与故意之结合或基于分别过失行为的结合,而侵害同一受害人相同或相近民事权利之行为。② 从这个范围来看,似乎是兼指说。第二,他认为《人身损害赔偿司法解释》第3条对共同加害行为的界定基本上采纳了折中说。③ 而实际上,《人身损害赔偿司法解释》第3条对共同加害行为的界定采纳的是兼指说。第三,他在反思折中说时说道:"但是由于折中说适用标准不唯一,有时适用主观标准,有时适用客观标准,可能导致理解上的混淆及适用上的困难。"④而实际上折中说的标准就一个,即主客观共同的统一,反而是兼职说由于包含两部分,前一部分是主观的共同,后一部分是客观的共同,适用标准不统一。⑤

为了避免对张新宝教授的误读,笔者不再将其作为折中说的代表人物,仅仅针对"在共同加害行为的构成要件上,既要考虑侵权行为人的主观方面,又要考虑侵权行为之间的客观联系"这种观点。

2. 对折中说的批评

在主观说与客观说针锋相对的过程中,折中说发现了二者的不足,试图

---

① 交集与并集都是集合的分类。交集是指以属于A且属于B的元素为元素的集合,记作$A \cap B$(或$B \cap A$),读作"A交B"(或"B交A"),即$A \cap B = \{x | x \in A, 且 x \in B\}$。并集是指以属于$A$或属于$B$的元素为元素的集合,记作$A \cup B$(或$B \cup A$),读作"$A$并$B$"(或"$B$并$A$"),即$A \cup B = \{x | x \in A, 或 x \in B\}$。当然,这样的比喻不准确的地方在于:折中说在主观共同方面扩大了主观说的主观共同,在客观方面扩大了客观共同,所以交集的两个集本身可能有所扩大。

② 参见张新宝:《中国侵权行为法》,中国社会科学出版社1998年版,第167—168页。

③ 参见张新宝:《侵权责任法原理》,中国人民大学出版社2005年版,第81页。

④ 参见张新宝、唐青林:《共同侵权责任十论》,载张新宝:《侵权责任立法研究》,中国人民大学出版社2009年版,第235页。

⑤ 有的学者在给自己的观点命名时也混淆了折中说与兼指说。如孔祥俊法官说道:"折中说认为,'共同'原则上指主观共同,即致害人有共同的意思联络。但虽无共同意思联络,而数人的致害行为导致不可分割的损害后果时,亦成立共同侵权行为。"参见孔祥俊:《民商法新问题与判解研究》,人民法院出版社1996年版,第251页。他眼中的折中说分明就是兼指说。

吸收二者的精华,实现害人与受害人之间的利益平衡而不偏执于一端,其出发点值得赞扬;遗憾的是,折中说犯了主观说所犯过的"错误":由于只是主观说与客观说的交集,折中说所认定的共同加害行为范围比主观说和客观说都狭窄。

以上是从大的方面来讲的,即使从小的方面来讲,折中说也有欠妥之处。折中说认为主观上数个侵权行为人的过错的内容是相同或相似的。过错的内容相同理所当然,为什么不同的仅仅是相似的过错内容也行?主观上的过错不同,能产生一个整体意志?① 折中说认为客观上各共同加害人的行为具有关联性不可分割,共同构成一个统一的行为。明明是数个行为,怎么就构成了一个统一的行为?是事实上的一个行为还是一个主观上被视为的一个行为?如果是后者,为什么把数个行为视为一个行为,理由何在?这些疑问,折中说都无法给予合理的解释。

(三)共同过错说的不妥

前文已述,兼指说既包括一定的主观说,也包括一定的客观说。就主观说而言,其内部又分为意思联络说、共同过错说和共同认识说。本书没有采共同过错说,是因为其存在不妥之处。

1. 共同过错说的主要观点及理由

共同过错说最初为佟柔先生提倡②,经王利明教授大力发扬,多年以来成为理论界和实务界的主流观点。王利明教授认为,在共同侵权行为中,各行为人主观上具有共同过错是其依法应负连带责任的基础。正是基于共同过错,各行为人的行为构成为一个整体。既然在共同侵权行为中,各行为人都认识和意识到了其共同行为所可能造成的损害结果,因此,各行为人的损害行为构成集体行为,损害后果是由集体行为而非各行为人的单独行为所致。损害是单一的,不能从原因上进行分割。若无共同的过错,则无共同的、单一的损害结果。因此,共同侵权行为人应向受害人负连带责任。不考

---

① 虽然张新宝教授举了一个例子(共同加害人某甲有加害某丙之健康的故意或过失,共同加害人某乙也应有加害某丙之健康的故意或过失),但该例子偏偏是相同的过错而非相似的过错。参见张新宝:《中国侵权行为法》,中国社会科学出版社1998年版,第167页。

② 如在改革开放之后最早的民法教科书《民法原理》就是佟柔先生编写的。该书认为,几个行为人之间在主观上有共同致害的意思联络,或者有共同过失,即具有共同过错。参见佟柔:《民法原理》,法律出版社1983年版,第227页。

虑行为人是不是有共同的意思联络,只要行为人在主观上具有一种共同的认识或者一种共同的预见性,都有可能构成共同侵权。所以在共同侵权里面会出现其中一人的行为是故意、另外一人是过失的情况。共同过失包括两种情况:一是各行为人对其行为所造成的共同损害后果应该预见或认识,但因为疏忽大意和不注意而致使损害后果发生。例如甲指导乙驾驶汽车时,不慎误伤行人,甲乙二人事先并无伤害行为的合意,但他们都对误伤行人的后果具有共同的过失。二是数人共同实施某种行为造成他人的损害,虽不能确定行为人对损害结果的发生具有共同故意,但可根据案件的情况,认定行为人具有共同的过失。如数人承包建筑房屋时,房屋倒塌致行人损害,各承包人对建筑物倒塌伤害行人的后果虽无共同故意,但可认定其具有共同过失,并由此使其向受害人负连带责任。①

王利明教授主持的《中国民法典学者建议稿》第1842条规定:"因共同过错致人损害的,为共同侵权行为,共同加害人应承担连带责任。二人以上共同故意致人损害的,仅须受害人证明损害系其中之一的行为所致即应当承担连带责任。"②该条中的"因共同过错"的字样明显体现了王利明教授的共同过错说观点。

2. 对共同过错说的批评

就意思联络型共同加害行为而言,意思联络说与共同过错说都属于主观说的阵营。前文已述,意思联络包括共同故意和过于自信的过失,而共同过错说不仅包括共同故意,还包括共同过失,即过于自信的过失和疏忽大意的过失。本书与其分歧就在疏忽大意的过失上;另外,在故意与过失能否成立共同加害行为上,本书与共同过错说也有不同的看法。

对于共同过错说的不足,学界已经有了较为中肯的评价③,本书就此不

---

① 参见王利明:《侵权责任法》(上卷),中国人民大学出版社2010年版,第517、518、527、528页。
② 王利明主编:《中国民法典学者建议稿及立法理由·侵权行为编》,法律出版社2005年版,第35—36页。
③ 参见程啸:《论意思联络作为共同侵权行为构成要件的意义》,载《法学家》2003年第4期;王永霞:《共同侵权行为论》,北京大学博士学位论文,2009年,第137—138页。

再过多纠缠。① 本书认为,在意思联络型共同加害行为中,数个侵权行为人之间形成的一致认识而凝结成一个整体意志,这是构成共同加害行为的原因,也是让数个侵权行为人承担连带责任而非按份责任的原因。而在疏忽大意的过失中,行为人虽然应该预见到自己的行为会侵犯他人的权益但是他并没有预见到,他自己都没有认识;所以,无法就此与其他行为人联络、商量或者沟通。因此,共同过错说中因为包含了疏忽大意的过失,并不妥当。

有学者认为:"在此没有进行意思联络的情况下,则往往被人们排除在具有主观关联性之外,认为不构成共同过失。但笔者以为,共同过失的关键应在于,行为人是否应当具有相同的预见或是否已经具有相同的预见,至于其主观上是否有相关信息交流的意思联络,则在所不问。如,在设计人员设计的建筑图纸有问题,施工人建筑时也有过错的情况下,造成建筑物倒塌致害的后果,学者们都认为两个行为人具有共同过失,构成共同侵权责任。但实际上二行为人未必会具有信息交流的意思联络,甚至未必会已经具有相同的预见认识。"②他认为,共同过失的关键应在于行为人之间相同的预见。这样的观点有两处不妥:第一,相同的预见并不意味着相同的过失。就以其文中提及的例子而言,假设设计人没有发现自己的设计失误,其过错是没有预见到自己的设计失误可能会导致建筑物倒塌;施工人施工时使用劣质水泥,其过错是没有预见到自己的偷工减料可能会导致建筑物倒塌。虽然二者都是没有预见到建筑物倒塌,这点是相同;但是建筑物倒塌是基于自己的

---

① 需要说明的是,对于王利明教授在论证共同过失中所举的两个例子,笔者与盟友程啸博士、王永霞博士的观点并不完全相同。第一个例子是甲指导乙驾驶汽车时,不慎误伤行人丙。这样的例子给的条件不充分,很难精确地分析。甲乙之间的身份、驾驶的地点、驾驶的时间对于案件最终的处理都会有影响。如果甲乙分别是驾校教练与学员,那么可能只需要甲所在的驾校承担责任。对此,陕西省高级人民法院《关于审理道路交通事故损害赔偿案件若干问题的指导意见(试行)》第 12 条明确规定:"学习驾驶员在驾驶培训机构学习期间,驾驶学习机动车发生道路交通事故致人损害的,由驾驶培训机构承担赔偿责任。"如果乙刚刚取得驾驶资格又买了新车,其朋友甲是一个出租车司机,于是乙央求甲坐在自己旁边指导自己,在加档、减档、刹车等方面给予提示;如果在行使中不小心撞到行人丙,也只是乙自己承担责任,甲没有什么过失可言,很难追究甲的责任。第二个例子是数人承包建筑房屋所建造的房屋倒塌致行人损害,该例子的条件也不太充分:数个承包人之间是并列关系还是分包、转包的关系?不同情况的处理结果也不相同。王利明教授的两个例子参见王利明:《侵权责任法研究》(上卷),中国人民大学出版社 2010 年版,第 528 页。

② 张景良:《关于数人侵权责任形态的思考》,载《法律适用》2009 年第 11 期。

行为而造成的,而他们的行为并不相同。第二,即使数个侵权行为人之间的过失相同,但是由于每个人的过失只是支配着自己的行为,不支配他人的行为,所以不应该为他人的行为负责。

不过对于共同过失,有学者认为是不存在的。麻锦亮博士认为:"过失作为一种过错形态,就其本来意义上说,是很难有共同性可言的。因为不论是'有认识的过失'还是'无认识的过失',其都是'结果指向'的。即过失不像故意,在责任发生之前就有明确的指向,而过失只有在后果发生之后,才能确定'预见'的对象。形象的所说,过失的内容是见风使舵的:如果侵害的人格权,则其预见对其就是人格权;反正,也可能是财产权。可见,抛开举证的角度,故意的内容是确定的;而过失的内容是不确定的,因而二者聚合在一起时,是谈不上共同性可言的。"① 笔者对此不敢苟同,如果说故意在损害结果发生之前数个侵权行为人已经确定地预见到,那么在有联络的过于自信的过失中,数个侵权行为人之所以联络、商量或者沟通,就是源于他们也预见到损害也可能发生;见风使舵的只是过于疏忽的自信:行为人并没有预见到即将发生的损害,过失的内容是不确定的。

另外,部分学者认为共同过错说包括故意与过失的结合,这样也能构成共同加害行为。② 有人认为:"此外,数行为人之中尚有可能有的是故意、有的是过失,常见的形态是,故意之人隐藏了自己的侵害目的,而过失之人则是应当预见到损害发生可能性并且可能加以避免。此种情形虽然少见,但并非绝对不可能。"③ 不可否认,在司法实践中已出现过故意与过失结合构成共同加害行为的案件。如李忠平诉南京艺术学院、江苏振泽律师事务所名誉权侵权纠纷案④,鸟人公司主张宏正公司、云南音像出版社侵犯其著作

---

① 参见麻锦亮:《人身损害赔偿新制度新问题研究》,人民法院出版社2006年版,第185页。此外,杨立新教授也表达过同样的观点,参见杨立新主编:《中华人民共和国侵权责任法草案建议稿及说明》,法律出版社2007年版,第58页。但是杨立新教授在著述中没有阐明理由,因此无法评述。

② 参见张新宝:《中国侵权行为法》,中国社会科学出版社1998年版,第167页;梅夏英:《中华人民共和国侵权责任法讲座》,中国法制出版社2010年版,第80页;叶金强:《共同侵权的类型要素及法律效果》,载《中国法学》2010年第1期;张景良:《关于数人侵权责任形态的思考》,载《法律适用》2009年第11期。

③ 叶金强:《共同侵权的类型要素及法律效果》,载《中国法学》2010年第1期。

④ 参见《最高人民法院公报》2008年第11期。

权案。① 另外,立法上也有这样的规定。如我国《证券法》第 69 条规定发行人、承销的证券公司虚假陈述致投资者遭受损失的,发行人、承销的证券公司负有责任的高管承担连带责任。尽管有立法、司法和学说的支持,笔者对此仍然不敢苟同。有故意的行为人隐瞒了自己追求损害后果的心态,有过失的行为人不知道另一个行为人是故意心态,二者之间并没有任何的联络、商量或者沟通,主观上不仅不会形成一致的认识,如何构成共同加害行为?

关于共同过错说的支持者郑玉波先生举的登高抬重物坠落伤人的例子,叶金强教授举的两个抬木头过街碰人的例子,是同一侵权行为;前文已述,此处不再赘述。

所以,意思联络说的共同过错与共同过错说中的共同过错并非一回事。

(四) 共同认识说的不妥

就本书的主观说部分而言,本书也没有采共同认识说,也是因为其存在不妥之处。

1. 共同认识说的主要观点及理由

我国大陆地区较早提出共同认识说的是沈幼伦先生。他认为:"共同过错表现在,各行为主体对造成损害的行为群或整体的侵害活动有无认识上,这种共同的认识就是我们制定共同侵权行为的主观特征的标准。其理由为:第一,根据共同侵权行为的特点,过错的客体应是损害的行为群,而不是加害行为。由于过去我们对共同侵权行为的特征研究较少,因此也就认为,所谓过错就是对自己的行为所会引起的后果所抱的一种心理状态,并把用之于单一主体侵权行为的过错客体盲目地套用到共同侵权行为上来,结果造成了认识的混乱。现在我们注意到了这种区别,就会发现,在任何一个共同侵权行为中,判断是否有共同过错,应分成二步。第一步首先分析各行为主体对构成致人损害的行为群是否有共同的认识,这种共同的认识实际上就是共同的意思联系。如果加以引申就是指对某一尚待进行的活动,各参加人事先共有的一种共同认识,彼此对目标的认识是相同的。当然这种认

---

① 案件文书号:北京市丰台区人民法院(2011)丰民初字第 5792 号民事判决书。在本案中,云南音像出版社的故意是显然的,对于另一个被告,法院认为:"宏正公司未向本院提交证据证明其进行了上述审查义务,因此本院认定宏正公司应对其复制行为承担相应的侵权责任。鸟人公司主张宏正公司、云南音像出版社侵犯其著作权,要求其共同承担侵权责任,本院予以支持。"

识,在程度上也许会有差别。第二步,看致人损害的行为群是故意还是过失。举例来说,甲、乙、丙在马路上踢足球,甲踢球给乙,乙踢球给丙,当丙踢给甲时,甲未接住,球径自飞出,打在行人头部,致人伤害。这一案例,如果用孤立的眼光来看,丙的行为就是加害行为,但如果我们用行为群的观点来分析,就可以得出,丙的加害行为,是甲、乙、丙三人踢球这一整体行为的一部分。精确的说,他们踢足球这一行为群才是损害发生的统一原因。既然原因是行为群,那么分析主观上的过错也就应以该行为群为客体,来探求他们主观上的共同意思联系。"①

我国台湾地区的温汶科先生亦赞同共同认识说。温汶科先生认为,成立共同侵权行为,必须具有"主观的共同",但毋庸共同侵权行为人间有通谋,仅各行为人有"与人共同之意思"即为已足。共同侵权行为系数侵权行为的"共同",从而仅"偶然的竞合"还不够,必须具有行为的"共同"不可。行为人间无任何共同意思时,加害人的行为,完全独立而应构成另一个侵权行为,绝无使某乙负完全不相识的某甲惹起的侵权行为的道理。法律之所以使共同侵权行为人负连带责任,应当就是在于预期行为人间有行为的认识,完全无共同认识,而损害又可分,各人各就其行为所惹起的损害负责,没有构成共同侵权行为的余地。但是,只要有与他人共同行为的意思,即使未直接参加加害行为的一部分仍应认为构成共同侵权行为。又只要有共同的意思,损害是否可分,可以不问,将"与人共同之意思"作为共同侵权行为要件的实益,即在于此。②

2. 对共同认识说的批评

前文已述,意思联络中数个侵权行为人在联络、商量或者沟通之前,每个侵权行为人都有个认识,然后再去联络、商量或者沟通,最后形成一致的认识。这里每个侵权行为人的认识是对什么的认识?是对损害后果的认识还是加害行为的认识?这是意思联络说与共同认识说的主要分歧之所在。共同认识说认为是对加害行为的认识,而意思联络说认为是对损害后果的认识。通常情况下,两者是一回事,行为人既然认识到加害行为了,也就会

---

① 沈幼伦:《试析共同侵权行为的特征》,载《法学》1987年第1期。
② 参见温汶科:《共同侵权行为之研讨——以与人共同之意思与损害之单一性为中心》,载郑玉波主编:《民法债编论文选辑》(中),五南图书出版公司1984年版,第543—544页。

遇见到损害后果,如甲乙二人计划去杀丙,对于加害行为,甲乙二人都有认识并且形成了认识上的一致,对于侵害丙的生命权的损害后果,甲乙二人同样也是如此;再如甲乙二人计划夜间去丙家盗窃,甲放风乙进门偷,对于加害行为,二人形成了一致的认识,对于侵犯丙的财产权也同样形成了一致的认识。

但是,共同认识说与意思联络说并非一回事。首先,如前所述,在达成一致认识时数个侵权行为人可能对接下来所要实施的加害行为是什么并不知晓;由于对加害行为的认识不明确,无法形成一致的认识。其次,在某些时候,数个侵权行为人对加害行为有了一致的认识,对于损害后果由于没有预见到就没有形成一致的认识。如甲乙二人为报复丙,计划将丙的一间闲置房屋烧毁,甲把风乙放火,房屋被烧成一片废墟;谁知流浪汉丁正巧在房屋中过夜,也被大火烧死。在这种情形下,对于纵火烧毁房屋的行为,甲乙二人形成了一致的认识,对于侵害丙的财产权,由于事先的计划甲乙二人也形成了一致的认识;但是对于丁,甲和乙完全没有预料到其存在,二人都没有侵犯丁生命权的预见,也没有形成一致的认识。按照共同认识说,丁的死亡也是甲乙二人共同加害行为的结果,而按照意思联络说就不是。

笔者之所以持这种态度,原因在于:意思联络型共同加害行为中存在整体意志,而整体的意志源于每个侵权行为人的单人意志。当甲乙二人都不知悉丁的存在时,对此他们每个人的单人意志是疏忽大意的过失,由于没有进行联络、商量或者沟通,这里仅仅存在单人的意志而无疏忽大意的整体意志。因此,笔者认为对于丁的死亡,并不存在共同加害行为;只是乙的单人侵权行为所致。

不过,从某种意义上来说,意思联络说中的数个侵权行为人已经形成了一致的认识,也存在共同认识;但是,此共同认识非彼共同认识。

(五) 兼指说的合理性

1. 包括同一侵权行为

共同侵权行为是数个侵权行为人共同实施的侵权行为,而同时实施正是共同实施的一种,并且从时空的角度来说最典型的一种;因此,同一侵权行为属于数个侵权行为人共同实施的侵权行为。和其他共同侵权行为相比,"同一"更能体现共同侵权行为的"共同";毫不夸张地说,它是最纯正的、最原始、最正宗的共同侵权行为。

意思联络型共同侵权行为还需要一个整体意志才能将数个侵权行为拟制为一个整体侵权行为;而同一侵权行为,客观上就是一个行为,无须拟制。和意思联络型共同侵权行为相比,同一行为型共同侵权行为更能体现出共同侵权行为的"共同"。

2. 意思联络说的妥当性

对于同一侵权行为之外的共同加害行为,本书采主观说中的意思联络说。之所以有这样的立场,是基于以下三个理由。

(1) 符合侵权法的价值取向

在共同侵权行为中,数个侵权行为被认定为一个整体侵权行为,每个侵权行为人不仅对自己的侵权行为所致后果负责,还要对其他侵权行为人的侵权行为所致后果负责。表面上看,这与侵权法的个人主义、理性主义、责任自负等理念冲突矛盾,但有了意思联络,一切都那么理所当然、水到渠成:由于每个侵权行为人都有过错,并且他们就可能的损害后果已经进行了联络、商量或者沟通,从而使各自的意志凝结成一个整体意志,数个侵权行为都受到该整体意志的支配,被视为一个整体侵权行为,每个侵权行为人的侵权行为都是构成整体侵权行为的分子;所以,该整体意志支配下的所有侵权行为其实也体现了每个侵权行为人的意志,因此,每个侵权行为人都要对该整体意志支配下的所有侵权行为所造成的全部损害后果负责。所以,意思联络说与个人主义、理性主义、责任自负等侵权法的价值取向相符。

(2) 符合民众朴素的法感情

尽管道德和法律都调整着社会中人们的行为,但一般民众并不清楚法律的具体规定,他们很多时候依靠道德作为自己的行为指引。基于法律和道德的正向关系,所以,人们对法律有着朴素的法感情。由于大部分时候法律与道德都是契合的,所以,大部分时候法律规定是否符合民众的法感情成为衡量法律规定是否公平、合理的一个重要标准。

在界定共同侵权行为时,如果是同一侵权行为,因为是大家一起实施的,所以,很容易获得人们的理解和共鸣。但是,对于数个并非一起实施的侵权行为,甲为什么要为乙的侵权行为造成的损害后果负责,这恐怕不好让一般民众理解。但有了主观上的意思联络,解释则变得容易起来:每个侵权行为人在主观上都有过错,具有非难性和可谴责性,通过联络、商量或者沟通,将数人的意志联合在一起,形成一个整体意志;每个侵权行为人在道德上具有更强的非难性,因此,他要承担比自己责任更加严重的责任,即连带责任。由此可见,"意思联络说"更加符合民众朴素的法感情。

(3) 符合共同加害行为的制度价值

制度价值决定了制度的大部分内容,所以,在界定概念时也要考虑制度价值。如果界定的结果与制度价值相冲突,则说明界定出了问题;只有与制度价值相符合的界定才是合理的界定。

侵权法之所以创造出共同加害行为制度,就是为了不再适用肇因原则的举证规则,通过因果关系的拟制甚至祛除,来减轻受害人的举证责任,使受害人得到合理的救济。[①] 那么,在界定共同加害行为时,就要把这个作为出发点。

对于同一侵权行为之外的共同加害行为,到底是主观说还是客观说更能符合共同加害行为的制度价值?到底是主观共同还是客观共同免除受害人因果关系的证明理由更充分?答案是主观共同。主观说强调数个侵权行为人主观意志的共同,要求数个侵权行为人有意思联络,通过联络形成整体意志,有了这个可归责的整体意志,受害人无须再顾及每个侵权行为人的侵权行为与自己全部损害后果之间的因果关系,只需证明全部损害后果与其中任何一个侵权行为之间的因果关系。而客观说只有客观上的共同,为何就免除每个侵权行为人的侵权行为与受害人的全部损害后果之间的因果关系的证明,无法给出合理的解释。

遗憾的是,大部分学者都忽视了这点,仅仅把界定当做一个桥梁,其用意是为了构成共同加害行为之后所承担的连带责任;因此,怎么能扩大连带责任的适用范围就怎么界定。如此一来,在界定时就忽视了共同加害行为的制度价值(自然也就没有考虑逻辑和体系),进而导致共同加害行为的适用范围随意、无序地扩张。对此,程啸博士批评到:"在我国很长的一段时间内,理论界与实务界并未真正认识到数人侵权责任的规范目的,而是简单地从多数人侵权责任尤其是共同侵权行为的后果——侵权人承担连带责

---

① 关于共同加害行为制度价值的详细介绍,参见程啸:《论〈侵权责任法〉第八条中"共同实施"的涵义》,载《清华法学》2010 年第 2 期;程啸:《〈侵权责任法〉中多数人侵权责任的规范目的与体系之构建》,载王利明、周林彬主编:《民商法司法适用新论:经验与学术》,法律出版社 2011 年版,第 78—85 页。

任——有利于保护受害人的角度出发,界定各类多数人侵权责任的构成要件①,进而随意地扩张共同加害行为的适用情形。可问题是,这种观点不仅使得共同加害行为乃至整个多数人侵权责任的规范目的——减轻受害人因果关系的证明——落空,导致连带责任在实践中被任意地扩大,也不利于正确地理顺各类多数人侵权责任之间的适用关系,构建一个和谐的多数人侵权责任体系。"②

也许正是因为上述原因,兼指说的拥趸不乏王泽鉴、孔祥俊、叶金强等知名学者。③

3. 对可能的批评的预先回应

因为本书对共同加害行为的界定不同于通说,估计会遭到其他观点支持者的批评。与其日后慌慌张张地回答,不如现在就对可能的质问进行预先回应,从而提前打消他们批评本书的念头。

(1) 兼指说存在两个认定标准

有人认为,对一个事物的判断,不应该有两个标准。对共同侵权行为的判断,不能够既有主观的标准,又有客观的标准。④ 如果那样,势必又可以将共同侵权再进行区分,分为主观的共同侵权和客观的共同侵权,则共同侵权行为进行定义又有何意义,这样不是对一个概念进行定义,而是对两个概念进行定义。⑤

笔者认为,界定概念不是把一块肉切成两半,只能一刀下去;界定的目的是为了准确把握其含义,了解其内涵和外延,弄清此概念与彼概念的区别。如果还用切肉来做比喻,那么界定概念就像弄清一块肉上的肥肉,只要

---

① 主要就是界定共同性——笔者注。
② 程啸:《〈侵权责任法〉中多数人侵权责任的规范目的与体系之构建》,载王利明、周林彬主编:《民商法司法适用新论:经验与学术》,法律出版社2011年版,第84—85页。
③ 参见王泽鉴:《侵权行为》,北京大学出版社2009年版,第355—365页;参见孔祥俊:《民商法新问题与判解研究》,人民法院出版社1996年版,第251页;参见叶金强:《共同侵权的类型要素及法律效果》,载《中国法学》2010年第1期。
④ 参见张新宝、唐青林:《共同侵权责任十论》,载张新宝:《侵权责任立法研究》,中国人民大学出版社2009年版,第235页。
⑤ 邓玲玲:《共同侵权制度研究》,华东政法大学硕士学位论文,2007年,第17页。需要说明的是,笔者在引用时做了一些删减,删去了包含"折中说"几个字的那句话。之所以如此,因为其矛头对准了折中说;笔者认为其枪口指错了方向,只有兼指说才存在双重标准的问题,折中说不存在。

能将这块肉上的瘦肉剔除出去,切几刀都无所谓,关键是把瘦肉和肥肉分开。所以,对共同侵权行为的界定采"兼指说",尽管存在主观标准和客观标准两个标准,但并无不妥。

(2) 特殊侵权行为不能构成共同加害行为

有的学者认为特殊侵权行为不能构成共同加害行为,因为在危险责任之下,只要实施了特别危险的活动,就要承担责任,不考虑故意的问题。所以,在危险责任中,对于损害的共同认识和共同意愿是不可能存在的,而且区分共同行为人、教唆人和帮助人也是不可想象的。① 而本书没有将特殊侵权行为从共同加害行为的构成中排除出去,也许他们会认为不妥。

笔者认为,在实行无过错(危险)责任的特殊侵权行为中,让侵权行为人承担侵权责任的确不需要考虑侵权行为人的过错,但是这并不意味着在行为时侵权行为人就没有过错;既然行为人在行为时有过错,那就有通过联络形成共同认识进而形成共同过错的可能。如果侵权行为人没有过错、没有与他人进行意思联络,数个特殊侵权行为构成分别加害行为,而非共同加害行为。

比如,甲工厂与丙村庄毗邻,某日因为污染赔偿问题与丙的村民发生过冲突,部分村民还打伤了甲的部分员工。新上任的甲厂长为了给丙一个下马威,找到临近的另一个企业乙商量趁第二天下雨之际一起向丙的农田排放污水。于是第二天甲、乙都向丙的农田排放污水,使丙的很多庄稼因污染致死。在这个例子中,甲、乙在主观上有意思联络,客观上通过排放污水这个特殊侵权行为来损害丙的财产权,这就是一个由特殊侵权行为构成的共同加害行为。

此外,数个侵权行为人可以实施同一特殊侵权行为。比如,甲乙二人一起炸山取石,甲布雷管、乙点火,结果炸飞的石头砸伤山下的行人丙。

众所周知,侵权行为按照不同的标准可以作很多分类。根据侵权行为人的人数可以分为单人侵权行为和数人侵权行为;根据侵权责任归责原则可以分为一般侵权行为和特殊侵权行为。由此可见,特殊侵权行为与共同加害行为是根据不同分类标准进行划分的,相互之间并不排斥,不仅一般侵

---

① Staudinger/W. Belling/Christina Eberl-Borges(2002),§830, Rn. 62. 转引自周友军:《侵权责任认定:争点与案例》,法律出版社 2010 年版,第 262 页。

权行为能够构成共同加害行为,特殊侵权行为也能构成共同加害行为;就像一般侵权行为能够构成单人侵权行为,特殊侵权行为也能构成单人侵权行为一样。

上述结论也就回答了在日本和我国台湾地区争论较多的"共同加害行为到底是一般侵权行为还是特殊侵权行为"的问题:共同加害行为是一种特殊的侵权行为,而不是特殊侵权行为。

本书的共同加害行为,既包括一般侵权行为也包括特殊侵权行为,并且二者在构成上完全等同,并没有采取两个标准;而大部分的"兼指说"学者都是对于特殊侵权行为采取不同于一般侵权行为的标准。本书之所以如此界定,是因为笔者认为,承担连带责任不仅有共同加害行为,还有分别加害行为。

(3) 共同加害行为范围过窄不利于保护受害人

论者或曰,如此界定共同加害行为不妥,因为数人实施同一侵权行为毕竟是少数,大多数情况是数个侵权行为人在实施侵权行为时并没有意思联络但又有关联,它们也应该构成共同加害行为,通过连带责任的承担来保护受害人,这样才符合风险社会保护受害人的发展趋势。

笔者部分赞同这种观点,在风险社会的今天,法律更应该加强对受害人的保护,在数人侵权行为领域,应该扩张连带责任的适用范围。但是,笔者同时认为,扩张连带责任的适用范围并不等于扩张共同加害行为的范围,因为在数人侵权责任中,除了共同加害行为中数个侵权行为人可能会承担连带责任,在分别加害行为中,也有数个侵权行为人承担连带责任的空间;如此一来,连带责任的范围并不少。① 更何况,两种情况下的连带责任并不相同(关于两个连带责任的区别,本书第五章第二节将会详细论述),无法用共同加害行为一个概念或制度来涵盖。因此,本书将数个侵权行为人在实施

---

① 有的学者也发现了批评主观说学者们的不妥之处。她指出:"例如此前绝大多数学者对意思联络说的批评在于除有意思联络的共同行为外,无意思联络的数人侵权均不产生连带责任,连带责任的适用范围过于狭窄,不利于保护受害人,并且以德国民法典为此种处理方式的肇始及代表,但是根据福克斯的《侵权行为法》可知,德国民法典将造成单一的、不可分损害的数人侵权纳入共同危险行为,仍令其产生连带责任,虽然在制度及理论上的归类不同,但是就实际效果而言,并不能当然认为德国法将共同侵权行为的共同性限定于意思联络这种做法导致对受害人的保护不足。"参见王永霞:《共同侵权行为论》,北京大学博士学位论文,2009年,第136页。当然,她的分析和本书并不完全相同。

侵权行为时并没有意思联络的但是又有关联的情形从共同加害行为中排除出去,放入分别加害行为。

在此,笔者呼吁,应当维护共同加害行为概念的纯洁性①,不能把所有承担连带责任的数人侵权行为都认定为共同加害行为;共同加害行为要么是同一行为,要么有意思联络,除此之外,尽管承担连带责任,也不是共同加害行为。易言之,在数人侵权中,承担连带责任的不单是共同加害行为,连带责任不能与共同加害行为捆绑。

第二节 共同加害行为的责任构成要件: 以意思联络为主要研究对象

前文已述,共同加害行为包括同一行为型共同加害行为和意思联络型共同加害行为,所以,研究共同加害行为的责任构成要件应该研究两种情况下的责任构成要件。但是,就前者来说,包括以下四个:数人实施了同一侵权行为,受害人的合法权益遭受侵害,受害人能够证明同一行为与损害后果之间的因果关系,数人主观上都有过错。这四个构成要件除了第一个之外,其他三个和单人侵权的责任构成要件相比,并无特殊之处;而特殊的第一个要件,前文已经论述。所以,本书在此就不再研究同一行为型共同加害行为的责任构成要件,只研究意思联络型共同加害行为的责任构成要件。

关于意思联络型共同加害行为的责任构成要件,本书认为包括:数人都实施了侵权行为、受害人的合法权益遭受侵害、受害人的损害与某一侵权行为有直接因果关系、数个侵权行为人有意思联络。因为意思联络是核心要素,所以,它是本节主要的研究对象。

---

① 这个表述是借鉴杨立新教授的,他提出了"应当维护侵权连带责任的纯洁性"的表述。参见杨立新:《应当维护侵权连带责任的纯洁性——〈关于审理人身损害赔偿案件适用法律若干问题的解释〉规定的侵权连带责任研究》,载王利明主编:《判解研究》(第20辑),人民法院出版社2005年版,第57—76页。

一、数个侵权行为人有意思联络

(一) 每个侵权行为人都有过错

前文已述,意思联络中的一致认识是对损害后果的认识,而每个侵权行为人对损害后果有所认识仍然实施侵权行为,表明其主观上有过错。对此,我国台湾地区"最高法院"1933 年在上字第 3437 号判例中清楚地写道:"按依民法第 185 条第 1 项之规定,共同侵权行为人固连带负损害赔偿责任,惟同条项前段所谓共同侵权行为,须共同行为人皆已具备侵权行为之要件始能成立,若其中一人无故意过失,则其人非侵权行为人,不负与其他具备侵权行为要件之人连带赔偿损害之责任。"①

我国司法实践中就有侵权行为人没有过错而被法院认定为共同加害行为的案例。在中国太平洋财产保险股份有限公司××中心支公司与王××等道路交通事故损害赔偿纠纷案②中,一审法院认为:"虽然被告陈××在驾车时对事故的发生没有过失行为,其不需负事故责任,但根据最高人民法院《关于审理人身损害赔偿案件适用法律若干问题的解释》第 3 条第 1 款的规定,被告陈××与龙××对本起交通事故损害结果的发生构成了共同侵权。"可喜的是,这种错误认识被二审法院予以纠正。二审法院认为:"构成共同侵权应以各侵权人存在过错为前提,而本案中陈××并不负事故的任何责任,因此原审法院认定陈××与龙××构成共同侵权不当,本院予以纠正。"在原告诉周××、翁××交通事故纠纷案③中,周××驾驶二轮摩托车超越前方同向正左转弯的由翁某某驾驶的汽车时发生碰撞,周××及搭其车的原告受伤,交通事故认定周××负全责。一审认定二被告构成共同侵权,承担连带责任,翁××虽无过错,但这是二人的内部责任分担问题,其在承担连带责任后可以追偿。也令人欣慰的是,二审以共同侵权应以各侵权人存在过错为前提为由否定了共同侵权的成立。

学术界对此较为忽视,一些学者认为,只要在涉及多数人的共同侵权行

---

① 参见姚志明:《侵权行为法》,元照出版公司 2005 年版,第 84 页。
② 案件文书号:广东省佛山市南海区人民法院(2005)南民一初字第 2238-2 号民事判决书;广东省佛山市中级人民法院(2006)佛中法民一终字第 127 号民事判决书。
③ 参见胡建萍:《共同侵权判断标准之类型化实证研究》,载黄松有主编:《民事审判指导与参考》(第 32 辑),法律出版社 2008 年版,第 147 页。

为中,对过错的认定就不再是一个必要的要件,而可以为"共同性"证明所取代了。① 这种观点不妥。

此外,侵权行为人的故意包括直接故意和间接故意,过失只包括过于自信的过失。关于这点,前文已述,此处不再赘述。

(二) 数个侵权行为人有联络

1. 联络的必要性

数个侵权行为人虽然有过错,但毕竟是每个人的单独过错,如何才能转化成共同过错？途径只有一个,即数个侵权行为人之间联络、商量或者沟通。只有这样,单人意志才能转化成整体意志,单独过错才能转化成共同过错。

有人认为,如果数个侵权行为人都是故意但是没有沟通交流也构成共同侵权行为,理由主要有两点。第一是既然认识到他人的行为违法还故意参与,说明他自己愿意承担这样的后果,将他人行为的结果让其承担并无不当。第二是故意参与他人的违法行为往往使损害后果发生的概率增加,因此要让其承担连带责任,提高行为的成本,不使其因为因果关系的抗辩而免责,减少其侥幸心理,从而体现侵权法的遏制功能。② 这种观点只解决了一个行为人为另外行为人的侵权行为所致后果承担责任的正当性,并没有回答另外行为人为什么要为该行为人的侵权行为所致后果承担责任的正当性,不足为取。③

还是我国台湾地区学者温汶科说的好:"行为人间无任何共同意思时,加害人之行为,完全独立而应构成另外一个侵权行为,绝无使某乙负完全不相识之某甲所惹起之侵权行为之道理。法律之使共同侵权行为人负连带责任者,岂非在预期行为人间有行为的认识？完全无共同的认识,而损害又可分者,各人就其行为所惹起之损害之损害负责即为已足,尚无构成共同侵权

---

① 参见王占明:《共同侵权构成理论之再检讨》,载梁慧星主编:《民商法论丛》(第43卷),法律出版社2009年版,第116页。
② 参见周彬彬:《共同故意侵权再探讨》,载刘保玉、李明发、田土城主编:《民商法评论》(第2卷),郑州大学出版社2010年版,第147页。
③ 需要说明的是,前引观点的立论前提是一个行为人故意参与另一个行为人的侵权行为中,后者并不知情,并且损害后果是由后者单独造成的。笔者认为,这样的假设可能有问题:在整个侵权过程中,后者启动侵权的程序,后者的行为造成了全部损害,那么前者参与到侵权中来到底做了些什么？

行为之余地。"①

2. 联络的形式

数人联络、商量或者沟通的形式是多样的,既包括明示,也包括默示。前者如数人在一起用口头语言一起商量,或者通过书信、电报、电话、电子邮件、微博、微信、QQ、MSN等书面文字进行商量;后者是数个侵权行为人虽然没有明确的意思表示②,但是通过其行为可以推定他们有联络、商量或者沟通。比如,丈夫甲看到妻子乙和邻居丙打架于是上前参与,最后打伤了邻居丙。这个例子里,甲和乙没有就共同殴打丙侵犯丙的健康权有语言上的联络、商量或者沟通,但是通过他们一起殴打丙的行为,可以推定他们就侵犯丙的健康权有一致的认识。

我国司法实践中就有如此推定的案例。在吴×诉燕××、吴××人身损害赔偿纠纷案③中,被告吴××因故与原告吴×发生争执而互相扭打在一起,听到打架的信息后,被告吴××的丈夫燕××又到现场参与殴打,致使原告身体受到伤害;法院认定二被告成立共同加害行为。在本案中,二被告的故意是明显的,但是二者忙于打架而没有语言上等明示的联络、商量或者沟通,但是基于二者的夫妻身份和一起殴打吴×的客观事实,可以推定他们就侵犯吴×的健康权有一致的认识,所以,二者是共同故意。这就是法院认定共同加害行为成立的原因。在四川省成都市中级人民法院审理的一个案件④中,二被告共骑一电动自行车至一路口时,与骑自行车的受害人严××相遇并发生车辆擦剐,双方发生争执。一被告下车一脚将严××从自行车上踢下,另一被告趁严××立足未稳又一脚将其踢倒在地,严××因头部着地致伤。法院认为,二被告没有语言上等明示的联络、商量或者沟通,但是基于二人同车身份和分别殴打原告严××的客观事实,可以推定他们就侵犯严××的健康权有一致的认识。这也是推定的意思联络。

---

① 温汶科:《共同侵权行为之研讨——以与人共同之意思与损害之单一性为中心》,载郑玉波主编:《民法债编论文选辑》(中),五南图书出版公司1984年版,第544页。当然,他的认识与本书的认识并不相同。

② 需要说明的是,这里的意思表示是广义上的意思表示,与民事法律行为中的意思表示不是一回事。

③ 案件文书号:山东省东营市中级人民法院(2004)东民一终字第95号民事判决书。

④ 参见胡建萍:《共同侵权判断标准之类型化实证研究》,载黄松有主编:《民事审判指导与参考》(第32辑),法律出版社2008年版,第140页。

3. 联络的时间

数个侵权行为人达成一致的认识，在时间上应该是在实施加害行为之前，即先形成一致的认识，然后在该认识下从事侵权行为。这样才符合逻辑顺序。

论者或曰，也可能发生在实施侵权行为之中，即侵权行为发生过程中另外有人加入，新加入的行为人与已实施加害行为的行为人也可能构成意思联络。比如，甲在抢劫丙的过程中，丙与之厮打大声呼救，丙的皮包掉在地上；此时甲的朋友乙路过，甲让乙把丙的皮包提上车，允诺将皮包里财物分三成给乙，乙同意后将丙皮包拿上车，甲摔倒丙后上车逃离。这里甲乙二人形成一致的认识就是发生在甲实施侵权行为的过程中。

笔者认为这样理解不妥。侵权行为发生过程中另外有人加入，数个侵权行为达成一致的认识，接下来实施的侵权行为才是共同加害行为，之前的行为是单人侵权行为。在上个例子中，一开始甲抢劫丙，这是甲的单人侵权行为；在呼叫乙并且乙同意后，甲乙二人的侵权行为才是共同加害行为，该行为仍然在达成一致的认识之后。必须先有意识，才能支配行为；所以，意思联络在时间上只能在实施侵权行为之前。

二、其他构成要件

（一）数人都实施了侵权行为

众所周知，法律作为一种社会规范，它调整的是人们之间的行为；不管是表彰还是制裁，只能针对人们的行为而规定一定的法律后果。[①] 在共同加害行为中，法律之所以让数个侵权行为人都承担连带责任，既是补偿受害人的需要，也是对他们不当行为的制裁。所以，在意思联络型共同加害行为中，尽管通过联络、商量或者沟通，数个侵权行为人主观上具有非难性，但是法律并不规范人们的主观思想，只有在这种主观意志下实施了行为，才为法律所调整。所以，数人仅仅协商了如何实施侵权行为，之后并未实施任何行为，并不成立意思联络型共同加害行为，自然无须承担责任。同理，某人仅仅参与了协商之后并未实施任何行为（如他自己放弃了行为的实施），该人也无须为损害后果承担侵权责任。

---

① 之所以称其为"行为人""侵权行为人"，就是因为其实施了侵权行为。

共同加害行为是单人侵权行为的扩张,在单人侵权中,行为人实施的行为是违法行为;因此,共同加害行为中数个侵权行为人实施的行为也只能是违法行为。这也不难理解,因为在意思联络中,数个侵权行为人通过联络、商量或者沟通,形成了一个整体意志,并且该意志支配着数人的行为。而这个整体意志具有非难性,行为人基于该整体意志实施的行为自然是违法行为。

(二) 受害人的合法权益遭受侵害

损害是侵权责任构成的必备要件,只有损害才需要法律的救济;如果没有损害,不论侵权人实施的侵权行为多么恶劣,至多引起行政责任和刑事责任,不会产生民事责任。

如前所述,同一损害后果是强调损害后果与数个侵权行为之间的同一,并不是指损害后果的数量上是一个损害后果。比如,甲、乙夫妻和邻居丙、丁夫妻吵架后商量杀死二人,夜里甲、乙二人潜入邻居家里甲持刀杀了丙、乙持刀杀了丁。丙死亡的损害后果和丁死亡的损害后果明显是分开的,但是由于意思联络的存在,仍然认定丙死亡和丁死亡都是甲乙二人共同加害行为的损害后果。易言之,因为整体意志的存在,不论是哪个侵权行为造成的损害后果,都属于整体意志支配下的侵权行为所造成的损害后果,都是共同加害行为造成的损害后果。

(三) 损害后果与某一侵权行为有直接因果关系

因果关系的复杂性众所周知。美国著名侵权法学者 Prosser 说过,(关于因果关系)值得说的已说过多次,而不值得说的更说得不少。以至于王泽鉴教授在引用前句话之后不得不自嘲道:"本书关于因果关系部分的论述虽有50余页,但多在重复他人已说过的见解,并说了许多不值得说的话。"[①]笔者接下来就共同加害行为中的因果关系的论述,自然也是些不值得说、凑字数的话。

在意思联络下共同加害行为中,受害人在证明自己的损害与共同加害行为有因果关系时,无须证明自己的损害与每个侵权行为都有因果关系,只需证明自己的损害与其中任何一个侵权行为存在相当因果关系即可。就像有的学者所言:"共同故意型侵权在因果关系方面的特性可以概括为:每个

---

① 参见王泽鉴:《侵权行为法》(1),中国政法大学出版社2003年版,第236页。

人的单独行为无须独立接受相当因果关系的检验,其无法因为提出证据证明如果没有自己的行为损害也会发生而无需承担责任,法院根本不会考虑这种主张。"①原因很简单,数人联络后形成的整体意志使得每个侵权行为人都对该整体意志支配下的全部损害后果负责;所以,任何一个侵权行为与损害后果存在相当因果关系,则所有的侵权行为都与损害后果有相当因果关系。

有学者认为:"共同侵权行为首先是侵权行为,其构成应当符合某一特定侵权行为的要件,一般而言需要有加害行为、损害、因果关系和过错这四个要件。此外,共同侵权行为还需要一些特别要件,才能构成'共同'的侵权行为,加害人也才因此而承担连带责任。"②笼统地说,这种观点没有什么问题,但是如果较起真来③,这种说法没有考虑不同类型的共同加害行为而有失妥当。在意思联络下的共同加害行为中,只要其中一个行为人的侵权行为与受害人的损害后果之间有因果关系就行了,其他行为人的行为与损害后果之间没有因果关系并不影响共同加害行为的责任构成要件的满足,其因果关系要素无关紧要。④

第三节 共同加害行为的责任确定

符合责任构成要件后,数个侵权行为人要为共同加害行为造成的损害后果向受害人承担侵权责任;不过责任承担的前提,是对责任的确定;而责任的确定,既涉及对外的责任形态,也涉及对内的责任份额。

---

① 周彬彬:《共同故意侵权再探讨》,载刘保玉、李明发、田土城主编:《民商法评论》(第2卷),郑州大学出版社 2010 年版,第 145 页。当然,他只是讲共同故意这种情况。
② 参见张新宝、李玲:《共同侵权的法理探讨》,载《人民法院报》2001 年 11 月 9 日第 3 版。
③ 笔者之所以称自己是较真,因为其在论述中有"一般而言"几个字。
④ 也正是基于这个原因,有的日本学者认为:"'共同关系'这一要件,可以理解为是一种为了对即使与自己的行为无因果关系的结果也必须负赔偿责任的处理提供根据的概念。"参见〔日〕远藤浩等:《民法(7)》(第 4 版),有斐阁 1997 年版,第 194 页以下。转引自于敏:《日本侵权行为法》,法律出版社 2006 年版,第 274 页。

一、对外的责任形态

（一）可能的责任形态

共同加害行为责任构成要件满足后,数个侵权行为人究竟应当向受害人承担何种形态的责任?主要争论围绕着连带责任和不真正连带责任而展开。① 通说认为共同加害行为人应该承担连带责任,但是,我国台湾地区和日本的部分学者认为数个侵权行为人之间应该向受害人承担不真正连带责任。

如我国台湾地区曾隆兴教授认为,不真正连带债务说主张民法上共同侵权行为,为保护受害人起见,并不以主张之共同关系为必要,亦即不以有意思之联络为必要。此与真正连带债务,依台湾"民法"第272条第1项规定,须数人明示对于债权人各负全部给付之责任者有别。从而不真正连带债务人就同一内容之给付,各负全部给付之义务以及连带债务人中之一人为清偿、代物清偿、提存、抵销或混同而债务消减者,他债务人亦同免其责任而言,固与连带债务无异。但债权人向连带债务人中之一人免除债务或其他事由,对其他债务人不生影响之点,则与连带债务不同。从而被害人纵与加害人中一人成立和解,仍可对其他加害人另行请求不足部分之赔偿。又对共同加害人之一人放弃损害赔偿请求权或撤回起诉,对他加害人之责任亦无影响,亦即其他加害人仍应负全部给付责任。又连带债务人中一人时效消减,对其他时效尚未消减之债务人亦不生影响。是不真正连带债务说毕连带债务说较能保护被害人。② 日本著名民法学家我妻荣先生认为:"在共同侵权行为中,如后所述,有各行为者自身的行为对损害的全部不存在相当因果关系的场合,故此时可以构成特殊的侵权行为,然而其特色应该说效

---

① 当然,也有人认为此时应当承担按份责任。持这种观点的学者认为,共同侵权行为人应当根据各自的过错程度和各自行为对结果所起的作用的不同而分别承担责任。每个赔偿义务人的行为确实都与损害结果存在着因果联系,应当对损害结果承担责任,但是每个人的行为分别只是损害发生的一部分原因,要求他们中的一个人对全部损害后果承担赔偿责任,似乎过于苛刻,并且向其他人进行追偿是存在一定风险的,例如,其他赔偿义务人是否能够找到,是否具有承担相应赔偿责任的支付能力等等,有太多不确定性因素。因此,让数个侵权行为人承担按份责任,由法院对外部责任和内部分担一次性予以解决,才是符合司法正义的。参见王利明:《侵权行为法研究》(上卷),中国人民大学出版社2004年版,第718—719页。

② 曾隆兴:《详解损害赔偿法》,三民书局2008年版,第94—95页。

果在于各自连带的点上,但将其作为连带则多少有些疑问。概将共同侵权行为者的责任作为共同之目的在于共同行为者各自对其共同行为产生的全部损失予以赔偿。连带债务固有的性质没有差异(参照第423条),且日本民法规定的连带责任还对连带债务者一人所生的事由给其他的连带债务人带来相当广泛范围的影响(参照第434~440条),但是该规定是以连带债务者相互之间存在紧密的人际关系为前提的,以避免繁杂的追偿关系为主要目的。对于共同侵权行为者认定如此的效果是否妥当呢?比如对共同侵权行为者一人的免除或者对一人的赔偿请求权超过消灭时效等对其他的人当然产生同样的效力(参照第437、439条)是否妥当?将监护义务者的责任和代理监护者的责任、使用者的责任和代理监护者的责任和被使用者的责任、动物占有者的责任和代理保管者的责任等的关系解释为非连带的全部义务(不真正连带),虽根据的是共同侵权行为,但其结果却对受害人有更多的有利之处。减轻对共同侵权行为者的全部责任的认定,这样的结果妥当吗?所谓共同侵权行为的连带不过意味着对结果的全部承担责任,理论上称为不真正连带债务,适用民法第432条以下的规定是不是更合适呢?暂且提出上述疑问。"①该观点获得较多日本民法学者支持,甚至得到了判例的支持,如最高裁判所1983年3月4日判决和最高裁判所1994年11月24日判决。②

(二)承担连带责任的理由

笔者认为,部分日本和我国台湾地区的学者采不真正连带责任说,其立论前提是共同加害行为采客观说。而本书采兼指说,在主观说内部采意思联络说,与客观说不同;因此,本书不赞同不真正连带责任说。实际上,共同加害行为中数个侵权行为人承担连带责任,这是世界大部分国家立法和学说的共识。至于其原因,由于众所周知,笔者在此仅就本书界定引出的特殊性简单说上几句。

同一行为型共同加害行为,由于是数个侵权行为人一起实施的,损害后果是该同一行为造成的,自然要数个侵权行为人一起承担行为的后果,连带

---

① 参见〔日〕圆谷峻:《判例形成的日本新侵权行为法》,赵莉译,法律出版社2008年版,第347—348页。

② 参见于敏:《日本侵权行为法》,法律出版社2006年版,第292页。

责任是唯一的选择。关于意思联络型共同加害行为,数个侵权行为人之间通过联络,形成一个整体意志,由于数个侵权行为人的认识是一致的,所以,整体意志也是每个侵权行为人的个人意志;同时,该整体意志又支配着数个侵权行为人的数个侵权行为;所以,对每一个侵权行为人来说,尽管自己的行为没有直接地造成损害后果,但是仍然要为该整体意志支配下的所有侵权行为所致的一切损害后果负责。这点可以从单人侵权行为中得到启示。在单人侵权行为中,行为人的一个主观意志支配下的侵权行为造成了损害后果,行为人要对该侵权行为造成的所有损害后果负责。基于同样的道理,共同加害行为中,也存在一个整体意志,侵权行为人应该为该意志下的所有损害后果负责。如此一来,数个侵权行为人承担的责任也应该是连带责任。就像郑玉波先生所言:"共同侵权行为成立后,行为人所负之责任为连带责任,较一般侵权行为人所负之责任为重,法律上所以加重规定者,乃因其既有行为之分担,复有意思之联络或共同之认识,同心协力,加害之程度必较单一之行为为重,故应使之负担较重之责任。否则若未同心,焉能协力,既不能协力,则虽有数人,其所为者与由各个人单独为之者何异?故无使负连带责任之理。"①

(三)连带责任的新发展及其对共同加害行为侵权责任的影响

需要说明的是,虽然世界大部分国家和地区的立法都规定了共同加害行为的连带责任,但是理论界对其反思却一直没有停止过。一些法国学者认为令共同侵权行为人负连带责任将会使那些有经济能力赔偿的人而不是过错程度较重的人承担更重的责任,同时这样的制度破坏了加害人之间的利益平衡。在日本,法官思考的问题不再限于从受害者救济的立场出发尽量广泛地认定共同加害行为的成立,而是开始尝试为避免小的污染源受到受害者的追究而蒙受不适当的负担来构想其法理解释,近年来在公害领域产生的所谓"责任分割理论",正是这一实践性考虑发挥作用的结果。在美国,其侵权法改革的一个显著趋势就是向损害赔偿的完全分摊努力;因此,近年来,美国有的州法律开始修改甚至取消连带责任。

笔者认为,这些对连带责任的反思和改革都很有意义,但它们并非针对共同加害行为而是针对分别加害行为;因此,对本书的共同加害行为没有影

---

① 参见郑玉波:《民法债编总论》,中国政法大学出版社 2004 年版,第 142 页。

响。不过,这给笔者提了个醒:在分别加害行为中,数个侵权行为人承担连带责任要慎重。

二、对内的责任份额

即使数个侵权行为人对外承担连带责任,在他们内部还是存在份额。所以,还必须确定他们之间的内部份额。① 而确定内部份额,其实就是解决确定标准问题,即根据什么来确定或划分每个侵权行为人应当承担的内部份额。

(一)学界已有的观点

关于共同加害行为连带责任的内部份额的确定标准,学界有以下几种观点。

1. 过错说

张新宝教授持这种观点。他说道:"我们认为,在狭义的共同侵权中,可以根据侵权人的主观过错的有无及大小,分配各个侵权人的责任份额。"②

2. 过错和原因力综合说

王利明教授是该说的主要倡导者。他说道:"我认为,按照过错归责的要求,应根据过错程度确定责任范围。"③看似采过错说,不过紧接着他又说道:"考虑过错程度时,还应充分考虑各行为人的行为对损害后果所起的作用以及各行为人的利益得失。"④在最近的著作里,他的表述就比较直接了,即"责任大小包括了原因力和过错程度在内,应当是一种综合的判断,不能单纯地依据某一个标准来判断"⑤。

---

① 有学者说道:"在数个责任人之间对内进行侵权责任分担有三个意义。第一,确保矫正正义的实现。第二,预防受害人的多重受偿,实现权利义务的平衡。第三,作为受偿不能风险分担以及分摊请求权与追偿请求权产生的基础。"参见王竹:《论数人侵权责任分担中最终责任份额的确定方式》,载《法商研究》2010年第6期。
② 参见张新宝、唐青林:《共同侵权责任十论》,载张新宝:《侵权责任立法研究》,中国人民大学出版社2009年版,第255页。
③ 王利明主编:《民法·侵权行为法》,中国人民大学出版社1993年版,第447页;王利明:《侵权行为法研究》(上卷),中国人民大学出版社2004年版,第732页。
④ 同上;同上书,第733页。
⑤ 王利明:《侵权责任法研究》(上卷),中国人民大学出版社2010年版,第586页。

《人身损害赔偿司法解释》制定者①、杨立新教授②也持这种观点。

3. 更多因素综合说

除了过错和原因力,张新宝教授早期认为还应该考虑衡平原则。他认为,在共同加害人之间分配责任应当遵循比较过错原则、比较原因力原则和衡平考虑原则。③

程啸博士综合的因素则更多,"在以各个行为人的过失程度为主的情况下综合考虑其行为对损害后果的原因力、行为人所获得的非法利益确定各自的赔偿份额,必要的时候也可以考虑行为人的经济负担能力"④。杨立新教授在2006年与梁清博士合作的一篇论文中也提及这四个因素。⑤

(二) 本书的观点

1. 原因力与过错的关系

关于过错,众所周知无须解释;而原因力,则有稍加解释的必要。王利明教授认为,原因力是指违法行为对损害结果的发生所起的作用。⑥ 张新宝教授认为,原因力是指在导致受害人同一损害后果的数个原因中,各原因对于该损害后果的发生或扩大所发挥的作用力。⑦ 杨立新教授先是认为,原因力就是在构成损害结果的共同原因中,每个原因对于损害结果发生或扩大所发挥的作用力⑧;后来他认为,原因力是指违法行为或其他因素对于损害结果发生或扩大所发挥的作用力。⑨

笔者认为,所谓的原因力其实是"贡献度",即对于损害后果的发生,每

---

① 参见黄松有主编:《人身损害赔偿司法解释的理解与适用》,人民法院出版社2004年版,第64页。
② 参见杨立新主编:《人身损害赔偿司法解释释义》,人民法院出版社2004年版,第75页;杨立新:《侵权法论》,人民法院出版社2011年版,第733页。
③ 参见张新宝:《侵权责任法原理》,中国人民大学出版社2005年版,第85页。
④ 程啸:《共同侵权行为人的连带赔偿责任》,载王利明主编:《人身损害赔偿疑难问题——最高法院人身损害赔偿司法解释之评论与展望》,中国社会科学院2004年版,第182页;程啸:《侵权行为法总论》,中国人民大学出版社2008年版,第393页。
⑤ 参见杨立新、梁清:《原因力的因果关系理论基础及其具体应用》,载《法学家》2006年第6期。
⑥ 王利明:《侵权行为法研究》(上卷),中国人民大学出版社2004年版,第449页。
⑦ 参见张新宝、明俊:《侵权法上的原因力理论研究》,载《中国法学》2005年第2期。
⑧ 参见杨立新:《侵权法论》,人民法院出版社2005年版,第193页。
⑨ 参见杨立新、梁清:《原因力的因果关系理论基础及其具体应用》,载《法学家》2006年第6期;杨立新:《侵权法论》,人民法院出版社2011年版,第192页。

个侵权行为出了多少"力"、起到了多少"作用"、做了多少"贡献"。① 因此,笔者认为,原因力是指数个侵权行为人实施的数个侵权行为对于损害后果的发生所起到的作用。

原因力考量客观上每个侵权行为所起到的作用,它是一个客观的现象,与主观上的过错不同。也正是因为这一点,所以,学者们都把它和过错并列作为确定内部份额的两个主要标准。

虽然原因力和过错是两个不同的指标,但是,两者呈现出正比例的关系。一般情况下,原因力大的侵权行为,行为人主观过错都比较严重;原因力小的侵权行为,行为人主观过错都比较轻。② 所以,一般情况下,不论是以过错还是原因力作为确定标准在结果上不会有太大的差别。

2. 确定的标准

(1) 一般情况

笔者认为,在确定共同加害行为连带责任的内部份额时,应当区分意思联络型共同加害行为和同一行为型共同加害行为。对于前者,应当以过错程度为主,以原因力比例为辅;对于后者,应当以原因力作为确定标准。

在确定意思联络型共同加害行为连带责任的内部份额时,主要考虑侵权行为人的过错程度,辅之以侵权行为的原因力比例。因为这种连带责任的施加,主要是因为数个侵权行为人主观上的原因而非客观上的原因;所以,在确定连带责任的内部份额时被重点考虑的因素应该是主观意志而非客观行为,重点考察每个侵权行为人对于该整体意志的形成的"贡献度"、所起到的"作用",即每个侵权行为人的过错程度。但是,考虑到损害结果毕竟是由侵权行为所造成,存在某些侵权行为人虽然在意思联络时作用较小但是在实施加害行为时却出力较多的情形,为了避免这种情况下内部责任份额的失衡,有必要辅之以原因力因素,对单纯过错程度的考量进行矫正。

在同一行为型的共同加害行为中,之所以用原因力作为标准或依据,笔

---

① 从这个角度看,上述三位学者的定义没有什么本质区别。

② 朱岩博士对此也是这个态度。他说道:"在二人以上实施的侵权行为都为过错违法行为的情况下,过错程度和原因力比例的两种判断标准可能发生叠合,因为在过错责任构成要件体系中,过错与因果关系可能处在动态系统中,如主观故意起到增强原因力比例的效果,所以,对上述两种判断标准亦不能进行绝对化的区分。"参见朱岩:《侵权责任法通论》,法律出版社2011年版,第223页。

者是出于这样的考虑:在同一行为型的共同加害行为中,共同加害行为的形成所依赖的是客观上的同一行为,而非主观上的过错。所以,在这种情况下,应该被考虑的因素应是客观行为而非主观意志,即考察每个侵权行为对于同一侵权行为的形成的"贡献度"、所起到的"作用"。这就是原因力。因此,在确定内部份额时,应当以每个侵权行为的原因力作为标准。

有学者对过错作为确定标准提出了异议,他认为:"一般情况下,加害人的过错原则上只在判断侵权责任是否成立的场合下具有意义。而在侵权责任的承担上,除在精神损害赔偿金数额的确定、惩罚性赔偿的适用及过失相抵等情形下加害人的过错具有意义外,加害人的过错对责任承担的范围是不生任何影响的。对侵权责任承担范围确定具有决定意义的是因果关系,其决定了加害人对何种损害事实承担多大范围内的赔偿责任。"①单人侵权行为的一般情况下,的确如此;但是,数人侵权行为不是一般情况而是特殊情况,不能简单比附单人侵权行为。

(2)特殊情况

在某些特殊情况下,数个侵权行为的原因力无法确定。这种无法确定不像有人所说的那样:"比如两车相撞燃烧焚毁,两司机均身亡,同时造成车上其他人员伤亡;于此情形,不仅两司机的主观过错已难以查明,原因力比例因现场焚毁亦无法较量。"②这个例子中两车相撞燃烧焚毁造成车上人员伤亡的,属于直接结合行为,而非共同加害行为。比较恰当的例子是数个侵权行为人实施爆炸,被害人和侵权行为人都被炸死。此时,原因力因现场焚毁而无法确定。

这种情况下,既然原因力无法确定,只有推定数个侵权行为的原因力比例相同,由数个侵权行为人平均承担。

3. 份额的确定

以过错作为确定共同加害行为连带责任内部份额的标准,那就是把数个侵权行为人在实施共同加害行为时的过错程度进行比较。整个过错为100%,先认定每个侵权行为人过错占整个过错的百分比;然后,根据这个百

---

① 曹险峰:《论"多因一果"的侵权行为——兼论多数人侵权行为体系之建构》,载《法律科学》2007年第5期。
② 参见奚晓明主编:《〈中华人民共和国侵权责任法〉条文理解与适用》,人民法院出版社2010年版,第99页。

分比乘以向受害人承担的全部赔偿数额,就得出了每个侵权行为人应当承担的份额。如果数个侵权行为人的过错大小实在难以比较,则平均分担。

以原因力作为确定共同加害行为连带责任内部份额的标准,那就是把数个侵权行为人在实施共同加害行为时每个侵权行为对损害后果所起的作用进行比较。整个原因力为100%,先认定每个侵权行为原因力占整个原因力的百分比,然后,根据这个百分比乘以向受害人承担的全部赔偿数额,就得出了每个侵权行为人应当承担的份额。如果实在无法比较数个侵权行为原因力的大小,则平均分担。

在以过错为主、原因力为辅的情况下,再分别给每个侵权行为人的过错和原因力加权(具体的权重要根据具体的情况,由法官自由裁量),然后二者相加,再根据这个百分比乘以向受害人承担的全部赔偿数额,就得出了每个侵权行为人应当承担的份额。

第四节 共同加害行为的责任承担: 从绝对主义到相对主义

共同加害行为人应当向受害人承担连带责任,而连带责任如何由数个侵权行为人承担呢?传统民法认为,这取决于受害人的请求。受害人有权向数个共同加害行为人中的任何一个、几个或全部行为人请求损害赔偿,并且可以主张部分或者全部的损害赔偿。受害人的请求权没有人数多少、顺序先后、范围大小、次数多寡的限制;他向共同加害行为人中哪个或哪些人请求履行,先请求哪个后请求哪个,请求赔偿多少,一次请求还是多次请求,全由受害人自由决定。[①] 被请求的共同加害行为人必须满足受害人的请求,而不能以其他共同加害行为人的存在或者超出自己的责任份额等事由进行抗辩。受害人的损害得到全部赔偿后,他就退出该赔偿法律关系,数个共同

---

① 邱文华:《连带责任求偿模式研究》,载《襄樊职业技术学院学报》2006年第6期。需要指出的是,他没有指出请求次数的限制。对于受害人请求权的行使次数,彭熙海教授也没有注意到。他将受害人请求权总结为:"第一,请求权行使的对象具有可选择性。第二,请求权行使的顺位具有可选择性。第三,请求权行使的内容也具有可选择性。"参见彭熙海:《论连带责任制度立法价值取向之调整》,载《湘潭大学学报(哲学社会科学版)》2009年第6期。

加害行为人之间再根据每个人的责任份额和实际赔偿数额进行追偿,从而最终解决他们之间的法律关系。在诉讼中,受害人有权起诉全部或部分共同加害行为人,未被起诉的共同加害行为人不能被追加为共同被告。受害人有权免除任何一个共同加害行为人的损害赔偿责任,同时任何一个被告都有权与受害人通过和解而退出该诉讼。法院认定连带责任成立的,就让被请求人承担责任,而不管其内部份额。判决执行后受害人的损害没有获得完全赔偿的,受害人仍然有权对其他共同加害行为人另行提起诉讼,法院应当受理并且判决被告向受害人承担赔偿责任。

在这种模式中,受害人请求权的行使是任意的,所以有的学者称之为任意求偿模式理论。① 这种模式下的受害人(债权人),根本不关心侵权行为人(债务人)的内部份额,因此,德国法学家黑客很形象地称之为"法律上的老爷"。② 而这样的规定,也被我国台湾地区林诚二教授戏称为"喜怒哀乐条款"。③ 这种模式下的连带责任绝对以受害人为中心,本书称之为绝对主义的连带责任。

一、绝对主义连带责任模式的弊端

绝对主义的连带责任绝对以受害人为中心,绝对以受害人的利益保护为价值取向,对受害人的保护既充分又及时。然而,这样的连带责任却存在着以下诸多弊端。

(一) 社会效率的缺失

在绝对主义连带责任下,受害人主张权利的对象和起诉的对象,都是没有限制的,众多共同加害行为人的一个、数个或全部,都是他可能的选择。易言之,损害赔偿的诉讼次数取决于受害人一个人,并且是没有任何约束或者限制。此外,在某一法院败诉后,受害人还可以到其他有管辖权④的法院起诉其他的共同加害行为人。这对法院来说,同一损害赔偿法律关系可能

---

① 参见邱文华:《连带责任求偿模式研究》,载《襄樊职业技术学院学报》2006年第6期。
② 参见〔德〕迪特尔·梅迪库斯:《德国债法总论》,杜景林·卢谌译,法律出版社2004年版,第606页。
③ 参见王竹:《论客观关联共同侵权行为理论在中国侵权法上的确立》,载《南京大学法律评论》(第33期),法律出版社2010年版,第90页。
④ 不同侵权行为人可能在不同的地方,因此,数个地方的法院可能都会有管辖权。

要处理数次,这就自然需要重复开庭、重复调查取证、重复审判,浪费司法资源。

对于共同加害行为人来说,可能会成为数次被告,参加数次诉讼,无故增加诉累。更可怕的是,在受害人得到全部赔偿退出赔偿法律关系后,纠纷并没有得以彻底解决,数个共同加害行为人还要就其内部责任承担进行诉讼。可以说,法院在解决了一起纠纷的同时,又制造了一起纠纷;在平息了一起诉讼的同时,又制造了另一起诉讼。在效率上,其糟糕之处不言而喻、不言自明。

有学者发现,绝对主义的连带责任制度只希望权利人尽早地退出诉讼环节,而没有考虑让权利人和数个连带责任人都尽早地退出诉讼环节。① 所以,在效率上,如此的制度设计仅仅对受害人有效率,对于共同加害行为人和整个社会来说,则肯定不效率。②

(二) 司法权威的丧失

对于同一个共同加害行为,因为受害人可以多次诉讼,就会出现多个法院都进行审理的情形。不同的诉讼会涉及不同的当事人,提交的证据可能不同,法院查明的事实可能会有所不同。因此,前后多个判决不同、甚至矛盾的结果也就可能发生。这样既不利于裁判的统一,也违反裁判的既判力,有害于法院的司法权威。

受害人对部分共同加害行为人提起诉讼不能得到满意判决的,他仍然有权向其他有管辖权的法院对其他共同加害行为人再次提起诉讼。如此一来,裁判的统一和司法的权威也就荡然无存。

(三) 内部矛盾的激化

前文已述,受害人的损害赔偿请求权是任意的,在人数、对象、次数、顺序、范围等诸多方面都没有限制和约束;如此一来,就会出现有的共同加害行为人没被请求无须承担责任而有的共同加害行为人被请求要承担责任、有的共同加害行为人被请求承担很小责任而有的共同加害行为人被请求承

---

① 参见何文杰:《论连带责任制度从绝对主义向相对主义的转变》,载《兰州大学学报(社会科学版)》2003 年第 6 期;彭熙海:《论连带责任制度立法价值取向之调整》,载《湘潭大学学报(哲学社会科学版)》2009 年第 6 期。

② 所以,有的学者将后一纠纷引发的诉讼称为多余的诉讼。参见王妍、张亚光:《连带责任有关问题探讨》,载《当代法学》2001 年第 1 期。

担较大责任的局面。而这种局面的出现,完全任由受害人一个人说了算,没有什么道理可言。如此一来,被请求承担责任或较多责任的共同加害行为人心里就不平衡:有的共同加害行为人比我还坏,凭什么你不找他要钱而是找我要钱?共同加害行为人之间的矛盾就人为地被受害人的任意请求权激化起来。

在全部共同加害行为人都为被告的诉讼中受害人胜诉后,基于上述原因,往往共同加害行为人都不愿意主动履行。所以,法院的强制执行也不可避免。① 在强制执行中,为了尽快执行从而结束案件,法院的执行人员往往挑全部共同加害行为人中相对"守法者""有钱人"让其承担全部责任。这种欺软怕硬的理性做法往往会加剧共同加害行为人内部的纠纷,自然也就不利于社会秩序的稳定。

(四)司法腐败的滋生

前文已述,败诉后理性的共同加害行为人往往不会选择主动履行,所以,往往要经过法院的强制执行程序。而在法院的强制执行程序中,随意性则非常大。在诉讼中,受害人一般②都是请求全体共同加害行为人承担连带赔偿责任;那么,在强制执行过程中,法院则可以在全体共同加害行为人随意选择执行对象、随意选择执行数额。法院执行人员的自由裁量权如此之大,自然是司法腐败的温床。有的被执行人为了躲避法院的强制执行,向执行人员行贿,法院的执行人员基于自由裁量权就合法地不执行其财产。司法实践中这样的例子并不鲜见。

此外,司法实践中出现数个法院争管辖,滥追加被告和第三人,从而把"外地的""有钱的"牵进来承担责任的现象。这固然是因为法院自身的原

---

① 有的法院工作人员指出,较之于其他案件,连带责任案件进入法院执行程序的比例要高,究其原因主要是承担连带责任的责任人之间倾向于相互推托而怠于履行义务。参见马继雷、张盈:《连带责任制度在强制执行中的运用与完善》,载《人民司法》2010年第11期。

② 不可否认可能会出现仅仅起诉部分行为人、仅向部分行为人主张部分赔偿的情况,但是,这样的结果不利于受害人获得全部赔偿,除非有特别的原因(如部分共同加害行为人是自己的亲友),一般情况下受害人可能不会作出这样的选择。

因,但是绝对主义的连带责任制度也脱不了干系。① 关于这点,学界有所预见②,工作在一线的法院同志也发现并指出了这点③。

综上所述,绝对主义的连带责任对受害人的权利保护可谓充分、及时和有效,但是,它对于共同加害行为人利益和社会利益而言,却弊端丛生。所以,对绝对主义的连带责任加以调整、客服其弊端,从而设计出能够考虑多方利益的连带责任,已经成为一个必须认真对待的重大问题。

二、连带责任价值取向之调整

（一）价值取向调整的必要性

表面上看,上述四个弊端都是源于受害人的任意请求权;其实,这是一个价值取向的问题。绝对主义连带责任制度只是一味地保护受害人的利益,以保护受害人为唯一的价值取向,才造成上述四个弊端。

既然绝对主义连带责任存在上述弊端,那么是保持原有的价值取向不变,还是作出调整? 笔者认为,既然绝对主义连带责任存在上述弊端,那就说明这个制度设计本身有问题,而制度设计之所以有问题,就源于制度的价值取向,所以,应当对其进行调整,让受害人走下"绝对保护"的神坛。

论者或曰,在共同加害行为发生后,受害人作为权利受损方,是需要救济的弱者,侵权法在提供救济时就要优先考虑受害人,侵权法的救济应当尽可能地保护受害人利益,受害人作为老爷也无可厚非;共同加害行为人作为侵权事故的惹起人,成为仆人也理所当然。

这种观点并不妥当。共同加害行为虽然给受害人造成损害,侵权法应当给其提供救济;但受害人并非弱者。众所周知,弱者是和强者相对应的,没有对应的强者就不存在所谓的弱者;民法往往是通过苛刻地对待强者,来实现对弱者保护的目标。以消费者和经营者为例。由于消费者和经营者之

---

① 参见邱文华:《连带责任求偿模式研究》,载《襄樊职业技术学院学报》2006 年第 6 期。
② 参见彭熙海:《论连带责任制度立法价值取向之调整》,载《湘潭大学学报(哲学社会科学版)》2009 年第 6 期;参见邱文华:《连带责任求偿模式研究》,载《襄樊职业技术学院学报》2006 年第 6 期。
③ 李石山、彭欢燕:《从连带之债案件的执行谈我国连带责任制度之完善》,载《人民司法》1995 年第 11 期;庄淑珍、涂文忠:《浅探连带之债的执行——兼谈我国民事执行立法的完善》,载《法商研究》1996 年第 3 期;马继雷、张盈:《连带责任制度在强制执行中的运用与完善》,载《人民司法》2010 年第 11 期。

间对商品或服务的信息不对称(经营者几乎完全掌握了解自己出售的商品或服务的全部情况,而消费者对自己购买的商品或服务很多信息由于是非专业人士而很难知晓),再加上经营者往往是大型公司而消费者是个人;因此,法律认定消费者是弱者经营者是强者;所以,法律才打破买卖主体间的平等,给消费者更多的关怀和保护、给经营者更多的义务。共同加害行为和一般的侵权行为一样,都是侵权行为,其中的受害人都受到需要侵权法的救济,但在一般的侵权行为中,受害人并非老爷,在共同加害行为中,受害人也没有理由作老爷。共同加害行为发生后,受害人和共同加害行为人仍然是平等的,受害人不是弱者,共同加害行为人也非强者;侵权法在给受害人提供救济时仍然不能忘记对共同加害行为人行为自由的保护,仍然不能忽视共同加害行为人的利益,否则就会打破侵权法关于侵权行为人与受害人之间的利益平衡。

退一万步,即使为了保护受害人利益而可以忽视共同加害行为人利益,那么,断无为了保护受害人利益而损害社会公共利益的道理。众所周知,个人利益是社会公共利益的基础,社会公共利益是为个人服务的,二者往往是一致的;但是,二者也有矛盾的一面,也有发生冲突的时候。在个人利益与社会公共利益这一矛盾体中,社会公共利益是矛盾的主要方面,个人利益是矛盾的次要方面;所以,个人利益要服从与社会公共利益,绝不允许为了个人利益而损害社会公共利益的行为。共同加害行为不仅涉及受害人和共同加害行为人,还会涉及法院。其中受害人利益、共同加害行为人利益属于个人利益,而法院的利益属于社会公共利益,因为法院代表的是国家,法院各种活动支出的成本是国家财政。绝对主义连带责任为了给予受害人绝对的保护,可能会给法院带去沉重的负担、浪费司法资源、诱发司法腐败;可以说,绝对主义连带责任为了保护受害人,损害了社会公共利益,因此,这种连带责任并不妥当,应当予以调整。

不可否认,如果价值取向作出调整,让受害人走下神坛,会给受害人带去不利,增加其权利救济的成本;但笔者认为,这也是其应当承受的。一般的侵权行为发生后,为了让自己的权利回复到未受侵害的状态,受害人都会付出一定的成本。如甲开车撞上了开车的乙,乙要等待交通警察查勘现场,要和甲一起去交警大队进行责任认定,然后要去法院起诉,要花时间参与诉讼,还要聘请律师。总而言之,作为受害人,如果想让甲赔偿自己的修车费用,乙要付出一定的时间、精力和金钱。共同加害行为的受害人也是如此,为了让数个共同加害行为人之间相互担保进而保障自己获得全部赔偿[1],受害人也应当付出相应的成本(如等待全部共同加害行为人都出庭);只有这样,才符合"权利义务一致"原则。

(二) 价值取向调整的方向

众所周知,连带责任制度涉及请求、起诉、审判、执行乃至和解等诸多环节;而这些环节的主体,不仅包括受害人,还有共同加害行为人,还有法院。因此,相对主义连带责任在制度设计上必须全盘考虑上述因素,不能仅仅关注受害人,还要考虑共同加害行为人和法院;不能再唯受害人至上,既考虑到受害人的效率、公平,也考虑到共同加害行为人和社会的效率、公平,从而实现受害人、共同加害行为人和社会的多方利益平衡。

因此,笔者认为,共同加害行为的连带责任应当将保护受害人的价值取向调整为既保护受害人利益、也保护共同加害行为人利益、还考虑法院的利益。这种价值取向下的连带责任不再绝对以受害人为中心,而是综合考虑多方利益,本文称之为相对主义连带责任。

也正是因为相对主义连带责任考虑到了法院的利益这种社会公共利益,所以,让受害人走下神坛才具有了足够的正当性。诉讼时效也是一例。法律基于秩序的考虑[2],放弃对受害人的保护,使原有的债权成为一种不受法律保护的自然债权;秩序就是一种社会公共利益,在社会公共利益与私人利益之间,法律天平的砝码偏向了前者,结果自然对权利人不利。在共同加害行为连带责任中,将价值取向由绝对主义转向相对主义,固然损害了受害人的利益,但是有利于社会共同利益,因此并无不妥。

---

[1] 对于每个共同加害行为人来说,如果其他共同加害行为人无法确定或者没有赔偿能力,他都有可能要为此承担责任。从这种意义上来说,数个共同加害行为人之间是相互担保的,目的当然是为了让受害人获得全部赔偿。

[2] 众多民法教科书还提到"证据上的原因""惩罚权利上的睡眠者"等原因。其实,这两个原因正当性都不足:如果过长时间的流逝导致证据很难收集,则原告承担举证不能的法律后果;既然是权利,权利人既可以行使,也可以不行使,他有权在权利上睡眠。唯一的正当理由就是秩序:长期不主张权利后再主张权利,会打破长时间形成的现有秩序,诉讼时效的制度价值在于对既成事实(债务人因长期不履行债务而形成的财产状况)的巩固和持续的维护。关于这一问题的详细论述参见尹田:《不公正胜于无秩序》,载《民法思维之展开》,北京大学出版社2008年版,第75页。

三、相对主义连带责任的指导思想

既然共同加害行为连带责任的价值取向从绝对主义转向了相对主义,那么在设计相对主义连带责任的相关制度设计时,就应当遵循下面几个指导思想。

(一) 内外纠纷一并解决

连带责任案件其实包括了内外两方面的纠纷,绝对主义连带责任制度只解决受害人与共同加害行为人之间的外部纠纷,而对共同加害行为人之间的内部纠纷置之不理。这样是对受害人有效率,但是却将皮球踢给了共同加害行为人,共同加害行为人之间的内部纠纷仍然还需要解决。如此一来,需要两个甚至更多的诉讼才能彻底解决连带责任制度中的所有法律关系。

众所周知,诉讼是一种成本较高的活动,当事人和法院都要为此耗费大量的人力、物力;所以,诉讼应力求一次性彻底解决纠纷,避免引起循环诉讼,浪费司法资源。因此,相对主义连带责任应当将连带责任的内外两方面的纠纷一并解决:在同一诉讼中既要解决受害人与共同加害行为人之间的外部纠纷,也要解决共同加害行为人之间的内部纠纷,除非出现有的行为人下落不明等客观情况。这样的处理才能彻底地解决问题,才是有效率的做法。

此外,连带责任制度涉及请求、起诉、审判、执行乃至和解等诸多环节,因此,相对主义的连带责任在制度设计上必须全盘考虑上述因素,而不是像绝对主义的连带责任那样"只见树木不见森林"。

把内外纠纷统一结合起来考虑,其实也是统筹方法在连带责任案件中的具体应用。这样才能够做到保护受害人与提高案件审理的效率两种价值目标的协调和统一。

(二) 尽量避免共同加害行为人之间的追偿

共同加害行为人由于不仅涉及共同加害行为人与受害人之间的关系,还涉及数个共同加害行为人之间的关系;因此,要彻底解决该赔偿法律关系,则不能仅仅考虑前者,还要考虑到后者。如此一来,在制度设计上保证受害人获得全部赔偿的同时,应当尽量避免共同加害行为人之间的追偿。因为共同加害行为人之间的追偿,又是一个新的纠纷,可能又要通过新的诉讼解决,从社会整体利益而言是资源浪费、不效率。

当然,这里的避免是尽量避免,而非一定避免。因为有的时候,追偿是无法避免的——关于这点,后文将会论述。

(三)受害人承担程序上的不利益

连带责任与其他数人侵权责任形态特别是按份责任的最大区别,就是保障受害人获得全部损害赔偿,即使其中某一个或某几个侵权行为人无法确定或者没有赔偿能力,受害人还可以向从其他侵权行为人处获得赔偿。所以,某一个或某几个侵权行为人无法确定或没有赔偿能力并不会影响到受害人的完全赔偿,只会给多承担责任的侵权行为人带去苦恼,因为他要承担向这些侵权行为人追偿不能的风险。由此可见,连带责任是将赔(追)偿不能的风险分配给了共同加害行为人一方而非受害人一方。因此,在相对主义连带责任制度设计中,必须保证这点的实现,这点是连带责任的精髓之所在,也是保护受害人不能突破的底线。当然,只要能够保证这点的实现,就实现了保护受害人的目标,就没有违背连带责任的根本机理;至于其他方面,就应该较多考虑共同加害行为人的利益和社会利益。

前文已述,绝对主义连带责任的弊端都是源于受害人的任意请求权,而赋予受害人任意请求权,则是受害人权利实现效率的体现。但是,为了受害人的效率而无视共同加害行为人和社会的效率、公平,这点应该为相对主义连带责任所避免。为了实现共同加害行为人和社会的效率、公平,相对主义连带责任应当让受害人承担一定的不利益。即权利实现上的不效率,主要是程序上的不利益。

四、相对主义连带责任的主要制度设计

根据上述指导思想,相对主义连带责任应当进行如下主要制度设计。

(一)起诉全体共同加害行为人

受害人主张权利时,应当把全体共同加害行为人都作为请求的对象,而不能只向部分共同加害行为人主张权利。向共同加害行为人请求赔偿未果后,受害人在向法院起诉的时候,他应当起诉全体共同加害行为人而不仅仅是部分共同加害行为人。如无特殊情况(如有的侵权行为人下落不明),法院也应当在全体共同加害行为人都出庭的情况下进行审理。

由于现实生活中大部分纠纷往往要通过诉讼解决,并且诉讼本身要求比较严格,因此笔者接下来仅仅讨论起诉时的情况。

1. 起诉全体共同加害行为人的原因

要求受害人必须起诉全体共同加害行为人而非像绝对主义连带责任中有权起诉部分共同加害行为人,主要是因为下面四个原因。

（1）行为认定之需要

大部分的共同加害行为案件,只有受害人与全体共同加害行为人都参加诉讼,才能确定该数人侵权行为是否是共同加害行为,进而确定数个侵权行为人是否承担连带责任。如果仅仅是受害人与部分共同加害行为人参加诉讼,没有全面听取涉案所有当事人的意见,法院很难查清行为之时的所有事实,很难确定该数人侵权行为是否为共同加害行为,自然也就没有办法确定该数个侵权行为人是否承担连带责任。

对此,有的学者有不同看法。他认为:"应当注意的是,共同侵权行为连带责任的确定有一个特点,这就是损害赔偿的范围不是基于共同加害人的数量决定的,而是由于侵权行为所造成的损害结果的大小决定的,其举证责任在于原告,而不是在于被告。因此,共同侵权行为人作为共同被告,是不是都追加作为共同被告,并不是确定连带责任范围的必要条件。哪怕只有一个共同加害人被诉参加诉讼,只要确定了损害结果的范围,让他承担责任都是没有错误的,只是让他自己承担全部责任他会觉得冤屈,他自然会提出向其他共同侵权行为人追偿的请求。因此,共同侵权行为连带责任诉讼,并不一定非得把所有的共同侵权行为人都诉到诉讼中来,不必一定要适应必要共同诉讼规则。"① 这种观点恐怕不妥。共同加害行为的损害赔偿的范围固然不是由共同加害人的数量决定而是由侵权行为所造成的损害结果的大小决定,但也并非由受害人一个人说了算。当受害人举证时,加害人一方有权予以质证、反驳；如果有的共同加害行为人缺席诉讼,自然就无法行使该权利,这种情况下确定的损害赔偿范围可能未必准确。此外,有的共同加害行为人不参加诉讼,有些案情就无法认定,比如数个侵权行为人之间是否有意思联络,是否构成共同加害行为也无法认定；而按照上述学者的观点,只要受害人起诉到法院主张连带责任并且初步完成举证责任就能得到法院的

---

① 参见杨立新:《共同侵权行为及其责任的侵权责任法立法抉择》,载《河南省政法管理干部学院学报》2006年第5期。

支持,这样就剥夺了未参加诉讼的其他共同加害行为人反驳该侵权行为为共同加害行为的权利。

论者或曰,有些共同加害行为案情简单,无须全体共同加害行为人参加就能认定共同加害行为的成立,因此,就无须让受害人起诉全体共同加害行为人。不可否认现实生活中有这样的案件,但是,在法律上无法将这些案件从所有的共同加害行为案件中区分出来;所以,法律不能设置例外,受害人只能起诉全体共同加害行为人。

(2) 诉讼效率之追求

相对主义连带责任与绝对主义连带责任的一个重大区别是考虑社会整体的效率而非仅仅考虑受害人自己的效率,让受害人起诉全体共同加害行为人则是一个体现。

全体共同加害行为人都参加诉讼,才能确定数个共同加害行为人彼此之间的责任份额;只有确定每个共同加害行为人彼此之间的责任份额,才能在解决受害人与共同加害行为人的诉讼中解决共同加害行为人之间的内部纠纷,无须就同一案件多次起诉、多次审理。

确定共同加害行为人的内部责任份额,需要考虑全体共同加害行为人的过错程度和原因力比例。而这些就需要所有的共同加害行为人都到场,法院才能在查明事实的基础上进行准确的划分。

此外,让受害人起诉全体共同加害行为人仅仅是剥夺了受害人的选择起诉对象的权利,对于受害人的实体权利,并没有影响。而选择起诉对象的权利,和实体权利相比,是非常小的一个权利;为了获得社会效率,牺牲受害人这个权利并无不妥。

(3) 社会公平之实现

如果不让全体共同加害行为人都参加诉讼,就会出现这样的情形:有的共同加害行为人在没有参加诉讼的情况下就被确定了责任。这就剥夺了其应有的诉权,其正当权益无法得到应有的程序保障。[①]

[①] 有的学者进而说道:"如果为了救济这些共同加害行为人,赋予其在追偿权诉讼中以抗辩权,并最终判定其责任不成立,则又会陷入在先诉讼的被告其连带责任从何而来的怪圈。"参见张景良、黄砚丽:《连带责任人之共同诉讼地位探究》,载万湘郡主编:《审判权运行与行政法适用问题研究——全国法院第 22 届学术讨论会论文集》(上),人民法院出版社 2011 年版,第 440 页。

如果不让全体的共同加害行为人都参加诉讼,还可能会出现这样的情形:一方面受害人通过法院起诉部分共同加害行为人进而获得赔偿,另一方面接受其他共同加害行为人的赔偿与之达成和解。由于信息不对称,两者完全有可能同时进行,受害人获得多份赔偿。

如果不让全体共同加害行为人都参加诉讼,还可能会出现受害人与部分共同加害行为人串通损害其他共同加害行为人利益的情形。受害人可以与部分共同加害行为人把不是共同加害行为的侵权行为描述成为共同加害行为,让其他的共同加害行为人承担全部损害赔偿责任,然后受害人事后再回报该部分共同加害行为人。

这三种情形,无论哪一种情形都是不公平的。因此,基于公平的考虑,应当让全体共同加害行为人都参加诉讼。

(4) 诉讼程序之契合

在民事诉讼中,一方或双方当事人的人数是两个或两个以上的,为共同诉讼。民事诉讼法创设共同诉讼的目的在于实现程序效益(通过一次性调查取证、搜集资料并同时进行审理,既节省法官和当事人的时间和劳动,又可以避免不同法院作出矛盾的判决)和实现实体公正(给每个侵权行为人在承担责任前参与诉讼的机会:防止在其没有参加诉讼的情况下就被间接地确定了责任;在诉讼不是由真正利害关系人提起的情况下,保护被告不受第二次诉讼的折磨)。① 在我国,《民事诉讼法》第 53 条第 1 款规定了必要的共同诉讼和普通的共同诉讼;前者指诉讼标的是同一个,后者指诉讼标的是同一种类。从民事诉讼法的共同诉讼原理来看,共同加害行为案件属于必要共同诉讼,因为在这个涉及数人的案件中,数个被告的诉讼标的是相同的,就是那个共同加害行为造成受害人损害的损害赔偿法律关系。

正是因为这个原因,《人身损害赔偿司法解释》制定者认为,其第 5 条的

---

① 参见王嘎利:《民事共同诉讼制度研究》,中国人民公安大学出版社 2008 年版,第 74—76 页。

规定符合民事诉讼法法理。① 另外,有些民事诉讼法学学者也是这种观点。② 司法实践中,也有因为在诉讼中没有追加其他共同加害行为人为共同被告而被发回重审的案件。③

　　对此,有的学者有不同看法。他认为,实体法规则与程序法规则的关系,是内容与形式的关系。实体法规则是内容,程序法规则是表现形式。形式应当反映实体内容,实体内容应当被程序内容所反映。如果实体法的规则与程序法的规则之间出现矛盾,程序法应当寻找更能够反映实体法规则的新规则,而不是"削足适履"改变实体法规则以适应于程序法的规则。如果为了适应程序法关于必要共同诉讼的规则,而改变实体法关于共同侵权行为连带责任的规则,是本末倒置是现代版的"削足适履"。④ 笔者对此不敢苟同,实体法规则与程序法规则都是规则,都是为制度设计而服务的,一样重要,不存在谁比谁重要。连带责任不仅仅是一种单纯的责任承担方式,

---

①　参见黄松有主编:《人身损害赔偿司法解释的理解与适用》,人民法院出版社2004年版,第92页。

②　参见常怡:《民事诉讼法学》,中国政法大学出版社1999年版,第129页;江伟主编:《民事诉讼法》,高等教育出版社、北京大学出版社2002年版,第117页;张卫平主编:《民事诉讼法》,高等教育出版社2006年版,第130页;田平安主编:《民事诉讼法学》,中国检察出版社2008年版,第107页;刘家兴、潘剑锋主编:《民事诉讼法学教程》,北京大学出版社2008年版,第103页;潘牧天主编:《民事诉讼法学》,中国政法大学出版社2008年版,第139页;陈永革主编:《民事诉讼法学》,清华大学出版社2008年版,第104页;肖建华:《民事诉讼当事人研究》,中国政法大学出版社2002年版,第224页。另外有的学者认为共同危险行为而非共同侵权行为(共同加害行为)案件属于必要共同诉讼。参见谭兵、李浩主编:《民事诉讼法学》,法律出版社2009年版,第140页;田平安主编:《民事诉讼法》,高等教育出版社2007年版,第124页;肖建华主编:《民事诉讼法学》,厦门大学出版社2011年版,第107页。

③　参见陈明国:《共同犯罪中共同致害人应当承担连带责任》,载《人民法院报》2006年10月30日第6版。同时也有法院没有追加其他行为人为共同被告的实例,如戴世翠诉王其祥、曹年秋沿海人身伤亡损害赔偿纠纷案。参见黄彬、沈军:《原告未诉,法院是否应主动追加其他共同侵权人?——起诉部分共同侵权人的法律适用问题》,载《航海》2008年第1期。不过在该案中,法院因为《海商法》《人身损害赔偿司法解释》为特别法的理由,没有追加其他侵权行为人。但是,主审法官对《人身损害赔偿司法解释》第5条的异议,字里行间仍然可见。

④　参见杨立新:《共同侵权行为及其责任的侵权责任法立法抉择》,载《河南省政法管理干部学院学报》2006年第5期;杨立新:《侵权法论》,人民法院出版社2011年版,第738页。还有人说:"将共同侵权诉讼定位为必要共同诉讼,理论上违背了共同侵权实体制度。"参见李杏园:《共同侵权诉讼形式探析》,载《河北学刊》2008年第2期。

而是一个实体制度和程序制度相结合的统一整体①,在制度设计上就需要综合考虑二者,而不是单纯谁适用谁。如果非要说实体法规则与程序法规则谁比谁重要,那也是程序法规则比实体法规则重要。因为程序法规则是权利行使的规则,从某种意义上说是对权利行使的一种约束或限制,所以,权利人行使权利时必须遵守程序法的规则。最典型的例子就是证据规则。不管客观上怎样,没有证据的支持,任何权利都是白搭,不会获得法院的支持。所以,在连带责任上,应当遵循民事诉讼法关于共同诉讼的规定。

2. 受害人只起诉部分共同加害行为人时的处理

如果受害人只起诉了部分共同加害行为人,那么在法律上如何处理?对于其他的共同加害行为人,应该如何对待?对此主要有两种观点:一是肯定说,被告有权利请求追加其他行为人为被告、法院应当追加其他行为人为共同被告,将该共同加害行为案件在一个诉讼中解决。二是否定说,被告无权请求追加其他行为人为被告、法院不应当追加其他行为人为共同被告,应当就原告的诉讼请求审理;该案审理完毕后如果原告并未获得完全赔偿的,还可以再次起诉其他行为人。

前者是相对主义连带责任选择,后者是绝对主义连带责任选择,本书自然采肯定说。不过这种做法可能会导致这种情形:追加连带责任人参加诉讼,可能造成诉讼的拖延,不利于对权利人的及时保护。在共同加害行为人无法确定(有的侵权行为人仅有一个绰号,或其住所地不明)或下落不明时,不论是公告送达,还是缺席判决,都会导致案例审理时间上的延迟,对受害人救济的不效率。笔者认为,这样对受害人的确不效率,但这也是他应当承受的程序上的不利益;通过他的不效率,换取了整个案件解决的效率。

关于这点,有学者持相同的观点。"关于诉讼效率反对追加所有的连带责任人为共同被告的观点,其重要理由之一就是,追加连带责任人参加诉讼,可能造成诉讼的拖延,不利于对权利人的及时保护。表面看来这种观点更符合提高实现权利的效率的要求,但在如'实例一'中的情形,即使权利人能通过对另一连带责任人单独提起诉讼来最终实现权利,其结果,也与其追

---

① 诚如有的学者所言:"诉讼是实体法与程序法综合作用的'场',应将两方面的考虑加以适当的整合,使得最终的裁判结果能让处于程序中的当事人各方的权利得到最大的保障,而不应有所偏废。"参见张铁薇:《共同侵权制度研究》,法律出版社2007年版,第292页。

求对权利人及时保护的效率要求不相吻合。而按照'不可分之诉'的主张,追加所有的连带责任人为共同被告,将权利人选择权的行使时间后移,则不但可以避免权利人因实现权利而反复多次提起诉讼的讼累负担,而且有利于将同一纠纷涉及的问题尽可能在同一诉讼案件中加以解决,减少可能引起的相关案件的发生,避免司法资源和诉讼成本的无谓浪费。即使较之权利人针对部分连带责任人提起的诉讼,因追加被告可能引起一定程度的成本增加和程序拖延,但相对于其为彻底解决同一纠纷所可能避免的一系列诉讼的发生来看,从制度设计上显然更符合诉讼效率的价值追求。"[1]

此外,如果受害人只起诉部分共同加害行为人,还可能是不想追究其他共同加害行为人的侵权责任。经法院提醒后他仍然不愿追加其他共同加害行为人为共同被告的,则推定受害人免除该部分共同加害行为人的责任;因为经法院提醒受害人仍然不愿追加其他共同加害行为人,说明受害人不愿意追究该部分行为人的侵权责任,那么,法律就不应该强迫受害人追究所有共同加害行为人的侵权责任,所以,就推定受害人免除该部分共同加害行为人的责任。

(二) 责任承担的"先自己后他人"

在受害人向共同加害行为人主张权利的过程中,由于每个共同加害行为人的责任份额并没有确定,所以,受害人可以向任何一个或几个共同加害行为人主张全部或部分的损害赔偿数额,这点和绝对主义连带责任一样。在这个环节还没有诉讼,受害人的请求权能否得到满足取决于共同加害行为人,如果共同加害行为人愿意赔偿,法律自无不允许的理由。如果受害人的主张没有得到共同加害行为人的认可,则只有通过诉讼(或仲裁)的途径。在起诉时,受害人应当起诉全体共同加害行为人主张全部的损害赔偿,而无法向每个共同加害行为人主张其各自的份额,因为此时责任份额仍然没有确定。等到法院判决生效后,每个共同加害行为人的责任份额已经确定,受害人应当向每个共同加害行为人主张其各自的份额。在强制执行中,法院首先也应当强制执行每个共同加害行为人各自的责任份额;在每个共同加

---

[1] 参见张景良、黄砚丽:《连带责任人之共同诉讼地位探究》,载万湘鄂主编:《审判权运行与行政法适用问题研究——全国法院第22届学术讨论会论文集》(上),人民法院出版社2011年版,第439页。

害行为人都有赔偿能力时,受害人只能从每个共同加害行为人处获得其应当承担的赔偿份额;在有的共同加害行为人无法确定或者没有赔偿能力时,受害人有权向其他任何一个(而非数个)共同加害行为人主张未获赔偿的部分。对于这种责任承担,本书称之为"先自己后他人"。

之所以如此设计,是为了让每个共同加害行为人实际承担的责任份额尽可能地与他应该承担的责任份额一致,尽可能地减少替他人承担责任的情况,从而避免共同加害行为人之间的追偿。就像有的学者所言:"如果各方能够按份承担损害赔偿之债,就无须启动连带责任的程序了。"[①]在这种制度设计中,虽然也有部分共同加害行为人向受害人赔偿了超出自己份额的现象,但那是因为客观原因(有的共同加害行为人无法确定或没有赔偿能力)。此外,在必须有人承担超出自己责任份额的时候,本书建议只让一个共同加害行为人被牵扯进来,目的是为了追偿关系的简单化;如果受害人向其他多个共同加害行为人主张未获赔偿的部分,则由于人数的众多而使追偿问题复杂化。此处限制受害人的选择权是为了日后共同加害行为人追偿时的效率。

如此设计还有益处:因为一般情况下每个共同加害行为人都是承担自己的责任份额,不会出现因为有钱而当冤大头的情形,这就给每个共同加害行为人主动赔偿提供了激励机制,增加了每个共同加害行为人主动赔偿的可能性,进而避免了法院强制执行的程序,减轻了受害人、共同加害行为人和法院的负担。

不可否认,根据本书的制度设计,仍然会有不效率的情形:在强制执行中,当有的共同加害行为人无法确定或者没有赔偿能力时,受害人还要起诉另一个有赔偿能力的共同加害行为人,当该被告仍然不能使受害人获得完全赔偿时,受害人还要起诉其他的共同加害行为人;如此一来,多个诉讼仍然不可避免。需要说明的是,这里的多个诉讼导致的不效率是因为客观原因,是由于有的共同加害行为人无法确定或者没有赔偿能力而致,与绝对主义连带责任中受害人任意选择起诉对象所导致的多个诉讼的不效率有天壤之别。

[①] 王竹:《侵权责任分担论——侵权损害赔偿责任数人分担的一般理论》,中国人民大学出版社2009年版,第170页。

(三) 免除部分共同加害行为人的责任

出于种种原因的考虑,受害人可能会免除部分共同加害行为人的责任,即自己不再追究该共同加害行为人的侵权责任,该共同加害行为人也无须再承担损害赔偿责任。

1. 免除的合理性

这种行为是民法上意思自治原则和民事诉讼法上处分原则的体现,又不损害社会公共利益和其他当事人的利益,只要是受害人的真实意愿,自然应当允许。

有的学者对此持不同意见。王利明教授认为无法免除部分行为人的责任,因为在共同侵权责任的连带责任中,各个侵权人没有份额的问题;在判决确定之前,每个侵权人的份额没有确定。因此,对于受害人来说,可以免除所有侵权人的一个总额的责任,但要免除某个人的份额是说不过去的。① 笔者对此不敢苟同,虽然在判决确定之前,每个侵权人的份额没有确定;但是,肯定是有份额存在的,只不过暂时是个不确定数额。受害人免除部分共同加害行为人的责任,就是免除这个暂时不确定的份额,不管这个份额是100元、3000元还是5万元,都无须该侵权行为人向自己赔偿。因此,份额虽然不确定,但存在,就可以免除。

2. 免除的相对效力

受害人免除部分共同加害行为人的责任,对其他共同加害行为人会产生什么样的法律后果呢?对此,有绝对效力说和相对效力说两种观点。前者认为,受害人免除部分侵权人责任的,对全体被诉共同加害行为人发生绝对效力,每个侵权行为人都因此而免责;古代罗马"免除一部等于免除全部"的法律格言、英美普通法中"释放一个等于释放全部"的传统理念是其理论渊源。后者认为,连带之债中债权人免责的意思表示只能免除确定的被免责相对人的债务份额,其他债务人仍应就被免责债务人份额以外的其他全部剩余债务承担连带责任;《德国民法典》第423条、《瑞士债务法》第147条、《日本民法典》第437条及我国台湾地区"民法"第276条均采纳了"相

---

① 参见张国香、尹飞:《侵权人身损害赔偿问题专家谈》,载《人民法院报》2003年10月20日。

对效力"的立场。①

笔者认为,不论是通说的绝对主义连带责任还是本书的相对主义连带责任,对于受害人免除部分共同加害行为人责任的效力,都只能采相对效力;理由如下:

首先,绝对效力不符合受害人的真实意思。绝对效力使得所有共同加害行为人都免责,那么,受害人就无法获得任何赔偿,这不是受害人所期望的;受害人只是希望该共同加害行为人无须向自己赔偿而其他的共同加害行为人仍然要向自己赔偿。如果受害人希望所有的共同加害行为人都无须向自己赔偿,则是免除所有共同加害行为人的责任了。

其次,相对效力既合理,又基本符合受害人的真实意思。前文已述,作为一个理性人,受害人最期望的后果是该共同加害行为人无须承担赔偿责任,其他共同加害行为人仍然就自己的全部损害承担赔偿责任。遗憾的是,这种想法侵害了其他共同加害行为人的利益,不能获得法律的认可。因为免责后如果仍然要其他共同加害行为人承担全部的损害赔偿责任,那么被受害人免责的这部分份额只能由其他共同加害行为人来承担;然而,其他共同加害行为人向受害人承担之后向谁追偿?无从追偿当然是损害了其他共同加害行为人的利益。相对主义将这部分从损害赔偿范围中减去,是合理的做法。让受害人能够获得的赔偿范围减少,他仍然能够从其他共同加害行为人处获得损害赔偿,这也基本符合他的真实意思。

最后,相对效力对其他共同加害行为人并无不利影响。根据相对效力,受害人免除部分共同加害行为人的责任,将会使该共同加害行为人应当承担的责任份额从全体共同加害行为人应当赔偿的总额中扣除,其他共同加害行为人仅仅承担他们应当承担的份额,无须为被免除责任的共同加害行为人承担责任。所以,受害人免除部分共同加害行为人的责任并没有增加其他行为人承担的赔偿数额。其实,换一个角度看,免除部分共同加害行为人的责任对其他共同加害行为人反而有利,因为这样也免去了其他共同加害行为人向该共同加害行为人追偿不能的风险:如果不免责的话,在该共同加害行为人没有赔偿能力的话,其他共同加害行为人还要就其责任份额向

---

① 参见黄松有主编:《人身损害赔偿司法解释的理解与适用》,人民法院出版社2004年版,第85—86页。

受害人承担责任,自然就要承担追偿不能的风险。

所以,相对效力既合理,又没有损害其他共同加害行为人的利益,还基本符合受害人的真实意思,自然是最佳选择。

3. 法官的释明义务和当事人的上诉权

由于我国普通民众法治意识不强,有的当事人可能根本不知道法律的规定。如果受害人不知道免除部分共同加害行为人的法律后果而实施了免除行为,那么就会出现对其不利的结果。因此,一方面法官需要注意受害人意思表示的明确性①,另一方面,要通过严肃的形式提醒受害人。

这对人民法院有两点要求:一是在诉讼审理过程中,法官应当将免除责任的法律后果明确告知受害人,无论是通过书面还是口头方式,都必须使受害人知悉免除责任的不利后果。二是在裁判文书上,法官应当将免除责任的法律后果叙明,明确写上"基于原告对被告某某免除责任,而该部分责任是多少;故其余的被告仅仅对剩下的多少责任承担连带责任,被告某某不再承担侵权责任"。在这里,释明是法官的义务和职责,如果法官没有在诉讼中释明、不在裁判文书中叙明,将构成对法定程序的违反;基于对受害人的保护,该免除责任就不发生法律上的效力,视为没有免除。

另外,受害人免除责任的意思表示一经确定,法官在判决时就应当从赔偿总额中扣除放弃的部分,剩余部分由其他行为人承担连带责任。对人民法院确定的其他共同加害行为人应当承担的赔偿份额,属于责任份额的划分,涉及当事人的实体权利,如果其他共同加害行为人有异议的,自然有权上诉。

(四) 与部分共同加害行为人的和解

诉讼过程中,受害人与部分共同加害行为人有可能达成和解。即受害人原谅了该共同加害行为人,受害人不再就共同加害行为给自己造成的损害对该共同加害行为人主张任何侵权责任。

1. 和解的应受鼓励性

笔者认为,从法政策角度看,部分共同加害行为人与受害人之间的和解

---

① 《人身损害赔偿司法解释》制定者认为:"因此,赔偿权利人若作出免除连带债务一部分的意思表示时,要格外注意该意思表示内容的明确性,以防己方权利受到损害。"参见黄松有主编:《人身损害赔偿司法解释的理解与适用》,人民法院出版社 2004 年版,第 96 页。

是值得提倡、鼓励的举措,最理想的局面是所有共同加害行为人都能与受害人达成和解协议;如此一来,就能结束诉讼、节省法院和当事人的时间和费用,对当事人和社会都有效率。此外,由于和解协议是共同加害行为人真实意志的反映,他们也都会主动赔偿受害人,避免了法院的强制执行,对社会而言有效率。即使受害人不能与所有的共同加害行为人都达成和解,能够与部分共同加害行为人达成和解,也能让该共同加害行为人退出诉讼,增加其主动赔偿的可能性,同样是有效率的。所以,当事人之间的和解,法律应当提倡、鼓励。

2. 和解的相对效力

和解行为对其他共同加害行为人产生什么样的影响呢?有人概括出以下四种学说。"一是毫无影响说,认为诉讼中形成和解协议只表明原告放弃了对协议相对人的程序追诉权,就这起案件而言它至多起到形式上终结原告和协议相对人之间已为之诉讼的效果,其他被告所应承担的赔偿责任并不会因此缩减或免除,所以人民法院仍应判决其他被告全额赔偿。二是部分影响说,主张原告与个别被告达成和解协议的行为即表明原告已通过合同的方式免除了该被告在这起诉讼中依法所应分担的赔偿份额,故人民法院应当在依法确认该被告所应分担之赔偿额度的基础上判令其他被告承担剩余的赔偿责任。三是免除责任说,认为原告与个别被告达成和解协议时即表明原告对该被告在诉讼中依法所应承担之赔偿责任的免除,由于该被告在这起诉讼中本应承担的是连带责任,而连带之债具有一体性和不可分割性,免除个别被告的连带赔偿责任也即意味着原告同样免除了其他被告的赔偿责任,所以人民法院应当驳回原告对其他被告的诉讼请求。四是视履行情况决定说,主张个别和解行为对其他被告连带责任的承担有没有影响应视被告依和解协议实际履行之赔偿金额的大小而定:如果个别被告所应允赔偿的金额超过或等同于全额且已实际支付,则其他被告的连带责任可完全免除;如果个别被告依和解协议实际给付的赔偿额小于全额,则其他被告应负责赔偿全额减去该个别被告已给付数额之后的剩余部分;最后,如果与原告和解的个别被告实际并未支付分文,则不论其在和解协议中的应允赔偿额是多是少,哪怕是远远超过了赔偿全额,其他被告在本案中的责任也不受任何影响,人民法院仍应判令其他被告全额赔偿。"①

对此,笔者认为,除了有偿与无偿之外②,受害人与部分共同加害行为人达成和解和受害人免除部分共同加害行为人的责任是一回事;因为两种情况都会导致该共同加害行为人经过受害人同意而不再承担任何责任。

因此,在法律后果上,受害人与部分共同加害行为人达成和解也应当和受害人免除部分共同加害行为人的责任一样产生相对效力:该共同加害行为人不再承担任何侵权责任,其他共同加害行为人只对该共同加害行为人责任份额之外的部分承担赔偿责任。

法官应当将和解的法律后果明确告知受害人,并将和解的情况在法律文书中叙明,自不待言。

五、小结

在司法实践中,人民法院已经发现共同加害行为绝对主义连带责任的弊端,并且为克服其弊端做了一些努力,比如《人身损害赔偿司法解释》第5条的规定。遗憾的是,这条规定却遭到了学界大多数学者的反对,他们认为该规定违背了侵权连带责任的本质。可是,到底什么是连带责任的本质?绝对主义连带责任认为,连带责任的本质是赋予受害人任意请求权。笔者认为,赋予受害人任意请求权并非目的,而是手段,目的是为了保障受害人利益。连带责任和按份责任等其他数人侵权责任形态相比,本质区别是在某些侵权行为人无法确定或者没有赔偿能力时仍然能够让受害人获得全部赔偿。这样保障了受害人利益,这才是连带责任的本质。

如果套用有的学者所谓的诉讼模式③,共同加害行为绝对主义连带责任

---

① 参见沈扬:《共同侵权后的个别和解行为对连带责任的影响》,http://www.chinalawedu.com/news/21604/5300/58/2004/4/yu6194834102440026908_109201.htm,访问时间:2011年4月5日。

② 如果细究,这个区别都可能不存在。受害人之所以免除部分共同加害行为人的责任,可能是该共同加害行为人与自己具有特殊的关系(如他是自己的近亲属),也可能是因为该共同加害行为人主动赔偿感动了受害人;前者是无偿,后者就不是无偿。而受害人与部分共同加害行为人达成和解,可能是其主动道歉感动了受害人,也可能是该共同加害行为人的主动赔偿感动了受害人;前者是无偿,后者就是有偿。

③ 肖建国、黄忠顺:《数人侵权责任诉讼模式研究》,载《国家检察官学院学报》2012年第4期。

似乎是选择型诉讼模式,相对主义连带责任似乎是整体型诉讼模式。选择型诉讼模式固然有利于受害人,但是给共同加害行为人和法院造成诸多不便,并不可取。整体型诉讼模式综合考虑受害人、共同加害行为人和法院三方利益,真正地实现了利益平衡,是一种科学的诉讼模式。

其实,《人身损害赔偿司法解释》第5条的规定就非常接近整体型诉讼模式,在某些方面也体现出相对主义连带责任的色彩。但该规定遭到了学界大多数学者的反对,后来在《侵权责任法》的制定过程中,《侵权责任法》制定者经过权衡利弊,最终还是摒弃了该规定。《侵权责任法》第13条规定的"被侵权人有权请求部分或者全部连带责任人承担责任"仍然是绝对主义连带责任。① 由此可见,绝对主义连带责任的权威地位目前仍然不可撼动。但笔者坚信,由于相对主义连带责任的科学性,共同加害行为的连带责任终究要从绝对主义向相对主义转变!

---

① 对此,司法机关反而有些犹豫。最高人民法院副院长奚晓明在中国法学会民商法研究会2011年年会上说:"上个月召开了全国民事审判工作会,总结出一些问题,借此机会提出一些当前民事审判过程中具有理论意义的问题。共同侵权案件当事人问题。我国《侵权责任法》13条规定了责任承担,原告起诉时,如何追加被告有不同观点。在权利人起诉部分侵权人时,当事人是否可以请求追加被告。一种认为,被告完全交由被害人自己选择,未选择时,法院不能追加,被起诉人也不可以追加。另一种观点认为,以原告起诉的被告人为准,其他侵权人不能参加诉讼,不能查明事实时,法院可以追加。对此种观点,也有不同意见。"参见《中国法学会民法学研究会2011年年会暨学术研讨会简报(二)下》,http://www.civillaw.com.cn/article/default.asp? id=53643,访问日期:2011年8月19日。

第三章 共同加害行为的数人侵权责任(二):特殊共同加害行为

第一节 特殊共同加害行为侵权责任的一般理论

一、特殊共同加害行为的指向:教唆、帮助行为

上一章论述了一般共同加害行为的侵权责任,本章则研究特殊共同加害行为的侵权责任。所谓特殊共同加害行为,根据学界现有的观点可以总结出现以下几种情况:一是教唆、帮助侵权行为,二是共同危险行为,三是团伙成员共同侵权行为。

笔者认为,上述三种所谓的特殊共同加害行为,其实只有第一种是共同加害行为,后面两种不是共同加害行为,更不是特殊共同加害行为。

(一)共同危险行为不是特殊共同加害行为

共同危险行为是指数个侵权行为人分别都实施可能造成他人损害的危害行为,其中一个行为实际造成他人合法权益的损害,但是不知谁是实际加害人。它是数个侵权行为人基于自己的意志而实施的侵权行为。数个侵权行为人之间并没有共同的主观意志,它也不是同一侵权行为;所以,它不是共同加害行为,不是特殊的共同加害行为。

(二)团伙成员共同侵权行为不是特殊共同加害行为

团伙成员共同侵权行为是指法人之外的团体的成员按照团体的意志从

事某种行为,致人损害,其他团体成员依法也应当对其行为承担连带责任。①这些团伙一般是指犯罪团伙、黑势力帮派、邪教组织、违反治安管理团伙等等。《荷兰民法典》对团伙成员作出了规定。其第六编第166条第1款规定:"一群人中的一人不法导致损害发生,而这种致损风险本应使他们避免该集体行为的,这些人应当在该行为可归责于他们的情形下承担连带责任。"西班牙一家法院作出过这样的判决。一名埃塔组织成员制造爆炸事件造成他人损害,但是警方没有抓住肇事者,受害人或家属无法对加害人提起诉讼要求赔偿,但是原告对并未参加这次爆炸活动的埃塔组织另一名成员提出了诉讼;法院判决被告为埃塔组织的团伙行为承担连带责任,所以原告胜诉。②虽然我国法律没有规定,但是一些学者认为它是共同加害行为的新发展,应该借鉴之,它也属于共同加害行为的一种形态。③

笔者认为,团伙成员承担连带责任的原因并非其实施了共同加害行为,而是在于其身份,即同为该团伙成员。众所周知,连带责任的承担原因有多种,或是基于行为的原因,或是基于身份上的原因,抑或其他。其中,身份上的原因又有很多种,比如,离婚后的父母要为自己子女的侵权行为承担连带责任④,

---

① 参见王利明:《侵权责任法》(上卷),中国人民大学出版社2010年版,第523页。
② 参见张新宝:《侵权责任法原理》,中国人民大学出版社2005年版,第83页。
③ 典型者如王利明教授、杨立新教授、张新宝教授、张铁薇教授。其观点的详细论述,参见王利明:《侵权责任法》(上卷),中国人民大学出版社2010年版,第523页;杨立新:《侵权法论》,人民法院出版社2011年版,第728页;张新宝、唐青林:《共同侵权责任十论》,载张新宝:《侵权责任立法研究》,中国人民大学出版社2009年版,第252—254页;张铁薇:《共同侵权制度研究》,法律出版社2007年版,第201—204页。另外,《人身损害赔偿司法解释》制定者也意识到这点,专门指出,"随着新荷兰民法典对团伙责任的规定产生,较为一致的观点认为团伙的共同侵权行为亦属于共同侵权行为类型之一种。"参见黄松有主编:《人身损害赔偿司法解释的理解与适用》,人民法院出版社2004年版,第67页。
④ 《民通意见》第158条规定:"夫妻离婚后,未成年子女侵害他人权益的,同该子女共同生活的一方应当承担民事责任;如果独立承担民事责任确有困难的,可以责令未与该子女共同生活的一方共同承担民事责任。"这里的"共同承担民事责任"其实就是连带责任。这样的规定并不妥当,因为即使同该子女共同生活的一方独立承担侵权责任没有困难,未与该子女共同生活的一方也应当承担连带责任。

具有中国特色的挂靠关系所承担的连带责任[1],村委会与村民小组之间的上下级关系而承担的连带责任[2];全体合伙人对一个合伙人的行为承担连带责任[3],共有人对于共有物致害承担的连带责任[4],等等。团伙成员之间承担连带责任也是如此,是基于他们都同属于一个团伙组织,这也是身份上的原因;并非什么"一种广义的意思联络"。[5] 因此,笔者认为,尽管团伙成员侵

---

[1] 我国司法实践中有很多基于挂靠身份而判连带责任的案件。在史××诉姚×等道路交通事故人身损害赔偿纠纷案(案件文书号:河南省汝南县人民法院(2011)汝民初字第22号民事判决书)中,法院认为:"被告姚××的车辆用于家庭共同经营,其挂靠被告大地公司从事营运,并向被告大地公司交纳管理费,双方系利益共同体,根据权利与风险相一致,风险与责任相一致,责任与义务相一致的原则,原告请求被告姚×、姚××与大地公司承担连带赔偿责任,符合《中华人民共和国侵权责任法》第8条(二人以上共同实施侵权行为的,应当与行为人承担连带责任)和最高人民法院《关于适用〈中华人民共和国民事诉讼法〉若干问题的意见》第43条(个体工商户、个人合伙或私营企业挂靠集体企业并以集体企业的名义从事生产经营活动的,在诉讼中,该个体工商户、个人合伙或私营企业与其挂靠的集体企业为共同诉讼人)的规定,本院予以支持。"当然,需要指出的是,在我国,对于车辆挂靠承担的责任,不同法院认识不同,有的认为承担有限的连带责任,有的认为承担垫付责任,有的认为直接承担损害赔偿责任。

[2] 我国司法实践中有很多基于上下级身份而判连带责任的案件。在董××诉长沙市天心区大托镇兴隆村何家垅村民小组、长沙市天心区大托镇兴隆村民委员会承包地征收补偿费用分配纠纷案案(案件文书号:湖南省长沙市天心区人民法院(2010)天民初字第860号民事判决书)中,法院认为,"……何家垅村民小组以村民大会有'再婚夫妻前妻户口在本组的,原则上只分配给前妻,现任妻无任何分配'的决定,侵犯了董××作为何家垅村民小组成员的合法权益,明显不当。兴隆村委会作为何家垅村民小组的上一级集体经济组织的自治机构,有义务对何家垅村民小组的土地征用补偿款分配进行监管、督促,故兴隆村委会应对何家垅村民小组给付董××土地征用补偿款的义务承担连带责任。"

[3] 程啸博士也是这种观点。他认为,合伙致人损害的情形仅仅是在责任的承担方式上与共同侵权行为类似,不是一种独立的共同侵权行为类型。参见程啸:《共同侵权行为》,载王利明主编:《人身损害赔偿疑难问题——最高法院人身损害赔偿司法解释之评论与展望》,中国社会科学出版社2004年版,第140页。

[4] 王永霞博士对此表达了基本相同的观点。她说道:"前文述及,共有的动物、物件可以根据物权法令共有人对受害人承担连带责任,问题在于是否可以令他们(它们)根据共同侵权行为规则承担连带责任。本书认为,将对一动物或物件存在共有关系解释为共有人实施了共同认识行为,这一共同认识行为产生共同注意义务,由于共有人违反了这一共同注意义务,因而构成共同侵权行为,产生连带赔偿责任,这一解释过于勉强,因为就人们日常生活的认识而言,对一个物的单纯的所有关系从事实上和法律上一般都认定为一种状态,而不认定为一种行为,因此难以将共有关系解释为共同认识行为。既然《物权法》已规定了共有人的连带责任,没有必要牵强地将共有动物、物件致损的问题纳入共同侵权行为。"参见王永霞:《共同侵权行为论》,北京大学博士学位论文,2009年,第187页。

[5] 参见张新宝、唐青林:《共同侵权责任十论》,载张新宝:《侵权责任立法研究》,中国人民大学出版社2009年版,第252页。

权承担的是连带责任,但是它并非共同加害行为,不是特殊共同加害行为。

因此,本书认为,特殊共同加害行为只有教唆、帮助行为。

二、教唆、帮助行为的界定

(一) 教唆行为的界定

教唆行为是指行为人采用诱导、劝说、挑拨、刺激、怂恿等手段使他人产生侵权行为意图的一种侵权行为。需要注意的是,教唆是使被教唆人的侵权意图从无到有,如果被教唆人本来就有侵权意图但正在犹豫不决、侵权意图不坚定,经过所谓的教唆后其意志坚定了进而实施被劝说的侵权行为,这样的教唆不是本书所指的教唆。因为其行为是使被教唆人的侵权意图从小到大,而不是使被教唆人的侵权意图从无到有。[①]

教唆行为的表现方式多种多样,在具体的方法与手段上并没有什么特别的限制:可以是口头的或者书面的、也可以是以某种动作来教唆他人;可以是明示的方式,也可以是暗示的方式;可以是公开的,也可以是秘密的。

教唆行为的手段包括煽动、怂恿、刺激、挑拨、诱骗、利诱、利用迷信、劝说、请求、嘱托、授意、指示、胁迫、乘人之危等。这里需要注意的是胁迫。所谓的胁迫是指在实施侵权行为之时,被威胁人没有完全丧失意志自由。就像我国台湾地区学者姚志明所言:"不过,如胁迫之行为已使侵权行为人达到不能抗拒之程度,应视为胁迫行为人为侵权行为人之主体,至于被胁迫之人则为工具,并无造意关系之存在。"[②]因为被胁迫人只要还有一定的自由意志,就有选择,他不能通过损害他人的方式来保护自己的权利(除非是紧急避险);如果没有自由意志,则被胁迫人没有选择,此时就不是教唆而是胁迫了。由此可见,这里的胁迫与确定民事法律行为效力中的胁迫并不是一回事。乘人之危也是如此。

应当指出,教唆人和被教唆人都是具体的人而非抽象的人。教唆人无须多言;之所以要求被教唆人是具体的人,原因在于教唆人必须知道自己的教唆对象,只有具体的人才能满足而抽象的人则无法被教唆人所知悉。可

[①] 关于这点,也有德国学者持此看法,如 Staudinger/W. Belling/Christina Eberl—Borges (2002),§830, Rn.49.转引自周友军:《侵权责任法专题讲座》,人民法院出版社 2011 年版,第 276 页。

[②] 姚志明:《侵权行为法》,元照出版公司 2005 年版,第 98 页。

以想象一下,如果被教唆人是抽象的人,那么教唆人可能就不知道是谁,怎么能够认定他们之间有意思联络？更何况,抽象的人可能不止一个,那么被教唆人实施的行为数量可能也不止一个,造成的损害后果也不止一个,要求教唆人对众多的伤害后果都负责,也不妥当。因此,在销售量极大的公开出版物上发表具体煽动性的理论,并不构成共同加害行为中的教唆。尽管美国有判决认定,如果罪犯仍未抓获,而某家报社却公开了犯罪目击证人的姓名和住址,导致罪犯根据该线索而杀死了该目击证人,该报社构成了教唆,为该目击证人的死亡负赔偿责任。① 笔者对该判决的结果持怀疑态度。在我国司法实践中,也出现过这样的案例:乘客张某在公共汽车上不慎踩到售票员李某的脚,两人因此发生口角。李某怀恨在心,在张某下车之际指着他的背影喊道:"打小偷!"三名行人见状将张某扑倒在地并殴打,致使其小腿骨折,张某为此用去医药费8600余元。张某遂向法院提起诉讼,法院判决三名行人和李某共同赔偿张某的医药费、误工费等共计12300元,四人之间相互承担连带清偿责任。② 在这个案件中,有人认为,售票员李某为了达到侵害张某人身权的目的,故意通过喊"打小偷!"的方式唆使车上的乘客去实施侵权行为,李某的喊叫引发了行人对张某的扑倒殴打以及行人的扑倒殴打行为导致了张某的受伤。③ 其观点暗含着:尽管其唆使的不是特定的某个人或某几个人而是车上所有的乘客,但是这不影响其唆使行为的成立。笔者认为本案并不构成共同加害行为,虽然李某的喊叫引发了三个行人对张某的扑倒殴打,但是该三个行为人并不知晓自己的行为是侵权行为反而以为自己是助人为乐;这与三个行人明知张某不是小偷而听到售票员李某"打小偷!"后殴打张某不同。

　　一个需要探讨的问题是,是否要求教唆人的教唆行为针对具体的特定受害人？如果教唆行为并不针对特定受害人,则该教唆行为还是特殊共同加害行为中的教唆吗？笔者认为,即使教唆行为并不针对特定受害人,此时教唆人有损害不特定人的侵权意图,他通过教唆行为将该侵权意图传递给被教唆人,使本来没有侵权意图的被教唆人产生了侵权意图;这符合特殊共

---

① See Vincent R. Johnson. Mastering Torts, 2 end. 1999, p.157.
② 参见周凌清:《唆使他人"动粗"承担连带责任》,载《孝感日报》2006年1月6日第2版。
③ 同上。

同加害行为中教唆的基本要件,应当构成。比如,如甲问乙你敢不敢去杀人,乙沉默不语;甲说你肯定不敢,如果你敢去,我则给你一万元奖励;于是乙持刀出门,遇到丙而杀之。在这个例子中,甲的语言刺激和金钱奖励导致乙去杀人,但甲并没有指明侵害对象,其针对的就是不特定的人。易言之,受害人特定与否,对侵权意图的产生没有影响,损害特定人的侵权意图和损害不特定人的侵权意图都是侵权意图。有人对此持不同意见:"现实生活中存在许多仅仅是用言词刺激、怂恿他人实施不当行为,但却不直接针对特定受害人的行为,由于不针对特定受害人,教唆人往往并不具有唆使他人从事违法行为的真实意思,况且被刺激、怂恿人即使实施了不当行为,也难以认定是由于行为人的刺激、怂恿行为所致,因此此种情形以不认定教唆行为成立为宜。"[①]笔者对此不敢苟同,是否针对特定受害人与是否具有唆使他人从事违法行为的真实意思没有必然联系,即使并不针对特定受害人,也可能具有唆使他人从事违法行为的真实意思、有损害不特定人的侵权意图。当然,笔者同时认为,此时的认定要比针对特定受害人要更加谨慎、更加严格。

当然,教唆行为的成立,需要被教唆人接受了教唆,产生了侵权意图;这需要被教唆人实施了被教唆的侵权行为。如果被教唆人声称接受了教唆但客观上并没有实施被教唆的侵权行为,那么就不是这里的教唆。

总而言之,教唆就是教唆人通过某种手段或方法,将侵害他人合法权益的意图灌输给本来没有侵权意图的被教唆人,从而使被教唆人决意实施侵权行为。

(二) 帮助行为的界定

帮助行为是指行为人为了促成被帮助人侵权行为的完成,使其侵权目的得以顺利实现而对其实施的援助行为。需要强调的是,这里的帮助行为与日常意义上的帮助行为含义并不相同。它必须是对实行行为起到重大作用的帮助行为,如果在程度上是轻微的,则不是本书所指的帮助。因为一旦构成特殊共同加害行为的帮助行为,则要对全部的损害后果承担连带责任,后果很严重;所以,必须是重大的帮助行为才行,否则对轻微的帮助人不公平。我国台湾地区学者吴志正认为,帮助行为实质地改变了侵权行为人原

---

① 王永霞:《共同侵权行为论》,北京大学博士学位论文,2009年,第161页。

来较不容易实现之因果历程,使其更易遂行侵害行为。① 所谓"实质地",笔者认为,就是强调帮助行为所起到的重要作用。

从某种意义上说,教唆行为也是一种日常意义上的帮助行为,因为教唆行为对于被教唆人的实行行为起到一定的帮助作用;但是该帮助行为并非这里所讨论的帮助行为。帮助行为与教唆行为的最大区别是:教唆是使没有侵权意图的人产生侵权意图,即从无到有;而帮助是使有侵权意图的人更加顺利地实施侵权行为,具体到侵权意图上,则是通过帮助行为使侵权意图的人更加坚定自己的侵权意图,即从小到大。

和教唆行为不同,帮助行为可以是作为,也可以是不作为;而教唆只能是前者。不作为的帮助行为以帮助人的作为义务为前提。如负责财产看守的保安人员看到盗窃物品的同事,却没有制止而是任由其拿走。

和教唆一样,帮助行为也有多种表现形式:提供工具、指示目标、通风报信等。是否包括语言激励、呐喊助威等精神上的帮助,稍有争议。很多学者认为,语言激励、呐喊助威等行为无疑支持了被帮助人的侵权行为,使被帮助人更有信心地实施侵权行为,所以属于帮助行为。② 他们还引用德国著名侵权法专家克雷斯蒂安·冯·巴尔教授的话:"如果一个人实施的行为是出于支持他人实施侵权行为的目的,则导致行为人对第三人遭受的全部损害承担责任。"③德国联邦最高法院所作出的"空中交通控制人员协会的连带责任案"和"为攻击警察的骚乱学生呐喊助阵案"等案件对精神支持也予以承认。④ 笔者认为,单纯的呐喊助威是否构成帮助行为,还要结合其他因素,不能单独就呐喊助威就认定帮助行为的成立;因为帮助人要承担连带责任,

---

① 参见吴志正:《民法特殊侵权行为之因果关系逻辑与归责》,载《东吴法律学报》第24卷第4期。

② 典型者如张新宝、李玲:《共同侵权的法理探讨》,载《人民法院报》2001年11月9日第3版;田土城主编:《侵权责任法学》,郑州大学出版社2010年版,第159页。

③ 〔德〕克里斯蒂安·冯·巴尔:《欧洲比较侵权行为法》(上卷),张新宝译,法律出版社2004年版,第81页。

④ 参见同上书,第82页。

而其主观恶性比实行人要小得多,所以在认定时要谨慎一些。①

构成帮助行为,既有客观上的要求,也有主观上的要求。

客观方面。首先,它必须是对实行行为起到重大作用的帮助行为,如果在程度上是轻微的,则不是帮助行为。这一点前文已述,此处不再赘述。其次,在帮助行为中,帮助人和被帮助人必须知悉对方的存在。因为只有这样,他们才有可能进行意思联络;如果被帮助人连自己被人帮助都不知道,他如何与帮助人进行意思联络?同理,如果帮助人连自己帮助谁都不知道,他如何与被帮助人进行意思联络?这点在一般情况下无须多言,但是在C2C网络交易中容易引起混淆,因此有特别指出之必要。淘宝商城、阿里巴巴网站、ebay网等网络提供商对于众多商户的侵犯他人知识产权的行为②的不加制止,在客观上起到了帮助作用;但是由于网络提供商对每个商户没有一一审查的义务③,所

---

① 对于这个问题,王竹博士认为,这两个判例均属于社会政策影响较深,具有公共安全性质的特殊领域,判决的社会政策考量较多,作为个案的合理性不能随意普遍推广。参见王竹:《论教唆行为与帮助行为的侵权责任》,载《法学论坛》2011年第5期。周友军博士对此也比较谨慎,他认为,呐喊助威者不应当认定为帮助人,因为呐喊助威并不会实际影响到侵权人实施侵权行为。参见周友军:《侵权责任法专题讲座》,人民法院出版社2011年版,第277页。

② 如2011年闹得沸沸扬扬的欧米茄有限公司诉淘宝网商标侵权案。

③ 关于这一点,我国《侵权责任法》立法者在解释第36条时说道:"在审判实践中,应当谨慎认定此类网络服务提供者'知道'网络用户利用其网络服务实施侵权行为。如果判断标准过宽,可能会使网络服务提供者实际上承担了普遍审查的义务。事实上,由于网络具有开放性的特质,网络信息十分庞杂,要求此类网络服务提供者逐一审查,可能大量增加网络服务提供者的运营成本,阻碍网络产业的发展,美国DMCA以及欧盟电子商务指令也都规定,网络服务提供者不具有监视其传输或储存的信息的义务,也不应赋予其寻找不法行为的事实或情况的义务。"参见王胜明主编:《中华人民共和国侵权责任法释义》,法律出版社2010年版,第196页;全国人大常委会法制工作委员会民法室编:《中华人民共和国侵权责任法条文说明、立法理由及相关规定》,北京大学出版社2010年版,第153页。另外,司法实践中一些法院也是持此观点。如宝健(中国)日用品有限公司诉浙江淘宝网络有限公司侵犯商标专用权纠纷案(案件文书号:杭州市西湖区人民法院(2009)杭西知初字第11号民事判决书)中,法院在判决中指出:"为被告设定审查义务,要求其对涉案商品是否构成商标侵权作出专业性判断,缺乏法律依据的支撑。"再如,在无锡昆达制球有限责任公司诉张醒狮、浙江阿里巴巴电子商务有限公司商标侵权纠纷案(案件文书号:参见浙江省杭州市中级人民法院(2005)杭民三初字第367号民事判决书)中,法院指出:"阿里巴巴公司作为网络服务提供者,并不具有审查所有所传播信息的能力和义务。"再如,在中国友谊出版公司诉浙江淘宝网络有限公司、杨海林侵犯著作权纠纷上诉案(案件文书号:北京市第二中级人民法院(2009)二中民终字第15423号民事判决书)中,法院认为:"淘宝网公司提供网络交易平台与现实市场内的柜台、摊位不同,应负的审查范围和审查内容不同,现淘宝网公司仅审查个人卖家的真实姓名和身份证号码,并未违反相关规定。"

以无法知悉每个商户是否侵犯他人知识产权,即不知道谁是具体的侵权人。所以,这里的帮助不是特殊共同加害行为中的帮助。只有在接到通知后,网络提供商才知道具体的侵权人;如果他不采取删去、屏蔽、断开链接等必要的措施,实际上是为商户的侵权行为提供帮助,构成特殊共同加害行为,从而实现由单独侵权行为向共同加害行为的转化。①

这和广州数联软件技术有限公司与广东中凯文化发展有限公司侵犯信息网络传播权纠纷案②不同。在该案中,其 POCO 用户(总版主无为大侠)在被告数联公司的 POCO 网站上提供了电影《杀破狼》的免费下载链接时,只有经过被告的同意才能上传到被告的 POCO 网站上;法院认为:"《杀破狼》的公映时间与其在 POCO 网上被用户擅自上传的时间几乎是同步,根据常理可知,目前没有任何一家中外著名电影制片公司许可过任何网站或个人免费提供其摄制的热门电影供网络用户下载。而上诉人③作为一家专门从事包含影视、摄影、电子杂志等在内的多媒体娱乐互动平台的专业网站,在日常网站维护中,根据电影海报、简介等信息,也必然知晓,或至少'应当知晓'其 POCO 用户上传的《杀破狼》的下载地址是未经许可的。"由此可见,法院认定被告数联公司对于其 POCO 用户(总版主无为大侠)上传《杀破狼》的侵权行为是知情的;所以,被帮助人是具体的 POCO 用户(总版主无为大侠)而非抽象的"所有上传者"。

主观方面。首先,帮助人只能是直接故意。他之所以在明知被帮助人的侵权行为可能会造成他人损害的情况下还要帮助被帮助人,目的很简单,就是为了追求损害后果的发生,他的主观心态就是直接故意。所以,间接故意或者过失情况下所谓的帮助不是特殊共同加害行为中的帮助行为。"言者无意,听者有心"的情形并不构成特殊共同加害行为中的帮助。其次,被帮助人在主观上也只能是直接故意。因为不论之前其主观心态是故意还是过失,只要他表示愿意接受帮助人的帮助,就表明了他对损害后果的知悉;接下来他仍然实施侵权行为,说明他对损害后果的追求。因此,他的主观心态就是直接故意。最后,帮助人与被帮助人还就损害他人进行了意思联络,

---

① 参见陈新美:《共同侵权行为的两种司法适用特殊规则》,载《法治论坛》2007 年第 3 期。
② 案件文书号:上海市第一中级人民法院(2006)沪一中民五(知)初字第 384 号民事判决书;上海市高级人民法院(2008)沪高民三(知)终字第 7 号民事判决书。
③ 即被告数联公司——笔者注。

双方要达成一致的认识。当然,意思联络的方式可以是语言形式,也可以通过行为来完成。

我国台湾地区,诚如王泽鉴先生所言,关于帮行为,实务上案例甚少。① 我国大陆地区司法实践中帮助行为的案件也不是很多。如支××诉任×甲、任×乙人身侵权纠纷案。② 一审法院认定:"被告任×甲仅实施了将原告拦腰抱住让被告任×乙殴打,自己并无直接实施加害行为。被告任×甲的行为在侵权责任的法律规定上,是一种帮助加害行为,对该行为应认定为共同侵权,与其他共同侵权人即被告任×乙应承担共同侵权责任。"二审法院认定:"上诉人任×甲虽仅实施了将被上诉人拦腰抱住让上诉人任×乙殴打,自己并无直接实施加害行为,但上诉人任×甲的行为属侵权责任法律规定的帮助加害行为,应与其他共同侵权人即上诉人任×乙承担共同侵权责任。"当然,也有认定有误的案件。如陈××与施××、上海杰元床上用品有限公司、南通三杰印染有限公司侵犯著作权纠纷案。③ 法院认为,"三杰公司明知施××侵犯他人著作权而接受委托予以印染加工,提供了实质性的帮助,构成帮助侵权。帮助他人实施侵权行为的,为共同侵权人,应承担连带责任。"本案中,被告施××委托被告三杰公司印染加工,而三杰公司明知侵权而接受委托实施印染,二者有一般的意思联络,构成有意思联络的一般共同加害行为,而非帮助行为的特殊共同加害行为。

三、教唆、帮助行为的定位

(一)学界已有的观点

严格说来,应该是教唆、帮助行为与被教唆人、被帮助人的实行行为构成共同加害行为。但是,学界习惯省略掉后半部分,本书从之。对此种共同加害行为,学界习惯称之为拟制的共同加害行为;当然,也有人称之为间接

---

① 参见王泽鉴:《侵权行为》,北京大学出版社2009年版,第367页。
② 案件文书号:甘肃省张掖市中级人民法院(2011)张中民终字第60号民事判决书。
③ 案件文书号:江苏省南通市南通市中级人民法院(2005)通中民三初字第0071号民事判决书。

的共同加害行为①,还有人称为复杂的共同加害行为②。

关于教唆、帮助侵权行为,它在共同加害行为、乃至数人侵权行为中处于一个什么样的位置,学者有两种观点。王利明教授认为教唆、帮助行为应直接归于共同侵权行为③,程啸博士④、张铁薇教授⑤和众多台湾学者都认为教唆、帮助行为应视为共同侵权行为。⑥

(二)世界各国和地区的立法例

在世界各国和地区的立法例上,上述两种观点都有体现。

《瑞士债务法》第50条第1款最早确立了教唆人和帮助人为共同加害行为人地位:"如果数人共同造成损害,则不管是教唆者、主要侵权行为人或者辅助侵权行为人,均应当对受害人承担连带责任。"采取此体例的还有《阿根廷民法典》第1081条和《澳门民法典》第483条。《埃塞俄比亚民法典》第2155条第2款甚至明文规定:"不得区分教唆犯、主犯和共犯。"

而《德国民法典》第830条第2款则开创了将教唆人和帮助人"视为共同行为人"的立法体例,《日本民法典》第719条第2款、我国台湾地区"民

---

① 参见樊成玮:《民商法责任通论》,中国法制出版社2005年版,第166页。
② 参见杨立新:《侵权法论》,人民法院出版社2011年版,第714页;梅夏英:《中华人民共和国侵权责任法讲座》,中国法制出版社2010年版,第81页。
③ 参见王利明:《侵权责任法》(上卷),中国人民大学出版社2010年版,第532页;王利明:《侵权行为法归责原则研究》,中国政法大学出版社2004年版,第378页。
④ 参见程啸:《侵权行为法总论》,中国人民大学出版社2008年版,第406页;程啸:《侵权责任法》,法律出版社2011年版。
⑤ 参见张铁薇:《共同侵权制度研究》,法律出版社2007年版,第192—193页。
⑥ 王永霞博士对此持似乎第三种观点。她认为:"实际上,现实生活中教唆行为、帮助行为与共谋行为不易区分,特别是民法中对故意的认定比较宽松,对共谋行为中的'共谋'认定也比较宽松,况且我国很多学者并不主张共谋行为限于每个共谋人均实施加害行为的共同加害行为,这就使教唆行为与共谋行为难以区分,尤其是由于对共谋的认定比较宽松,帮助行为很容易被直接纳入共谋行为。本书认为,对教唆、帮助行为与共谋行为(共同加害行为)进行比较严格的区分,体现了德国法追求概念的精确及理论的精致这一特点,但是在共同侵权行为制度中,不论在行为的构成要件上是否存在区别,这些行为的责任后果相同,行为人都要承担连带责任,因此可以说,教唆、帮助行为是直接纳入(狭义)共同侵权行为,还是视为共同侵权行为,并不是必须回答的问题。既然《民通意见》已将教唆、帮助行为直接作为(狭义)共同侵权行为进行规范,延续这种做法并无不妥。当然,不论教唆、帮助行为与共谋行为(共同加害行为)的关系如何,由于教唆、帮助行为毕竟有其特殊性,仍应在立法上明确规定教唆人、帮助人系共同侵权行为人,如果不做明确规定,易惹争议。"参见王永霞:《共同侵权行为论》,北京大学博士学位论文,2009年,第164—165页。但纵观其观点,似乎又没有新意。

法典"第185条第2款和《韩国民法典》第760条第3款继受之。

(三) 从教唆、帮助行为的特殊性看教唆、帮助行为的定位

在一般共同加害行为中,每一个侵权行为人既要为自己的侵权行为所致损害后果负责,还要为他人的侵权行为所致损害后果负责。因为每个人都是这样,所以是彼此负责,即双向的。而在教唆、帮助行为中,由于教唆、帮助行为不是直接性的侵权行为,不可能直接造成损害后果,只是被教唆人、被帮助人的实行行为直接地造成了损害后果的发生。所以,对于教唆人、帮助人来说,只存在自己为教唆人、被帮助人侵权行为所致损害后果负责的情况,不存在他们为自己侵权行为所致损害后果负责的情况。易言之,责任承担是单向的。

而教唆人、帮助人之所以为被教唆人、被帮助人实行行为所致损害后果承担侵权责任,是因为在法律上被教唆人、被帮助人的实行行为被视为教唆、帮助人的行为;而法律之所以如此处理,原因就在于他们之间存在意思联络,意思联络形成的整体意志使得教唆人、帮助人和被教唆人、被帮助人都要为该整体意志支配下的侵权行为所致损害后果负责。

意思联络意味着教唆人、帮助人和被教唆人、被帮助人对可能的损害后果的发生有一致的认识。但是,他们都意识到,损害后果的发生是由于被教唆人、被帮助人一方的实行行为所致,并非教唆人、帮助人的侵权行为与被教唆人、被帮助人双方行为所致。由此可见,特殊共同加害行为中两类主体(教唆人、帮助人和被教唆人、被帮助人)并不是先联络再通过数个行为去造成损害,而是先联络再通过被教唆人、被帮助人一方的行为去造成损害。易言之,在整体意志支配下的侵权行为只有被教唆人、被帮助人一个行为而非数个行为,教唆人、帮助人并没有参与其中实施实行行为;他们的教唆、帮助行为实施在意思联络形成之前。这明显与一般共同加害行为有区别,一般共同加害行为中不管数个侵权行为人之间如何分工,每个侵权行为人都参与进来、都会在意思联络形成后实施一定的侵权行为。

由此可见,这里的意思联络不同于一般共同加害行为中的意思联络。易言之,教唆、帮助行为的特殊性体现在意思联络上。

如果按照一般共同加害行为理论,教唆、帮助行为与被教唆人、被帮助人的实行行为无法构成共同加害行为,因为意思联络后并不存在数个行为。但是,如果此时不令教唆人、帮助人与被教唆人、被帮助人一起承担连带责

任,明显违背公平正义的观念;而且,也不利于遏制此等教唆行为或帮助行为的发生。因此,法律规定此种情况下虽然教唆人、帮助人在意思联络后没有实施侵权行为,仍然构成共同加害行为;由于其意思联络的特殊性,因而它是一种特殊共同加害行为。

为了称呼上的便利,本书将教唆行为的共同加害行为称为教唆型共同加害行为,将帮助行为的共同加害行为称为帮助型共同加害行为。

四、我国有关特殊共同加害行为侵权责任的法律规定

关于特殊共同加害行为,虽然我国《民法通则》没有规定,但是《民通意见》第148条作出了规定:"教唆、帮助他人实施侵权行为的人,为共同侵权人,应当承担连带民事责任。教唆、帮助无民事行为能力人实施侵权行为的人,为侵权人,应当承担民事责任。教唆、帮助限制民事行为能力人实施侵权行为的人,为共同侵权人,应当承担主要民事责任。"《侵权责任法》第9条对此也作出了规定:"教唆、帮助他人实施侵权行为的,应当与行为人承担连带责任。教唆、帮助无民事行为能力人、限制民事行为能力人实施侵权行为的,应当承担侵权责任;该无民事行为能力人、限制民事行为能力人的监护人未尽到监护责任的,应当承担相应的责任。"

除此之外,就计算机网络教唆、帮助侵权的,法律另有规定。《最高人民法院关于审理涉及计算机网络著作权纠纷案件适用法律若干问题的解释》第3条规定:"网络服务提供者通过网络参与他人侵犯著作权行为,或者通过网络教唆、帮助他人实施侵犯著作权行为的,人民法院应当根据民法通则第一百三十条的规定,追究其与其他行为人或者直接实施侵权行为人的共同侵权责任。"第4条规定:"提供内容服务的网络服务提供者,明知网络用户通过网络实施侵犯他人著作权的行为,或者经著作权人提出确有证据的警告,但仍不采取移除侵权内容等措施以消除侵权后果的,人民法院应当根据民法通则第一百三十条的规定,追究其与该网络用户的共同侵权责任。"《侵权责任法》第36条第3款规定:"网络服务提供者知道网络用户利用其网络服务侵害他人民事权益,未采取必要措施的,与该网络用户承担连带责任。"

就侵犯著作权中的教唆、帮助侵权,我国《商标法实施条例》第50条规定:"有下列行为之一的,属于商标法第五十二条第(五)项所称侵犯注册商标专用权的行为:(一)……;(二)故意为侵犯他人注册商标专用权行为提供仓储、运输、邮寄、隐匿等便利条件的。"

第二节 特殊共同加害行为的意思联络

因为教唆、帮助行为不同于一般共同加害行为就在于其意思联络,因此,有专门研究之必要。

一、教唆行为的意思联络

(一)教唆人、被教唆人的过错

在研究教唆人和被教唆人的意思联络之前,首先要研究他们分别的过错,因为分别的过错是共同过错的基础。

关于教唆人,我国大陆学界和我国台湾学界通说认为只能是故意①,本书从之。因为教唆人自己有追求损害他人的后果发生,才能将此意图传播给被教唆人、让被教唆人实施侵权行为进而造成损害后果的发生。因此,教唆人的故意是追求损害后果发生的直接故意。

因此,在特殊的情况下,因不注意而向他人作出不正当的指示,致使他人加害于第三人,并不构成教唆型共同加害行为;同理,"言者无意,听者有心"的情形,也不构成教唆型共同加害行为。

关于被教唆人,学界的分歧就大了。有人认为只能故意②,也有人认为

---

① 我国台湾地区的孙森焱教授是个例外,他认为教唆人过失亦可,并举了一个例子。"公务员甲职司土地测量,因过失指示疆界错误,乙虽明知指示有误,乃将错就错,越界建筑房屋,侵害邻地所有权。甲因过失而教唆乙侵害邻地所有权,自应负共同侵权行为责任。"参见孙森焱:《民法债编总论》(上册),法律出版社2006年版,第235页。笔者认为这个例子中甲并没有实施教唆行为,其指示过错根本就没有让乙产生侵害邻地所有权的意图,是乙自己有这个意图。

② 典型者如杨立新、刘士国、房绍坤等教授,我国台湾地区的代表有姚志明、张钰光等教授。其详细论述,参见杨立新:《侵权法论》,人民法院出版社2011年版,第715页;刘士国:《现代侵权损害赔偿研究》,法律出版社1998年版,第88页;房绍坤:《略论教唆侵权的民事责任》,载《山东法学》1991年第3期;姚志明:《侵权行为法》,元照出版公司2005年版,第97页;张钰光:《共同侵权行为类型化之初探》,载《进入二十一世纪之民事法学研究——骆永家教授七秩华诞祝寿论文集》,元照出版公司2006年版,第526页。

过失亦可。①笔者认为,由于教唆行为能让被教唆人产生侵害的意图,不管有无特定的侵害对象,被教唆人都意识到自己的实行行为将会侵犯他人的合法权益,但是他仍然实行之;可见其主观上也是追求损害后果的发生。所以,被教唆人的过错只能是直接故意。笔者猜测,这也是房绍坤教授认为"教唆与过失在本质上是相互排斥的两个概念"②的原因。

有学者举了一个例子证明被教唆人过失亦可。"如甲乙同在楼上。甲知丙在凉台下而指使乙将玻璃瓶由楼上凉台抛下。乙误以为楼下无人而听从抛之,结果将丙击伤。"③笔者认为,这个例子中甲乙二人的行为并不构成教唆型的共同加害行为,因为甲的指使行为并不是教唆行为。之所以这样认为,是因为教唆人实施教唆行为后会让被教唆人产生侵权意图;而在这个例子中,乙从凉台往楼下抛玻璃瓶时并无侵权意图,他是误以为楼下无人才往楼下抛的;如果他知道丙在楼下,他就不会往下抛玻璃瓶了。所以,甲的指使行为并没有让乙产生侵权意图;因此,甲的行为不是教唆行为。所以,这个例子并不能证明"被教唆人的过失也可以构成教唆型共同加害行为"。

(二)教唆人与被教唆人的联络

既然教唆人和被教唆人都是故意,那么二者如何进行意思联络呢?这取决于双方行为的方式。如果教唆人是明确进行了教唆行为,而被教唆人也明确接受,那意思联络的认定不成问题;但在有些情况下,教唆人的教唆行为并不明确,并且被教唆人没有语言上的接受而是直接实施被教唆的行为。这里的意思联络就是默示的意思联络:教唆人发出要约"我让你去侵害他人",被教唆人通过自己的实行行为来进行承诺,从而形成一致的认识。

需要指出的是,由于教唆行为使被教唆人从没有侵权意图到产生侵权意图,所以,教唆人是整个侵权行为的发起者。因此,这里的要约只能由教唆人向被教唆人发出,不存在被教唆人向教唆人发出的情形。如果是后一

---

① 典型者如王利明、余延满、季境等教授。其详细论述,参见王利明:《侵权责任法》(上卷),中国人民大学出版社 2010 年版,第 533 页;马俊驹、余延满:《民法原论》,法律出版社 2010 年版,第 1021 页;季境主编:《共同侵权导致人身损害赔偿》,中国法制出版社 2004 年版,第 85 页。

② 房绍坤:《略论教唆侵权的民事责任》,载《山东法学》1991 年第 3 期。

③ 季境主编:《共同侵权导致人身损害赔偿》,中国法制出版社 2004 年版,第 85 页。余延满教授也举了一个几乎相同的例子,参见马俊驹、余延满:《民法原论》,法律出版社 2010 年版,第 1021 页。

种情形的话,那就是双方先意思联络再实施侵权行为,就是一般共同加害行为了。

有人认为:"这里的共同故意是法律拟制的,为什么这么说?因为在帮助、教唆形成的共同侵权中,即使帮助者、教唆者和被帮助者、被教唆者在主观上都是故意的,其故意的内容也不相同:前者是挑起他人加害欲念或为他人加害提供帮助的故意,而后者是实施加害行为的故意——如果非要说两者都有侵害受害人权益的故意,那么后者的确是,前者则离的有些远。"[①]笔者认为这种观点错误地理解了"故意"的含义。侵权法上的故意是指侵权行为人对于损害后果所持的主观心态,而不是实施某种侵权行为的想法。上述观点将故意理解成了实施某种侵权行为的想法,是不妥当的。在教唆型共同加害行为中,被教唆人的故意是对自己的实行行为可能造成受害人的损害后果予以追求;教唆人的故意是对通过自己的教唆行为使得被教唆人的实行行为可能造成受害人的损害后果予以追求。由此可见,教唆人和被教唆人都是追求受害人损害后果的发生,他们的故意是相同的。[②]

二、帮助行为的意思联络

如前所述,帮助人和被帮助人的过错只能是直接故意。二者具备故意后,还需要进行意思联络,从而形成一致的认识,即双方对接受帮助后的被

[①] 李国阳、刘桦:《论共同侵权行为的基本类型》,载刘保玉、李明发、田土城主编:《民商法评论》(第2卷),郑州大学出版社2010年版,第141页。

[②] 有学者对此有不同意见,他说:"对于教唆人的故意,应当理解为教唆人唆使他人从事加害行为的故意,而不应理解为对于损害后果的故意,否则,被教唆人的侵权行为引起的损害后果不在教唆的范围内,就无法认定教唆人的故意并追究其法律责任。比如,甲教唆乙入室盗窃,乙砸开丙家窗户时,落下的砖块砸坏了丁的汽车。丁车的损坏非甲追求,但发生于甲教唆乙实施的侵权行为过程中,和甲的教唆行为存在相当因果关系,甲应当与乙承担连带责任。"参见田土城主编:《侵权责任法学》,郑州大学出版社2010年版,第160页。这种观点为了在某种情况下课以连带责任就改变对过错的定性,太不可取了。

帮助人的实行行为可能造成的损害后果达成一致的认识。①

与教唆相同的是,在帮助行为中一致认识的形成只能是帮助人向被帮助人发出要约"我帮你去侵害他人",然后被帮助人承诺;不会是被帮助人发出要约"请你帮助我去侵害他人",然后帮助人进行承诺。

关于帮助人和被帮助人意思联络的时间,笔者认为只能发生在被帮助人实施侵权行为过程中,而不能在被帮助人实施侵权行为之前。如果意思联络发生在被帮助人实施侵权行为之前,那就意味着事先他们就已经进行了联络、商量或者沟通,那就是一般共同加害行为而非帮助型共同加害行为。由此可见,意思联络的时间是区分一般共同加害行为和帮助型共同加害行为的重要标准之一。众所周知,在一般共同加害行为中,也可能会有帮助行为,数个侵权行为人通过联络可能会进行分工,如甲放风乙入室进行盗窃,甲的放风行为从某种意义上看也为乙的盗窃行为提供了帮助。但是,它和帮助型共同加害行为中的帮助不同:由于一般共同加害行为中数个侵权行为人的意思联络发生在行为实施之前,所以甲的帮助行为与乙的侵权行为构成不可分割的一体,是整个侵权行为不可或缺的一部分;而帮助型的共同加害行为中的意思联络发生在侵权行为发生过程中,帮助人的帮助行为与被帮助人的实行行为的关联程度没有这么紧密。在前者中,可以说没有帮助人的帮助行为就不会有侵权人的侵权行为、损害后果不会发生;而在后者中,没有帮助人的帮助行为仍然存在实行人的侵权行为、损害后果仍然有

---

① 有学者认为,即使双方没有相互沟通,但帮助人意识到被帮助人的行为是侵权行为而提供帮助,并客观上对加害行为起到了辅助作用,也应该构成帮助型共同加害行为。典型者如王利明:《侵权责任法》(上卷),中国人民大学出版社 2010 年版,第 539 页;奚晓明主编:《〈中华人民共和国侵权责任法〉条文理解与适用》,人民法院出版社 2010 年版,第 76—77 页;车辉、李敏、叶名怡编著:《侵权责任法理论与实务》,中国政法大学出版社 2009 年版,第 156 页;黄萍主编:《侵权行为法》,中国政法大学出版社 2008 年版,第 67 页;周彬彬:《共同故意侵权再探讨》,载刘保玉、李明发、田土城主编:《民商法评论》(第 2 卷),郑州大学出版社 2010 年版,第 147 页。这种观点忽视了意思联络的存在,不妥。

可能发生。①

　　此外,帮助不能发生在实行行为实施之后,即事后帮助不是帮助型共同加害行为中的帮助。关于事后帮助,学界也有不同意见,一般以事后销赃为讨论对象。② 在我国台湾地区,以史尚宽、王泽鉴等先生为代表,认为知情的居间人、知情的买受人与小偷构成帮助型共同加害行为,理由是小偷无权处分赃物是对所有权的侵害,赃物的买卖及其居间都是对赃物所有权的继续侵害;小偷与知情的居间人、知情的买受人不但有侵害他人权利之意思联络,并且有侵害的共同行为,应构成共同加害行为。③ 在我国大陆,王利明、张新宝等教授也坚持这个观点。④ 笔者认为,小偷侵犯失主所有权的行为包括盗窃和出卖两个步骤:就前者而言,故买人无法与其形成共同加害行为,这点王泽鉴先生也承认;就后者而言,可以认定为牙保的介绍行为是对小偷出卖赃物行为的帮助。就后者的帮助行为而言,小偷与牙保有意思联络,但是该意思联络发生在出卖赃物之前,这不是事后帮助。至于故买人与小偷的买卖赃物行为,由于就是一个买卖行为,本书认为构成同一行为型的共同加害行为而非帮助型共同加害行为。

---

① 关于把风到底是一般共同加害行为还是帮助型共同加害行为,我国台湾地区学者姚志明也敏锐地观察到这个问题。他说道:"不过,在实例上之界定并非容易,例如在刑法学说上亦为争议点之'把风',究竟是帮助行为或是共同加害行为?"他认为,"在解释上,似乎仍以行为人主观上之意思是否为共同加害行为作为判断基准,而把风仅为行为之分担而已或是把风仅为帮助他人易于为侵权行为,行为人并无共同实施加害行为之意思。如为前者,应为共同加害行为,法律适用为民法第一八五条第一项前段。后者则为民法第一八五条第二项后段之帮助行为。"参见姚志明:《侵权行为法》,元照出版公司2005年版,第99—100页。

② 关于这个问题,大陆讨论得不多,讨论较多的是我国台湾地区。凡是研究共同加害行为者,莫不对此表达看法,就连实务界也多次关注这个问题。"最高法院"在1973年台上字第893号判决一案、1975年台上字第1384号判决一案、1975年台上字第1395号判决表达了其态度;面对争议,"最高法院"甚至在1974年5月28日专门召开民刑庭总会,曾就此问题加以检讨。"最高法院"的多次判决内容及民刑庭总会的决议的详细论述,参见王泽鉴:《盗赃之牙保、故买与共同侵权行为》,载《民法学说与判例研究》(第2册),中国政法大学出版社2009年版,第158—159页。

③ 参见史尚宽:《债法总论》,中国政法大学出版社2000年版,第174页;王泽鉴:《盗赃之牙保、故买与共同侵权行为》,载《民法学说与判例研究》(第2册),中国政法大学出版社2009年版,第164—165页。

④ 参见王利明:《侵权责任法》(上卷),中国人民大学出版社2010年版,第539页;张新宝:《侵权责任法原理》,中国人民大学出版社2005年版,第83页。

第三节 特殊共同加害行为的责任承担

一、连带责任:意思联络的产物

被教唆人、被帮助人由于实施了实行行为,直接造成了损害后果的发生,因此,他们应该对损害后果承担侵权责任。至于教唆人、帮助人,由于他们与被教唆人、被帮助人进行了意思联络,形成一个整体意志,所以,他们也应该对该整体意志支配下的实行行为所致的损害后果承担侵权责任。由于意思联络的存在,教唆人与被教唆人、帮助人与被帮助人承担的是连带责任。对此,《民通意见》第48条第1款、《侵权责任法》第9条第1款都作出了规定。

在教唆人与被教唆人、帮助人与被帮助人内部,他们之间的责任分担也是主要考虑过错与原因力,这点与一般共同加害行为并无不同。不同之处在于,其过错、原因力的考量比较困难。不过就帮助行为而言,可以肯定的是,帮助人的帮助行为对于损害后果的发生,在原因力方面与被帮助人的实行行为相比较小——单看这一点,帮助人承担的份额要小于被帮助人。

二、被教唆人[①]为无民事责任能力人时的数人侵权责任

如果被教唆人是无民事责任能力人,教唆型共同加害行为的责任承担就变得复杂了。由于本书中的侵权行为不包括未成年人、精神病人实施的准侵权行为,所以,本书本不该研究无民事责任能力人实施准侵权行为的侵权责任;但是,由于这个问题是教唆、帮助行为侵权责任承担的中心问题,学界在研究教唆、帮助行为时莫不对此进行研究,所以,本书也对此予以研究。

无民事责任能力人由于没有成熟或生病、心智没有完全发育或欠缺,其认知能力较差,对于准侵权行为的性质和可能的损害后果无法明确预见;所以,即使其实施了准侵权行为造成了他人的损害,其认知上的缺乏导致了其

---

① 当被帮助人为无民事责任能力人时,其责任承担上和被教唆人为无民事责任能力人一样。为了论述上的便利,本书在此只研究被教唆人。

主观上没有过错。基于理性主义、责任自负等理念,他不应该承担侵权责任。无民事责任能力人不承担侵权责任,那么他的监护人要被牵扯进来,监护人可能要向受害人承担侵权责任。此外,教唆人作为罪魁祸首,也可能要向受害人承担侵权责任。

(一) 被教唆人监护人的侵权责任

1. 被教唆人监护人应当承担侵权责任

一般情况下无民事责任能力人实施准侵权行为是自己主动实施的,自己产生了侵权意图;而在被教唆的情况下,无民事责任能力人之所以实施准侵权行为,是因为受了他人的教唆,本来没有侵权意图接受教唆后才产生。表面上看,两种情况有所区别,后一种情况下无民事责任能力人在道德上似乎更应该被原谅、其监护人的过错似乎更小一些;但笔者认为,这对于监护人承担侵权责任没有影响,后一种情况下监护人仍然应当受害人承担侵权责任。这主要源于监护人责任的性质。

一般的侵权责任都是行为责任,即侵权行为人违反了法定的义务,实施了侵权行为,因此承担侵权责任,即"义务——行为——责任"模式。而监护人责任并非如此,它是一种身份责任。

一般情况下,无民事责任能力人的监护关系发生在近亲属之间,配偶、父母、祖父母、外祖父母、成年兄姐等近亲属才会对无民事责任能力人予以监督与保护,没有特定亲属关系的人往往不会成为监护人。[①] 比如父母与未成年子女,并不需要双方当事人作出什么意思表示,基于二者的血缘关系,父母当然地就成为未成年子女的监护人,对其承担监护职责。法律如此规定的目的是为了保护无民事责任能力人的利益,通过给无民事责任能力人配置监护人,并且通过课加给监护人诸多义务的方式[②]促进无民事责任能力人健康成长。因为一个无民事责任能力人的健康成长,就要积极地参与到

[①] 我国《民法通则》将一些单位作为监护人,这样是为了保护没有近亲属的无民事责任能力人和精神病人,本意是好的,但现实效果并不理想。由于缺乏亲属上的联系,单位往往没有像近亲属那样照顾、保护、监督无民事责任能力人和精神病人的动力;由于法律责任承担上的缺失,作为监护人的单位往往不愿意履行自己的监护职责;再加上没有激励机制,单位更是没有认真履行自己监护职责的动力。

[②] 所以说,监护权徒有权利之名,其实更多是义务或者职责。对此,学界已经达成了共识。

社会生活各方面,而不能待在屋子里这也不做那也不做;而无民事责任能力人心智并不成熟、识别能力差,他的各种行为可能会造成他人损害;所以,为了保护无民事责任能力人的健康成长,法律规定他本人对于损害后果无须承担侵权责任。但是,受害人又不能无故受损,受害人的利益同样需要保护,他所遭受的损害应该得到赔偿。因此,在保证受害人获得救济的前提下,为了无民事责任能力人的健康成长,法律规定由无民事责任能力人的监护人向受害人承担侵权责任。

由此可见,监护人之所以要向受害人承担侵权责任,不是因为他没有尽到自己的监护职责,而是因为他是准侵权行为人的监护人。易言之,监护人责任不是一般意义上的"义务——行为——责任"的行为责任,而是一种身份责任,是基于监护人与被监护人之间的身份关系而产生的侵权责任。

这点可以通过和幼儿园、学校的侵权责任比较看出来。学界曾经有人主张幼儿园、学校对于在校学生有教育、监督、管理、保护职责,那么,其承担的侵权责任也是监护人责任。[①] 这种观点现在已经鲜有支持者了,其不妥之处在于没有认清监护人责任的性质。尽管幼儿园、学校对于在校学生有教育、监督、管理、保护职责,和监护人对于被监护人有教育、监督、管理、保护职责一样;但是,他们与无民事责任能力人之间的关系不同,监护人和被监护人之间有亲属关系,这点是幼儿园、学校所不具备的。因此,幼儿园、学校只有在自己没有尽到义务时才侵权承担责任,如果尽到了自己的义务,则无须承担侵权责任。所以,幼儿园、学校的侵权责任是一种行为责任,而非身份责任。

因此,在无民事责任能力人受教唆而实施准侵权行为造成他人损害的,基于他和监护人之间的身份关系,其监护人应当对受害人承担侵权责任。

2. 被教唆人监护人的赔偿范围

笔者认为,被教唆人的监护人应当对受害人的全部损害承担赔偿责任。理由有二。

第一,准侵权行为对损害后果事实上的原因力为100%。在无民事责任能力人受教唆实施致害行为的情形中,虽然存在无民事责任能力人的准侵

---

① 参见马原:《中国民法教程》,人民法院出版社1989年版,第324—325页;王利明主编:《民法·侵权行为法》,中国人民大学出版社1993年版,第601页。

权行为与教唆人的教唆行为两个侵权行为,但是教唆人的教唆行为距离损害后果过于遥远,它只是造成损害后果的间接原因,它与损害后果之间的事实上的原因力是 0。无民事责任能力人的准侵权行为才是造成损害后果的直接原因,它与损害后果之间的事实上原因力是 100%。既然只是无民事责任能力人的准侵权行为客观上独自造成了全部的损害后果,那么,其监护人承担赔偿责任的范围就不能是部分损害,而应该是全部损害。

第二,保护受害人的需要。在教唆侵权中,不论被教唆人是有民事责任能力人还是无民事责任能力人,受害人得到的侵权法保护都应该一样,其合法权益应该受到完整的保护。在被教唆人是有民事责任能力人的情形下,教唆人和被教唆人都承担全部赔偿责任并且是连带责任,受害人的利益得到了非常好的保护。在被教唆人是无民事责任能力人的情形下,如果被教唆人的监护人仅仅承担部分赔偿责任,那么在教唆人下落不明或者完全没有赔偿能力时,监护人的部分赔偿责任将会导致受害人不能获得全部赔偿。所以,为了保护无辜的受害人,被教唆人的监护人应当承担全部赔偿责任。

论者或曰,让监护人对全部损害都承担赔偿责任将会导致监护人严加管教被监护人,从而限制无民事责任能力人的自由成长。笔者认为,全部赔偿并不会让监护人为了避免承担侵权责任而限制无民事责任能力人的自由成长,这种担心是多余的。毕竟无民事责任能力人造成他人损害的可能性比较小,为了不抑制其成长发育和身心健康,监护人往往并不会限制无民事责任能力人的活动范围。更何况,无民事责任能力人的自由成长固然重要,但受害人更是无辜之人,他平白无故遭受损害,他的全部损害都应该得到赔偿。如果说侵权法一定要在"无民事责任能力人的自由发展"与"保护受害人"之间作出选择的话,那也应该选择后者。

(二)教唆人的侵权责任

笔者认为,教唆人应当对受害人的全部损害后果承担侵权责任。

教唆人明知无民事责任能力人被教唆后实施的准侵权行为可能导致的损害后果,他还实施教唆行为让被教唆人产生了侵权意图,很明显,他在追求损害后果的发生;因此,其主观过错是直接故意。与此同时,他还知道被教唆人由于认知方面的缺陷还认识不到被教唆实施的准侵权行为的性质及其可能导致的损害后果,极有可能会接受自己的教唆。在这种情况下,教唆人就是把被教唆人作为自己的一个侵权工具,被教唆人的准侵权行为是教唆人主观意志的体现。既然被教唆人的准侵权行为是教唆人主观意志的体现,而每个人都要为自己主观意志支配下的不当行为负责①,那么,教唆人就应该对被教唆人的准侵权行为负责,即对被教唆人的准侵权行为造成的全部损害后果承担赔偿责任。

被教唆人可能是无民事责任能力人,也可能是无民事责任能力人,由于无民事责任能力人的判断能力较有民事责任能力人弱,很明显,教唆无民事责任能力人比教唆有民事责任能力人更恶劣,教唆人主观上的过错更严重;所以,在责任承担上,基于"举轻明重"的逻辑,即使教唆人不承担更多的侵权责任,断无承担更小责任的道理。在教唆有民事责任能力人时,教唆人都要对受害人的全部损害承担赔偿责任(还是连带责任),那么,在教唆无民事责任能力人时,教唆人更应当对全部的损害后果承担赔偿责任。

(三)被教唆人监护人与教唆人的数人侵权责任形态

教唆人教唆无民事责任能力人实施准侵权行为导致损害后果发生的,被教唆人的监护人要向受害人承担侵权责任,教唆人也要向受害人承担侵权责任,这是一个数人侵权责任;但是,具体的数人侵权责任形态是什么呢?

关于此时的数人侵权责任形态,目前理论界主要有按份责任说、单向连带责任说、补充责任说三种观点。笔者认为,这些观点都有辨析的必要。

1. 对几种既有观点的辨析

(1) 对按份责任说的辨析

按份责任说认为,教唆人的侵权责任与无民事责任能力人监护人的侵权责任是一种按份责任。在我国《侵权责任法》出台前张新宝教授是这种观点的代表人物。张新宝教授指出,共同侵权人本应当承担连带责任,但完全民事行为能力人教唆、帮助限制民事行为能力人时,双方当事人承担按份责任,其中教唆人、帮助人承担主要责任,即承担大部分赔偿额。这构成了连带责任的例外。② 我国《侵权责任法》出台后,仍然有人持这种观点。③

---

① 共同侵权行为中的"意思联络"就是一个典型的体现:由于甲和乙之间有意思联络,那么乙的侵权行为也是甲的主观意志体现,所以,甲不仅要对自己的侵权行为负责,还要对乙侵权行为造成的损害后果承担侵权责任。

② 参见张新宝:《侵权责任法原理》,中国人民大学出版社2005年版,第85页;张新宝:《侵权责任法立法研究》,中国人民大学出版社2009年版,第255页。

③ 本书编写组编著:《侵权责任法适用要点与实例》,法律出版社2012年版,第24页。

笔者认为,按份责任说并不妥当。因为在按份连带责任中,教唆人和监护人仅仅承担一定的责任份额;这明显不妥,前文已述,教唆人和监护人的赔偿范围都是全部损害,而非部分损害。按照按份责任,每个责任人不对其他责任人的责任份额负责,在有的责任人没有赔偿能力时,受害人的损害后果就无法得到全部救济。这种结果与保护教唆侵权中的受害人目标明显相悖。

(2) 对单向连带责任说的辨析

单向连带责任说认为,教唆人的侵权责任与无民事责任能力人监护人的侵权责任是一种单向连带责任。这是杨立新教授提出的观点。杨立新教授指出,单向连带责任是指在连带责任中,受害人有权向承担侵权责任的责任人主张承担全部赔偿责任并由其向其他责任人追偿,不能向只承担相应的责任的责任人主张承担全部责任并向其他连带责任人追偿的特殊连带责任形态。①

笔者认为,单向连带责任说也不妥当。因为在单向连带责任中,有的责任人承担侵权责任即连带责任,有的应当承担相应的责任即按份责任;具体到教唆无民事责任能力人致害中,承担连带责任的一方是教唆人,承担按份责任的一方为被教唆人的监护人。易言之,教唆人对全部损害后果承担侵权责任,被教唆人监护人对部分损害后果承担侵权责任。而前文已经论述,此时被教唆人监护人也应该对全部损害后果承担侵权责任,而非对部分损害后果承担侵权责任;因此,这里的数人侵权责任形态不是单向连带责任。

(3) 对补充责任说的辨析

补充责任说认为,教唆人的侵权责任与无民事责任能力人监护人的侵权责任是一种补充责任。薛军教授持这种观点。薛军教授认为,先以教唆人作为责任承担主体,只有在他们的财产不足以救济受害人的情况下,再追究监护人的责任;教唆人承担的全部损害赔偿责任,而监护人承担的是部分损害赔偿责任,其承担责任的范围与其未尽到监护职责的过错程度相适应。②

---

① 参见杨立新:《教唆人、帮助人责任与监护人责任》,载《法学论坛》2012年第3期。
② 参见薛军:《〈侵权责任法〉对监护人责任制度的发展》,载《苏州大学学报(哲学社会科学版)》2011年第6期。

笔者认为,补充责任说同样也不妥当。因为此时无民事责任能力人监护人承担的侵权责任并非部分损害赔偿责任,而是全部损害赔偿责任。更何况,无民事责任能力人监护人向受害人承担侵权责任的顺序与教唆人一样,并不存在什么"只有教唆人的财产不足以救济受害人的情况下,再追究监护人的责任"的后顺序优势。

2. 本书的观点

笔者认为,此时的数人侵权责任形态应当是不真正连带责任。

(1) 不真正连带责任的含义及其构成

不真正连带责任(债务)①这一概念是个舶来品,它产生于德国,尔后被一些大陆法国家的理论和实务界接受,通过我国民国时期及后来台湾地区学者的介绍和研究,辗转传入我国大陆地区。尽管我国有学者主张不引进该制度,②但是学界主流观点认为它是数人侵权责任形态的一种。

对于不真正连带责任,学界主流观点采"目的共同说",进而认为侵权责任中的不真正连带责任是指数个侵权责任人基于不同原因都向受害人承担全部的损害赔偿责任,受害人从其中一个责任人获得全部赔偿后,他对其他责任人的损害赔偿请求权即归于消灭。

由此可见,不真正连带责任具有以下几个特点:第一,数个侵权责任人都应当向受害人承担损害赔偿责任,受害人对数个侵权责任人都享有损害赔偿请求权。第二,数个侵权责任人向受害人承担损害赔偿责任是相同的,即对全部损害都承担赔偿责任——这点与连带责任相同,这也是其名称中出现"连带"的原因之所在。第三,数个侵权责任人向受害人承担侵权责任的责任基础(原因)并不相同,如果相同就是连带责任了。第四,一个责任人向受害人进行了全部赔偿,受害人的权利得到实现,其他责任人对受害人的侵权责任全部归于消灭,否则就是双倍赔偿了。第五,数个侵权责任人之间不像连带责任那样具有内部份额,而是存在终局责任人和非终局责任人;如果非终局责任人向受害人承担全部损害赔偿责任后,他有权向终局责任人进行追偿。

---

① 为了论述上的便利,本书并不区分不真正连带责任和不真正连带债务,在同一意义上使用二者。

② 参见张定军:《论不真正连带债务》,载《中外法学》2010年第4期。

（2）教唆人责任和监护人责任构成不真正连带责任

笔者之所以认为教唆人责任和监护人责任是不真正连带责任，是基于如下理由：

第一，教唆人和监护人对于受害人承担的侵权责任的内容相同。教唆人向受害人承担的侵权责任是损害赔偿责任，赔偿的范围是受害人的全部损害；被教唆人的监护人向受害人承担的侵权责任也是损害赔偿责任，赔偿的范围也是全部损害。

第二，教唆人和监护人基于不同的原因对受害人承担侵权责任。教唆人向受害人承担侵权责任的原因在于自己对被教唆人实施了教唆行为并且自己主观上存在直接故意；而被教唆人的监护人承担侵权责任的原因在于自己监护的无民事责任能力人实施了准侵权行为并且造成了损害后果。

第三，教唆人或监护人任意一人向受害人承担责任后，受害人的侵权请求权即归于消灭。受害人遭受损害后，尽管他就自己的全部损害后果对教唆人或被教唆人的监护人都享有侵权请求权，但是，一旦教唆人（或被教唆人的监护人）向自己承担了全部的侵权责任，自己对被教唆人的监护人（或教唆人）的侵权请求权就会因目的实现而消灭。

有学者认为不真正连带责任有所不妥，因为这样会使得未尽到监护职责的监护人可以向教唆人行使追偿权而最终逃避了自己应当承担的责任，不当加重了教唆人的责任。[①] 笔者认为这种观点并不妥当。在数个责任人因为不同的原因都向同一受害人承担相同内容的侵权责任时，由于受害人不能获得双倍赔偿，所以，尽管数个责任人理论上都应该承担侵权责任，但是实际上他们并不会每个人都承担侵权责任，最终来说只有一个责任人向受害人承担侵权责任，那就是终局责任人，非终局责任人因为追偿权不会承担侵权责任。[②] 所以，尽管可能存在过错，但非终局责任人仍无须承担侵权责任。非终局责任人享有这种利益是因为受害人不能获得双倍赔偿，不是他逃避了自己本应当承担的责任。终局责任人最终承担侵权责任是理所当然的结果，非终局责任人追偿权的行使并没有加重他的责任，那是他应当承

[①] 参见刘保玉：《监护人责任若干争议问题探讨》，载《法学论坛》2012年第3期。

[②] 当然，受害人也可能会向非终局责任人主张权利，非终局责任人应当向受害人承担侵权责任；但是，他可以就自己的赔偿数额向终局责任人进行追偿。因此，最终来说，非终局责任人并没有蒙受不利益，也就是事实上没有承担侵权责任。

担的责任;如果非终局责任人不行使追偿权反而是减轻了终局责任人的侵权责任。

由于无民事责任能力人的判断能力较有民事责任能力人弱,教唆无民事责任能力人比教唆有民事责任能力人更恶劣;所以,在责任承担上,基于"举轻明重"的逻辑,即使教唆人不承担更多的侵权责任,绝不能承担更小的侵权责任。在教唆有民事责任能力人时,教唆人和被教唆人监护人对受害人承担连带责任,那么,在教唆无民事责任能力人时,教唆人和被教唆人监护人对受害人承担的侵权责任要么是连带责任,要么是比连带责任还重的数人侵权责任形态。由于教唆人和被教唆人监护人不可能承担连带责任,而按份责任、单向连带责任、补充责任都低于连带责任,因此,他们应该向受害人承担不真正连带责任。

需要说明的是,笔者认为,数个行为人都实施了侵权行为,并不会产生不真正连带责任;而这里,笔者又认为教唆人责任和无民事责任能力人监护人责任构成不真正连带责任,似乎前后矛盾。其实并非如此。笔者认为,在数人侵权责任中,的确存在不真正连带责任这种责任形态,但不是因为每个侵权责任人都实施了侵权行为,有的侵权责任人承担侵权责任是因为其身份,如雇主。《人身损害赔偿司法解释》第11条第1款规定的雇主侵权责任与第三人侵权责任就是不真正连带责任;而雇主之所以承担侵权责任并非因为他实施了侵权行为,而是基于他与雇员之间的身份。这里的监护人责任亦是如此:监护人之所以承担侵权责任并非因为他实施了侵权行为,而是基于他与被教唆人之间的身份关系。

(3) 教唆人承担最终责任

如前所述,不真正连带责任与连带责任的一个重要的区别就是连带责任人之间有内部份额,而不真正连带责任人之间没有内部份额。在不真正连带责任中只存在终局责任人,非终局责任人向受害人承担责任后有权向终局责任人进行追偿。

在无民事责任能力人受教唆而致害的不真正连带责任中,教唆人和被教唆人的监护人都是责任人,但在他们中间,教唆人是终局责任人。原因有三:其一,对于最终的损害后果的发生,教唆人的主观心态是直接故意,追求损害后果的发生。其二,教唆人把无民事责任能力人作为自己的侵权工具,通过利用无民事责任能力人来实现自己的侵权目的,性质恶劣。其三,教唆人是数个侵权行为的启动人,是他的教唆行为才让无民事责任能力人实施了准侵权行为,进而给受害人造成了损害;如果没有教唆人对无民事责任能力人的教唆行为,就不会有损害后果的发生。

论者或曰,如果没有无民事责任能力人监护人的不作为,也不会有损害后果的发生。此言差矣,如前所述,因为无民事责任能力人是人而非物,他总有自己的主观能动性,有些时候监护人即使履行了自己的作为义务(即监护职责),也未必能够避免损害后果的发生。

因此,在教唆人和无民事责任能力人监护人之间,教唆人是终局责任人。

(四)对我国相关法律规定的评析

对于被教唆人为无民事责任能力人的情况,《民通意见》第148条第2款、第3款作出了规定。《民通意见》第148条第2款规定:"教唆、帮助无民事行为能力人实施侵权行为的人,为侵权人,应当承担民事责任。"第3款规定:"教唆、帮助限制民事行为能力人实施侵权行为的人,为共同侵权人,应当承担主要民事责任。"后来《侵权责任法》第9条第2款对此作出了不同的规定。《侵权责任法》第9条第2款规定:"教唆、帮助无民事行为能力人、限制民事行为能力人实施侵权行为的,应当承担侵权责任;该无民事行为能力人、限制民事行为能力人的监护人未尽到监护责任的,应当承担相应的责任。"

《民通意见》第148条第2款和第3款区分了被教唆人为无民事行为能力人和限制民事行为能力人两种情况,认为在被教唆人为无民事行为能力人时,此时无民事责任能力人、精神病人往往就是教唆人的一个侵权工具,只构成教唆人的单人侵权行为,无民事行为能力人不承担责任,其监护人也不承担责任;在被教唆人为限制民事行为能力人时,构成教唆人与被教唆人的共同加害行为,教唆人承担主要责任、被教唆人的监护人承担次要责任。表面上看,不同认知程度的无民事责任能力人承担不同的侵权责任,似乎比较合理;但是其认定被教唆人为限制民事行为能力人时构成共同加害行为,则并不妥当,因为有的限制民事行为能力人由于缺乏民事责任能力在实施致害行为时并无过错。

如果把民事责任能力与民事行为能力等同,《侵权责任法》第9条第2款的规定又比较合理,因为其不再区分无民事行为能力人和限制民事行为能力人,认定两者都是没有足够认知能力的特殊主体。但我们知道,民事行为能力和民事责任能力并不是一回事。民事行为能力解决的是未成年人、精神病人对于合法的交易行为的认知能力,而民事责任能力解决的是未成年人、精神病人对于非法的侵权行为的认知能力;前者需要对交易行为的"成本—收益"进行比较精确的计算,而后者没有这么复杂,只是对行为的合法与否、是否会侵害他人的合法权益进行判断;前者需要行为人具有较强的认识、计算能力,而后者凭借一般的社会常识基本就能够作出判断。

对于民事责任能力,《侵权责任法》立法者的态度是:"在《侵权责任法》的起草过程中,有的人建议根据行为人的年龄,增加行为人责任能力的规定。本法对此没有作出规定。因为如果规定责任能力,就涉及没有责任能力的行为人造成他人损害的,监护人是否需要承担责任?如果监护人不承担责任,被侵权人的损失得不到弥补,会有背于我国的国情和现实的做法。无民事行为能力人和限制行为能力人一般有独立财产的不多,而且他们多与监护人共同生活,造成他人损害的,仍然还是用其父母等监护人的财产进行赔偿。而且,本法已明确规定被监护人有独立财产的,应当从其财产中支付。多年的司法实践也证明,虽然我国法律没有行为人责任能力的规定,但是能够妥善解决无民事行为能人和限制行为能力人引发的侵权纠纷。因此,本条没有规定行为人的责任能力。"①立法者之所以不规定,一是担心:如果规定责任能力,没有责任能力的行为人造成他人损害时监护人不承担责任就无法保护受害人;二是觉得没必要:因为多年的司法实践证明,不对责任能力作出规定,也能够解决实践中发生的侵权纠纷。根据上文的分析,第一个担心是多余的,因为此时监护人应当向受害人承担侵权责任,不管他是否尽到监护责任。第二个理由也不能成立,尽管我国法律的空白不妨碍实践问题的解决,但实践中解决得怎么样?恐怕不容乐观。更何况,对于一个大陆法系的国家,完善的立法是理所当然的事情。

此外,我国《侵权责任法》第 9 条第 2 款的后半部分规定有待商榷。"该无民事行为能力人、限制民事行为能力人的监护人未尽到监护责任的,应当

---

① 参见王胜明主编:《中华人民共和国侵权责任法释义》,法律出版社 2010 年版,第 162—163 页;全国人大常委会法制工作委员会民法室编:《中华人民共和国侵权责任法条文说明、立法理由及相关规定》,北京大学出版社 2010 年版,第 125 页。

承担相应的责任。"依据反面解释,监护人尽到了自己的监护职责,就无须承担侵权责任。如此一来,这样就把此时监护人责任的归责原则界定为过错责任原则;笔者认为,这样的规定并不妥当。如前所述,监护人责任是一种身份责任,监护人之所以为被监护人的致害行为承担侵权责任,并不是他没有履行好自己的监护职责,并不是他的不作为,而是因为他和被监护人之间的身份关系。因此,监护人责任的归责原则只能是无过错责任原则。

第四章 分别加害行为侵权责任的一般理论

第一节 分别加害行为的界定

一、分别加害行为的含义

（一）分别加害行为的定义

分别加害行为是笔者发明的、与共同加害行为相对应的一个术语，它和共同加害行为一起构成完整的数人侵权行为。它是指没有意思联络的数个侵权行为人基于自己独立的意志实施的，造成同一损害后果的非同一侵权行为。

需要指出的是，分别加害行为概念与学界现有的无意思联络数人侵权[①]概念比较类似。和数人侵权领域的大部分概念一样，对于何谓无意思联络的数人侵权，学界仍然存在不同看法。通说认为，无意思联络的数人侵权是指数个侵权行为人没有意思联络的情况下实施了侵权行为，数个侵权行为偶然结合造成对受害人的同一损害。表面上看，似乎分别加害行为和无意思联络数人侵权行为就是一回事；既然如此，要恪守学术传统，尽可能地使用沿袭已久的表述而不去发明创造新的表述，似乎本书新造的分别加害行为这个术语没有必要。实则不然。

[①] 当然，还有个别人称之为"无共同过错之数人侵权"，参见李海燕：《无共同过错之数人侵权》，载《西南民族大学学报（人文社科版）》2008年第9期；颜良伟：《无共同过错之数人侵权问题研究》，华侨大学硕士学位论文，2008年，第3—4页。

第一,二者的外延不同。一般认为,无意思联络的数人侵权包括直接结合行为和间接结合行为,或者结果可分的无意思联络的数人侵权和结果不可分的无意思联络的数人侵权,其中直接结合行为和结果不可分的无意思联络的数人侵权又构成共同加害行为,出现与共同加害行为重合的局面。而分别加害行为的外延包括共同危险行为、并发侵权行为、直接结合行为、间接结合行为、大安全保障义务违反行为,它与共同加害行为不会发生丝毫的重合。

第二,在侵权责任形态上,二者也不相同。一般认为无意思联络的数人侵权会导致连带责任①和按份责任。而分别加害行为的侵权责任形态既包括连带责任和按份责任,还包括大补充责任;更何况,分别加害行为中的连带责任不同于共同加害行为中的连带责任。

第三,分别加害行为的表述优于无意思联络数人侵权行为。因为分别加害行为与共同加害行为相对应,字数相同,更加符合美学的对称要求。关于这一点,我国《侵权责任法》立法者也意识到了,其使用的是"共同侵权"与"分别侵权"。② 有学者就使用了"共同侵权行为"与"分别侵权行为"的表述。③ 前文已述,共同加害行为优于共同侵权行为,所以,本书采用共同加害行为与分别加害行为的表述。④

另外,杨立新教授提出了"无过错联系的共同加害行为"的概念,并且认

---

① 之所以承担连带责任,往往都认为构成共同加害行为。
② 王胜明主编:《中华人民共和国侵权责任法释义》,法律出版社2010年版,第71页;全国人大常委会法制工作委员会民法室:《中华人民共和国侵权责任法条文说明、立法理由及相关规定》,北京大学出版社2010年版,第46页。
③ 参见杨震主编:《侵权责任法》,法律出版社2010年版,第115页。需要指出的是,本书的分别加害行为与其分别侵权行为有着重大区别,他的分别侵权行为并不包括客观上的关联共同,而这点为本书的分别加害行为所包含。
④ 有人认为"分别行为"的说法不够严谨,因为"分别行为"在一般意义上是时空上的不关联或者不一致,但却无法表明主观上是否有共同故意或者过失,因此建议直接采用"无共同过错行为"之概念。参见李海燕:《无共同过错之数人侵权》,载《西南民族大学学报(人文社科版)》2008年第9期。笔者认为,分别侵权就是分别过错下的侵权,能够体现出主观上没有共同过错这一点;更何况,分别加害行为也可能在时空上一致或者关联。

为等同于"无意思联络的数人侵权"。① 从字面上理解,无过错联系的共同加害行为似乎是一种特殊的共同加害行为;而实际上它不是共同加害行为。所以,笔者认为,为了避免不必要的误会,不宜用这样的表述。

(二) 分别加害行为的独立存在

有学者认为,在德国侵权法和英美侵权法中,并不存在无意思联络的数人侵权这一侵权类型,相关的问题都在因果关系部分加以探讨,个别情况下可能还会在损害赔偿的计算中加以讨论。② 更有甚者说:"域外学者……对于无意思联络数人侵权论述极少。但在我国学界,这一类型俨然已经成为一种独立的侵权形态。"③笔者认为,从内容上看,不管是单独规定这种侵权类型,还是在因果关系中加以探讨,只要能够提供相应的解决方案,两者都是可行的。但是,如果从形式的角度来看,还是单独规定较为妥当。因为共同加害行为与分别加害行为两种客观存在是并列关系,只规定前者而不规定后者,似乎有遗漏之嫌;此外,在因果关系中规定,也会增加寻找的成本。

对于这个问题,我国《侵权责任法》立法者也是这个认识。《侵权责任法》第8条、第9条规定了共同加害行为,第10条、第11条、第12条规定了分别加害行为。在解释《侵权责任法》第12条时,立法者说道:"在起草过程中,对于本法是否应当规定分别侵权制度,有过不同意见。有的人提出,共同侵权制度属于特殊侵权,分别侵权制度属于一般侵权,一般侵权可以根据本法第6条或第7条的规定解决,可以不作专条规定。考虑到在《侵权责任法》中同时规定共同侵权与分别侵权,有助于建立完善的数人侵权制度。"④

---

① 参见杨立新:《侵权法论》,人民法院出版社2011年版,第744—745页。另外,需要说明的是杨立新教授的"无意思联络的数人侵权"仅仅是通说中的无意思联络的数人侵权一部分,即所谓的间接结合部分,对于直接结合部分并不在他的"无过错联系的共同加害行为"中。费安玲教授也是如此,其眼中的"无意思联络的数个侵权行为"也只有间接结合一种,而不包括直接结合。其详细论述,参见江平、费安玲主编:《中国侵权责任法教程》,知识产权出版社2010年版,第65—66页。
② 参见程啸:《无意思联络的数人侵权》,载王利明主编:《人身损害赔偿疑难问题——最高法院人身损害赔偿司法解释之评论与展望》,中国社会科学出版社2004年版,第191页。
③ 麻锦亮:《人身损害赔偿新制度新问题研究》,人民法院出版社2006年版,第186页。
④ 王胜明主编:《中华人民共和国侵权责任法释义》,法律出版社2010年版,第71页;全国人大常委会法制工作委员会民法室编:《中华人民共和国侵权责任法条文说明、立法理由及相关规定》,北京大学出版社2010年版,第46页。

二、分别加害行为的特征

作为和共同加害行为相并列的数人侵权行为样态,分别加害行为具有以下三个特征。

(一) 数个侵权行为人之间没有意思联络

在意思联络型共同加害行为中,数个侵权行为人之间有意思联络,会形成一个整体意志,支配着数个侵权行为人的数个行为。在分别加害行为中,数个侵权行为人之间没有意思联络,没有共同过错的存在,只有每个侵权行为人自己分别的过错;每个行为都是在行为人自己的主观意志下支配实施的,与他人无涉。由于意志支配着行为,既然数个侵权行为人都是自己的意志支配着自己的行为,那么数个行为就不是共同实施的,而是分别实施的。因此,称之为"分别加害行为"比较妥当。

数个侵权行为人在主观上无意思联络,数个侵权行为之所以会造成同一损害后果,是因为数个侵权行为偶然的结合。易言之,是偶然因素使得并无意思联络的数个侵权行为人的数个行为偶然结合而造成同一损害后果。这种偶然因素不是主观因素,而是行为人所不能预见的、客观的、外来的、偶然的情况。正是这偶然因素,使得本来毫不相干的数个侵权行为相互联系在一起,将数个侵权行为人拴在一起,成为"一条绳上的蚂蚱"。[①]

(二) 不是同一侵权行为

在共同加害行为中,除了意思联络型共同加害行为,还有同一行为型共同加害行为。而同一侵权行为,不仅可能有共同过错,也可能有分别过错;如果是分别的过错,由于它是同一行为,仍然属于共同加害行为而不是分别加害行为。所以,分别加害行为不能是同一侵权行为,只有那些既分别过错又非同一侵权行为的数人侵权行为才是分别加害行为。

由此可见,通过意思联络来划分共同加害行为与分别加害行为,只能在非同一侵权行为领域。也就是说,在非同一侵权行为的数人侵权领域内,有意思联络的就是共同加害行为,没有意思联络的就是分别加害行为。这也

[①] 这里是借用张新宝教授的表述。张新宝教授的原话并不是指数个损害后果之间有关联。其详细论述,参见张新宝主编:《人身损害赔偿案件的法律适用》,中国法制出版社 2005 年版,第 41 页。

是本书与《侵权责任法》关于数人侵权行为在分类上的分歧：本书考虑到同一侵权行为，而《侵权责任法》直接用意思联络把数人侵权行为分为两类。

（三）损害后果具有特殊性

如前所述，分别加害行为人由于没有意思联络，行为人是在自己的独立意志支配下实施侵权行为，从某种意义上可以说是数个单人侵权行为。但是由于损害后果的同一性，导致这数个单人侵权行为被联系在一起而成为一个数人侵权行为。

在分别加害行为中，可能会出现数个损害后果、但是并非每一个侵权行为都与所有的损害后果都有关系的情况。如甲开车将乙撞伤，送至医院后，丙将其治疗死亡。这个例子中，乙遭受的损害后果有两个，一是健康权受到侵犯，一个是生命权受到侵犯；而健康权受到侵犯只与甲的过失驾驶行为有关，与丙的不当治疗无关。这种情况并原本不属于分别加害行为的范围，但考虑到两个损害后果之间有包含或吸收关系（如死亡能够吸收或者包含伤害）；所以，这种数个侵权行为也为本书的分别加害行为所涵盖。

三、分别加害行为的范围

分别加害行为的范围取决于共同加害行为的范围，因为在数人侵权行为中，除去共同加害行为，剩下的都属于分别加害行为。而共同加害行为的范围，一定程度上又取决于对"共同性"的理解，不同理解下的"共同性"决定了不同范围的共同加害行为。对于共同加害行为，本书采兼指说；所以，在非同一行为的数人侵权领域内，数个侵权行为人在实施侵权行为时，只要没有意思联络，都属于分别加害行为。

如此一来，本书的分别加害行为的范围就比较广：并发侵权行为、大安全保障义务违反行为是分别加害行为；传统意义上无意思联络的数人侵权中的直接结合行为、间接结合行为是分别加害行为；此外，共同危险行为也在其中，因为在共同危险行为中，数个危险行为人之间并没有意思联络。

在最后一点上,虽然通说认为共同危险行为从属于共同加害行为①,但是我国《侵权责任法》立法者与笔者基本上是同一战线。《侵权责任法》第8条规定的共同加害行为采"主观共同说",要求行为人之间有共同过错;第10条后半部分规定的共同危险行为,条文中并无"共同"二字。这不是立法漏洞,而是立法者有意为之。对此,《侵权责任法》立法者说道:"在起草过程中,有的人提出需要加上'共同'二字,即'二人以上共同实施……'。经研究,在共同危险行为制度中,'共同'的含义主要是要求数个侵权行为人的行为必须是在同一时间、同一场所的行为,即'时空上的共同性',如果各被告的行为在时间上、场所上发生了分离,就不属于共同危险行为。本法第八条有关共同侵权行为规定中的'共同'与此处的'共同'的含义不一样,在同一部法律中,不宜出现表达相同但含义不同的法律术语。所以,没有采纳这一建议。"②由此可见,《侵权责任法》立法者也认识到,共同危险行为中的"共同"与共同加害行为中的"共同"存在本质区别;尽管共同危险行为也有"共同"二字,但实际上它是分别实施的侵权行为。③

第二节 分别加害行为的侵权责任形态

在分别加害行为中,数个侵权行为人都实施了侵权行为,对于该数个侵权行为造成的损害后果,他们如何向受害人承担侵权责任? 或者说,分别加

---

① 在笔者有限的阅读范围内,发现只有个别学者明确指出共同危险行为属于无意思联络的数人侵权,参见朱岩:《侵权责任法通论》,法律出版社2011年版,第206页;焦艳红:《无意思联络的数人侵权——以类型化研究为目的》,载《安徽大学法律评论》(第12辑),安徽大学出版社2007年版,第54页。另外,也有学者指出共同危险行为人没有意思联络,参见王泽鉴:《侵权行为》,北京大学出版社2009年版,第367页;程啸:《论共同危险行为的构成要件——以〈侵权责任法〉第10条为中心》,载《法律科学》2010年第2期。

② 王胜明主编:《中华人民共和国侵权责任法释义》,法律出版社2010年版,第65页;全国人大常委会法制工作委员会民法室编:《中华人民共和国侵权责任法条文说明、立法理由及相关规定》,北京大学出版社2010年版,第41页。

③ 尽管《人身损害赔偿司法解释》第4条规定的共同危险行为中有"共同"二字,但该司法解释制定者并不认为数个危险行为人有共同过错,并且对"共同过失说"的归责基础进行了质疑。参见黄松有主编:《人身损害赔偿司法解释的理解与适用》,人民法院出版社2004年版,第69—70页。

害行为的数人侵权责任形态是什么?

应当承认,由于采用"排除法"的界定方式,分别加害行为的外延很广,其行为方式也是多样的:可能是多个行为结合造成同一损害后果,也可能是每个行为不需要与其他行为结合自己都就能造成损害后果;可能是不同的行为造成不同的损害后果,并且数个损害后果之间具有包含或吸收关系;可能是数个行为只有一个行为造成损害但不知是谁,也可能是数个行为表面上都造成了损害但谁不知真正致害人是谁……由此可见,分别加害行为的数人侵权责任形态比较复杂。面对复杂的问题,只能先从方法入手;因此,本书接下来确定研究分别加害行为侵权责任的方法。

一、研究方法的确定

(一) 类型化研究的必要性

由于分别加害行为的外延较广,客观上差异较大,一一研究每一个分别加害行为的侵权责任形态较为困难。比较可行的做法就是对众多复杂的分别加害行为进行归类,把它们分为不同的种类,进而研究不同种类的侵权行为的侵权责任形态。

这种研究方法体现了类型化的思想。我们知道,类型化的思考方式既不同于抽象概念的思维方式,也不同于对对象的个别直观及具体掌握,其本质特征在于以选取一定的标准对研究对象进行类型划分,实现了具体思考与概括思维的有机统一。

因此,本书采用类型化的研究方法去研究分别加害行为的侵权责任形态。

(二) 分类标准的选择

诚如同黄茂荣教授所言:"其[1]运用之困难为如何选取适当标准建立模组。"[2]对于分别加害行为而言,如何对其进行分类?选取什么样的分类标准?关于这个问题,学界没有研究;但是,对于无意思联络的数人侵权类型化,学界已经有了不少的研究成果,可以为本书所借鉴。

---

[1] 即类型化——笔者注。
[2] 黄茂荣:《法学方法与现代民法》,中国政法大学出版社 2001 年版,第 474 页。

1. 学界已有的标准

对于无意思联络的数人侵权的划分标准,学界并没有一个统一的标准;总结起来,大概主要有三种不同的思路。第一种思路是从原因力的角度,将无意思联络的数人侵权分为直接结合的无意思联络的数人侵权和间接结合的无意思联络的数人侵权;前者中的数个侵权行为人承担连带责任,后者中的数个侵权行为人承担按份责任。《人身损害赔偿司法解释》第3条就是这种观点的体现;此外,张新宝教授、曹险峰博士等也赞成这种观点。[①] 第二种思路是从损害后果是否可分的角度,将无意思联络的数人侵权分为损害后果不可分的无意思联络的数人侵权和损害后果可分的无意思联络的数人侵权;前者中的数个侵权行为人承担连带责任,后者中的数个侵权行为人承担按份责任。这种观点的代表人物为蓝承烈教授、刘生亮博士。[②] 美国《侵权法重述(第二次)》也持这个态度。[③] 第三种思路是从因果关系的角度,将无意思联络的数人侵权分为有累积因果关系的无意思联络的数人侵权和有结合因果关系的无意思联络的数人侵权;前者中的数个侵权行为人承担连带责任,后者中的数个侵权行为人承担按份责任。这种观点的代表人物为王利明教授、程啸博士。[④]

---

① 张新宝教授的观点,参见张新宝、唐青林:《共同侵权责任十论》,载张新宝:《侵权责任立法研究》,中国人民大学出版社2009年版,第246页。尽管曹险峰博士认同这种分类方法,但是对于间接结合的责任承担却认为不应该是按份责任,而应该是相当因果关系行为人自己承担责任。曹险峰博士观点的详细论述,参见曹险峰:《"论多因一果"的侵权行为——兼论多数人侵权行为体系之建构》,载《法律科学》2007年第5期。

② 参见蓝承烈:《民法专题研究与应用》,群众出版社2002年版,第394—395页;刘生亮、许炜:《试论无意思联络的共同侵权行为——兼评两个侵权行为法草案的规定》,载《黑龙江省政法管理干部学院学报》2003年第3期。

③ 其第875条规定:"两人或多人的每一个人的侵权行为是受害人的单一且不可分的损害的法律原因时,每一个人都必须对受害人就全部损害承担责任。"第881条规定:"如果两人或多人的独立的侵权行为而导致可分的伤害,或导致单一的伤害,但可以依各个人的侵权行为而有合理基础加以区分的,每个人仅就其所导致的伤害的部分承担责任。"

④ 参见王利明:《侵权责任法研究》(上卷),中国人民大学出版社2010年版,第572—580页;程啸:《无意思联络的数人侵权》,载王利明主编:《人身损害赔偿疑难问题——最高法院人身损害赔偿司法解释之评论与展望》,中国社会科学出版社2004年版,第191—193页。需要说明的是,朱岩博士尽管也是从因果关系角度进行区分,但是他却分为替代因果关系、累积因果关系、假设因果关系三类。其观点的详细论述,参见朱岩:《侵权责任法通论》,法律出版社2011年版,第207—221页。

另外需要说明的是,刘凯湘教授和王永霞博士将无意思联络的数人侵权分为同时空结合的数人侵权行为和异时空结合的数人侵权行为,似乎走的是不同于以上三种的第四条道路;但是,他们在分析二者之后说道:"不论是同时空结合还是异时空结合的无意思联络数人侵权行为,不论互相结合的行为类型如何,只要数个行为均符合一般侵权行为的构成要件,并且行为互相结合造成同一损害,均构成共同侵权行为,数个侵权行为人应向受害人承担连带责任。"①由此可见,他们也是从结果是否可分来进行区分的,并不是新的思路。②

2. 对已有标准的简单评析

上述三种思路是从侵权损害的三要件(行为、损害、因果关系)的角度,对无共同过错的数人侵权行为进行分类,不可否认,每一种分类都有其合理性。此外,三种划分标准之间也存在着千丝万缕的联系。比如,第一种分类按照损害后果是否可分,其实就是指是否能够清晰地确定加害人的行为与损害部分的因果关系,它与第三种分类密切相关;再如,对直接结合与间接结合的最终判断还得回到"损害是否可分"这个命题上来。③

就第一种分类而言,由于"直接""间接"的模糊性,受到了学界的广泛批评④;笔者对这些批评意见不以为然。麻锦亮博士对此有过精辟的反驳,现摘录如下。"应当看到,学者关于第一种思路的结合程度说的批评确实是苍白的,因为理论上说,当事人所作的任何举证努力都暗含着法官滥用权力

---

① 刘凯湘、王永霞:《论无意思联络数人侵权行为》,载《政法论丛》2009年第6期。

② 吊诡的是,这三种不同的分类标准得出的结论都是一样的:要么连带责任要么按份责任。

③ 参见颜良伟:《无共同过错之数人侵权问题研究》,华侨大学硕士学位论文,2008年,第18页。此外,还有人说:"司法解释是以行为的'直接结合'与'间接结合'为标准,而本书是以损害结果是否可分为标准。两种分类,形式上不同,但从实质上来说,是一回事……"参见陈亚玲:《论无意思联络的数人侵权——兼评人身损害赔偿司法解释的相关规定》,载《重庆工商大学学报(社会科学版)》2005年第5期。

④ 特别是王利明教授的下面一段话被批评者广泛引用。"'结合程度说'对于所谓'直接'、'间接'的区分过于模糊和抽象,而不同的责任形态对于当事人利害关系甚巨,这极大地损害了司法解释应有的确定性和操作性。结合的紧密程度只能依赖法官判断,赋予了法官过大的自由裁量权,法官实际上可以自由认定直接和间接标准,任意选择适用连带责任和按份责任,可能有权力滥用之虞。"参见王利明:《侵权行为法研究》(上卷),中国人民大学出版社2004年版,第688—689页。

的可能,只要成文法的抽象化特点没有被祛除。事实上,成文法的概括与抽象更多的确实仅是给行为人或法官一致暗示,指明一条努力的方向而已。至于法官是否会滥用裁量,则与法律本身直接并不存在必然如此的关系。"①《瑞士债务法》第50条第2款更是规定:"法院有权自由裁决责任人是否以及在多大程度上分担责任。"考虑到我国法官的实际情况,虽然不能赋予如此大的自由裁量权,但是法官在事实认定中享有一定的自由裁量权是不可避免的。当然,这种分类也存在弊端,因为它是结合行为的分类,对于没有结合的数人侵权行为,则无法涵盖。

就第二种分类而言,其区分起来既明确又容易,通过"可分"和"不可分"似乎也非常周延;但是在不可分的内部,其实还存在着复杂的情况,却被忽视。

3. 本书的选择

在谈及分类的标准时,黄茂荣教授说道:"在模组的建立,其类型化之标准的选取,决定于所要达成规范之目的。"②也就是说,分类标准的选择,取决于分类的目的,分类意欲实现的目标决定了分类标准的选择。而本书之所以对分别加害行为进行分类,是为了解决分别加害行为的数人侵权责任形态。因此,分类标准的选择,就取决于如何才能确定分别加害行为的数人侵权责任形态。

在单人侵权责任四要件中,违法行为、损害、因果关系和过错几乎同等重要;但在数人侵权责任成立的四要件中,违法行为、损害和过错的重要性差一些,更重要的是因果关系。因为数人侵权责任形态主要解决的是数个侵权行为人之间的责任分担问题,或者说他们如何向受害人承担侵权责任;而这个问题的解决,主要靠的是数个侵权行为与损害后果之间的因果关系,数个侵权行为与损害后果之间的因果关系的不同,数个侵权行为人之间如何承担责任也会不同。

因此,本书选择用因果关系为分类标准。

---

① 麻锦亮:《人身损害赔偿新制度新问题研究》,人民法院出版社2006年版,第182页。
② 黄茂荣:《法学方法与现代民法》,中国政法大学出版社2001年版,第474页。

二、分别加害行为数人侵权责任形态的确定

(一)确定分别加害行为数人侵权责任形态的基础

如前所述,研究分别加害行为的侵权责任,要从因果关系入手;因此,接下来本书就分析分别加害行为中不同种类的因果关系,从而准确地确定分别加害行为的数人侵权责任形态。

1. 三种因果关系

笔者认为,在分别加害行为中,存在下列三种因果关系。

(1) 一体因果关系

一体因果关系是指数个侵权行为与损害后果之间存在一个因果关系。在这种因果关系的分别加害行为中,因果关系只有一个;数个侵权行为作为一个整体,与损害后果之间存在因果关系,每个侵权行为都不能单独地被冠以原因的称号。

(2) 并列因果关系

并列因果关系是指数个侵权行为与损害后果之间都存在因果关系,而这些因果关系既独立、又并列、但不充分,必须加起来才构成一个完整(针对全部损害后果而言)的因果关系。在这种因果关系的分别加害行为中,不仅侵权行为人是数个,因果关系也是数个,只不过每个因果关系并不完整,需要数个因果关系加起来才构成一个完整的因果关系。

(3) 或有因果关系

或有因果关系是指数个侵权行为中有的侵权行为与损害后果之间肯定存在因果关系,而有的侵权行为与损害后果之间可能存在因果关系。在这种因果关系的分别加害行为中,有的侵权行为与损害后果之间的因果关系是肯定存在的,而有的侵权行为与损害后果之间的因果关系可能存在、也可能不存在。

需要说明的是,上述三种因果关系是笔者在现有的研究成果基础上所作出的总结,三种因果关系的名称是笔者自己创设的。除了第三种,其实前两种因果关系学界已经提及。一体因果关系中的共同危险行为的因果关

系,有的学者称之为推定因果关系[①],有的学者称之为替代因果关系[②],有的学者称之为替代因果关系或择一因果关系[③],有的学者称之为不确定的因果关系或择一的因果关系[④],有的学者称之为择一因果关系[⑤]。一体因果关系中的并发侵权行为的因果关系,有的学者称之为累积因果关系[⑥],有的学者称之为叠加的因果关系[⑦],有的学者称之为聚合因果关系[⑧],有的学者称之为聚合的因果关系或累积的因果关系[⑨],有的学者称之为聚合(等价)因果关系[⑩],有的学者称之为并发型因果关系[⑪],有的学者称之为竞合因果关系[⑫],有的学者称之为累积因果或者聚合因果关系[⑬],有的学者称之为重叠

[①] 参见奚晓明主编:《〈中华人民共和国侵权责任法〉条文理解与适用》,人民法院出版社2010年版,第95页;陈现杰主编:《中华人民共和国侵权责任法条文精义与案例解析》,中国法制出版社2010年版,第36页。

[②] 参见朱岩:《侵权责任法通论》,法律出版社2011年版,第206、207页。

[③] 参见王利明:《侵权责任法研究》(上卷),中国人民大学出版社2010年版,第550页。

[④] 参见程啸:《侵权行为法总论》,中国人民大学出版社2008年版,第403页;程啸:《无意思联络的数人侵权》,载王利明主编:《人身损害赔偿疑难问题——最高法院人身损害赔偿司法解释之评论与展望》,中国社会科学出版社2004年版,第235页。

[⑤] 参见王泽鉴:《侵权行为》,北京大学出版社2009年版,第368页;陈聪富:《侵权行为法上之因果关系》,载《因果关系与损害赔偿》,北京大学出版社2006年版,第52页;张新宝:《侵权责任构成要件研究》,法律出版社2007年版,第327页;葛洪涛:《论侵权法中的因果关系》,山东大学博士学位论文,2008年,第150页。当然,有的学者称为择一原因。参见冯钰:《英美侵权法中的因果关系》,中国社会科学出版社2009年版,第257页;张钰光:《共同侵权行为类型化之初探》,载《进入二十一世纪之民事法学研究——骆永家教授七秩华诞祝寿论文集》,元照出版公司2006年版,第518页。

[⑥] 陈聪富:《侵权行为法上之因果关系》,载《因果关系与损害赔偿》,北京大学出版社2006年版,第60页;王利明:《侵权责任法研究》(上卷),中国人民大学出版社2010年版,第572页。

[⑦] 参见杨立新:《〈中华人民共和国侵权责任法〉条文解释与司法适用》,人民法院出版社2010年版,第66—69页;杨立新:《侵权法论》,人民法院出版社2011年版,第719页。

[⑧] 参见张新宝:《侵权责任构成要件研究》,法律出版社2007年版,第330页。

[⑨] 参见程啸:《侵权行为法总论》,中国人民大学出版社2008年版,第268页;程啸:《无意思联络的数人侵权》,载王利明主编:《人身损害赔偿疑难问题——最高法院人身损害赔偿司法解释之评论与展望》,中国社会科学出版社2004年版,第191页。

[⑩] 参见奚晓明主编:《〈中华人民共和国侵权责任法〉条文理解与适用》,人民法院出版社2010年版,第91页;陈现杰主编:《中华人民共和国侵权责任法条文精义与案例解析》,中国法制出版社2010年版,第38页。

[⑪] 参见丁海俊主编:《侵权法教程》,对外经济贸易大学出版社2010年版,第144页。

[⑫] 参见王泽鉴:《侵权行为》,北京大学出版社2009年版,第361页。

[⑬] 参见朱岩:《侵权责任法通论》,法律出版社2011年版,第216页。

的因果关系①,有的学者称之为附加性因果关系②。并列因果关系中的间接结合行为③的因果关系,有的学者称之为部分因果关系④,有的学者称之为竞合因果关系、累积因果关系⑤,有的学者称之为确定因果关系⑥,有的学者称之为叠加因果关系⑦。

如果用三个字来总结学界的上述表述,那就是:乱,乱,乱!这种用语上的混乱,被王泽鉴教授称为巴比伦语言混乱。⑧ 为了避免使用其中一个表述而被其他学者误解,笔者放弃了容易引起歧义的已有表述。

2. 如此区分的理由

笔者之所以能够得出这三种因果关系,是基于这样的考虑:在分别加害行为中,侵权行为有数个、损害后果只有一个,而因果关系就是考查侵权行为与损害后果之间的关系;因此,分别加害行为中因果关系的认定必须先考虑每个侵权行为与损害后果之间的关系。这种关系,笔者称之为关联度。同时,对于这数个关联度又必须整体考虑,而不能仅仅考虑其中的一个或几个;毕竟损害后果与数个侵权行为都有关联,而不是仅仅与其中一个或几个侵权行为有关联。因此,分别加害行为中数个侵权行为与损害后果之间的因果关系其实取决于每个侵权行为分别与损害后果之间关联度的组合。数个关联度的不同组合,就导致了分别加害行为因果关系的区别。

从逻辑的角度,应该有三种组合:一是数个关联度都充分,二是数个关联度都不充分,三是数个关联度中有的关联度充分而有的关联度不充分。

---

① 参见葛洪涛:《论侵权法中的因果关系》,山东大学博士学位论文,2008年,第146页。
② 〔英〕H. L. A. 哈特、托尼·奥诺尔:《法律中的因果关系》,张绍谦、孙占国译,中国政法大学出版社2005年版,第187页。
③ 需要说明的是,《侵权责任法》第12条调整的侵权行为和本书的间接结合行为虽然都是按份责任,但是是否是一回事,笔者不敢确信。
④ 参见王泽鉴:《侵权行为》,北京大学出版社2009年版,第361页;王利明:《侵权责任法研究》(上卷),中国人民大学出版社2010年版,第576页。
⑤ 参见奚晓明主编:《〈中华人民共和国侵权责任法〉条文理解与适用》,人民法院出版社2010年版,第95页;陈现杰主编:《中华人民共和国侵权责任法条文精义与案例解析》,中国法制出版社2010年版,第40页。
⑥ 参见朱岩:《侵权责任法通论》,法律出版社2011年版,第223页。
⑦ 参见张新宝:《侵权责任构成要件研究》,法律出版社2007年版,第331页。
⑧ 参见王泽鉴:《侵权行为法》(二),三民书局2006年版,第34页。转引自高圣平主编:《中华人民共和国侵权责任法立法争点、立法例及典型案例》,北京大学出版社2010年版,第154页。

这里的"充分"是指侵权行为自己能够单独地造成损害后果的发生,而非与其他侵权行为结合、共同发力才能造成损害后果的发生。

但是,实际上情况并非如此。民事权益被侵犯的一次性决定了它不会被侵害一次后又被侵害,所以,不存在数个关联度都充分的情况——关于这点,下文将会详细论述。相反会存在有的关联度充分、有的关联度为零,有的关联度充分、有的关联度表面上充分其实是零两种情况。此外,数个关联度都不充分又可以分为两种情况:每个关联度都不充分、且无法区分,每个关联度都不充分、但可以区分。

如此一来,在分别加害行为中,数个关联度的组合会有以下五种情况:一是有的关联度充分,有的关联度是零;二是有的关联度充分,有的关联度表面上充分其实是零;三是每个关联度都不充分,且无法区分;四是每个关联度都不充分,但可以区分;五是有的关联度充分,有的关联度不充分。

本来五种情况的关联度组合,应该对应着五种不同的因果关系。但是,因果关系的认定不仅仅是对事实的认定,还涉及价值判断;而根据一定的价值判断(关于这点,本书第五章将会详细论述),法律将第一种、第二种和第三种情况作同一对待;因此,最终只有三种情况。这三种关联度的组合就对应着一体因果关系、并列因果关系、或有因果关系三种因果关系。

(二)分别加害行为的三种数人侵权责任形态

一种因果关系对应着一种数人侵权责任形态,所以,在分别加害行为中就存在三种数人侵权责任形态。它们分别是一体因果关系的分别加害行为中数个侵权行为人承担的连带责任,并列因果关系的分别加害行为中数个侵权行为人承担的按份责任,或有因果关系的分别加害行为中数个侵权行为人承担的大补充责任。

在一体因果关系的分别加害行为中,尽管存在数个侵权行为,但是在因果关系上,只存在与损害后果的一体因果关系;所以,数个侵权行为人向受害人承担连带责任。

在并列因果关系的分别加害行为中,数个侵权行为与损害后果都存在因果关系,数个因果关系既独立、又并列、但不充分,必须加起来才构成一个完整的因果关系。所以,数个侵权行为人向受害人承担按份责任。

在或有因果关系的分别加害行为中,有的侵权行为与损害后果存在因果关系,该侵权行为导致损害后果的发生,该侵权行为人应该为自己的侵权行为向受害人承担直接责任;有的侵权行为人的侵权行为可能与损害后果有因果关系也可能没有因果关系,该侵权行为人向受害人承担补充责任。所以,数个侵权行为人向受害人承担大补充责任。

王卫国教授曾经说过:"传统的'共同侵权为连带责任,多因一果为按份责任'的区分已经日趋模糊。因此,主张严格限制共同侵权的范围以防连带责任泛滥的共同意思说也陷入困境。可以设想,共同侵权行为制度的发展前景,将是一个更富有包容性和弹性的'数个致害人的责任'制度,它包括了传统的共同侵权和多因一果等多数加害人致损的情形,也融合了连带责任和按份责任等责任分配和承担理论,从而适应不断发展的社会生活的需要。"① 笔者揣测,他所表达的是数人侵权行为的侵权责任形态;笔者同时认为,王卫国教授是睿智的,数人侵权责任的责任形态应该是多元化——当然,这种多元化主要通过分别加害行为而非共同加害行为来实现。

三、几种数人侵权责任形态的辨析

关于分别加害行为的数人责任形态,除了上文提及的三种之外,有的学者还提及了其他的数人侵权责任形态,笔者认为有辨析的必要。

(一)不真正连带责任

很多学者认为,数人侵权责任形态包括不真正连带责任。② 笔者认为,在数人侵权责任中,的确存在不真正连带责任这种责任形态,比如产品责任中生产者与销售者之间的连带责任。但是,销售者之所以向受害人承担侵

---

① 王家福主编:《民法债权》,法律出版社1991年版,第511页。
② 参见史尚宽:《债法总论》,中国政法大学出版社2000年版,第674页;郑玉波:《民法债编总论》,中国政法大学出版社2004年版,第426页;孙森焱:《民法债编总论》(下册),法律出版社2006年版,第743页;刘春堂:《论不真正连带债务》,载《民商法论集》(二),三民书局1990年版,第130页;张广兴:《债法总论》,法律出版社1997年版,第156页;杨立新:《侵权法论》,人民法院出版社2011年版,第746—751页;孔祥俊:《论不真正连带债务》,载《中外法学》1994年第3期;李永军:《论〈侵权责任法〉关于多数加害人的责任承担方式》,载《法学论坛》2010年第2期;蒋万来、王良珍:《不真正连带债务研究》,载《法学》1997年第2期;张晓军:《试论不真正连带债务》,载《法学家》1996年第5期;马强:《试论不真正连带债务》,载王利明主编:《判解研究》(第1辑),人民法院出版社2000年版;王竹:《我国侵权法上特殊数人侵权责任分担制度立法体例与规则研究——兼评〈侵权责任法(二次审议稿)〉第14条及相关条文》,载《政法论丛》2009年第4期;王竹:《论法定型不真正连带责任及其严格责任领域的扩展适用》,载《人大法律评论》(第七辑),法律出版社2009年版,第170—172页。

权责任并非因为他实施了侵权行为,而是基于他与受害人之间的合同关系。而本书研究的数人侵权责任,都是行为人实施了侵权行为所导致的侵权责任;因此,笔者认为,数个行为人都实施了侵权行为,并不会产生不真正连带责任。

如果存在数个侵权行为所导致的不真正连带责任[①],只能是数个侵权行为人都实施了侵权行为且侵害了同一受害人的同一权益,都造成了受害人的损害,他们对受害人都负有侵权责任。体现在每个侵权行为与损害后果之间的关联度上,就应该是数个充分的关联度。而实际上,这种情况不可能存在;因为受害人的权益一旦被其中的一个侵权行为侵害后,就不可能被其他侵权行为再次侵害。比如,甲被乙开车撞死,那么尽管甲后来又被丙的汽车所撞,这时丙所撞的只是一具尸体,并没有侵犯甲的生命权,只有乙侵犯甲的生命权。再如甲放火烧乙的房屋,同时丙也放火烧乙的房屋;如果存在时间差(如果同时的话则构成共同危险行为,甲、丙承担连带责任而非不真正连带责任),则丙烧的只是被烧毁后的废墟。所以,民事权益被侵犯的一次性决定了它不会被侵害一次后又被侵害。因此,被不真正连带责任支持者认为是不真正连带责任的我国《侵权责任法》第 11 条,并不是不真正连带责任。

除了《侵权责任法》第 11 条,下面情形也被不真正连带责任支持者认为存在数个侵权行为导致的不真正连带责任的场合,即一个侵权行为人偷盗他人物品,后被第三人所毁损。[②] 笔者认为,这种情形也非数个侵权行为所导致的不真正连带责任。

比如,乙偷窃甲的水牛拴在院中,丙深夜疲劳驾驶汽车,不小心闯入乙的院中把水牛撞死。乙对甲负有赔偿水牛价值的损害赔偿责任,丙也对甲负有赔偿水牛价值的损害赔偿责任。在这里,乙的侵权责任与丙的侵权责任是基于不同的原因。丙承担损害赔偿责任的原因在于自己过失开车撞死了甲的水牛,使水牛的使用价值和交换价值都丧失,即自己的过失驾驶行为侵犯了甲的所有权。而乙之所以向甲承担侵权责任,并不因为他损害了甲

---

① 前引的诸位学者都认为数个侵权行为可以导致不真正连带责任的发生。
② 其实在我国《侵权责任法》出台之前,这是不真正连带责任支持者认为存在数个侵权行为导致的不真正连带责任的唯一情形。

的水牛的使用价值和交换价值,而是因为丙的行为使水牛的使用价值和交换价值都丧失进而给甲造成损害。乙偷窃甲的水牛的行为,也给甲造成损害,但是,这种损害的侵权责任是返回原物的责任,而非损害赔偿责任。而现在乙之所以向甲承担损害赔偿责任,是因为他无法承担自己的返回原物的责任,只有赔偿甲的损失。由于是丙撞死了甲的水牛,乙并没有撞死;所以,从某种意义上来说,乙其实是替丙的侵权行为买单。而他之所以替丙的侵权行为买单,是因为他实施盗窃行为后,基于他是水牛的暂时占有人的事实,他就处于水牛的暂时保管人的地位,他有妥善保管水牛的法定义务,直至水牛回归甲的占有。而丙开车将水牛撞死的行为则表明乙没有履行好自己的法定义务,所以,乙要为自己没有履行妥善保管义务而向甲承担损害赔偿责任。① 但是,乙没有履行妥善保管义务的行为是侵权行为吗? 表面上看,乙违反的是法定义务,实施的是不作为侵权;然而,事实并没有看上去那样简单。

乙违反的是法定义务,可以理解为不作为;但是,这种不作为与甲的损害后果之间并不存在充分的关联度。单单是乙的不作为并不会造成甲的损害,乙的不作为必须与丙的作为结合起来,才能造成甲的损害。易言之,从乙的角度来看,必须是乙丙二人的合力才能造成甲的损害。而这违背了上述的不真正连带责任的都充分的关联度。所以,这种情形不会产生数个侵权行为所导致的不真正连带责任。

如前所述,这种情形的确会导致不真正连带责任,但是,这种不真正连带责任不是基于数个侵权行为而产生的,而是基于一个责任人实施了积极侵权行为、另一个责任人与受害人之间存在特殊关系。

在上述例子中,乙实施偷窃水牛行为后,他对水牛负有妥善保管的义务,该义务的义务主体只是特定的人,不像侵权法中绝对权的义务主体那样是不特定的人。所以,甲和乙之间不是权利主体与不特定的义务主体之间的关系,而是特定权利主体与特定义务主体之间的关系。这种与甲的特殊关系,才是乙的侵权责任的基础。我国《侵权责任法》第43条第1款产品销售者的连带责任、第51条拼装或者报废机动车的转让人的连带责任、第59

---

① 这和责任转质有相似之处。

条的医疗机构的连带责任、第68条污染者的连带责任①、第75条高度危险物的所有人或管理人的连带责任、第83条动物所有人的连带责任、第86条建设单位的连带责任,《人身损害赔偿司法解释》第11条第1款的雇主连带责任②、第11条第2款的发包人或分包人的连带责任、第16条第2款所有人或管理人的连带责任,最高人民法院《关于审理铁路运输损害赔偿案件若干问题的解释》(以下简称《铁路运输事故司法解释》)第14条铁路运输企业的连带责任,都是这种原因的不真正连带责任,而非实施数个侵权行为导致的不真正连带责任。

(二) 单向连带责任

单向连带责任概念最早由顾斌在研究行政侵权时提出③,当然,他只是简单的构想而没有详细论证。在数人侵权领域,是杨立新教授在研究产品代言人连带责任时借鉴美国侵权法而提出的④,后来在《侵权法论》一书中发扬光大。⑤

1. 单向连带责任的含义

杨立新教授认为:"单向连带责任,是指在连带责任中,被侵权人有权向承担侵权责任的责任人主张承担全部赔偿责任并由其向其他责任人追偿,不能向只承担相应的赔偿责任的责任人主张承担全部责任并由其向其他连带责任人追偿的特殊连带责任形态。简言之,单向连带责任就是在连带责任中,有的责任人承担连带责任,有的责任人只承担按份责任的特殊连带责任形式。在单向连带责任中,二人以上的责任人都对同一个侵权行为造成的损害负赔偿责任,不过其中有责任人承担侵权责任,有的责任人承担相应的赔偿责任,承担侵权责任一方对全部责任负责,承担相应责任一方只对自己承担的相应份额负责。因而,被侵权人可以向承担侵权责任的责任人主张连带责任,承担全部赔偿责任,在承担了全部赔偿责任之后,可以向承

---

① 我国《水污染防治法》第85条第4款也作出了同样的规定。
② 第9条第1款规定的连带责任不妥,应该由雇主单方面对受害人承担侵权责任,雇员从事的行为是雇佣活动,不应对受害人承担侵权责任。我国《侵权责任法》第35条就改变了这个规定,规定由雇主自己承担侵权责任。
③ 参见顾斌:《适用单向连带责任之我见》,载《江苏法制报》2009年8月27日第A07版。
④ 参见杨立新:《论产品代言连带责任及法律适用规则》,载《政治与法律》2009年第10期。
⑤ 参见杨立新:《侵权法论》,人民法院出版社2011年版,第742—743页。

担相应的赔偿责任的责任人主张追偿;被侵权人不能向承担相应的赔偿责任的责任人主张承担全部赔偿责任,并由其向应当承担侵权责任的责任人进行追偿。符合这样要求的侵权责任形态,就是单向连带责任的特殊形态。"①

2. 我国《侵权责任法》第 9 条第 2 款、第 49 条的应然责任形态

杨立新教授认为,在我国《侵权责任法》中有两个单向连带责任,一是第 9 条第 2 款规定的教唆、帮助无民事行为能力人或限制民事行为能力人实施侵权行为,其监护人也有过错的,教唆人、帮助人承担侵权责任,监护人承担相应的责任;另一个是第 49 条规定的租用、借用机动车发生交通事故致人损害的,机动车所有人也有过错的,机动车使用人承担侵权责任,机动车所有人承担相应的赔偿责任。

笔者认为,不论是《侵权责任法》第 9 条第 2 款,还是《侵权责任法》第 49 条,其数人侵权责任形态都不是单向连带责任。先看第 9 条第 2 款。本书第三章已经论述,教唆无民事责任能力人实施准侵权行为的,并不构成共同加害行为,教唆人应当对全部损害承担侵权责任,无民事责任能力人的监护人也应当对全部损害承担侵权责任。所以,在笔者看来,《侵权责任法》第 9 条第 2 款规定的责任形态应该是不真正连带责任。

关于《侵权责任法》第 49 条,从字面看,它只规定了责任的分配,并没有规定追偿问题。杨立新教授认为:"在其②承担了赔偿责任之后,可以向有过错的机动车所有人追偿。"这种理解可能不妥。对于交通事故的发生,机动车所有人有过错,要么是因为未排除或告知机动车安全隐患,要么明知借用人没有驾驶资格或处于醉驾状态仍然出借。第一种情况下机动车所有人的不作为对于损害的发生有因果关系,第二种情况下机动车所有人的疏忽行为对于损害的发生很难说有因果关系。作为损害后果产生的肇事者或者罪魁祸首,机动车使用人向受害人承担责任理所当然,是为自己的行为负责,即使机动车所有人可能存在过错,他也不能向有过错的机动车所有人追偿,否则会致使他们之间的利益失衡。

---

① 杨立新:《侵权法论》,人民法院出版社 2011 年版,第 742 页。
② 即机动车使用人——笔者注。

3. 单向连带责任存在空间的质疑

抛开《侵权责任法》第9条第2款、第49条不管①,本书接下来研究单向连带责任的存在空间。

根据上述引用文字再结合杨立新教授在其他部分的描述②,笔者理解单向连带责任是这样的:在单向连带责任中,责任人有两类,第一类责任人(即杨立新教授笔下的"承担侵权责任的责任人")承担全部责任,第二类责任人(即杨立新教授笔下的"承担相应的赔偿责任的责任人")只承担部分责任。连带是发生在第一类责任人之间,第二类责任人之间不连带,也不与第一类责任人连带;受害人有权向第一类责任人主张全部侵权责任,被主张的责任人承担责任后有权向该类的责任人中的其他责任人追偿,也有权向第二类责任人追偿;受害人只能向第二类责任人主张按份责任,被主张的责任人承担责任后不能向第一类责任人追偿。

问题是,第一类责任人应该承担全部赔偿责任,那么其向受害人承担全部责任后,为什么还要向第二类责任人追偿?另外,从因果关系看,是谁的行为造成损害后果?这些,单向连带责任都无法给出明确的答案。

(三)先付责任

先付责任这种数人责任形态也是侵权法专家杨立新教授所提出来的。杨立新教授认为:"第44条有关产品责任的第三人责任,其实这个责任在《民法通则》中已经说过了,只是没有研究其他的产品责任规则与之的区别。现在《侵权责任法》中又规定了两个条文是与之相似的,即第85条后段、第86条第1款后段,这三个责任形态完全一样。基本形式是其责任人是两个或两个以上,但是会让一个不用承担最终责任的人去承担最终责任。这种情况如何在理论上解释?我认为它是与补充责任相对应的一种责任形式,将其称之为先付责任。"③

---

① 其实不能抛开不管,因为这两个条文是单向连带责任立论的基础;如果连立论基础都不存在了,那么该立论恐怕就无法成立了。

② 在《侵权法论》一书的"单向连带责任"部分中,杨立新教授不仅写了"单向连带责任的概念",还写了"单向连带责任的特征与连带责任的区别"、"单向连带责任的规则"两部分。基于篇幅的原因,这里没有引用后两部分。

③ "中国法学会民法学研究会2011年年会暨学术研讨会简报(二)下",http://www.civillaw.com.cn/article/default.asp? id = 53643,访问时间:2011年9月22日;杨立新:《侵权法论》,人民法院出版社2011年版,第751—752页。

先付责任是以《侵权责任法》第44条、第85条和第86条为依据的。而事实上,这三个条文的规定都有问题。

第85条中,所有人、管理人或使用人的侵权责任是过错推定。一旦建筑物、构筑物或者其他设施及其搁置物、悬挂物发生脱落、坠落致害,则推定所有人、管理人或使用人有过错。在诉讼中,如果所有人、管理人或使用人能够证明其他责任人有过错的,则可以证明自己没有过错,如此一来他无须承担责任了;或者证明自己和其他责任人都有过错,那么他和其他责任人都应该向受害人承担责任(姑且不论具体的数人责任形态)。无论如何,其他责任人都不能不向受害人承担责任。可见,第85条后段的规定有问题。

第86条建设单位、施工单位承担的是过错责任,被受害人起诉后如果建设单位、施工单位如果能够证明有其他责任人的,和第85条后段一样,要么自己不承担责任,要么和其他责任人一起承担责任。所以,第86条后段的规定同样不妥。

第44条的规定也不妥当。该条的立法目的是为了保护受害人。对此,《侵权责任法》立法者说道:"社会生活中,产品从生产者到使用人手中,要经过生产、储存、运输、销售等许多环节,被侵权人往往不知道运输者、仓储者是谁,也不清楚产品缺陷究竟是谁造成的,损害发生后,找生产者或销售者请求赔偿最简单、方便。因为产品使用人通常清楚从何处购买的产品,即使非直接购买者,也容易找到产品生产者。为了充分保护被侵权人的利益,方便被侵权人请求赔偿,根据本条的规定,即使是运输者、仓储者等第三人的过错使产品存在缺陷造成损害,被侵权人仍然可以先找产品的生产者或销售者请求赔偿。生产者、销售者承担赔偿责任后,可以依据本条的规定,向造成产品缺陷的有过错的运输者、仓储者等第三人行使追偿权,要求其支付赔偿费用。"①的确如立法者所言,缺陷产品致害后,受害人也不清楚产品缺陷究竟是谁造成的,所以一般向生产者、销售者主张权利或起诉。在诉讼中,如果生产者、销售者证明缺陷是由于运输者、仓储者等第三人的过错造成的;此时受害人就知悉谁是运输者、仓储者了,信息不对称的局面就

---

① 王胜明主编:《中华人民共和国侵权责任法释义》,法律出版社2010年版,第236页;全国人大常委会法制工作委员会民法室编:《中华人民共和国侵权责任法条文说明、立法理由及相关规定》,北京大学出版社2010年版,第43—44页。

因为生产者、销售者的举证而不复存在了。那么,此时基于无过错责任,生产者、销售者仍然应当向受害人承担全部赔偿责任;而已经被暴露出来的运输者、仓储者呢?当然应该根据其过错的大小向受害人承担赔偿责任。易言之,受害人选择权,既可以选择向生产者、销售者主张全部损害赔偿,也可以向运输者、仓储者主张其过错范围内的损害赔偿。这样比只赋予向生产者、销售者主张全部损害赔偿更有利于保护受害人。所以,第44条的规定也不妥当。

杨立新教授认为先付责任是不真正连带责任的一致特殊形式。[1] 而在本书的数人侵权责任形态中不存在不真正连带责任,所以,在本书的数人侵权责任形态中也就不存在先付责任。

---

[1] 杨立新:《侵权法论》,人民法院出版社2011年版,第751页。

第五章　分别加害行为的数人侵权责任(一):连带责任

第一节　连带责任的适用情形

不仅共同加害行为,有些分别加害行为也能够产生连带责任。那么,到底是哪些分别加害行为,会让既非同一侵权行为、也无意思联络的数个侵权行为人承担连带责任呢?笔者认为,在分别加害行为中,连带责任的适用情形包括共同危险行为、并发侵权行为和直接结合行为。

一、共同危险行为

共同危险行为是数人侵权中一个比较富有吸引力的制度。王竹博士认为,从实务角度看,共同危险行为案例的绝对数量是较小的,但从研究的角度则颇具理论价值。[①] 程啸博士认为,共同危险行为是侵权法中极具实践意义的问题,也是侵权法中最富有趣味的课题之一。[②] 笔者深表赞同,也为此花了较多篇幅。

(一) 共同危险行为的含义

1. 学界已有的观点

关于共同危险行为的含义,学界依然"仁者见仁、智者见智"。史尚宽先

[①] 参见王竹:《再论共同危险行为——以客观关联共同侵权行为理论为视角》,载《福建师范大学学报(哲学社会科学版)》2010年第4期。

[②] 参见程啸:《共同危险行为》,载王利明主编:《人身损害赔偿疑难问题——最高法院人身损害赔偿司法解释之评论与展望》,中国社会科学出版社2004年版,第219页。

生认为:"数人不法共同损害他人之权利,不知孰为加害人者,其关与侵权行为之人,视为共同侵权行为人。"①这样的侵权行为是准共同侵权行为,即共同危险行为。郑玉波先生认为:"共同危险行为,亦称准共同侵权行为,乃数人共为有侵害权利危险性之行为,而不知其中孰为加害人者是也(一八五条一项下段)。"②孙森焱教授认为:"数人共同不法侵害他人权利而不能知孰为加害人者,为共同危险行为,亦即准共同侵权行为。"③林诚二教授认为:"共同危险行为(准共同侵权行为)乃数人共同为危险行为,而不知孰为加害人。"④黄立教授认为,共同危险行为是指"加害时,有许多人参与,而不能知其中孰为加害人者,则每一参与人均应就全部之损害负责(第185条第1项后半)"⑤。邱聪智教授认为:"参与加害之人,虽有数人,但致生损害结果之加害行为只有一个或一部分人,亦即只有一个或一部分为加害行为,而不能知其中孰为加害人者,是为共同危险行为。"⑥姚志明教授认为:"所谓共同危险行为,系指数人参与加害之行为,但对造成损害之加害行为,不知系何人所造成(第一八五条第一项后段)。"⑦张钰光博士认为:"共同危险行为,系指参与加害行为之人虽有数人,但致生损害结果之加害行为仅为其中一人,亦即可确定其中只有一人为加害人,但不确定其中孰为加害人,……"⑧梁慧星教授认为,共同危险行为是"指二人以上实施加害行为,各加害行为均可能造成损害,而不能确定具体加害人的情形"⑨。王利明教授曾经认为:"共同危险行为是指二人或二人以上共同实施有侵害他人危险的行为,并且造成损害后果,而不能判明其中谁是真正加害人。"⑩后来又认

---

① 史尚宽:《债法总论》,中国政法大学出版社2000年版,第175页。
② 郑玉波:《民法债编总论》,中国政法大学出版社2004年版,第144页。
③ 孙森焱:《民法债编总论》(上册),法律出版社2006年版,第233页。
④ 林诚二:《民法债编总论》,中国人民大学出版社2003年版,第166页。
⑤ 黄立:《民法债编总论》,中国政法大学出版社2002年版,第291页。
⑥ 邱聪智:《新订民法债编通则》(上),中国人民大学出版社2003年版,第123页。
⑦ 姚志明:《侵权行为法》,元照出版公司2005年版,第91页。
⑧ 张钰光:《共同侵权行为类型化之初探》,载《进入二十一世纪之民事法学研究——骆永家教授七秩华诞祝寿论文集》,元照出版公司2006年版,第518页。
⑨ 梁慧星:《共同危险行为与原因竞合——〈侵权责任法〉第10条、第12条解读》,载《法学论坛》2010年第2期。
⑩ 王利明:《共同危险行为若干问题研究——兼评〈最高人民法院关于审理人身损害赔偿案件适用法律若干问题的解释〉第四条》,载《法学杂志》2004年第4期。

为:"共同危险行为,又称准共同侵权行为,它是指数人实施的危险行为都有造成对他人损害的可能,其中一人或者多人的行为造成他人损害,但不知数人中何人造成实际的损害。"①杨立新教授认为:"共同危险行为又称为准共同侵权行为,是指二人以上共同实施有侵害他人权利危险的行为,其中一人或者数人的行为造成他人的损害结果,但不能判明其中具体侵权人的共同侵权行为。"②张新宝教授认为:"共同危险行为也称为'准共同侵权行为',是指二人或者二人以上共同实施侵害他人民事权益的危险行为,对所造成的损害后果不能判明谁是侵权人的情况。"③刘凯湘教授认为:"同危险行为又称准共同侵权行为,是指数人实施的行为均具有侵犯他人合法权益的危险性,其中某一人或部分人的行为导致损害结果的发生,但无法确认谁是真正的加害人的侵权行为。"④刘保玉教授认为:"共同危险行为,又称准共同侵权行为,是指数人的危险行为有可能造成对他人的损害,但不知数人中何人造成实际的损害的情形,法律视其为共同侵权行为。"⑤屈茂辉教授认为:"加害人不确定的共同侵权行为,是指两人以上共同实施某种可能致人损害的行为并业已造成他人的合法民事权益受到损害,但又无法查明加害人是谁的一种特殊的共同侵权的行为(共同实施某种可能致人损害行为的人,我们称作不明共同侵权人)。"⑥李锡鹤教授认为:"可以界定共同危险行为:实际加害人不明之共同侵权行为。"⑦张铁薇教授认为:"所谓共同危险行为又称为准共同侵权行为,是指二人以上共同实施危及他人人身或财产安全的危险行为并造成损害后果,不能判明真正的致害人的,由全体行为人对受害人承担连带责任"。⑧ 汪渊智教授认为:"共同危险行为,是指数人共同实施危及他人人身安全的行为并造成损害后果,而实际侵权行为人又无法确定

---

① 王利明:《论共同危险行为中的加害人不明》,载《政治与法律》2010 年第 4 期。
② 杨立新:《侵权法论》,人民法院出版社 2011 年版,第 719 页。
③ 张新宝:《侵权责任法》,中国人民大学出版社 2010 年版,第 52 页。
④ 刘凯湘、余文玲:《共同危险行为若干问题研究》,载《河南省政法管理干部学院学报》2005 年第 3 期。
⑤ 刘保玉、王仕印:《共同危险行为争议问题探讨》,载《法学》2007 年第 2 期。
⑥ 屈茂辉、陈坚:《论加害人不确定的共同侵权行为》,载《益阳师专学报》1995 年第 2 期。
⑦ 李锡鹤:《论共同危险行为》,载《华东政法大学学报》2011 年第 2 期。
⑧ 张铁薇:《共同侵权制度研究》,法律出版社 2007 年版,第 210 页。

时,由共同实施危险行为的数个侵权行为人承担连带责任的制度。"①叶知年教授认为:"共同危险行为是指数人共同实施侵害他人权利的危险行为,对所造成的损害后果不能判明谁是加害人的情况。"②车辉教授认为:"共同危险行为是指数人实施的危险行为都有造成他人权利损害的可能,但不知数人中何人造成实际的损害这样一种致害行为。"③胡一进教授认为:"可将共同危险行为界定为:数人实施的行为均具有损害他人合法权益的危险性,形成共同危险局面,且其中一人或部分人实施的行为致人损害而又不能查明谁为加害人的侵权行为。"④刘文兴教授认为:"共同危险行为是指二人或二人以上共同实施有可能造成他人损害的危险行为,但对损害结果又不能判明谁是加害人的情况。"⑤程啸博士认为:"共同危险行为是指数人共同从事有侵害他人权利之危险性的行为以致造成他人的损害,但是不知道数人中究竟谁是加害人,而令该数人承担连带赔偿责任的情形。"⑥曹险峰博士认为:"共同危险行为是指二人或二人以上共同实施了侵害他人权利的危险性行为,其中某一人或部分人的行为导致损害结果的发生,但不能判明谁是加害人的情况。"⑦高留志博士认为:"指数人实施的行为均有侵犯他人合法权益的危险性,其中一人或部分人的行为致人损害而又不知谁为加害人的侵权行为,这种行为又称共同危险行为。"⑧王竹博士认为:"我国侵权法上的共同危险行为,是指二人或二人以上共同实施有侵害他人权利的危险的行为,对造成的损害结果不能判明谁是加害人的情况。"⑨王永霞博士认为:"共同危险行为指数人共同从事有侵害他人权利之危险性的行为,一人或数人造成他人损害,但是不能确定致害人,而令所有从事了危险行为的人承担

---

① 汪渊智:《侵权责任法学》,法律出版社2008年版,第164页。
② 叶知年:《共同危险行为探讨》,载《法学杂志》1997年第6期。
③ 车辉:《论共同危险行为的构成》,载《宁夏社会科学》2006年第4期。
④ 胡一进:《共同危险行为责任承担之我见》,载《中外法学》1992年第6期。
⑤ 刘文兴:《共同危险行为及其责任》,载《法律学习与实践》1992年第1期。
⑥ 程啸:《共同危险行为论》,载《比较法研究》2005年第5期。
⑦ 曹险峰、刘丽丽:《论共同危险行为》,载《法制与社会发展》2000年第6期。
⑧ 高留志:《共同危险行为若干问题之我见》,载《信阳师范学院学报(哲学社会科学版)》2000年第2期。
⑨ 王竹:《再论共同危险行为——以客观关联共同侵权行为理论为视角》,载《福建师范大学学报(哲学社会科学版)》2010年第4期。

连带赔偿责任的情形。"①

2. 共同危险行为的最基本特征

从上述学者的描述中可以发现,诸位学者对于共同危险行为的认识有些差别;但是除去这些区别,大致还是可以勾勒出共同危险行为一些最基本的特征。②

(1) 行为主体是数个人

这是共同危险行为主体数量上的特征,也是共同危险行为成立的前提。共同危险行为之所以属于数人侵权行为,原因就在于侵权主体的复数性;如果是单个人实施侵权行为,则与数人侵权无涉,与共同危险行为更是无涉。

(2) 数个侵权行为中的一个或数个侵权行为造成了他人损害

如果数人实施的行为没有造成损害后果,无论他们怎么实施,都不受侵权法的调整③,难谓共同危险行为。而实际上他们的行为不是如此,其中一个行为或数个侵权行为造成了他人的损害,侵害了他人的合法权益。所以,侵权法要对其进行调整,要他们承担侵权责任。

(3) 谁是实际致害人并不清楚

共同危险行为之所以能在数人侵权体系中成为一个独立的类型,原因就在于造成他人损害的侵权行为是数个侵权行为中的哪一个侵权行为并不清楚。数人都实施了侵权行为,但是只有一个或数个行为实际上造成损害,这个或这些行为人是谁并不知道。如果知道了谁是真正的侵权人,则由该人或该数人承担责任,其他行为人并不要承担责任。

(4) 理论上每个人的行为都有可能造成他人损害

虽然并不清楚是谁的行为造成了实际的损害,但清楚的是,每个人的行为都有可能造成损害,每个人都是"嫌疑犯";所以,每个共同危险行为人对于损害后果都逃脱不了干系。

---

① 王永霞:《共同侵权行为论》,北京大学博士学位论文,2009年,第202页。
② 之所以说是"最"基本特征,因为以下特征是大家都认同的;但是不可避免地,有些太另类(中性词、非贬义)的观点则无法涵盖进去。
③ 不受民法的调整并不意味着不受法律的调整,因为刑法、行政法也可能会调整这些行为。比如向楼下扔酒瓶,尽管没有砸着人,但是可能会因为危害公共秩序遭受治安处罚;情节严重的还可能会构成以危险方法危害公共安全罪。

(5) 数个侵权行为人对损害后果承担连带责任

对于共同危险行为中的无辜受害人,法律应该给予救济;可是,侵权法能够提供什么样的救济呢? 答案就是实施共同危险行为的全体行为人对于受害人的损害都承担侵权责任,并且是连带责任。

3. 本书的观点

在汉语中,"危险"一词至少有两个意思:一是可能、可能性,并且是不利方面的;二是危害、伤害。① 在"共同危险行为"一词中,"行为"是中心词,而"危险"只是个形容词,用来修饰"行为"的;那么,它到底是"可能"还是"危害"?

笔者认为,共同危险行为中每一个行为人的行为都有可能造成受害人的损害,每一个行为人都是可能的加害人。所以,"共同危险行为"中的"危险"强调的是可能性,所以,它是"可能"、"可能的"的意思。此外,共同危险行为中的"危险"也包含"危害"、"伤害"的意思;因为在共同危险行为中,数个侵权行为人实施的行为本身具有不安全因素,会危及他人的合法权益,有致人损害的危险。无论是向楼下扔酒瓶、在马路边放鞭炮、向河对面打水漂,还是在林间小道上扔烟头、在可能会有人出现的公园偏僻角落里打猎;②这些行为可能会造成他人损害,属于有危害的行为。因此,"共同危险行为"中的"危险"既指"可能"、"可能的",又指"危害"、"危害的"。

所以,笔者认为,共同危险行为是指数个侵权行为人分别都实施可能造成他人损害的危害行为,其中一个行为实际造成他人合法权益的损害,但是不知谁是实际致害人。

本书界定与通说差别之一是没有出现"承担连带责任"的字样,这是本书的一贯风格,不再赘述。本书界定与通说差别之二是"其中一个危害行为实际造成他人合法权益的损害"而非"其中一个或数个危害行为实际造成他人合法权益的损害",删去了"或数个"三个字。之所以如此,是因为在共同危险行为中只能是一个侵权行为人实际上造成了损害,不可能数个侵权行为都造成损害。数人侵权行为的损害后果只有一个,这点共同危险行为亦

---

① 参见王同忆主编:《语言大典》(下册),三环出版社1990年版,第3562页;李行健主编:《现代汉语规范词典》,外语教学与研究出版社、语文出版社2004年版,第350页。

② 这些例子都是学界论述共同危险行为时经常提及的例子。

不能违反。那么,会不会出现数个侵权行为都造成了同一损害后果的情况呢?答案也是否定的。因为损害后果一旦发生,受害人已经被侵犯的权益就不会被再次侵害。关于这点,本书第四章已经论述,此处不再赘述。基于这点,本书认为数个共同危险行为中只是一个行为实际造成他人的损害而不是数个行为都造成他人的损害。本书界定与通说的其他细微区别,详见下文。

4. 两个争议的阐明

关于共同危险行为的界定,有两个问题存在争议,即共同危险行为能否适用无过错责任的特殊侵权行为和共同危险行为是否包括加害份额不明。

(1) 共同危险行为是否适用无过错责任的特殊侵权行为

王泽鉴先生说道:"关于这点,或许有人认为,法律之所以使共同危险行为人负连带责任,是因为他们本身具有过错,具有主观上的可非难性,而无过错责任不以主观上的可非难性为要件,不应使共同危险行为人承担连带责任,因此,共同危险行为不适用于无过错责任的情形。"①这不是杞人忧天式的自寻烦恼,因为从比较法上看,德国的司法实践曾经拒绝将共同危险行为制度适用于无过错责任案件,后来才改变了立场。②

关于共同危险行为是否适用无过错责任的特殊侵权行为,王泽鉴先生说道:"惟'民法'第185条第1项后段的规范意旨乃在缓和被害人举证的困难,此于无过失责任,亦应适用之。"③王利明教授认为:"其原因在于:首先,在共同危险行为中,受害人并不需要举证证明共同危险行为人在实施危险行为时主观上具有过错,而应当由行为人举证证明自己没有过错或其行为与损害结果之间没有因果关系;其次,法律对于共同危险行为人举证证明自己没有过错的抗辩事由也有严格限制。"④

笔者认为两位学者对于该问题的论述理由并不充分,其实共同危险行为之所以能够适用特殊侵权行为,原因在于:共同危险行为关注的是"何人造成损害",并且围绕这点设计了相关制度,而并不关心"何种侵权行为造成

---

① 王泽鉴:《侵权行为》,北京大学出版社2009年版,第370页。
② 参见周友军:《侵权责任认定:争点与案例》,法律出版社2010年版,第273页;周友军:《侵权责任法专题讲座》,人民法院出版社2011年版,第283页。
③ 王泽鉴:《侵权行为》,北京大学出版社2009年版,第370页。
④ 王利明:《侵权责任法》(上卷),中国人民大学出版社2010年版,第556—557页。

损害";不管是适用过错责任的一般侵权行为,还是适用无过错责任的特殊侵权行为,只要是具体致害人不明,都属于共同危险行为制度的管辖范围。

由特殊侵权行为构成的共同危险行为在实践中并不鲜见,如甲乙二人都在某山上用雷管炸山采石,都有碎石落到山下,其中一块崩得很远,砸伤远处的行人丙,但是不知道是甲还是乙炸飞的石头。

(2)共同危险行为是否包括加害份额不明

关于共同危险行为是否包括加害份额不明,学界通说认为是不包括,不过也有人认为应当包括,典型者是程啸博士、陈现杰法官和邓玲玲。程啸博士认为加害部分不明的情形也应当作为共同危险行为处理的理由有二。"首先,所谓加害部分不明实际上就是损害的不可分,此种多数人债务属于传统债法的不可分债务。按照各主要国家与地区的民法典,对于不可分债务应当按照连带债务处理(参见《德国民法典》第431条、《瑞士债务法》第70条)。既然不可分债务应当按照连带债务处理,那么加害部分不明时,各个加害人就应当承担连带责任而非按份责任。其次,既然各个加害人在加害部分不明的情形下要承担连带责任,那么这种连带责任是作为共同加害行为还是共同危险行为来处理就值得研究。由于现行《人身损害赔偿解释》采取了客观说,不以共同过错作为共同加害行为的必要条件,因此该解释将加害部分不明的情形纳入了共同加害行为而非共同危险行为。表面上看,这样做并无不妥,但是对于监护人而言却极为不利。因为在共同危险行为中,一个或数个参与人可以通过举证证明损害后果不是由自己的行为造成的而免责(《人损害赔偿解释》第4条第2句),但是共同侵权行为中行为人是不能通过证明自己并非造成损害后果的实际加害人而免责,基于共同过错他必须对其他共同侵权行为人的行为所造成的损害程度责任。显然,共同危险行为中被告的责任要轻于狭义的共同侵权行为中被告的责任。因此,笔者认为,加害部分不明的情形也应当作为共同危险行为而非共同加害行为处理。"①陈现杰法官主要是考虑到《侵权责任法》中适用连带责任的范围较窄,而建议将加害部分不明的情形纳入共同危险行为,而使各危险行为

---

① 参见程啸:《侵权行为法总论》,中国人民大学出版社2008年版,396—397页。

人承担连带责任。① 邓玲玲认为:"加害人不明和加害部分不明的区别处在于:加害人不明的侵权行为中,是何人加害的不明;而在后者,则是行为人之间所致损害份额的不明;两者是全有全无与份额的不同。更进一步来讲,都是由于举证困难、调查困难而导致的责任不清问题。在此同一的基础之上,两者的责任形式应该是统一的。"②

笔者认为,加害部分不明是否属于共同危险行为与加害部分不明时数个侵权行为人是否承担连带责任是两回事,加害部分不明时数个侵权行为人可能会承担连带责任,但是这并不意味着加害部分不明就属于共同危险行为,它可以属于其他种类的承担连带责任的分别加害行为。另外,如果把加害部分不明也包含在共同危险行为中,那就意味着加害部分不明中数个侵权行为人都要承担连带责任;而实际上,加害部分不明又包括了多种情况,每种情况的因果关系可能会不同,如一体因果关系、并列因果关系,数个侵权行为人承担责任形态既包括连带责任,也包括按份责任等;如此一来,在责任承担上就不妥当。基于这两点,本书认为,共同危险行为只包括具体致害人不明而不包括加害部分不明。

(二) 共同危险行为的构成要件

严格说来,共同危险行为的构成要件,仅仅应该讨论行为本身,即需要哪些因素才能构成共同危险行为,而不应该涉及其他。但是,由于研究共同危险行为的目的就是为了研究其侵权责任,因此,本书此处的"共同危险行为的构成要件"其实是"共同危险行为侵权责任的构成要件"。

诚如有的学者所言,正确认定共同危险行为的构成要件,从宏观上具有社会导向意义,能抑制人们的危险行为,实现社会的公平正义,维护正常的

---

① 参见陈现杰:《共同侵权的立法规制与审判实务》,载《人民司法》2010 年第 3 期;陈现杰主编:《中华人民共和国侵权责任法条文精义与案例解析》,中国法制出版社 2010 年版,第 37—38 页;奚晓明主编:《〈中华人民共和国侵权责任法〉条文理解与适用》,人民法院出版社 2010 年版,第 100 页。陈现杰法官在论证时还引用了王泽鉴先生的话:"盖加害人不明即应连带负责,在加害人已明,仅加害部分不明时,自应使其负连带责任",并且说"此种举轻以明重的解释应具有说服力"。需要说明的是,王泽鉴先生并不认为共同危险行为应该包括加害部分不明,他只是认为此种情况应该类推适用共同危险行为的规定,数个侵权行为人承担连带责任。因为既然是类推适用,那就不是适用。王泽鉴教授对于该问题的论述,参见王泽鉴:《侵权行为》,北京大学出版社 2009 年版,第 373 页。

② 参见邓玲玲:《共同侵权制度研究》,华东政法大学硕士学位论文,2007 年,第 31 页。

生产和生活秩序;从微观上则决定了共同危险行为的适用范围,影响侵权行为人责任的承担,最终实现行为人与受害人之间利益的平衡,其中自然体现了公共政策的考量,蕴含着当下社会价值的诉求。① 鉴于其重要性,本书接下来花了较多篇幅研究共同危险行为的构成要件。

1. 数个侵权行为人实施了危险行为

（1）数人都实施了行为

既然是数人侵权,自然需要数个侵权行为人中的每个人都实施行为。如果数人中只有一人实施了侵权行为并且不知是谁导致损害,因为侵权主体数量不合格,所以不是共同危险行为,不应承担侵权责任。

因此,二人同宿一室,其中一人因过失酿成火灾,不知是谁失火的,不构成共同危险行为;二人开车在同一道路上,其中一车伤人,不知为谁,也不构成共同危险行为。② 因此,甲、乙、丙某日下午使用丁的图书馆,当日下午有某珍本书失窃,但不知为何人所为,甲、乙、丙不成立共同危险行为;甲于某路段被车撞死,不知加害者为何人,经查有乙、丙、丁违规超速经过该路段,乙、丙、丁不构成共同危险行为。③ 因此,乘客在公共汽车上失窃,不得指窃贼必为车上乘客之一人而指全车乘客均应依共同危险行为的规定负连带赔偿责任;因车祸被害者,亦不能指肇事前后凡通行之车辆均参与共同危险行为。④ 因此,不能仅以火灾发生现场之不断电系统有疏于维护之事实以及最后离去者有抽烟习惯,即谓二者为发生火灾之共同危险因子;亦不能单纯因托运之货物有毁损而不能确定何人所为,即称参与系争货物运送、装卸、保管过程之所有人员为共同危险行为人。⑤

遗憾的是,很多人却没有看到这一点。有学者曾举过这样的例子:"设某甲之三岁幼儿在其家设有一米多高的木栅栏的后院玩耍,被翻越木栅栏入院的德国种狼犬咬伤。某甲未能看清该犬的形状和颜色。查后院里有两

---

① 参见张铁薇:《共同侵权制度研究》,法律出版社2007年版,第213页。
② 参见史尚宽:《债法总论》,中国政法大学出版社2000年版,第176页;史尚宽:《论共同侵权行为与共犯》,载郑玉波主编:《民法债编论文选辑》(中),五南图书出版公司1984年版,第523页。
③ 参见王泽鉴:《侵权行为》,北京大学出版社2009年版,第370页。
④ 参见孙森焱:《民法债编总论》(上册),法律出版社2006年版,第233页。
⑤ 参见吴志正:《民法特殊侵权行为之因果关系逻辑与归责》,载《东吴法律学报》第24卷第4期。

只德国狼犬脚印;周围200平方公里内仅有两人各豢养一只德国狼犬;医生检查不能断定咬伤为一只或两只狼犬所为。"然后他认为:"遇此情况,某甲只需提供上述医院检查证明、现场勘验报告即在一定程度上证明了因果关系之存在。两只狼犬的主人如果主张没有责任,则应证明他们的狼狗的行为与损害之间没有因果关系。"①言下之意,两只狼狗的主人都要承担责任,并且是因为共同危险行为。

无独有偶,现实生活中真的发生过这样的案件。2002年10月23日,9岁学生孙×甲与同学赵×甲、周××、陶××在放学回家途中,一条黑狗冲上来先后咬了这三个学生,咬人后黑狗便逃离现场。孙×甲被黑狗咬伤了下嘴唇,流出很多血。当晚,孙×甲被其父带到镇防保所注射了狂犬疫苗。半月后,孙×甲出现了发烧症状,11月9日下午又出现抽搐症状,被诊断为患狂犬病,经抢救无效死亡。黑狗咬人的次日,赵×甲曾和两名老师寻找咬人的"肇事狗",经赵×甲指认并尾随见黑狗进了孙×乙家,因孙家无人,师生返回学校。民警在孙×甲死后调查赵×甲、陶××,证实咬人的狗为"黑色、肚子、四爪有点白",赵×甲指定肇事狗就是孙×乙家的。孙×甲父母要求孙×乙赔偿损失,而孙×乙则以"黑色、肚子、四爪有点白"的狗非自家独有,同村赵×乙家的狗也具有该特征为由拒绝赔偿。当原告将孙×乙诉至法院时,孙×乙申请追加赵×乙为共同被告。经查,赵×乙家的狗与孙×乙家的狗系母子关系,外表特征相似。法院认为,由于现有证据难以确定谁家的狗咬伤了孙×甲,二被告又均未提供能证明自家的狗不在现场和未咬伤孙×甲的证据,两被告应承担因饲养动物不当而产生的侵权赔偿责任。故依照《民法通则》第130条规定,判决被告孙×乙、赵×乙连带赔偿原告损失26852.78元。二审法院维持原判。②

笔者认为,这两个例子根本不能成立共同危险行为,因为只有一人(姑且不考虑侵权主体是狗不是人这点)实施侵权行为,并不是数个行为人实施侵权行为。遗憾的是,这种错误思想并不鲜见,最典型的例子是高空抛物致害案件。不少学者认为这种情形构成共同危险行为,应当由该楼的全体住

---

① 张新宝:《中国侵权行为法》,中国社会科学出版社1998年版,第555页。
② 参见腾威:《共同危险行为制度若干问题探讨——就案解读最高人民法院人身损害赔偿司法解释第四条》,http://www.chinacourt.org/html/article/200612/05/226075.shtml,访问时间:2011年5月19日。

户承担连带责任。①

（2）数个行为具有同质性

共同危险行为和共同侵权行为一样，都有共同二字；那么，其共同究竟是什么共同？最初的观点认为共同危险行为中的共同是指数个侵权行为的"时空共同性"或"时空同一性"，即共同危险行为人的数个行为必须是在同一时间、同一场所的行为，如果数个侵权行为人的行为在时间上、场所上发生了分离，就不属于共同危险行为。后来慢慢发现其过于苛刻，于是又发展出"时空关联性"理论，即共同危险行为人的数个行为无须是在同一时间、同一场所的行为，只需在时间上、场所上具有关联性即可。

笔者对"时空关联性"理论深表怀疑。在异时、异地发生的数个行为都可能造成损害而不知实际加害人的场合，很难说数个行为之间有什么关联；如果采"时空关联性"理论，因为客观上数个侵权行为人的行为之间不存在所谓的关联性，受害人就不能通过共同危险行为制度得到救济，难谓妥当。有学者另辟蹊径，把"关联"解释为："以数行为人实施的行为是否在客观上对他人的人身或者财产权利造成了潜在的危险，而且这些潜在的危险均有可能转化为现实的损害为标准。"②这种解释其实已经抛弃了时空方面的要求，但是还假借"时空关联性"之名。笔者认为，没有必要名不符实，应该抛

---

① 针对这种观点，笔者曾写了两篇文章对其批评，分别是《和谐与逻辑之间——高楼坠物致害责任研究》，载李少平主编：《天津法官论丛》（第 1 卷），中国法制出版社 2010 年版，第 197—209 页；《自己责任？替代责任？补充责任？补偿责任？——高空抛掷物致害责任之再检讨》，载《第七届明德民商法学博士论坛暨首届海峡两岸博硕论坛论文集》，第 133—140 页。

② 参见刘保玉、王仕印：《共同危险行为争议问题探讨》，载《法学》2007 年第 2 期。同样悖离的还有林诚二教授，他说道，"惟此处另应注意，乃为时间或空间密接性系要求多数危险行为因时间或空间之紧密而难以判断何者为真正加害行为，并非要求危险行为均需同时发生，例如甲因过失造成乙重伤，事后医生因过失未检查出乙有大量内出血，乙最后因出血过多休克死亡之情形，如乙死亡之真正原因难以判定系因甲之肇事或丙之医疗疏失所造成时，不宜因甲、丙过失行为发生有先后而否定共同危险行为之成立。"参见林诚二：《共同危险行为之构成与界限》，载《金陵法律评论》2008 年春季卷。

弃时空方面的要求①,循"共同"本来的面目:共同危险行为中的共同是指数个侵权行为人实施的行为具有同质性。

同质性是指数个侵权行为人实施的行为是同一性质、同一种类的。要么都是作为,要么都是不作为;使用的侵权工具也是一样的,要么都是用石块打水漂,要么都是用步枪来射击。只有这样,数个侵权行为造成的损害后果才是同一性质、同一种类;只有这样,每个侵权行为人才都是"嫌疑犯",才无法区分出谁是实际加害人;只有这样,才迫不得已对所有的侵权行为人同一对待;只有这样,才能把数个侵权行为人视为一个整体,数个侵权行为人作为一个整体对外承担侵权责任,即连带责任。如果数个侵权行为人实施的行为不同质,就无法产生同质的损害后果,有的侵权行为就不可能造成那个损害后果,自然就无法将其归入这个整体,他也无须承担侵权责任。

对此,王竹博士有不同看法。他认为危险行为并非必须是同类行为,但必须具有同类致害性,即这种危险性的性质和指向是相同的。② 这种看法可能不妥,因为如果侵权行为不同质,损害的同质就无法保证;共同危险行为需要损害的同质,而不仅仅是危险性的同质。

在某个论坛上看到有人咨询这样的案件。"甲乙丙丁四人在水中嬉戏,之后乙、丙、丁先上岸,在乙的提议下用硬物投掷甲,结果有一枚石块将甲的眼睛击伤,花去医药费5000元。事后查证,乙、丙均使用石块投掷甲,丁使用土块投掷甲,鉴定为甲眼睛系石块所伤。问甲的损害如何进行赔偿?"③

---

① 据有的学者介绍,目前德国民法学界又提出一个更为宽松的标准,即只要受害人限于因果关系举证上的困难而无法确知加害人就可以适用共同危险行为,不应当局限于数个参与人应有时间和空间上的结合这一要件。参见程啸:《共同危险行为》,载王利明主编:《人身损害赔偿疑难问题——最高法院人身损害赔偿司法解释之评论与展望》,中国社会科学出版社2004年版,第231页。如果真的没有时间和空间方面的限制,本书的观点也就与其一致了。囿于语言方面的限制,笔者无法详细了解德国民法学界对这一问题的详细解释,甚为遗憾。

② 参见王竹:《再论共同危险行为——以客观关联共同侵权行为理论为视角》,载《福建师范大学学报(哲学社会科学版)》2010年第4期。此外,《人身损害赔偿司法解释》制定者也认为"这种危险性的性质和指向是相同的",但是对于行为的要求则没有提及。参见黄松有主编:《人身损害赔偿司法解释的理解与适用》,人民法院出版社2004年版,第72页。

③ ysdejj:《请教李老师"共同危险行为侵权"的一个小案例》,http://www.fafawang.com/bbs/group_thread.asp?groupid=157&id=18998,访问时间:2011年5月12日。需要说明的是,为了论证的严密和避免不必要的争议,笔者在引用时稍加改动,把"甲乙丙丁"后面的"均为未成年人"几个字删去。

在不考虑乙的提议与丙丁的同意构成意思联络的情况下(因为一旦是意思联络,则构成共同侵权行为而非共同危险行为了),根据行为同质性的要求,笔者认为实施共同危险行为的只有乙丙二人,并不包括丁;因为丁使用土块而非石块投掷,行为不同质。而根据王竹博士的理论,用硬物投掷甲危险性的性质和指向相同,乙丙丁三人都构成共同危险行为,三人都应当承担连带责任。

其实,我们可以把上述案件中的"丁使用土块投掷甲"改成"丁使用手枪射击丁",反正丁的行为没有造成甲的损害;由于甲的眼睛是石块所伤,土块和手枪在此没有什么区别。由此可见,这个案件的正确答案是乙和丙承担连带责任,而丁的行为与甲的损害没有因果关系。所以,这印证了本书观点的正确。

有人曾举过类似的例子。"如 A、B、C 三人在街边玩同类型的爆竹,其中有个爆竹飞出去把路过的行人 D 炸伤,不能确定是三人中谁之所为。他们三人构成共同危险行为。若 A、B 燃放的是'二节鞭',C 燃放的是'三节鞭',行人 D 被飞来的'二节鞭'炸伤。虽然 A、B、C 实施的行为均有危险性,但对 D 被'二节鞭'炸伤这一损害事实,C 的行为并不具有侵害的可能性,因为他玩的是'三节鞭',故对 D 的损害,对其损害也无须承担责任。"[①]笔者赞同这个观点,在后一种情形中,虽然 A、B、C 三人都在放爆竹,由于 C 使用的侵权工具不同于 A、B,导致其侵权行为与 A、B 的侵权行为不同质,所以,C 并不和 A、B 构成共同危险行为。

数个侵权行为人的行为都可能造成损害,还要求每个人的行为单独都足以造成损害结果的发生,即单独地看,每个侵权行为人的行为与受害人的损害后果在事实上的因果关系上是要么 100%,要么 0%,没有其他的可能性。因为"在共同危险行为中,损害后果的发生不是共同危险行为人的全体行为所致,也不是行为人行为的叠加力所致,每个侵权行为人的行为都独立地存在造成损害后果的可能性"[②]。

---

① 参见骆驼海盗:《共同危险行为若干问题之我见》,http://blog.stnn.cc/yongbin/Efp_Bl_1005074273.aspx,访问时间:2011 年 6 月 28 日。

② 刘峰、柏凤杰:《浅谈共同危险行为的认定及法律运用》,http://www.chinacourt.org/html/article/200403/25/108971.shtml,访问时间:2011 年 5 月 14 日。

（3）该行为具有危险或危害

共同危险行为中的"危险"与高度危险作业中的"危险"显然不同，自不待言。这里的"危险"是指共同危险行为人实施的行为本身不是一般的行为，行为本身有危险或危害；该种行为会危及他人人身和财产权益，是一种不合理、不适当的行为。诚如有的学者所言："不仅行为实施时的特定环境（包括时间、地点、对象）不适于该行为的实施，而且行为人对其实施的行为可能造成的损害后果不具备控制条件和控制能力。"[1]

这种致害的可能性并没有确定标准，往往要通过个案来判断。在判断某种行为是否具有危险或危害时，要从行为本身的性质、周围的环境、损害发生的概率，以及行为人对致害可能性的控制条件等方面综合加以考虑。

侵权行为虽然具有危险或危害，但是否违法，即该危险行为是否必须具备违法性，学界存在不同意见。程啸博士坚持行为的违法性。他说道："如果数人实施的行为没有不法性，即便确知损害是由每个人造成的，该人的行为由于不具有违法性而无须承担责任，自然更不会发生共同危险行为的问题。例如，丁某被一辆路过的汽车碾压的石子蹦起而受伤，此时刚好依次有甲、乙、丙三人驾车通过，不能知道究竟是何人的汽车碾压的石子蹦起击伤了丁某，由于三人驾车的行为并不具有违法性，因此丁某自然不能通过共同危险行为而要求获得赔偿。"[2]王利明教授则持相反的观点。他说道："笔者认为，尽管危险本身危及他人的财产和人身，但这并不意味着危险行为都具有违法性。例如，甲乙丙三人在河边用石子进行打水漂游戏，比谁打得更远。有一个小孩丁在河对岸玩耍，正好被打过来的一个打水漂的石子击伤眼睛，到医院看病花去医药费5万元。受害人丁在法院起诉，要求甲乙丙三人负连带赔偿责任。在本案中，数人在河岸边打水漂并造成第三人的损害，但打水漂的行为本身并不具有违法性。"[3]

笔者认为上述两位学者是"关公战秦琼"，一个指向抽象的一类行为，一个指向那个具体的侵害行为。抽象地说，打水漂行为本身当然不具有违法性，在公路上开汽车也不具有违法性；但是砸伤河对面小孩眼睛的那个打水

---

[1] 刘峰、柏凤杰：《浅谈共同危险行为的认定及法律运用》，http://www.chinacourt.org/html/article/200403/25/108971.shtml，访问时间：2011年5月14日。
[2] 程啸：《侵权行为法总论》，中国人民大学出版社2008年版，第402页。
[3] 王利明：《侵权责任法研究》（上卷），中国人民大学出版社2010年版，第558页。

漂行为则具有违法性,开车撞伤人的驾驶行为也具有违法性。基于相同的理由,笔者认为下面的观点也是混淆了二者。"惟应补充说明者,乃广义之危险行为性质上可分为法律可容许之危险与法律所不容许之危险,例如依交通规定行车、参与高度对抗性体育活动者,该等行为虽有危险,但多为人类生活上不可避免之风险,法律上虽有可能借由管制或要求一定之注意降低危险之发生,但不可能完全除去,此时该等行为应非共同危险行为。"①

(4) 每个人的侵权行为都有可能造成损害

这点要求每个侵权行为与损害后果在因果关系上都具有可能性。需要说明的是,这种可能性不是一般的可能性,而是高度的可能性,即数个行为造成实际损害的高度可能性。理论上,就像李宁公司的广告语,一切皆有可能,哪怕是万分之一的概率。比如,一个人在路上被身后楼房中的一人所扔烟灰缸砸中,理论上居住在这个楼房的所有住户都有可能扔烟灰缸;因为不抽烟的人家里也可能买烟灰缸(给客人用),一楼的住户也可以跑到楼上扔烟灰缸——甚至别的楼的住户也可以跑到这个楼上来扔。法律不能仅凭这种可能性就认定共同危险行为的成立,只有具备了"每个人都扔了烟灰缸"这种高度可能性才能构成共同危险行为。这也是德国民法学界的通说。德国民法学界通说认为,并非所有的有"危险"行为都构成共同危险行为,只有那些就已经产生的损害而言具有"高度真实性"或"确定的适格性"的行为才可能构成共同危险行为。②

程啸博士认为,德国拉伦茨与卡纳里斯教授的"时空的同一性"理论虽然不能作为判断共同危险行为的构成要件,但可以作为判断行为是否具有危险的因素。作为判断行为危险性的时空同一性是指共同危险行为人的行为与受害人的损害之间时空上的同一性,而非各共同危险行为人的行为相互之间时空上的同一性。③ 笔者认为,程啸博士的理解可能不妥,共同危险行为人的行为与受害人的损害之间时空上的同一性,无法证明行为有危险

---

① 林诚二:《共同危险行为之构成与界限》,载《金陵法律评论》2008年春季卷。

② Larenz/Canaris, Schuldrecht BT II/2, 13Aufl. Muenchen: C. H. Beck, 1994. 转引自程啸:《论共同危险行为的构成要件——以〈侵权责任法〉第10条为中心》,载《法律科学》2010年第2期。

③ 参见程啸:《论共同危险行为的构成要件——以〈侵权责任法〉第10条为中心》,载《法律科学》2010年第2期。

而只能证明行为有可能(造成损害)。如果某一行为人实施的行为在时空上与受害人的损害上不一致,则表明该行为人的行为不会造成实际的损害。

数个侵权行为人的行为都可能造成损害,这就意味着每个人的侵权行为单独都能够导致损害结果的发生。即单独地看,每个人的侵权行为与受害人的损害后果在事实上的因果关系上是要么100%,要么0%,没有第三种可能性。借用我国《侵权责任法》第11条的表述,就是每个侵权行为都足以造成全部的损害。

其实这一点和上面"数个行为具有同质性"是紧密联系在一起的:正是因为共同危险行为具有同质性,所以,每个共同危险行为人实施的侵权行为才都有可能造成损害。

2. 共同危险行为给受害人造成了损害

(1) 损害已经实际发生

前文说了共同危险行为可能会损害他人的合法权益,如果仅仅是停留在可能性的层面,那也没有什么大不了;因为在侵权法领域奉行"无损害即无责任",法律也不会通过侵权责任干涉共同危险行为人的行为。而事实上,这种可能性已经变成了现实性,即共同危险行为已经实际地、现实地侵害了他人的合法权益;因此,法律要通过侵权责任对共同危险行为人进行干涉,从而救济受害人。由此可见,"从法律层面来说,规制危险性行为的目的并不是为了限制主体的自由,而是该危险行为已经造成了损害,侵犯到其他人的利益,法律有必要规制"[①]。

(2) 侵害对象的数量

共同危险行为造成损害后果的数量,一般情况下是一个;但是,在某些特殊情况下,也可能会造成两个损害后果,而这两个损害后果有包含或吸收关系,所以,只需对严重的那个损害后果救济受害人。比如,甲乙两个人在打猎,看到大树后面有一只熊于是两人都开了一枪,其实大树后面的是森林管理员丙而非熊;结果丙要害部位中了一枪,非要害部位中了一枪,最后身亡;不知道要害部位的一枪是谁击中的。又如丙在公路上被汽车撞了两次,被交警送到医院后身亡;尸检显示,丙第一次被撞时胸部碎裂但不致命,第二次撞击才导致丙的死亡;交通录像显示,特定时间段经过事发地只有甲乙

[①] 阳雪雅:《连带责任研究》,人民出版社2011年版,第266页。

开成经过并且两辆车前部都有撞击硬物的痕迹,但不知道谁是第一辆车。

这种情况仍然构成共同危险行为,只不过是两个共同危险行为。本来应该就两个损害后果对受害人进行救济;但考虑到其中一个能够被另一个吸收,所以,受害人只能就较重的损害后果获得赔偿,共同危险行为人也只需对较重的损害后果承担侵权责任。就上面的第一个例子,丙的近亲属仅仅能够获得丙死亡的损害赔偿,而不能再就丙健康权受损主张损害赔偿。

3. 只知道共同危险行为人但不知谁是具体致害人

(1) 不知道具体致害人

在数个共同危险行为人中,只有一个人的侵权行为造成损害,只有一个真正的侵权行为人;但遗憾的是,不知道他是谁;因此,无法将其从数个行为人中找出来进而课加单人侵权责任。

能够明确的是实施这种同质性侵权行为的侵权人总体,即"嫌疑犯"是哪些人。所以,这里的具体致害人不明并非指实际从事危险活动的行为人不明,而是指这些人中到底谁的侵权行为实际地造成了损害结果不明确。

(2) 存在因果关系

因果关系要求受害人的损害后果是共同危险行为所造成的,即共同危险行为人中的一人的危险行为造成了损害后果的发生。这是在事实层面上,在法律层面上数个危险行为作为一体与损害结果之间有因果关系——关于这点,本章第二节将会详细论述。

4. 共同危险行为人有过错

(1) 共同危险行为人过错的必要性

如果数个侵权行为人实施的是一般侵权行为,那么该数人在行为时有过错,这是承担侵权责任所必需的,共同危险行为也不能例外。如果数个侵权行为人实施的是特殊侵权行为,则无须过错这一要件,共同危险行为亦然。

有人认为:"在立法例上,德国民法典830条、日本民法第719条第1款、台湾地区'民法典'第185条,前半句规定共同侵权行为,后半句规定共同危险行为,共同危险行为准用于共同侵权的规定。共同侵权行为的归责原则是过错责任,共同危险行为的归责原则也是过错责任,而不是无过错责任。"①笔者认为这种认识明显不妥:如果说共同加害行为中数个侵权行为人由于意思联络而具有共同过错,其归责原则是过错责任的话,那么在共同危险行为中,数个侵权行为人没有共同过错,其归责原则就不能比附共同加害行为而简单认定为过错责任。笔者认为,应当看行为人实施的侵权行为到底是一般侵权行为还是特殊侵权行为,从而决定过错的需要与否。

(2)共同危险行为人过错的性质

关于共同危险行为人过错的性质,一些学者认为共同危险行为人具有共同过错或共同过失。② 这种认识并不妥当,因为共同危险行为人只有分别过错,每个共同危险行为人都是在自己的主观意志支配下从事侵权行为,数个共同危险行为人的过错彼此之间独立。而所谓共同过错,如前所述,是指由数个侵权行为人通过联络、商量或者沟通形成的过错,它是一个整体意志,也是每个侵权行为人的主观意志的体现。

在共同危险行为中,数个共同危险行为人的过错可能会相同(如数个侵权行为人对同一受害人都是疏忽大意的过失),但每个共同危险行为人都是在自己的过错支配下实施危险行为,自己的主观意志中并不涉及他人的主观意志,更不存在一个支配所有危险行为的整体意志。所以,数个共同危险行为人的过错是分别过错。③

由此可见,有无意思联络是区分共同侵权行为与共同危险行为的标准。只要数个侵权行为人之间有意思联络,不管客观上是否知道谁是实际致害人,都构成共同侵权行为;只有数个侵权行为人之间没有意思联络,客观上也不知道谁是实际致害人,才构成共同危险行为。易言之,意思联络在共同侵权行为与共同危险行为之间划出了清晰的界限。

有学者对此有不同意见。他根据郑玉波、孙森焱等教授的表述认为,共

---

① 孙瑞玺:《共同危险行为争议问题评析》,http://www.civillaw.com.cn/qqf/weizhang.asp?id=8304,访问时间:2011年4月22日。
② 参见王利明:《侵权责任法研究》(上卷),中国人民大学出版社2010年版,548—549;杨立新:《侵权法论》,人民法院出版社2011年版,第723页;张新宝主编:《人身损害赔偿案件的法律适用》,中国法制出版社2005年版,第41页。
③ 早在二十多年前就有人持这种意见。"数行为人主观上有过错。但这里所指的过错,是无意思联络的各自的过错。"参见曹琦:《准共同侵权行为初探》,载《政治与法律》1991年第3期。

同危险行为中只是"无须有意思联络",其反面解释即不妨碍有意思联络;进而认为共同危险行为可以与共同侵权行为发生竞合。① 笔者反对这种解释,因为这样会造成共同侵权行为与共同危险行为的竞合;此时到底是根据共同侵权行为规则还是共同危险行为规则来处理这种情况? 别的姑且不论,单单就免责事由而言,共同侵权行为规则和共同危险行为规则并不相同。众所周知,分类中的竞合是分类的忌讳,如果能有标准将两种类型清晰地划分开来,无疑是最佳选择。

(3) 共同危险行为人过错的种类

过错包括故意和过失,共同危险行为人的过错是否也包括这两种情况? 在实施侵权行为时共同危险行为人的主观心态可以为过失,这点学界没有异议;有异议的是故意。

有些学者认为共同危险行为人不能是故意。"在共同危险行为中,行为人不仅不存在共同故意,也不存在单独的故意;假如存在单独的故意,就可以追究单独故意行为人的责任而不构成共同危险行为。"②

这种观点不妥! 数人实施同质的侵权行为,其中一人的行为造成损害但不知是谁,某个侵权行为人是故意而其他人是过失;此时该人的侵权行为与受害人损害后果之间的因果关系在客观上无法证明存在,为什么仅仅是该人(而不包括其他人)承担侵权责任?

---

① 参见王占明:《共同侵权构成理论之再检讨》,载梁慧星主编:《民商法论丛》(第43卷),法律出版社2009年版,第103页。需要说明的是,为了寻找支持,王占明博士还紧接着说道:"黄立教授亦持肯定见解,认为'第185条第1项前半及后半,与法律条件生命时即生竞合关系'。"然而查黄立教授的原话却是,"第185条第1项前半及后半(如例4),与法律条件生命时即生竞合关系"。王占明博士的引用少引了"(如例4)"几个字。而黄立教授的例4是什么呢? 我们不妨看一下。"例4. 在餐厅中因故发生混乱,其中3人持有长10公分之长刀,2人持有5公分之刀,其余6人无任何武器,伤者身上有9公分深之刀伤,则只有3人负侵权行为之责,如其刀伤深仅4公分,则有5人应负责任,其余6人在此二情形均不负责,因其行为不会导致结果发生。"在该段文字结束后有一个注释,标明该案例的出处。参见黄立:《民法债编总论》,中国政法大学出版社2002年版,第292页。该例子并未提及数个侵权行为人之间是否有意思联络;查该段上下文,也未见提及行为人的主观心态,遑论是否有意思联络。所以,笔者认为,引用黄立教授的话在此并不妥当。

② 杨立新:《侵权法论》,人民法院出版社2011年版,第723页;张庆东:《准共同侵权损害赔偿制度》,载《法学》1994年第7期;范宏勇:《对共同危险行为的构成及其责任的再思考》,http://www.baojian.gov.cn/bjxs/xfyj/2005-11/0b6109813dafa101.html,访问时间:2011年6月2日。

有人给出的理由是"故意的侵权行为将从本质上改变共同危险行为的性质"。① 这样的理由无法解释：共同危险行为的性质是什么？故意怎么就改变了共同危险行为的性质？为什么故意能够使共同危险行为变成单人侵权行为？

实际上，在共同危险行为中，共同危险行为人的过错既可以是过失，也可以是故意。在有的侵权行为人过错为故意时，只要他是基于自己的主观意志而实施危险行为，并且无法确定谁是实际致害人，仍然构成共同危险行为。法律并不关心过错的种类，只要共同危险行为人有过错，并且是分别过错，那么其过错要件就满足了。

如此一来，就会出现所有共同危险行为人都是过失（如甲乙丙三人在河边玩耍，甲提议打水漂看谁打得远，于是甲乙丙三人都打了水漂，不料其中一个石块击中在河对面洗衣服的丁的头部，但不知道是谁打的水漂击中）、部分共同危险行为人过失而部分共同危险行为人故意（如甲乙丙三人在河边玩耍，甲看到仇人丁在河对面洗衣服，于是提议打水漂口称"看谁打得远"，甲乙丙三人都打了水漂，甲故意向丁的方向打去，结果其中一个石块击中丁的头部，但不知道是谁打的水漂击中②）、所有共同危险行为人都是故意（如甲乙丙三人在河边玩耍，甲看到仇人丁在河对面洗衣服，于是提议打水漂口称"看谁打得远"，不料丁也是乙丙的仇人，于是乙丙欣然同意举行"打水漂比赛"，甲乙丙三人都打了水漂，并且都故意向丁的方向打去，结果其中一个石块击中丁的头部，但不知道是谁打的水漂击中③）三种情形。

既然共同危险行为人的过错有可能是故意，那么其侵权行为就是有所指向的，即侵害某个具体或特定受害人的合法权益。如此一来，一些学者的

---

① 范宏勇：《对共同危险行为的构成及其责任的再思考》，http://www.baojian.gov.cn/bjxs/xfyj/2005-11/0b6109813dafa101.html，访问时间：2011年6月2日。

② 有人举了这样一个例子：在冬天数人向马路上泼水，导致马路上结冰使人摔倒，有人主观上是故意，有的人是出于过失。参见张瑞明：《准共同侵权行为之探索》，载《河北法学》1999年第2期。

③ 有人曾举过这样一个类似的例子：二人素不相识，均于某日晚上找甲复仇。二人同时向某甲开枪后，以为被人发觉仓皇逃走。某甲身中一弹，不知何人所为。参见高留志：《共同危险行为若干问题之我见》，载《信阳师范学院学报（哲学社会科学版）》2000年第2期。

"没有明确的指向"①、"没有特定的指向"②、"没有人为的侵害方向"③、"无定向"④观点就有所不妥。

（4）共同危险行为人过错的证明

关于共同危险行为人的证明，有些学者认为，共同危险行为人的过错是推定的。⑤ 他们给出了两个理由：一是"对实际损害而言，共同危险行为的行为人的过错是推定的过错，而这种推定又是以数个侵权行为人对引起损害发生的原因及共同危险具有共同过失为前提的"⑥；二是"因而推定共险行为与损害结果的因果关系，在此基础上相应地就对行为人的共同过失加以了推定"。⑦ 这些观点是以共同危险行为人存在共同过失为前提的，为本书所不赞同，故不予评价；需要评价的是"确定行为的危险性，即可认定行为人的过失"。⑧

笔者认为，对于故意，这种推定并不妥当；因为故意必须由受害人证明，光从行为具有危险性这点，根本无法认定行为人主观上有故意，这点和普通的侵权行为没有什么区别。对于过失，笔者认为这种推定是合理的。在共同危险行为中，由于数个共同危险行为人的危险行为，给受害人

---

① 张铁薇：《共同侵权制度研究》，法律出版社2007年版，第216页。

② 方益权：《关于共同危险行为法律制度的几点思考——兼评〈关于审理人身损害赔偿案件适用法律若干问题的解释〉之第4条》，载《温州大学学报（社会科学版）》2007年第2期；王艳玲、李静芹《共同危险行为及其民事责任》，载《河北法学》2004年第12期；范宏勇：《对共同危险行为的构成及其责任的再思考》，http://www.baojian.gov.cn/bjxs/xfyj/2005-11/0b6109813dafa101.html，访问时间：2011年6月2日。

③ 杨立新：《侵权法论》，人民法院出版社2011年版，第720页；黄松有主编：《人身损害赔偿司法解释的理解与适用》，人民法院出版社2004年版，第72页；曹险峰、刘丽丽：《论共同危险行为》，载《法制与社会发展》2000年第6期。

④ 孙瑞玺：《共同危险行为争议问题评析》，http://www.civillaw.com.cn/qqf/weizhang.asp？id＝8304，访问时间：2011年4月22日。

⑤ 参见王利明：《侵权行为法归责原则研究》，中国政法大学出版社2004年版，第312页；张铁薇：《共同侵权制度研究》，法律出版社2007年版，第225页；王瑛、朱益虎：《共同危险行为的构成及其举证责任》，载《江苏经济报》2003年9月3日；范宏勇：《对共同危险行为的构成及其责任的再思考》，http://www.baojian.gov.cn/bjxs/xfyj/2005-11/0b6109813dafa101.html，访问时间：2011年6月2日。

⑥ 王利明：《侵权行为法归责原则研究》，中国政法大学出版社2004年版，第312页。

⑦ 范宏勇：《对共同危险行为的构成及其责任的再思考》，http://www.baojian.gov.cn/bjxs/xfyj/2005-11/0b6109813dafa101.html，访问时间：2011年6月2日。

⑧ 李传斌：《共同危险行为归责问题研究》，载《绍兴文理学院学报》2008年第2期。

造成了一个危险情势,使受害人陷入该危险情势之中,进而受到损害;共同危险行为人实施这种同质行为、参加①到这个集体中,就能推定其有过失。

有学者认为,尽管从数个行为共同造成危险状态而言,共同危险行为人是有"过错(过失)"的,但此种"过错"与对于损害结果的发生有过错是不同的,前者在民法上是不产生任何可具否定性的效果,而后者之过错才真正具有可归责性。② 的确如其所言,在一般情况下如果没有产生损害,无须谈论什么过错;但是这里不是一般情况,而是特殊情况。在共同危险行为中,无法将所谓的惹起人从数个侵权行为人中甄别出来,只能将他们一体对待;所以,在过错的认定上,也就不再考虑每个危险行为与损害后果之间的事实关系,根据数个危险行为形成的客观危险形势就可以认定过失的存在。所以,有人才会说:"共同危险行为诉讼中受害人完成了以上举证后,即可形成如下几个法律推定:推定所有实施相同危险行为人为加害人;推定所有危险行为人主观上有过失;推定危险行为人的行为与被害人的损害有直接因果关系。"③

综上,本书认为,共同危险行为人的故意,需要受害人举证加以证明;共同危险行为人的过失,可以由法律直接推定,无须受害人证明。

(三) 共同危险行为与共同加害行为的关系

共同危险行为与共同加害行为有着不一般的关系,除了个别学者主张

---

① 当然,"参加"这一词语可能不妥当,因为一般情况下参加都是主动的,而在共同危险行为中,有的是主动参加到这个集体中来(如打水漂的共同危险行为),有的是被动地参加到这个集体中来(比如甲乙两个人在打猎,看到大树后面有一只熊于是两人都开了一枪,其实大树后面的是森林管理员丙而非熊;结果丙要害部位中了一枪而身亡)。

② 参见曹险峰,刘丽丽:《论共同危险行为》,载《法制与社会发展》2000年第6期;曹险峰:《数人侵权的体系构成——对侵权责任法第8条至第12条的解释》,载《法学研究》2011年第5期。

③ 何劲松:《浅析共同危险行为的法律问题》,载《人民法院报》2002年5月10日第3版。

第五章　分别加害行为的数人侵权责任(一):连带责任

两者是一回事①之外,大陆法系的侵权法②大都认为共同危险行为是准共同侵权行为。③ 原因也很简单,因为都是数人侵权行为,都承担连带责任。

但是,共同危险行为与共同加害行为存在着根本性的区别:前者是分别加害行为而后者是共同加害行为,前者中的数个侵权行为人实施侵权行为时没有意思联络,而后者中的数个侵权行为人实施侵权行为时有意思联络(当然,同一侵权行为除外)。除了这个根本性的区别之外,两者还存在着一些其他区别。

1. 共同危险行为与共同加害行为的其他区别

侵权责任的四个构成要件中,除了损害后果这个要件没有什么区别之外,在另外的三个要件(行为要件、因果关系要件、过错要件)上,共同危险行为与共同加害行为存在一些区别。

(1) 行为要件

客观上,尽管共同危险行为人和共同加害行为人都实施了侵权行为,但在行为要件方面,二者存在下面区别。

第一,每个侵权行为是否都具有直接危害性不同。在共同危险行为中,每个共同危险行为都具有直接危害性,每个共同危险行为都能直接导致损害后果的发生。而在共同加害行为中,并不是每个侵权行为都具有直接危害性,有的侵权行为(比如殴打他人中的放风行为)的危害性是间接的,它无法直接导致损害后果的发生。

第二,每个侵权行为是否都有可能造成损害的发生不同。在共同危险

---

① 在我国,王卫国教授认为共同侵权行为包括这种情形,即"在相同时间和地点从相同行为的数人中不能确知谁为加害人时,基于推定。例如,数人同时向同一方向投掷石块,其中一石击中受害人"。参见王家福主编:《民法债权》,法律出版社1991年版,第509页。在日本,持"主观的共同关系说"的冈松彦太郎、三木猪太郎丸尾昌雄等教授认为:"'加害人不明之共同侵权行为'亦与狭义之共同侵权行为相同,须行为人间主观的共同关系。申言之,认为各行为人既有共同的认识,行为人中孰为加害人不能知时,使行为人全部负连带责任,乃属当然,本条后段几无规定之必要。"参见温汶科:《共同侵权行为之研讨——以与人共同之意思与损害之单一性为中心》,载郑玉波主编:《民法债编论文选辑》(中),五南图书出版公司1984年版,第546页。

② 在英美侵权法中,一般是把共同危险行为放入共同加害行为,作为其中的一种。

③ 有学者将共同危险行为称为"表见型共同侵权行为",参见张俊浩主编:《民法学原理(下册)》,中国政法大学出版社2000年版,第922页。笔者认为,这种表达与"准共同侵权行为"有异曲同工之妙。

行为中,每个共同危险行为与损害后果在因果关系上都具有高度可能性,每个共同危险行为单独都能够导致损害结果的发生。而在共同加害行为中,并不是每个侵权行为都具有这种高度可能性,有的侵权行为能够单独地导致损害结果的发生,有的侵权行为却不能(比如殴打他人中的放风行为)。

第三,侵权行为是否同质性不同。在共同危险行为中,数个共同危险行为具有同质性。关于共同危险行为的同质性,前文已述,此处不再赘述。而在共同加害行为中,数个侵权行为并不具有这样的要求,数个侵权行为可能是不同种类、不同性质的(比如有的侵权行为是放风,有的侵权行为是殴打)。

(2)因果关系要件

共同危险行为中,侵权行为与损害后果之间的因果关系是一体因果关系,即数个共同危险行为作为一个整体对外与损害后果之间发生因果关系。而在共同加害行为中,数个侵权行为也是被视为一个整体对外与损害后果之间发生因果关系。如此一来,似乎共同危险行为与共同加害行为在因果关系要件上就相同了,它们都属于曹险峰博士笔下的"一因一果"。① 但是,这只是表面现象,二者在对外一体地发生因果关系的原因并不相同:共同加害行为主要是因为主观过错,而共同危险行为主要是因为客观行为——关于这点,下文将会详细论述。

(3)过错要件

在过错要件方面,共同危险行为与共同加害行为之间存在下面区别。

第一,侵权行为人过错的性质不同。在共同危险行为中,数个共同危险行为人主观过错的性质是分别过错,即每个共同危险行为人都是在自己的主观意志支配下从事侵权行为,数个共同危险行为人的过错彼此之间相互独立。而在共同加害行为中,数个侵权行为人主观过错的性质是共同过错,即数个侵权行为人通过意思联络形成一个整体意志,该整体意志就是每个侵权行为人个人意志的体现。

第二,侵权行为人过错的种类不同。在共同危险行为中,共同危险行为人主观过错的种类既可能是故意,也可能是过失;就过失而言,既包括过于

---

① 关于一因一果的详细介绍,参见曹险峰:《数人侵权的体系构成——对侵权责任法第8条至12条的解释》,载《法学研究》2011年第5期。

自信的过失,也包括疏忽大意的过失。而在共同加害行为中,虽然侵权行为人主观过错的种类既可能是故意,也可能是过失,但这里的过失并不包括疏忽大意的过失;因为在疏忽大意的过失中,侵权行为人没有预见到损害的发生,无法与他人联络、商量或者沟通,不可能进行意思联络。

第三,侵权行为人过错的证明不同。在共同危险行为中,只要确定了行为的危险性,即可推定共同危险行为人具有过失,无须受害人举证证明;因为其行为给受害人造成了一个危险情势,使受害人陷入该危险情势之中,共同危险行为人实施这种同质行为、参加到这个集体中,就能推定其有过失。①而在共同加害行为中,侵权行为人的过错,不论是故意还是过失,如无特殊情况,都应当遵循"谁主张谁举证"的原理由受害人举证加以证明。

有学者还认为二者在实际加害人是否确定方面不同。② 笔者并不认同这种观点。在共同危险行为中,实际加害人并不确定;在共同加害行为中,也可能出现实际加害人并不确定的情形。比如甲乙丙商量后一起用刀捅丁,结果丁被捅死,由于甲乙丙使用的刀相同无法查明到底是谁捅死了丁。但是,只要数个侵权行为人之间有意思联络,实际加害人即使不明确也不会影响共同加害行为的成立。因此,实际加害人是否明确并非共同危险行为

---

① 关于共同危险行为人过失的推定的详细介绍,参见杨会:《论共同危险行为人的过错》,载《淮南师范学院学报》2012年第6期。对此,王竹博士有着不同的认识,他说道:"笔者认为,共同危险行为中的'危险'不但具有客观的危险性,而且是一种应该而且可以避免的危险,因此具有较强的可责难性。根据形成危险就应当承担危险的规则,每个共同危险行为人已经形成了一种危险,故共同危险行为人应当对其危险行为负责。无论是实际加害人,还是其他未造成损害的共同危险参与人,均是在为其参与共同危险行为,而非为其实际造成损害承担责任。这是基于危险行为本身的可责难性而承担的民事责任,即'行为的危险性是致人损坏的原因'。在共同危险行为中,不是因为实际致害,而是因为参与危险行为具有较强的可责难性,而承担连带责任。"参见王竹:《再论共同危险行为——以客观关联共同侵权行为理论为视角》,载《福建师范大学学报(哲学社会科学版)》2010年第4期。他认为共同危险行为人实施这种同质行为、给受害人造成了一个危险情势就应当承担侵权责任,而王利明教授和笔者认为共同危险行为人实施这种同质行为、给受害人造成了一个危险情势只能表明他有过错。笔者认为王竹博士的理解可能有所不妥,因为承担侵权责任还需要其他责任构成要件,如果没有造成损害后果,难道共同危险行为人也承担侵权责任吗?

② 参见王利明:《侵权行为法研究》(上卷),中国人民大学出版社2004年版,第740页。

与共同加害行为的区别。①

2. 共同危险行为不是准共同加害行为

关于共同危险行为与共同加害行为的关系,尽管学界还存在着"属于"和"视为"两种不同的观点,但是把共同加害行为称为"准共同加害行为"却是学界一致的意见,几乎每一个关于共同危险行为的著述,在定义共同危险行为时,都要加上一句,"它又被称为准共同加害行为"。笔者对学界的一致意见不敢苟同,笔者认为,共同加害行为并不是准共同加害行为。

崔建远教授总结到,以"准"字作为标志的法律概念,大体可以分为三类:一是以"准"字作为标志的概念与原来的概念之间共性大于个性,并且处于法律关注的地位,其法律效果基本相同,如准私犯、准占有。二是以"准"字作为标志的概念与原来的概念之间在本质上虽然不同,但在法律效果上却大多准用,如准法律行为。三是以"准"字作为标志的概念与原来的概念之间个性大于共性,共性处于不重要的地位,法律效果方面差异巨大,如准合同。②

首先,笔者认为上述区分的第一类和第二类不易区分,"本质的不同"中的"本质"很难确定。因此,笔者认为,以"准"字作为标志的法律概念其实就包括两类:第一类以"准"字作为标志的概念与原来的概念之间共性大于个性,法律效果基本相同;第二类以"准"字作为标志的概念与原来的概念之间个性大于共性,法律效果方面差异较大。

其次,笔者认为上述的第二类可能有所不妥。在汉语中,"准"有着"和某类事物差不多,如同,类似"的意思。③ 使用该字往往意味着两个事物非常相似或相近,如果两个事物并不相似或相近,则不应该也没有必要用"准"来表明它与原来事物之间的联系。如此看来,只有第一类情形符合常理,第

---

① 由此可以得出两个结论:第一,"加害人不明"并非共同危险行为的特征。王利明教授认为:"加害人不明是共同危险行为的基本特征,也是区分共同危险行为与其他数人侵权的基本标准。"参见王利明:《论共同危险行为中的加害人不明》,载《政治与法律》2010 年第 4 期。从上面的分析可以发现,这种观点并不妥当。第二,在认定一个数人侵权行为是共同加害行为还是共同危险行为的顺序上,首先看数个侵权行为人是否有意思联络而非看实际致害人是否确定,只要侵权行为人之间有意思联络,实际致害人是否确定都无须考虑了。

② 参见崔建远:《准物权研究》,法律出版社 2003 年版,第 20—23 页。

③ 参见《百度词典》,http://dict.baidu.com/s? wd = % E5% 87% 86,访问时间:2013 年 7 月 13 日。

二种同小异大的情形并不适合用"准"字。实际上,崔建远教授举的"准合同"的例子,在当今学术用语中已不复存在。

笔者猜测,学界将共同危险行为称为准共同加害行为也是第一类情况,即共同危险行为不是共同加害行为,但和共同加害行为一样适用连带责任。而实际上,共同危险行为与共同加害行为之间个性远远大于共性,法律效果也有差异。

虽然同属于数人侵权行为,但共同危险行为与共同加害行为一个是分别侵权行为一个是共同加害行为,一个是同质行为一个是非同质行为,一个是分别过错一个是共同过错。二者的共性在于它们都能够导致连带责任的产生,但这个相同点仍然不足以用"准"来描述二者的关联。第一,尽管都是数人侵权行为导致的连带责任,因共同危险行为导致的连带责任与因共同加害行为导致的连带责任并不相同——关于这点,下文将会详细论述。第二,在分别侵权行为中,除了共同危险行为,并发侵权行为、直接结合行为也能够导致连带责任的产生,难道并发侵权行为、直接结合行为也能够被称为准共同加害行为?

综上所述,共同危险行为与共同加害行为之间同小异大,不适合用"准"字来描述二者的关联;相反,根据"准"字同大异小的通常理解,使用准共同加害行为表述会让人们误解它与共同加害行为之间的关系,进而误解共同危险行为的分别侵权行为的属性。因此,不宜将共同危险行为称为准共同加害行为。

二、并发侵权行为

(一)并发侵权行为的含义

并发侵权行为是指每个侵权行为都足以造成全部损害后果,并且表面上数个侵权行为都造成了损害后果,但实际上只有其中一个行为造成损害后果的数个侵权行为。比如,甲乙二人都往丙的饭碗里投放了足量的毒药,结果丙饭后中毒而死。对于这种分别加害行为,我国《侵权责任法》第11条作出了规定。

这种分别加害行为,有的学者称之为以累积因果关系表现的无意思联络数人侵权①,有的学者称之为无意思联络但承担连带责任之分别侵权行为②,有的学者称之为叠加的共同侵权行为③,有的学者称之为并发侵权行为④。笔者认为,前两个表述数字过长、没有提炼,第三个表述将其称为共同侵权行为、没有看到分别加害行为的属性;相比之下,并发侵权行为的表述更为妥当,故为本书所采。

对于这种分别加害行为,王利明教授总结得非常好,"分别实施、足以造成"。⑤ 这种分别加害行为最突出的特点就是每个侵权行为都足以导致全部损害后果的发生,无须其他侵权行为的帮助或共同作用。这点使它区别于结合行为,在结合行为中需要数个侵权行为相互帮助或者共同作用才能造成最终的损害后果——关于结合行为,下文会有详细介绍。所以,用"无意思联络的数人侵权直接结合的侵权行为"⑥、"数个侵权行为结合导致同一损害"⑦来称呼并发侵权行为都不妥当。⑧

之所以会出现"每个侵权行为都足以造成全部损害后果,但实际上只有其中一个行为造成损害后果"这种局面,无非是两种情况:第一,数个侵权行为人同时实施,每个侵权行为都足以造成全部损害后果。由于同时实施,受害人一旦被其中的一个侵权行为致害后,就不可能再被其他侵权行为所侵害(如一个人不可能被汽车撞死两次,第二辆汽车撞上的只是尸体);所以,只能是其中一个侵权行为造成了损害后果。第二,数个侵权行为的实施在

---

① 参见王利明:《侵权责任法研究》(上卷),中国人民大学出版社2010年版,第572页;王利明、周友军、高圣平:《中国侵权责任法教程》,人民法院出版社2010年版,第397页。

② 参见李显冬主编:《中华人民共和国侵权责任法条文释义与典型案例详解》,法律出版社2010年版,第54页。

③ 参见杨立新:《〈中华人民共和国侵权责任法〉条文解释与司法适用》,人民法院出版社2010年版,第65页;杨立新:《侵权法论》,人民法院出版社2011年版,第718页。

④ 参见奚晓明主编:《〈中华人民共和国侵权责任法〉条文理解与适用》,人民法院出版社2010年版,第91页。

⑤ 王利明:《侵权责任法研究》(上卷),中国人民大学出版社2010年版,第572页;王利明、周友军、高圣平:《中国侵权责任法教程》,人民法院出版社2010年版,第397页。

⑥ 江平、费安玲主编:《中国侵权责任法教程》,知识产权出版社2010年版,第63页。

⑦ 刘云生主编:《侵权责任法》,法律出版社2011年版,第178页。

⑧ 有人虽然在称呼上没有"结合"的字样,但是仍然认为:"但是,确实是二者行为的结合导致了他人死亡的同一损害后果,故本案符合《侵权责任法》第11条规定的侵权行为的要件,两被告应该承担连带责任。"张升等编著:《中华人民共和国侵权责任案例应用版》,中国法制出版社2010年版,第22页。这种观点也不妥当。

时间上有先后之分,每个侵权行为都足以造成全部损害后果,所以,肯定是实施在先的侵权行为造成了损害后果。遗憾的是,不论是哪种情况,都无法找出那个实际致害人。

因此,"并发侵权行为中每个侵权行为对损害的发生都具有100%的原因力"①的观点并不妥当。对于这个问题,我国《侵权责任法》立法者已经指出:"本条中的'足以'并不是指每个侵权行为都实际上造成了全部损害。"② 实际上,只有一个侵权行为造成了损害后果。

(二) 与类似概念之比较

1. 与共同危险行为之比较

并发侵权行为与共同危险行为有相似之处:第一,无法确定谁是实际致害人。第二,每个侵权行为都足以造成全部的损害后果,并不需要与其他侵权行为结合,都是非结合行为。

但是,二者也存在着区别。在共同危险行为中,不仅实际上,连表面上都是一个行为造成了损害后果,比如,甲乙两个人在打猎中看到大树后面有一只熊于是两人都开了一枪,其实大树后面的是森林管理员丙而非熊,结果丙要害部位中了一枪当场毙命。而在并发侵权行为中,尽管实际上是一个行为造成了损害后果,但表面上是两个行为造成了损害后果,即数个侵权行为与损害后果都有接触,比如,甲乙两个人在打猎中看到大树后面有一只熊于是两人都开了一枪,其实大树后面的是森林管理员丙而非熊,结果丙要害部位中了两枪当场毙命。如此一来,尽管两种分别加害行为中让非实际致害人承担侵权责任有些"冤枉",但是"冤枉"的程度并不相同:对于共同危险行为来说,让非实际致害人承担侵权责任,"冤枉"的程度较高,因为其行为根本不可能造成损害后果(枪根本就没有击中丙);对于并发侵权行为来说,让非实际致害人承担侵权责任,"冤枉"的程度较低,因为其行为极有可

---

① 参见杨立新:《侵权法论》,人民法院出版社2011年版,第719页;刘智慧主编:《中国侵权责任法解释与应用》,人民法院出版社2010年版,第38页;奚晓明主编:《〈中华人民共和国侵权责任法〉条文理解与适用》,人民法院出版社2010年版,第93页;吴高盛、邢宝军:《中华人民共和国侵权责任精解》,中国政法大学出版社2010年版,第37页。

② 参见王胜明主编:《中华人民共和国侵权责任法释义》,法律出版社2010年版,第68页;全国人大常委会法制工作委员会民法室编:《中华人民共和国侵权责任法条文说明、立法理由及相关规定》,北京大学出版社2010年版,第44页。

能造成损害后果(枪击中了丙的要害部位)。因此,如果说在共同危险行为中说"(每个共同危险行为人的行为)是否真的造成损害只是运气的好坏罢了"可能不妥的话,那么这句话用在并发侵权行为中则完全妥当。

正是基于这个区别,侵权法在因果关系上对二者的态度有所区别——关于这点,本章第二节将会详细论述。

2. 与假设因果关系侵权行为之比较

假设因果关系侵权行为是指其因果关系为假设因果关系的侵权行为。这种侵权行为也是在研究数人侵权责任时会经常提及的一种。在德国法上,假设因果关系(hypothetischer Kausalittat)又称为修补因果关系(Uberholende Kausalittat),在英美法上与之对应的是超越因果关系(overtaking cause)。它是指侵权人的行为导致损害的发生,受害人因此受有损害,然而即使没有此侵权行为,同样的损害也会因为其他独立于该侵害行为的事由发生。[①] 典型的例子就是 X 用一种慢性毒药给马棚里的一匹马下毒,在这匹可怜的马毒发身亡之前,Y 放火烧了马棚,马在火中丧生。[②]

这样的假设因果关系是广义的因果关系,能够涵盖并发侵权行为中的因果关系;因为并发侵权行为中的任何一个侵权行为都足以造成损害后果,即使没有此侵权行为,另外的侵权行为也会导致损害后果的发生。为了有个对话平台,本书的假设因果关系是狭义的,并不包括并发侵权行为中的因果关系。

并发侵权行为与假设因果关系侵权行为的相同点在于,数个侵权行为中的任何一个都能够导致全部损害后果的发生。但是,二者也有区别。在并发侵权行为中,要么由于同时致害(两人同时各发出一枪,受害人要害部位被击中两枪而身亡)、要么由于技术上无法识别(马先被下毒,后又被烧死,到底是被毒死还是被烧死由于尸体不在无法知悉),损害后果到底是由哪个侵权行为造成的并不明确;而在假设因果关系侵权行为中,损害后果是由哪个侵权行为造成十分明确——上文耳熟能详的例子中,马是被烧死的。

正是基于这个区别,所以,侵权法对于二者的处理也不相同:前者主要

---

① 参见廖焕国:《假设因果关系与损害赔偿》,载《法学研究》2010 年第 1 期。
② 这个例子源于罗马法的《学说汇纂》。欧洲侵权法小组向各国专家所提问的问题中也有它。参见〔荷〕J. 施皮尔主编:《侵权法的统一——因果关系》,易继明等译,法律出版社 2009 年版,第 4 页。

是因果关系问题,而后者主要涉及损害赔偿的范围或者损害计算的问题。①

(三) 并发侵权行为的认定

对并发侵权行为的认定,首先是将其与结合行为区别开来。认定方法是看缺少其他的侵权行为,损害是否仍然发生:如果缺少其他侵权行为,损害就不能发生,则是结合行为;如果缺少其他侵权行为,损害仍然能够发生,则不是结合行为。其次,在非结合行为中将其与共同危险行为区别开来。认定方法是看是否每个侵权行为表面上都造成了损害后果:如果每个侵权行为表面上都造成了损害后果,则是并发侵权行为。

(四) 并发侵权行为的典型例子

我国司法实践中并发侵权行为的例子并不多见,笔者只搜集到一个,即镇平水产公司等诉华荣公司等分别产生的污染物因暴雨冲击汇集污染水质致养殖的鱼死亡赔偿案。② 在该案中,23 名被告在无污染防治设施或者污染防治设施不健全的情况下排放污染物,后因为暴雨致使油类、废水、尾矿砂等污染物流入原告进行养殖的水库,造成原告所养的鱼中毒而死。在本案中,23 个被告是分别进行污染,但是每个人的污染行为都足以导致原告的鱼死亡,法院依照《民法通则》第 130 条让 23 名被告承担连带责任。因为案件发生在 1996 年,法院认定成立共同加害行为无可厚非;不过《人民法院案例选》的责任编辑却注意到,因为数名被告没有共同过错,这不是一个共同加害行为的案件;因为数名被告是明确的加害人,所以也不是一个共同危险行为的案件。③ 该责任编辑比较敏锐,发现了该案件既不是一般的共同加害行为,与共同危险行为也有区别;当然,他没有发现每个行为都足以造成损害后果④和每个行为都与损害后果发生直接接触这两点,因而没有将其归入并发侵权行为。

---

① 当然,对于假设因果关系的定位,存在着因果关系层面的问题与损害层面的问题之争,通说是后者。关于这个问题的详细介绍,参见廖焕国:《假设因果关系与损害赔偿》,载《法学研究》2010 年第 1 期。

② 参见最高人民法院中国应用法学研究所:《人民法院案例选》(第 28 辑),时事出版社 1999 年版,第 80—89 页。

③ 同上书,第 88 页。

④ 需要说明的是,光从《人民法院案例选》上刊登的文字,笔者无法肯定每个排污行为都足以造成最后的鱼的死亡。但是看到有人这样描述(参见李显冬主编:《侵权责任法典型案例实务教程》,中国人民公安大学出版社 2011 年版,第 482 页),笔者才敢确定。

学者们在研究时往往也会虚拟出这样的例子来。如欧洲侵权法小组向各国专家所提问的问题中就假设了一个并发侵权行为的例子。A 和 B 同时向河里排放毒水,所有的鱼都死了。A 和 B 的毒水都足以将鱼杀死。① 这个例子是比较经典的一个,我国的学者也喜欢举这个例子。

三、直接结合行为

前述两种分别加害行为,都是每个侵权行为自己都能够造成损害后果的发生,并不需要借助于其他侵权行为的帮助;但有些分别加害行为,光是其中一个侵权行为并不能造成损害后果的发生,需要和其他侵权行为相结合,结合后数个侵权行为共同发挥作用才能导致损害后果的发生。这样的数个侵权行为是结合行为;其中,结合紧密的是直接结合行为,结合不紧密的是间接结合行为。

无论是英美法系的侵权法还是大陆法系的侵权法都没有直接结合行为和间接结合行为的概念,它们是我国的司法创新。《人身损害赔偿司法解释》第 3 条将传统理论中的无意思联络的数人侵权按照侵权行为结合方式的不同划分为行为人承担连带责任的直接结合行为和承担按份责任的间接结合行为。虽然《人身损害赔偿司法解释》第 3 条中的"直接结合行为"、"间接结合行为"的区分遭到了学界的广泛批评,但是这个术语本身的合理性毋庸置疑,更何况其内涵已为大家所知;为了不发明一个新的术语,笔者就使用了这个表述。

需要说明的是,对于数人侵权行为或者共同加害行为的界定,我国《侵权责任法》与《人身损害赔偿司法解释》并不相同:《侵权责任法》第 8、11 条以共同过错来界定共同加害行为,而《人身损害赔偿司法解释》第 3 条中的共同加害行为不仅包括主观的共同加害行为,还把直接结合行为纳入共同加害行为的范畴。但是,这并不意味着《侵权责任法》第 11 条与《人身损害赔偿司法解释》第 3 条相矛盾,因为两者的划分对象并不相同。《人身损害赔偿司法解释》第 3 条划分为直接结合行为和间接结合行为,是对结合行为的划分;而《侵权责任法》第 11 条规范的是并发侵权行为,是非结合行为。

---

① 参见〔荷〕J. 施皮尔主编:《侵权法的统一——因果关系》,易继明等译,法律出版社 2009 年版,第 4 页。

因此,科学认识是将二者结合起来,把它们都作为区分分别加害行为的标准或者都是分别加害行为的不同种类。它们构成了分别加害行为的两大类:一是结合行为,二是非结合行为;前者又包括直接结合行为与间接结合行为,后者包括并发侵权行为和其他的分别加害行为。有的学者认为两者矛盾,进而认为因为位阶关系,应当优先适用《侵权责任法》第11条的规定。[①]这种观点是没有认清二者的划分对象,不足为取。

(一)直接结合行为的含义

关于直接结合行为的含义,《人身损害赔偿司法解释》制定者说道:"所谓直接结合是指数个行为结合程度非常紧密,对加害后果而言,各自的原因力和加害部分无法区分。虽然这种结合具有偶然因素,但其紧密程度使数个行为凝结为一个共同的加害行为共同对受害人产生损害。"[②]

由此可见,直接结合行为是指这样的一种分别加害行为:在这种分别加害行为中,数个侵权行为相互结合造成了同一损害结果;数个侵权行为之间如此紧密,以至于它们在法律上无法分离只能被视为一体。

叶金强教授曾作了一个比喻,笔者认为用来形容直接结合行为比较妥当。"就像数条小溪汇入同一湖泊,无法说明湖中的哪些水是来自于哪条小溪那样。"[③]

(二)直接结合行为的认定

直接结合行为的认定,与区分直接结合行为和间接结合行为密切关联;如果能够区分了二者,也就是意味着能够认定了直接结合行为。

关于直接结合与间接结合的区分,主要有三种标准:一是结合程度说。该观点认为直接结合是指数个侵权行为结合程度非常紧密,对加害后果来说无法区分,凝结成一个共同的加害行为。二是时空统一说。该观点认为数个侵权行为在侵权过程中发生的时间、地点是一致的,则构成直接结合;相反则构成间接结合。三是综合标准说。这种观点把结合紧密说、时空统一性说结合起来综合判断,数人侵权行为结合程度紧密同时又具有时空统

---

① 参见李显冬主编:《中华人民共和国侵权责任法条文释义与典型案例详解》,法律出版社2010年版,第58页。
② 黄松有主编:《人身损害赔偿司法解释的理解与适用》,人民法院出版社2004年版,第63页。
③ 叶金强:《共同侵权的类型要素及法律效果》,载《中国法学》2010年第1期。

一性则构成直接结合;反之则是间接结合。

笔者赞同第一种观点。尽管直接结合行为与间接结合行为都是数个侵权行为相结合,但是前者中数个行为联系紧密,后者中的数个行为联系松散。不过这样的区分标准仍然有问题:"紧密""松散"都比较抽象①,对它们又如何认定呢?

笔者认为在认定"紧密""松散"时,需要综合考虑以下几个因素:一是时间。通过数个侵权行为结合的时间,来区分直接结合与间接结合。一般来说,当数个侵权行为偶然竞合,同时发生,产生同一损害后果的,宜认定为"联系紧密",进而构成直接结合行为;如果不是同时发生,而是连续发生的,并在时空上形成关联的进程,宜认定为"联系松散",进而构成间接结合行为。

二是侵权行为样态。通过行为人实施的侵权行为是积极的作为还是消极的不作为,来区分直接结合与间接结合。② 一般来说,数个侵权行为人的行为都是积极的加害行为,宜认定为"联系紧密",进而构成直接结合行为;数个侵权行为中有的行为是消极的不作为,宜认定为"联系松散",进而构成间接结合行为。

三是对损害后果的作用。通过数个侵权行为对于损害后果的发生所起到的作用,来区分直接结合与间接结合。一般来说,数个侵权行为对损害结果的产生都起着决定性作用,都是形成结果的必要条件,都与损害后果之间存在直接因果关系,不存在媒体传递,宜认定为"联系紧密",进而构成直接结合行为。数个侵权行为中有的行为只是造成损害结果的必要因素,对结果的发生仅是起辅助作用,只是加快或加重了结果的发生,宜认定为"联系松散",进而构成间接结合行为。作个不恰当的比喻:在间接结合的数个侵权行为中,有"老大"和"小弟"之分;而在直接结合中,数个侵权行为都是

---

① 这也是《人身损害赔偿司法解释》第3条遭到了学界广泛批评的最主要原因。

② 有人认为:"积极与消极本是相对而言的,并没有绝对的标准将其进行划分。某些情况下表面静止的,不作为的状态,实际是一种积极侵权状态的延续。笔者认为在某些案例中,放任危险状态的延续,也可视为积极的侵权行为。"黄立威:《浅析如何认定侵权行为的"直接结合"与"间接结合"》,http://www.jsfy.gov.cn/llyj/gdjc/2011/11/15142144677.html,访问时间:2011年5月4日。这种观点可能不妥,如果按照这样的理解,就没有积极侵权行为(作为)与消极侵权行为(不作为)的区分了。

"老大"。

此外,需要强调的是,在认定"紧密""松散"时,需要综合考虑这三个因素,而不能偏执于某一个或某几个因素。另外,上述的认定也只是一般情况,对于特殊情况则需要重新考虑。

此外,通说认为,在直接结合的无意思联络的数人侵权中,数个行为的直接结合是行为的结合而不是原因的结合。似乎这也是区分二者的一个因素,笔者对此并不赞同。不论条件还是原因都是行为,所谓的条件和原因都是法律上的认定,在客观上无法将二者区分开来。

(三) 直接结合行为的例子

在司法实践中,数个侵权行为直接结合的例子屡见不鲜;其中有些行为样态比较典型,而有些行为样态不典型。

1. 典型样态

(1) 数人排放污水致害

甲乙二个工厂都向丙承包的河流排放废水,他们排放废水的程度均无异物,都不会影响河流里的鱼虾;但是两种废水相遇后发生化学反应,导致丙承包的河流里的鱼虾全部死亡。甲排放废水和乙排放废水紧密结合,造成丙的损害,这是直接结合行为。这种行为样态最典型,几乎每一个论证直接结合的学者都会提及这样的例子。与之相同的是数人下毒的例子:数人都向某人饭中投毒,每个人的分量都不会致死,但是数个分量在一起导致了某人的死亡。

论者或曰,我国《侵权责任法》第67条规定:"两个以上污染者污染环境,污染者承担责任的大小,根据污染物的种类、排放量等因素确定。"立法者已经明确说明该条是借鉴日本环境污染责任为按份责任,并非连带责任。[①]

[①] 我国《侵权责任法》立法者说道:"在立法的过程中,关于两个以上污染者污染环境造成损害,污染者对外是承担连带责任还是按份责任有不同意见。……经研究认为,承担连带责任虽然能更好地保护受害人,但从社会公平的角度来说,值得商榷。……应当规定按份责任,直接根据污染物的种类、排放量等因素确定排污者的责任大小。"参见王胜明主编:《中华人民共和国侵权责任法释义》,法律出版社2010年版,第340—341页;全国人大常委会法制工作委员会民法室编:《中华人民共和国侵权责任法条文说明、立法理由及相关规定》,北京大学出版社2010年版,第282—283页。

笔者对此不敢苟同。首先,《侵权责任法》第 67 条的适用范围较广,除了此处所说的直接结合行为,还包括其他情形(比如,每个污染者排放的污染物都可能造成损害);而其他情形则未必也是连带责任。

其次,就其包括的直接结合行为而言,笔者认为《侵权责任法》第 67 条的规定欠妥。立法者之所以如此,是在大规模侵权的公害领域学习西方国家(主要是日本等国家),以防止经营效益和社会效益较优的企业被经营效益和社会效益较差的企业所拖累(这是连带责任很可能造成的结果),从而失去竞争优势。① 笔者猜测这样是为了支持大企业的发展,使其做大做强,所以没有课加连带责任。这样的规定出发点固然可以理解,但是忽视了受害人利益,在风险社会的今天,不足为取。②

(2) 数车相撞伤及第三人

当两个或两个以上的机动车相撞,导致第三人人身或财产损害的,数个驾驶机动车的行为就构成了直接结合行为。在满足其他要件的情况下③,数个机动车驾驶人承担连带责任。

这种行为样态也是非常典型的,以至于有的法官认为:"这类纠纷在我国不同地区的司法实务中认识基本一致,认定也比较容易。"④

---

① 当然,立法者的原话是:"污染发生后,受害人从赔付能力考虑,一般会起诉经济能力较强的大企业,而大企业由于处理污染物能力较强,不一定比小企业排放污染物多,规定连带责任会加重大企业的负担,不利于社会公平,也不利于排污较多的小企业积极治理污染。"参见王胜明主编:《中华人民共和国侵权责任法释义》,法律出版社 2010 年版,第 340 页;全国人大常委会法制工作委员会民法室编:《中华人民共和国侵权责任法条文说明、立法理由及相关规定》,北京大学出版社 2010 年版,第 282—283 页。

② 程啸博士也对此作出了批评。其详细论述,参见程啸:《论无意思联络的数人侵权——以〈侵权责任法〉第 11、12 条为中心》,载《暨南学报(哲学社会科学版)》2011 年第 5 期。

③ 之所以说还要满足其他要件,因为机动车交通事故并非是无过错责任,需要考虑到驾驶人的过错。司法实践中有这样的案件,两车相撞伤及第三人,其中一车的驾驶人并无过错,法院没有认定成立直接结合行为。在下面这个交通事故案件(案件文书号:广东省佛山市中级人民法院(2006)佛中法民一终字第 127 号民事判决书)中,龙某某驾驶陆某某的中型货车超越己方左边路面,与对向行驶而来的陈某某驾驶的小客车相撞,造成小客车上一人死亡,事故认定龙某某负全责。一审法院认为,虽陈某对事故的发生不需负责,但根据最高人民法院《人身损害赔偿司法解释》第 3 条第 1 款规定,二人构成共同侵权,判决陈在 10% 损害范围内承担连带责任。二审认为构成共同侵权应以各侵权人存在过错为前提,陈某某不负事故任何责任,故不构成共同侵权。

④ 胡建萍:《共同侵权判断标准之类型化实证研究》,载黄松有主编:《民事审判指导与参考》(第 32 辑),法律出版社 2008 年版,第 142 页。

《铁路运输事故司法解释》第9条第1款规定:"铁路机车车辆与机动车发生碰撞造成机动车驾驶人员以外的人人身损害的,由铁路运输企业与机动车一方对受害人承担连带赔偿责任。铁路运输企业与机动车一方之间,按照各自的过错分担责任;双方均无过错的,按照公平原则分担责任。对受害人实际承担赔偿责任超出应当承担份额的一方,有权向另一方追偿。"这个规定就很合理,因为铁路机车车辆与机动车发生碰撞是直接结合行为,双方当事人应当向受害人承担连带责任;更合理的地方在于没有"构成共同侵权行为"的字样、没有将其认定为共同加害行为。①

(3) 报刊文章侵权

某人写了一篇文章,文章中有披露他人隐私等内容,向杂志社投稿后,杂志社疏于检查而公开发表,从而导致他人隐私权受损。这种情况并非共同加害行为,因为文章的作者与杂志社并无侵害他人隐私权的意思联络,属于分别加害行为。作者的创作行为与杂志社的发表行为都是他人隐私权受损的决定性因素,但任何一个行为都无法导致隐私权受损,需要作者的创作行为与杂志社的发表行为相结合才能导致损害后果的出现。所以,作者的创作行为与杂志社的发表行为构成直接结合行为。

(4) 复制、出版音像制品

音像制品制作者提供样品,委托他人复制、出版录像制品,该音像制品侵犯了他人的著作权;而复制、出版单位过失疏于检查而予以复制、出版,最终导致他人著作权受到侵犯。他人著作权受到侵犯,是音像制品制作者提供样品与复制、出版单位公开复制、出版两个行为结合的结果,这两个行为对于损害后果的发生都起到了决定性的作用,都是不可或缺的原因,是直接结合行为。

2. 非典型样态

除了上面四种典型的直接结合行为外,司法实践中还存在着多种直接结合行为的样态。

在陈锦江等诉卫生所等医疗事故损害赔偿纠纷案②中,二审法院认为,"卫生所、卫生院在对患者进行治疗的过程中均存在不同的过错行为,尽管

---

① 当然,该司法解释制定者未必认识到这种行为属于分别加害行为,可能是无心而为之。
② 案件文书号:福建省漳浦县人民法院(2007)浦民初字第406号民事判决书。

双方的过错行为分别实施,在主观上并无意思联络,但客观上双方的过错行为紧密结合,均与本案损害结果的发生存在因果关系,难以区分过错责任孰大孰小,原审认定双方构成共同侵权,应承担共同赔偿责任并无不当。"在这个案件中,一审二审法院都认定卫生所的不当治疗行为与卫生院的不当治疗行为是直接结合行为,双方应当承担连带责任。事实上确实如此,卫生所对患者的诊疗存在诊断行为不规范的问题,导致治疗错误;卫生院对患者的诊疗存在病史采集记录不规范、不详细,病情分析不详细的问题,导致诊疗失误。二被告的不当治疗行为直接结合,导致了原告之子的死亡。

在黄伟诉田龙等人身损害案件[①]中,一审法院认为:"原告右眼被飞刺刺伤,是因三被告拿向日葵杆乱打乱拼所致,三被告相互作用共同侵害了原告。"二审法院认为:"被上诉人黄伟右眼受伤,确实因为田龙等三上诉人相互用向日葵杆乱拼,造成向日葵杆断裂飞出碎刺刺入眼内引起的。"在这个案件中,三被告乱打乱拼向日葵杆,导致向日葵杆断裂后有飞刺飞出刺入原告眼中,三被告的行为构成直接结合行为。

在秦继善诉耿旭等人身损害赔偿案[②]中,一审法院认为:"耿旭、崔亚丽二人擅自滑冰相撞致秦继善受伤,属共同侵权。"二审法院认为:"上诉人耿旭在冰滑梯上正常下滑,在其未站稳离开的情况下即被未按次序下滑的崔亚丽由后相撞,致其垫坐的木板飞出后击伤上诉人秦继善,造成损害后果的发生,上诉人耿旭与被上诉人崔亚丽应根据最高人民法院《关于审理人身损害赔偿案件适用法律若干问题的解释》第三条的规定,按照双方对造成上诉人秦继善的损害后果的原因力比例依法承担相应的赔偿责任。"在这个案件中,是崔亚丽从身后撞到耿旭,导致耿旭下滑垫坐的木板飞起,击中了途径广场观看冰灯的秦继善的左眼。木板的飞出,既因为被告耿旭没有控制好木板,也因为被告崔亚丽的撞击,缺一不可,是二者结合的结果;所以,二被告的行为构成直接结合行为,应该对受害人承担连带责任。一审的判决和

---

① 参见季境主编:《共同侵权导致人身损害赔偿》,中国法制出版社2004年版,第134、135页。
② 案件文书号:内蒙古自治区包头市九原区人民法院(2005)包九原民初字第252号民事判决;内蒙古自治区包头市中级人民法院(2005)包民三终字第264号民事判决书。

二审的改判似乎都不妥当。①

在何荣诉上海联合水暖卫生洁具公司等单位的产品致人死亡损害赔偿案②中,上海市长宁区人民法院受理此案后,请上海市技术监督局对原告所购淋浴器、漏电保护器进行质量鉴定。鉴定结论认定:事发现场的山峰牌DL-20型不锈钢淋浴器接地线路接触不良,电热管绝缘不好,电源进线一个接线端与保护盖之间有电击穿,使外壳带电,该产品安全性能不符合要求。双三牌GCB-1型多功能漏电保护器接线正确,脱扣线圈已严重烧坏,线圈回路中可控硅及三只二极管击穿,导致该漏电保护器失效,该保护器质量有问题。在这个案件中,两个被告的任何一个产品单独使用都不会漏电;只有两个存在缺陷的产品一起使用,才导致了漏电进而导致原告之妻李志华用该淋浴器洗澡时被电击死亡。所以,二被告构成了直接结合行为。当然,那时《人身损害赔偿司法解释》还未出台,学界也没有人论及直接结合行为;所以,法院以《民法通则》第122条作为处理的依据,案例评析人也主要从产品责任的无过错责任角度进行评析。③

第二节　分别加害行为连带责任的正当性考察

一、连带责任的原因:一体因果关系

连带责任与按份责任的最大区别在于侵权行为人可能要替他人承担一定的责任份额,这种为他人行为买单的做法和侵权法的责任自负理念相悖;

---

① 也有法官持这样的观点。"这个案例中的伤害后果实际上也是由两个同时发生的行为结合必然造成的,对损害结果而言两个行为是不可分的一个整体。所以,如果按最高人民法院司法解释的思路,一审的认定应当更有说服力。"参见胡建萍:《共同侵权判断标准之类型化实证研究》,载黄松有主编:《民事审判指导与参考》(第32辑),法律出版社2008年版,第143页。

② 参见最高人民法院中国应用法学研究所:《人民法院案例选(1992年至1996年合订本):民事、经济、知识产权、海事、民事诉讼程序卷》(上册),人民法院出版社1997年版,第681页。

③ 参见最高人民法院中国应用法学研究所:《人民法院案例选(1992年至1996年合订本):民事、经济、知识产权、海事、民事诉讼程序卷》(上册),人民法院出版社1997年版,第681页以下。

因此,连带责任的承担必须要有特别的责任基础及法理依据。①

在共同加害行为中,除去同一侵权行为不谈,由于数个侵权行为人之间有意思联络、形成了共同过错,承担连带责任理所当然;而在分别加害行为中,数个侵权行为人之间没有意思联络,也没有一个整体意志在支配着数个侵权行为,为什么数个侵权行为人还可能会承担连带责任呢?

对于这个问题,学界已有研究成果零星地②作出了回答,如"保护受害人""预防损害结果的发生""数个侵权行为人责任份额划分的困难"等。

麻锦亮博士认为:"其实,价值判断是内在于概念体系的,某种价值也只有当它能与某种逻辑结合,融于既有的概念体系之中时,才能获得真正的认可。而承认游离于逻辑体系之外的价值,可能会为法官的任意裁量提供合理性论证,并最终有损法律的安定性,并最终走向法律价值的反面。"③笔者对此深表赞同,"保护受害人""预防损害结果的发生""数个侵权行为人责任份额划分的困难"等等过于抽象而不能成为数个侵权行为人承担连带责任的具体原因,就像诚实信用原则一般不作为处理问题的直接依据而是通过具体制度、规则体现出来那样④,分别加害行为中的连带责任也要通过一定的法律技术得以实现。笔者认为,这个法律技术就是因果关系。因为侵权责任的承担,必须符合侵权责任的构成要件;而四个构成要件中,前文已述,就是因果关系这个构成要件比较特殊;因此,法律从因果关系下手。在共同危险行为、并发侵权行为和直接结合行为中,数个侵权行为人的侵权行为与受害人的损害后果之间具有一体因果关系;所以,数个侵权行为人对受害人的损害后果承担连带责任。

---

① 对此,王永霞博士说道:"连带责任这一严苛的责任形式是侵权法自己责任原则的例外,其认定标准的妥当与否微观上直接影响具体民事主体的利益,宏观上直接关系到侵权法的价值及功能实现。"参见王永霞:《共同侵权行为论》,北京大学博士学位论文,2009 年,第 4 页。阳雪雅博士说道:"连带责任是一把双刃剑,在它为保护受害人利益发挥作用时,也会因滥用连带责任损害债务人利益甚至社会公正;因此,连带责任必须在一定情形下才能适用。"参见阳雪雅:《连带责任研究》,人民出版社 2011 年版,第 157 页。

② 之所以说是"零星地",是因为已有的研究成果集中在共同危险行为人承担连带责任的原因或者直接结合行为人承担连带责任的原因;目前还没有人将共同危险行为和直接结合行为一起进行系统的研究,更遑论把并发侵权行为与其并列了。

③ 麻锦亮:《人身损害赔偿新制度新问题研究》,人民法院出版社 2006 年版,第 519 页。

④ 一般情况下诚实信用原则不作为处理问题的直接依据,但在某些特殊情况下,诚实信用原则也可以作为处理具体问题的直接依据。

在共同危险行为、并发侵权行为和直接结合行为三种分别加害行为中,尽管数个侵权行为人主观上没有意思联络,但是,数个侵权行为人实施的侵权行为在客观上却有着联系,进而一起构成了造成受害人损害的原因。不论是共同危险行为、并发侵权行为、还是直接结合行为,每一种分别加害行为中每个单独的侵权行为不管事实上能否单独造成损害后果的发生,在法律上它是和其他侵权行为被视为一个整体与损害后果发生因果关系,每个单独的侵权行为与受害人的损害后果之间并不存在法律上的因果关系。法律之所以如此处理,要么由于数个侵权行为的同质性(共同危险行为),要么让所有的侵权行为人都承担责任(并发侵权行为),要么因为数个侵权行为的紧密结合程度(直接结合行为)。总而言之,每一个侵权行为都不能从这个数人侵权行为整体中抽离出来,法律只能一体地处理该数人侵权行为。

具体说来,在共同危险行为中,由于数个侵权行为具有同质性,每个侵权行为都可能造成损害后果的发生;因此,对于实际发生的损害后果来说,法律无法将实际造成损害的侵权行为从数个侵权行为中区分出来;所以,数个共同危险行为人被作为一个整体对待,他们实施的数个侵权行为被视为一个整体与受害人的损害后果发生因果关系。这是一体因果关系。

在并发侵权行为中,每个侵权行为都足以造成损害后果的发生,并且每个侵权行为都与受害人发生了接触,表面上都造成了损害后果的发生;与此同时,并不知悉谁是实际致害人。在这种情况下,法律必须让每一个侵权行为人都承担侵权责任,否则有违公平、正义。[①] 如此一来,法律就不再区分实际致害行为和非实际致害行为,而是一体对待二者,将数个侵权行为作为一个整体与受害人的损害后果发生因果关系。这是一体因果关系。这里与共同危险行为稍有不同:在共同危险行为中是因为数个侵权行为同质进而法律无法区分(法律想加以区分,因为有数个侵权行为人中有"冤枉者");在

---

① 克里斯蒂安·冯·巴尔教授说道:"事实上如果一个人被判决承担较低程度的责任仅仅因为另一个也实施了错误行为,这样的判决势必是荒唐的。"参见〔德〕克里斯蒂安·冯·巴尔:《欧洲比较侵权行为法》(上卷),张新宝译,法律出版社2004年版,第73—74页。

并发侵权行为中,是因为数个侵权行为人中没有"冤枉者"而法律不愿区分。①

在直接结合行为中,对于损害后果来说,每个侵权行为并不具有独立的价值,它们只是导致损害后果发生的整个加害行为的一部分,它们结合在一起才构成了整个加害行为。正是这个结合后的"整个加害行为",才导致了损害后果的发生,才独立地构成损害后果的原因。更为重要的是,无法确定每个侵权行为所造成的损害部分,自然就无法让每个行为人就各自的损害部分承担侵权责任。因此,法律认定结合后的整体行为(而非每个侵权行为)与损害后果发生因果关系。这是一体因果关系。

叶金强教授在谈及连带责任时说道:"对此,连带责任与按份责任的实质性区别应在于对部分行为人丧失清偿能力之风险的不同安排,连带责任制度是将该风险分配给行为人承担了,每一个有清偿能力的行为人均可能对全部损害承担赔偿责任,这意味着对与自己行为无因果关系之损害或超过自己贡献度之损害也要负责。由此,行为人全体被视为一个整体,彼此承担着对方丧失清偿能力的风险,而这需要一种'一体性'的支持,故唯有具备了'一体性',才可以证成连带责任。"②这个观点在分别加害行为的连带责任中体现得也是非常明显:在共同危险行为、并发侵权行为和直接结合行为三种分别加害行为中,这个"一体性"就是因果关系上的一体。

二、技术意义上的连带责任:一个(对)新概念的提出

(一)逻辑意义上的连带责任与技术意义上的连带责任的界定

上述三种分别加害行为中,虽然数个侵权行为人也承担连带责任,但是,这里的连带责任与共同加害行为中的连带责任有所不同。本书将共同加害行为人承担的连带责任称为逻辑意义上的连带责任,将分别加害行为人承担的连带责任称为技术意义上的连带责任。

---

① 由此可见,并发侵权行为人承担连带责任原因并不是什么"既然每个侵权行为人的行为都足以造成全部的损害后果,让其承担承担全部责任并无不妥;数个侵权行为人都承担全部的责任,那就连带吧"之类的理由。参见王利明:《侵权责任法研究》(上卷),中国人民大学出版社 2010 年版,第 575 页;杨立新:《侵权法论》,人民法院出版社 2011 年版,第 719 页。

② 叶金强:《共同侵权的类型要素及法律效果》,载《中国法学》2010 年第 1 期。引用中的着重号为笔者所加。

1. 两种连带责任的含义

所谓逻辑意义上的连带责任是指基于法律逻辑而产生的连带责任。这种连带责任的产生,是法律逻辑使然,基于一定的事实和法律的逻辑体系,必须让数个责任主体承担连带责任;如果不让数个责任主体承担连带责任,那么就会违反法律的逻辑体系;此时,基于逻辑上的原因,法律让数个责任主体承担连带责任。这样的连带责任在法律上不胜枚举。比如某一合伙人执行合伙事务产生的债务,不能由该合伙人承担,只能由全体合伙人承担,并且是连带责任。① 因为合伙这种民事主体形态奉行"共享收益、共担风险"的理念,而执行合伙事务所产生的债务,属于风险,自然就应该共担,即全体合伙人承担连带责任;如果不是由全体合伙人承担连带责任,则与"共享收益、共担风险"理念不符,违背合伙这种民事主体形态的基本逻辑体系。再如,对于未成年子女实施的准侵权行为造成他人损害的,应该由其父亲和母亲承担连带责任,而不应该只由父亲一方或母亲一方承担侵权责任。原因也很简单,父亲和母亲都是未成年子女的监护人,当未成年子女实施准侵权行为造成他人损害时,作为监护人的父亲和母亲自然都要承担责任,这是基于父母子女监护关系的逻辑体系所得出的结论;如果法律仅仅让父亲一方或母亲一方承担侵权责任,自然就会与"父亲与母亲对未成年子女都享有监护权、承担监护职责"的逻辑相悖。

数人侵权中共同加害行为人承担的连带责任就是这种连带责任。在共同加害行为中,数个侵权行为人之间有意思联络,形成了一个整体意志,数个侵权行为人在这个整体意志的支配下从事侵权行为,造成了受害人的损害后果。由此可见,数个侵权行为人自愿地形成一个整体意志。基于自由意志原理,每个侵权行为人都应该为该主观意志支配下的所有侵权行为负责,那么,对于受害人的损害后果全体侵权行为人自然都要承担侵权责任。如果有的侵权行为人不向受害人承担连带责任,则会违反理性主义、意志支配行为、责任自负等侵权法的基本原理,与侵权法的逻辑体系相冲突。因此,共同加害行为中数个侵权行为人承担的连带责任是逻辑意义上的连带责任。

所谓技术意义上的连带责任是指基于法律技术的考虑而设立的连带责

---

① 当然,这里忽略了连带责任与连带债务的区别。

任。这种连带责任的产生,并不是基于法律逻辑体系得出的结论,而是法律基于一定的政策考量让数个责任主体承担连带责任;这种连带责任的施加主要是一种技术上的选择,逻辑体系上的考量较少或没有。比如我国《食品安全法》第 55 条①的连带责任。让代言人与食品生产经营者承担连带责任,符合侵权法逻辑体系的原因只有一个,即代言人的推荐行为与食品生产经营者的侵权行为构成共同加害行为。但是,大部分情况下代言人并不知晓食品瑕疵,他不会与食品生产经营者进行意思联络,他的推荐行为与食品生产经营者的侵权行为根本不可能构成共同加害行为。那么,代言人为什么要与食品生产经营者承担连带责任呢?众所周知,《食品安全法》第 55 条的社会背景是三鹿奶粉事件的发生,给众多婴幼儿造成了巨大的损害,该产品旗下倪萍、邓婕、花儿乐队等多位代言明星遭到社会舆论的炮轰,很多消费者认为明星代言事故产品的事件屡次发生,他们应该对此事件负责。立法者于是顺应民意,规定了代言人的连带责任。虽然法律没有明确指出该条的代言人到底是名人还是普通人,但一般都认为该条的规制对象是那些拿了不菲代言费的明星们。② 很明显,这个连带责任的课加是基于政策的考量而非基于逻辑体系的考量。

数人侵权中的共同危险行为、并发侵权行为和直接结合行为产生的连带责任也是这种连带责任。在共同危险行为中,由于每个侵权行为人都有可能造成损害后果,所以,在责任承担上数个共同危险行为人只有被同样对待,要么都承担责任,要么都不承担责任。很明显,基于保护受害人、抑制不当行为和因果关系的存在等因素的考虑,第一个选择比第二个

---

① 该条规定:"社会团体或者其他组织、个人在虚假广告中向消费者推荐食品,使消费者的合法权益受到损害的,与食品生产经营者承担连带责任。"
② 参见蒙晓阳、李华:《名人代言虚假广告的法律责任——兼评三鹿奶粉事件与〈食品安全法〉第 55 条》,载《河北法学》2009 年第 6 期;胡琼华、周亮:《论公众人物代言虚假广告侵权连带责任制度的构建》,载《中国广告》2011 年第 2 期。

选择好。① 那么,承担什么样的责任呢？按份还是连带？由于无法区分每个行为对于损害的贡献度(此中每个侵权行为的贡献度要么是0%要么100%),并且每个行为都有造成损害的可能;所以,共同危险行为人的行为只能被按照一个集体的行为来对待;所以,对外数个侵权行为人只能承担连带责任。由此可见,连带责任不是理所当然的结果,而是迫不得已的选择。在并发侵权行为中,表面上每个侵权行为都造成了损害,并且是单独足以造成全部的损害后果;所以,每个侵权行为人都应该受到惩罚、向受害人承担侵权责任。但是,既不能让受害人获得多次赔偿,又不能优惠任何一个侵权行为人;在兼顾二者的情况下,只有让全体侵权行为人承担连带责任了。在直接结合行为中,数个侵权行为紧密结合造成了损害后果的发生;其中,每个侵权行为人的行为造成的损害部分并不知道;在这种情况下,不能实行按份责任(每个侵权行为人的行为造成的损害份额不清楚),补充责任更是离得十万八千里,只有把数个侵权行为视为一个整体加害行为从而让数个侵权行为人承担连带责任。这里连带责任的施加也是没有办法的办法。

2. 两种连带责任的区别

在数人侵权中,逻辑意义上的连带责任发生在共同加害行为领域,主要是因为数个侵权行为人主观方面的原因而承担的连带责任;技术意义上的连带责任发生在分别加害行为领域,主要是因为数个侵权行为人客观方面的原因而承担的连带责任。作个并不恰当的形容:在共同加害行为中,法律将数个侵权行为人视为一个人,所以,数个侵权行为人承担连带责任;在分别加害行为中,法律将数个侵权行为视为一个侵权行为,所以,数个侵权行为人承担连带责任。

逻辑意义上的连带责任中数个侵权行为人承担连带责任是因为主观上的原因,基于侵权法的"理性主义""责任自负"等理念,是一个理所当然的

---

① 如果是刑事责任,则是全部无罪。之所以会出现这种差异,原因在于刑法与侵权行为法机能上的不同:刑法的主要机能在于惩罚犯罪与预防犯罪,因而刑法比较注重的是对行为人主观罪过的认定和行为人主观恶性的改造,使之改邪归正,避免重新走上犯罪道路。而侵权行为法的基本机能是损害的填补,因而侵权行为法比较注重的是受害人的损害的认定与赔偿,例如,在行为人在一种无意识的状态之下打破了他人的花瓶,也是要承担赔偿责任。参见颜良伟:《无共同过错之数人侵权问题研究》,华侨大学硕士学位论文,2008年,第38页。所以,此时"共同危险为行为人承担责任"比"共同危险为行为人不承担责任"更加符合侵权法的精神。

结果。技术意义上的连带责任中的数个侵权行为人承担连带责任并非因为主观意志的原因,而是因为客观的原因;所以,连带责任的施加并非"理性主义""责任自负"等理念的产物,而是考虑到"保护受害人""证据证明上的困难"等因素后迫不得已的做法。因此,前者的争议较少,大部分国家或地区的法律都规定共同侵权加害人承担连带责任;而后者则会有差异,不同的国家或地区的法律对共同危险行为、并发侵权行为、直接结合行为的态度就不相同。①

逻辑意义上的连带责任中数个侵权行为人承担连带责任是因为主观上的原因,数个侵权行为人有着一个整体主观意志;因此,这里的连带责任的可归责性较强②,有较强的道德基础,能够为普通民众所接受。技术意义上的连带责任中数个侵权行为人承担连带责任主要是出于客观上原因的考虑,连带责任的可归责性较弱,道德基础没有那么牢固③,普通民众基于朴素的法感情可能不太理解。

逻辑意义上的连带责任中数个侵权行为人承担连带责任是因为主观上的原因,损害后果是侵权行为人主动而为之,能够为侵权行为人预见和控制;在这种情况下,为了避免承担苛刻的连带责任,行为人就会尽量控制自己能够控制的主观上的原因,避免自己承担连带责任;所以,逻辑意义上的连带责任对行为人有着较强的激励作用。技术意义上的连带责任中数个侵权行为人承担连带责任并非因为主观意志的原因,损害后果的发生往往由于偶然的客观因素造成,很多情况下无法为行为人预见或控制,即使行为人极力避免也很难避免;因此,技术意义上的连带责任很难发挥激励作用。

逻辑意义上的连带责任中数个侵权行为人承担连带责任是因为主观上

---

① 欧洲侵权法小组制定了一个问卷,其中案例有 24 个,这 24 个案例就包括共同危险行为、并发侵权行为、直接结合行为等。来自奥地利、比利时、英国、法国、德国、希腊、意大利、南非、瑞士、美国等十个国家的专家学者给出的答案千差万别。详细情况参见〔荷〕J. 施皮尔主编:《侵权法的统一——因果关系》,易继明等译,法律出版社 2009 年版,第 5—177 页。

② 阳雪雅博士认为,(共同加害行为)主观过错的共同性体现了较强的行为可归责性,承担连带责任为应有之义。参见阳雪雅:《连带责任研究》,人民出版社 2011 年版,第 263 页。

③ 王竹博士认为,连带责任本身就是基于实践需要发展出来而缺乏坚固的道德基础的法律制度的最好例子,只不过客观关联共同侵权行为的实用主义味道更加浓厚而已。参见王竹:《侵权责任分担论——侵权损害赔偿责任数人分担的一般理论》,中国人民大学出版社 2009 年版,第 164 页。

的原因,道德基础牢固,正当性较强;所以,它是数人侵权中连带责任的常态。技术意义上的连带责任中的数个侵权行为人承担连带责任主要是出于客观上原因的考虑,道德基础没有那么牢固,虽然也有正当性,但是正当性较差;所以,它是数人侵权中连带责任的变态。

正是存在以上诸多的区别,所以,技术意义上的连带责任就不能继续寄居于逻辑意义上的连带责任,而要从中独立出来;否则,除了破坏共同加害行为的制度内涵,还有损于技术意义上的连带责任的内在机理。既然要独立,当然就不能继续用"侵权连带责任"来笼统称之,而应该分别命名以示区别。

(二) 新概念提出的价值

1. 已有观点对技术意义上的连带责任的涉及

逻辑意义上的连带责任和技术意义上的连带责任,虽然是本文提出的一对新概念,但这并非完全是笔者的新发明,学界对此已经有所涉及。

虽然同为侵权连带责任,但是分别加害行为导致的连带责任与共同加害行为导致的连带责任的区别,已被有的学者发现。阳雪雅博士认为:"客观关联的连带责任并非经验的选择,也不是逻辑的选择,纯粹是为了降低受害人的举证分担的政策考虑。"[1]王竹博士认为:"由于客观关联共同侵权行为不具有典型共同侵权行为的本质特征,也有学者将其'视为共同侵权行为',这一较为贴切的定位揭示出其实用主义的特征。"[2]焦艳红博士认为:"也就是说,在无意思联络数人侵权的情况下,加害人承担连带责任的理由主要不是因为他们行为的共同性和一体性,而是出于法律政策性的考虑。"[3]张洋律师认为:"《最高人民法院关于审理人身损害赔偿案件适用法律若干问题的解释》基于保护受害人的利益,规定了无意思联络的加害人对受害人承担连带赔偿责任,受害人可选择资力较强的责任人请求赔偿,是针对我国第三人责任保险制度不尽完善的状况,为保护被害人而采取的权宜

---

[1] 阳雪雅:《连带责任研究》,人民出版社2011年版,第184页。
[2] 王竹:《论客观关联共同侵权行为理论在中国侵权法上的确立》,载《南京大学法律评论》(第33期),法律出版社2010年版,第85页。
[3] 焦艳红:《无意思联络的数人侵权——以类型化研究为目的》,载《安徽大学法律评论》(第12辑),安徽大学出版社2007年版,第56页。

之计,使加害人负担了较重的责任。"①李新教授认为:"无意思联络数人侵权造成同一不开分的损害后果应承担连带责任,但此连带责任并非共同侵权连带责任。"②对于共同加害行为的扩张,黄立教授认为:"台湾地区实务改采客观说,主要是基于第三人责任险尚不普遍,而客观说对受害人之保护较为周全。这是一种务实的考量而非纯理论的结论。"③对于共同危险行为的连带责任,王泽鉴先生认为:"此种连带责任,系为补救举证困难而设,与共同侵权之连带责任,其性质自有不同。"④

对此,论述得最为清晰的就是王永霞博士。她说道:"对于产生连带责任的共同侵权行为的共同性认定,由于行为类型的多样,正当性基础的不同,难以抽取出一个统一的标准。不过通过对连带责任正当性基础的分析,可以说共同侵权行为可以分为两类:第一类是由于主观上的可责难性认定的共同侵权行为,包括共谋行为、教唆、帮助行为、团伙行为及联系紧密的共同不当行为。课予这些行为的行为人连带责任的正当性基础主要在于行为人对于损害后果具有共同故意这一具有强烈可责难性的不良心理状态上,所以,令他们承担连带责任不仅符合法的公平价值,也符合法律逻辑。第二类是基于因果关系举证困难认定的共同侵权行为。包括由于损害后果不可分割认定的共同侵权行为、构成累积因果关系的数人侵权、共同危险行为。这类行为从法律逻辑上来说,并不能必然得出行为人承担连带责任的结论,只能从公平价值角度进行论证,与无辜的受害人相比,令过错侵权人承担连带责任是比较合理的选择。"⑤

虽然王永霞博士描述得比较清晰,但她的描述仍然比较隐晦。如果说王永霞博士对于两种连带责任的描述还比较隐晦的话,那么丁海俊博士及其学生吴克孟则直接多了:他们提出了"基于法律政策的连带责任与作为法律技术的连带责任"的概念。他们认为:"让共同侵权行为人承担连带责任

---

① 张洋:《无意思联络的共同侵权问题研究》,http://www.dfgzlaw.com/news_n.asp?id=308,访问时间:2011年4月19日。
② 李新:《数人侵权形态划分及其责任承担标准的法律探析——兼评我国〈侵权责任法〉的相关规定》,载《法学杂志》2010年第1期。
③ 黄立:《民法债编总论》,中国政法大学出版社2002年版,第291页。
④ 王泽鉴:《连带侵权债务人内部求偿关系与过失相抵原则之适用》,载《民法学说与判例研究》(第1册),北京大学出版社2009年版,第48页。
⑤ 王永霞:《共同侵权行为论》,北京大学博士学位论文,2009年,第210—211页。

的制度设计旨在在加强受害人保护的同时起到一般预防的目的。这两个方面实际上都是在进行法律政策上的考量,从这个意义上说,我们甚至可以将共同侵权行为制度中的连带责任称之为基于法律政策的连带责任。""当无意思联络数人之行为对同一损害之原因力不可分时,情况则完全不一样了。此时由该数行为人承担连带责任,不是为了在法律政策上考量责任制度的设计,而是由于数人行为原因力之不明而不得不'出此下策'。在这里,这种连带责任的施加完全是因为法律技术上的选择,是由数行为原因力无法明确的客观情况使然。与共同侵权行为制度中基于法律政策的连带责任相比,我们可以将这种连带责任称之为作为法律技术的连带责任。"他们指出:"作为法律技术的连带责任的核心价值在于修复了共同侵权行为概念主观说的硬伤。"即"在主观说之下,无意思联络数人在各行为之原因力可分时依各自原因力大小承担按份责任;而在各数人行为之原因力不可分时承担作为法律技术的连带责任"。易言之,"在主观说的基础上,共同侵权人承担连带责任是基于法律政策考量;无意思联络数人在行为原因力不可分的情形下承担连带责任乃基于法律技术考察。二者泾渭分明,不应混同"①。

本书的"逻辑意义上的连带责任与技术意义上的连带责任"就受到了"基于法律政策的连带责任与作为法律技术的连带责任"的影响。但笔者认为,"基于法律政策的连带责任"的表述可能不妥,因为这样可能误解了"法律政策"一词。尽管法律制度设计时所有的考量因素都是法律政策的考虑,但一般意义上的"法律政策"或者"政策考量"是指在特定情况下对某种价值取向的考虑;因此,非常态下的考量才宜于称为"政策考量"。"逻辑意义上的连带责任"中的"逻辑"固然词不达意②,但能够表达出"理所当然""应有之义"的意思,故为笔者所采。

2. 如此区分的科学性

众所周知,在现代社会中,产品责任、交通事故、环境污染等事故大量发生,人们更加容易受到来自多个主体的侵害,侵权法随着社会发展的变化也

---

① 丁海俊、吴克孟:《论作为法律技术的连带责任——兼评我国〈侵权责任法草案(二次审议稿)〉第12、13条及相关条文》,载《政法论丛》2009年第4期。

② 因为这里的连带责任也并非基于法律逻辑而能够直接推导出来,仍然是一定价值判断后逻辑演绎的结果。

在发生变化。其中一个重要的表现就是连带责任扩张的趋势。① 更何况,考虑到我国的社会综合救助体系比较薄弱、贫富差距大、人们注重法律的惩罚功能、司法机关有维稳的政治压力等国情,所以,我国侵权法应当扩张连带责任的适用。传统民法认为连带责任只存在共同侵权行为中,所以,他们不断扩张共同侵权行为的范围(主观说、客观说、折中说、兼指说的各种争论自然也就产生了),从而容纳更多的连带责任;而扩张的途径就是将共同侵权行为的认定由主观共同向客观共同转变。这是世界范围内,至少是大陆法系国家的主流观点。我国也是追随这个潮流,不仅学术界主张客观说或者折中说或者兼指说的学者越来越多,而且在立法(如《人身损害赔偿司法解释》第3条第1款)②中都有体现。

  笔者认为,在连带责任日益扩张的今天,侵权法应当与时俱进,但是如何扩张连带责任,应当有所讲究并非无章可循。可循的"章法"就是遵守既有的侵权法逻辑体系,不能与之抵触。"自由意志决定了主体的行为""实施侵权行为才会承担侵权责任""承担(一般)侵权责任必须符合侵权责任的四个构成要件""主观过错是承担侵权责任的基础""过错责任原则是侵权责任的一般归责原则"等等是既有的侵权法逻辑体系,是扩张连带责任时不能违背的。遗憾的是,将共同加害行为的认定由主观共同改为客观共同恰恰却违反了既有的侵权法逻辑体系。如前所述,一般侵权责任的归责依据是过错,源于他在主观意志上对他人合法权益的漠视;所以,对于并无过错的损害后果,行为人无须承担责任,以保护其行为自由;在连带责任的承担上亦然。数个侵权行为人之所以不仅为自己的侵权行为负责,还要为他人的侵权行为买单,因为数个侵权行为人通过意思联络后形成一个整体意志,他人侵权行为是自己意志的体现;所以,他要为自己意志支配下的所有侵权行为负责,数个侵权行为造成的损害后果都应该承担;因此,侵权行为人承担连带责任符合理性主义、责任自负的侵权法理念和逻辑体系。而将共同加害行为的认定由主观共同改为客观共同,将会导致一些没有共同的

---

  ① 王泽鉴先生认为,关于民法的特殊侵权行为的发展,应特别提出的有三点,其中一个就是连带侵权责任扩张。参见王泽鉴:《法律思维与民法实例:请求权基础理论体系》,中国政法大学出版社2003年版,第193页。

  ② 严格说来,最高人民法院的司法解释不是真正的立法。但是,考虑到我国的立法不完善和司法解释的重大作用,本书忽略这种区别。

主观过错但是客观原因的数个侵权行为的主体承担连带责任。这些侵权行为人像主观共同过错的数个侵权行为人一样承担连带责任,但是,他为什么要替他人的行为买单呢?答案只是客观方面的原因,但是这样就不符合"主观过错是承担侵权责任的基础",进而违背"理性主义""责任自负"等侵权法理念和逻辑体系。

因此,通过扩张共同加害行为的范围进而扩张连带责任范围的办法是不可行的。有的学者也对这种途径表示异议,进而他提出建议:"在这种情况下,应当着重加以考虑的是,如何扩大社会保障救助机制的建立和完善,把损害的风险向社会转移,而不是违反侵权行为法的本质,破坏侵权行为法内在的和谐和统一。"[①]这个建议固然不错,但是在我国现阶段可行性差。众所周知,我国现阶段社会综合救助体系比较薄弱,社会保障差、责任保险少,商业保险也不发达,侵权法很大程度上承担着分担损害的作用。因此,这个办法在相当长的一段时期内只存在于应然层面而不是实然层面。

因此笔者认为,在这种情况下,可行的办法就是:一方面固守共同加害行为主观过错的传统;一方面在分别加害行为里面做文章,让一些分别加害行为中的数个侵权行为人承担连带责任。如此一来,共同加害行为和分别加害行为都能产生连带责任,数人侵权中连带责任的范围就扩大了。但是,由于数人侵权行为的类型不同,两种连带责任也就有所区别,法律应该区别对待它们、对它们作出不同的规定。由此可见,这种做法既能够顺应数人侵权中连带责任扩张的趋势,又能够遵循共同加害行为的内在机理,实现了价值与逻辑的有机统一。

早在二十多年前,王卫国教授就说道:"人们以某种联系方式'共同地'致人损害的机会和形式越来越多。这就要求法律对这些行为的控制保持一种机动灵活的姿态。"[②]把连带责任严格限制在共同加害行为内同时扩张共同加害行为的范围仍然是传统的做法,机动灵活的姿态一方面是保持共同加害行为主观共同的要求,另一方面在分别加害行为领域承认连带责任的存在。

[①] 杨立新:《适用人身损害赔偿司法解释的疑难问题及对策——"人身损害赔偿案件疑难问题暨司法解释适用研讨会"综述》,载王利明主编:《判解研究》(第17辑),人民法院出版社2004年版,第205页。

[②] 王卫国:《过错责任原则:第三次勃兴》,中国法制出版社2000年版,第275页。

第三节 技术意义上的连带责任的承担

一、成立上的特殊性

应当承认的是,技术意义上的连带责任有着自己独特的理论价值和制度内涵,与逻辑意义上的连带责任有着区别;如果无视这些区别,将承担技术意义上的连带责任的部分分别加害行为纳入共同加害行为只能破坏后者的内在机理。① 二者的区别不仅在前述的成立基础不同,就是在制度设计上也有差异。

在制度设计上,技术意义上的连带责任的特殊性就是在成立上有"门槛",即只有责任份额到一定比例的侵权行为人和过错到一定程度的侵权行为人才承担连带责任。

(一)"门槛"的设置

1. 一定比例的责任份额

数人侵权中连带责任最受指摘的地方在于让责任份额非常小的侵权行为人承担全部的损害赔偿,仅仅因为他有赔偿能力。典型的案件就是"迪斯尼诉伍德案"。1971年11月,原告伍德在参与迪斯尼乐园坐赛车游戏时,其驾驶的车被未婚夫的车撞上并导致其受伤。陪审团认定,原告负有14%的责任,她的未婚夫负有85%的责任,迪斯尼乐园负有1%的责任。最后法院判决,迪斯尼乐园需承担原告全部损失的86%。人们发现,连带责任固然可以让受害人得到全部清偿,但是它导致"深口袋"被告的不断涌现,因此,其公平性、公正性越发受到人们的质疑。正是因为这样,美国侵权法改革的重要议题之一就是废除或限制连带责任的适用。很多州纷纷通过立法,设定一定的"门槛",只有最终责任到一定比例的被告,才承担连带责任,如果没有达到该比例,则不承担连带责任仅仅对自己的份额负责。比如,田纳西州规定超过10%的份额才承担连带责任;蒙大拿州和艾奥瓦州规定只有责

---

① 王竹博士说:"一些国家和地区对于共同侵权逐渐采用客观说,将部分原属于分别侵权范畴的无意思联络数人侵权也纳入共同侵权范畴,导致'共同'与'分别'的区别越来越模糊。"参见杨震主编:《侵权责任法》,法律出版社2010年版,第114页。

任份额超过50%的被告才承担连带责任。①

笔者认为,这个"门槛"可以为技术意义上的连带责任借鉴。如果说在逻辑意义上的连带责任中,由于其具有较强的道德基础而可以无视这点的话;那么在技术意义上的连带责任中,由于可归责性较差,则不能不面对这个问题。通过"门槛"的设立,则可以一定程度上弥补技术意义上的连带责任正当性的不充分,使其更为公平合理。至于"门槛"的高度,按道理应该50%以上才算多数,承担全部责任才具有正当性,但是这样就会导致连带责任成立上的过于困难,不利于受害人的保护;因此,笔者认为,30%的比例比较可行。

2. 一定程度的过错

连带责任受到指摘的另一个原因在于让过错程度非常小的侵权行为人承担全部的损害赔偿,同样因为他有赔偿能力。典型的案件就是凯奥斯诉戴维斯案。在该案中,作为被告一的市政府对于损害后果的发生只有1%的过错,作为被告二的肇事司机有99%的过错,但是原告却向财力雄厚的被告一主张权利,被告亦只好承担了全部的损害赔偿。这种现象同样对人们的公平理念造成较大冲击。因此有学者说道:"对连带责任的敌视主要存在于轻微过错的连带责任不得不为那些他无法控制的其他人承担与其过错不成比例的责任。"②所以,美国侵权法改革中废除或限制连带责任的适用也与此有关。

因此,笔者认为在过错这个方面,技术意义上的连带责任的成立也要有"门槛",即只有过错到一定程度的侵权行为人才承担连带责任,没有达到法定程度的侵权行为人仅仅对自己的责任份额承担责任;如此一来,更能弥补技术意义上的连带责任由于欠缺共同主观意志而造成的正当性不足的弱点,使其更为公平合理。至于过错"门槛"的高度,考虑到侵权行为人的人数,笔者认为20%是一个合适的比例。

关于这点,已经有学者持相同的态度。如胡海容博士认为,应当适当限

---

① 参见王竹:《侵权责任分担论——侵权损害赔偿责任数人分担的一般理论》,中国人民大学出版社2009年版,第166页。
② 同上书,第165页。

制连带责任适用于过错较小的侵权人。① 不过她比较保守,认为我国司法手段不如美国精细,要求按照一定比例来判定受害人与侵权人的过错程度存在一定困难,因而建议采用"故意""重大过失"的标准。② 笔者认为,我国目前已经能够比较准确地确定各个侵权行为人的过错程度;因此,准确的数字比笼统的"重大"要更为妥当。

在"门槛"的设置上,有的学者还提及了受害人的过错和所谓的责任份额。他们认为,如果受害人的过错或责任份额大于侵权行为人的过错或责任份额,不宜成立连带责任。③ 笔者认为,这种观点虽然有一定的道理,但是仍然不足为取。在受害人对于损害结果也有过错的情况下,在损害赔偿数额计算时,就会根据过失相抵或与有过失规则将受害人过错所对应的部分扣除,数个侵权行为人仅仅对剩下部分承担责任。所以,受害人的过错通过过失相抵或与有过失规则能够解决,连带责任中的不平衡主要是数个侵权行为人之间的不平衡,而不是加害人与受害人之间的不平衡。

(二) 特殊性的唯一

除了成立上的特殊性,王竹博士在论述客观关联共同侵权行为人承担的连带责任时还提及了承担的数额、受害人请求权的限制。④ 他的"客观关联共同侵权行为人承担的连带责任"在某种意义上可以视为本书的技术意义上的连带责任,因此,是否存在其他方面的特殊性有讨论的必要。

王竹博士认为,在连带责任领域,存在所谓的"深口袋"理论,即连带责任的承担者往往是具有较强赔偿能力的被告。在诉讼中引入"深口袋"将较好地保证受害人的受偿,但同时任意地引入则可能导致对"深口袋"经济自由的限制。因此,要对"深口袋"的赔偿责任进行限制。对"深口袋"的限制程度称为"深口袋"的"深度",其计算公式是:"深度"=(最终责任+风险责

---

① 参见胡海容:《美国侵权法上连带责任的新发展及其启示》,载《法商研究》2008 年第 3 期。

② 同上。

③ 王竹:《论受害人有过错的数人侵权责任分担》,载《清华法学》2010 年第 2 期;刘海安:《共同侵权之"共同"标准:反思与重构》,载《西南政法大学学报》2010 年第 3 期。需要说明的是,他们都是混淆了责任份额和过错程度,将二者一体处理。

④ 参见王竹:《侵权责任分担论——侵权损害赔偿责任数人分担的一般理论》,中国人民大学出版社 2009 年版,第 165—170 页。

任)÷最终责任。①

就"深口袋"承担数额方面的限制,笔者并不赞同,因为这种做法规定了侵权行为人最高责任数额,会与连带责任人应该对受害人的全部损害承担赔偿责任规则相违,对连带责任构成根本性的冲击。关于这点,王竹博士自己也承认②,不过他的辩解理由是通过设立"深度"这一指标及其限额,可以避免风险责任的"反比例分配"。令人吊诡的是,他自己又对风险责任的"反比例分配"合理性进行了正当化辩解。③ 在笔者看来,这种所谓的风险责任的"反比例分配"并不存在。因为他的风险责任的"反比例分配"依据,即"数人侵权责任分担形态对受偿不能风险和程序负担的分配差别表",涉及被告是作为一个整体存在的,并不涉及每个具体的连带责任人,所以,根本无法得出每个连带责任人的承担责任的情况,自然不可能有什么"承担最终责任份额大的责任人,其承担的风险责任比例反而较小"的出现——风险责任很大程度上取决于每个责任人的赔偿能力。

二、内部份额的划分

数个侵权行为人对外向受害人承担连带责任,但在他们内部,还是有份额的。然而,这个内部份额又是如何确定的呢?尽管共同危险行为、并发侵权行为和直接结合行为都是一体因果关系,但一体的原因有所不同,所以,其内部份额的划分也不尽相同。

(一)共同危险行为的内部份额

1. 学界已有的观点

如何确定数个共同危险行为人之间的内部份额,学界有三种观点,笔者将其总结为:平均分担说、平均分担为主比例分担为辅说、比例分担说。

(1)平均分担说

杨立新教授是这个观点的代表人物。他认为:"共同危险行为人的责任份额原则上平均分配。这是因为,共同危险行为人在实施共同危险行为中,致人损害的概率相等、过失相当,各人以相等的份额对损害结果负责,是公

---

① 参见王竹:《侵权责任分担论——侵权损害赔偿责任数人分担的一般理论》,中国人民大学出版社2009年版,第166—167页。
② 同上书,第168页。
③ 同上书,第131页。

正合理的。"①《人身损害赔偿司法解释》制定者也赞同这种观点。② 也许,这就是这种观点被称为"通说"的原因。

（2）平均分担为主比例分担为辅说

王利明教授是这种观点的代表人物。他说道:"所以,在责任的分担上,原则上应当采取平均分担的办法,以相等的份额对损害结果负责,这样才能更充分体现公平合理的精神。但在例外的情况下,也可允许斟酌具体案情,参照危险行为的可能性的大小按比例分担。"③方益权博士④、蔡新艺⑤等也赞同这种观点。

（3）比例分担说

张新宝教授是这种观点的代表人物。他认为:"而在共同危险行为、无意思联络的共同侵权案件之中,由于无法对数个侵权人的过错程度做出区分,从而让其对内承担区别的责任,故采'原因力说'比较合理,由数人按照原因力大小分担对受害人的损害赔偿责任。"⑥张铁薇教授也是这种观点的支持者。⑦

2. 本书的观点

笔者认为,在确定共同危险行为人的责任份额时需要考虑的因素是每个危险行为造成损害后果的概率（或可能性）,而无须考虑原因力比例和过错程度。

因为数个危险行为具有同质性,表面上每个危险行为造成损害后果的概率（或可能性）相同。这种情况下,每个共同危险行为人造成损害结果的实际概率（或可能性）取决于每个共同危险行为人实施危险行为的次数,即每个共同危险行为人实施危险行为的次数除以所有共同危险行为人实施危

---

① 杨立新:《侵权法论》,人民法院出版社 2011 年版,第 734 页;杨立新主编:《人身损害赔偿司法解释释义》,人民法院出版社 2004 年版,第 90 页。
② 参见黄松有主编:《人身损害赔偿司法解释的理解与适用》,人民法院出版社 2004 年版,第 78 页。
③ 王利明:《侵权责任法研究》（上卷）,中国人民大学出版社 2010 年版,第 566 页。
④ 参见方益权:《论共同危险行为之法律责任》,载《社会科学》2004 年第 11 期。
⑤ 参见蔡新艺:《共同危险行为法律责任的思考》,载《池州师专学报》2006 年第 2 期。
⑥ 张新宝、唐青林:《共同侵权责任十论》,载张新宝:《侵权责任立法研究》,中国人民大学出版社 2009 年版,第 255 页。
⑦ 参见张铁薇:《共同侵权制度研究》,法律出版社 2007 年版,第 290 页。

险行为的次数。在危险行为具有同质性的情况下,按照每个共同危险行为人实施的危险行为造成损害结果的概率(或可能性)来确定数个共同危险行为人的内部份额是比较公平的。

屈庆平赞同这种观点。他认为,区分不同行为人对损害发生的可能性大小并按照比例由行为人承担相应责任能够在一定程度上缓解非具体致害人的不满情绪,有利于对这一制度的认同和判决的实际执行。[①]

王竹博士的观点也与本书相同。他认为,从"原则"上看,共同危险行为人分担最终责任的基础应该是客观危险。如果行为人造成他人损害的几率并不相同时,则应当依据几率的大小确定原因力的大小,进而在共同危险行为人内部分配赔偿责任的份额。他还举了一个例子加以证明。如 A、B、C 三人为某品种烈犬爱好者,A 有两只,B、C 各一只,大小类似,因爱好相同而聚在一起放逐相互攀比。D 因有急事奔跑而过,四只狗一同追逐并有其中一只狗将 D 咬伤,从伤口上无法确认是哪只狗咬伤,则应由 A、B、C 三人承担连带责任,并按照 2:1:1 的比例进行内部分担。[②] 当然,笔者对他举的例子并不赞同,因为狗咬人是准侵权行为而非真正意义上的侵权行为;此外,他将行为人造成他人损害的几率等同于原因力,笔者也不赞同。但是,这两点并不妨碍我们是同一战线。

通说认为数个共同危险行为人应当平均分担,理由是每个共同危险行为人造成损害结果的概率相同。这种观点并不妥当,因为很多时候每个共同危险行为人的概率并不相同。比如,甲、乙、丙向河对面打水漂,甲打了两个水漂,乙打了一个水漂,丙打了三个水漂,结果六个石块中的一个击中了河对面洗衣服的人的头部。此时,甲的概率是 1/3,乙的概率是 1/6,丙的概率是 1/2。

之所以不考虑每个共同危险行为的原因力比例,这是因为每个共同危险行为人的行为的原因力要么是 100% 要么是 0%,所以,无法依据原因力这个因素来确定每个共同危险行为人的份额。

[①] 参见屈庆平:《论共同危险行为中行为人权利的保障》,载《宁波广播电视大学学报》2007 年第 2 期。遗憾的是,他进而认为根据过错来确定每个共同危险行为的内部份额,与本书分道扬镳。

[②] 参见王竹:《再论共同危险行为——以客观关联共同侵权行为理论为视角》,载《福建师范大学学报(哲学社会科学版)》2010 年第 4 期。

之所以不考虑每个共同危险行为的过错程度,是因为在共同危险行为中,过错程度的区别只是对抽象的危险行为而言的,并非对实际加害行为。即使某个共同危险行为人的过错程度比其他共同危险行为人严重,由于具体致害人并不一定是该过错程度大的危险行为人,所以让其承担更多的责任并不公平。① 所以,在确定内部份额时,无须考虑共同危险行为人的过错程度。

(二) 并发侵权行为的内部份额

关于并发侵权行为的内部份额,李锡鹤教授认为并不存在。"甲和乙任一人均造成全部损害,任一人赔偿全部损失均符合民法填平原则。受害人请求何人赔偿,应由受害人选择,法律不应干预。法律规定追偿资格平等,意味着法律强迫受害人请求全体加害人赔偿,违背意思自治。如担心发生重复赔偿,可通过诉讼规定避免。"②

笔者认为,李锡鹤教授的观点可能不妥,任何一个侵权行为人赔偿全部损失固然都符合民法填平原则,但其中一个侵权行为人赔偿全部而另外一个侵权行为人一点都不赔偿,就会在他们之间造成利益失衡。因此,应当让所有的侵权行为人都参与到对受害人的赔偿中来。

至于每个侵权行为人的份额,而杨立新教授认为:"每个侵权行为人的行为的原因力均为100%,但责任份额不能都是100%,例如两个行为人的行为相加造成同一损害,每个人的责任份额应当为50%,在此基础上实行连带责任。"③

笔者同意杨立新教授的观点,即数个侵权行为人的内部份额应当平均分配。前文已述,法律之所以一体对待并发侵权行为中的实际致害行为和非实际致害行为,是因为表面上数个侵权行为都造成了损害后果的发生,法律不愿区分,而非不能区分。既然如此,就不用像共同危险行为那样考虑每个行为造成损害后果的概率,直接平均分担即可。

---

① 参见刘凯湘、余文玲:《共同危险行为若干问题研究》,载《河南省政法管理干部学院学报》2005年第3期。
② 李锡鹤:《论共同危险行为》,载《华东政法大学学报》2011年第2期。
③ 杨立新:《侵权法论》,人民法院出版社2011年版,第719页。当然,杨立新教授同时还提到了第二种情况,即"一方行为人的行为的原因力为100%,另一方行为人的行为原因力为50%"。笔者认为,这种情况就不属于"每个人的行为足以造成全部的损害后果"。

(三) 直接结合行为的内部份额

确定直接结合行为中数个侵权行为人之间的责任份额,应当以过错程度作为确定依据。在直接结合行为中,数个侵权行为人没有主观上的意思联络,不存在共同的过错,本不应该从主观上考察而应该从客观上考察;但是,在直接结合行为中无法从客观上考察。在直接结合行为中,数个侵权行为之间结合得非常紧密,无法确定每个侵权行为造成的损害部分,所以,原因力无法确定。关于这点,《人身损害赔偿司法解释》制定者说得很清楚,"各自①的原因力和加害部分无法区分。虽然这种结合具有偶然因素,但其紧密程度使数个行为凝结为一个共同的加害行为共同对受害人产生损害。"②既然原因力比例无法确定,那只能从侵权行为人的过错程度方面着手了,即根据每个侵权行为人的过错比例来确定内部份额。

关于这点,其实有的司法解释已经这么规定了。《铁路运输事故司法解释》第 9 条第 1 款规定:"铁路机车车辆与机动车发生碰撞造成机动车驾驶人员以外的人人身损害的,由铁路运输企业与机动车一方对受害人承担连带赔偿责任。铁路运输企业与机动车一方之间,按照各自的过错分担责任;双方均无过错的,按照公平原则分担责任。对受害人实际承担赔偿责任超出应当承担份额的一方,有权向另一方追偿。"其中,"铁路运输企业与机动车一方之间,按照各自的过错分担责任"就是按照数个侵权行为人的过错程度来确定侵权人内部责任份额。

在有些特殊情况下,数个侵权行为的过错无法确定,只有推定数个侵权行为人的过错程度相同,由数个侵权行为人平均承担。

三、免责事由

上述三种分别加害行为,不仅内部份额的确定不同,在免责事由上也有区别。

---

① 即数个侵权行为——笔者注。
② 黄松有主编:《人身损害赔偿司法解释的理解与适用》,人民法院出版社 2004 年版,第 63 页。

(一) 共同危险行为人的免责事由

1. 学界已有的观点

共同危险行为人的免责事由,可以说是共同危险行为制度中最为重要、也最引起争议的内容;所以,对于这个问题学界很关注。[①] 学界对此有肯定说、否定说两种对立的观点。

肯定说认为,共同危险行为人只要能够证明自己没有实施加害行为,或者自己的加害行为没有造成损害后果的可能性,尽管不能确定谁为真正的加害人,其无须承担侵权责任。我国台湾地区的钱国成[②]、王泽鉴[③]、林诚二[④]、孙森焱[⑤]、黄立[⑥]、姚志明[⑦]等教授,我国大陆的张新宝[⑧]、刘士国[⑨]、刘凯湘[⑩]、刘保玉[⑪]、李锡鹤[⑫]、张铁薇[⑬]、程啸[⑭]等教授都持该观点。比较法上,美国法认为共同危险行为是一种举证责任倒置的规则,可以被推翻,持肯定

[①] 《人身损害赔偿司法解释》制定者曾提及:"本条关于共同危险行为的规定在制定过程中,社会各界(主要是专家学者)所提意见基本上都集中在这个问题上。"参见黄松有主编:《人身损害赔偿司法解释的理解与适用》,人民法院出版社2004年版,第73页。

[②] 参见钱国成:《共同侵权行为与特殊侵权行为》,载郑玉波、刁荣华主编:《现代民法基本问题》,汉林出版社1981年版,第61页。

[③] 参见王泽鉴:《侵权行为》,北京大学出版社2009年版,第369页。

[④] 参见林诚二:《民法债总论——体系化解说》,中国人民大学出版社2003年版,第166页;林诚二:《共同危险行为之构成与界限》,载《金陵法律评论》2008年春季卷。

[⑤] 参见孙森焱:《民法债编总论》(上册),法律出版社2006年版,第234页。

[⑥] 参见黄立:《民法债编总论》,中国政法大学出版社2002年版,第292页。

[⑦] 参见姚志明:《侵权行为法》,元照出版公司2005年版,第94页。

[⑧] 参见张新宝:《中国侵权行为法》,中国社会科学出版社1998年版,第172页;张新宝主编:《人身损害赔偿案件的法律适用》,中国法制出版社2004年版,第70—73页;张新宝、唐青林:《共同侵权责任十论》,载张新宝:《侵权责任立法研究》,中国人民大学出版社2009年版,第248页。

[⑨] 参见刘士国:《现代侵权损害赔偿研究》,法律出版社2008年版,第87页。

[⑩] 参见刘凯湘、余文玲:《共同危险行为若干问题研究》,载《河南省政法管理干部学院学报》2005年第3期。

[⑪] 参见刘保玉、王仕印:《共同危险行为争议问题探讨》,载《法学》2007年第2期。

[⑫] 参见李锡鹤:《论共同危险行为》,载《华东政法大学学报》2011年第2期。

[⑬] 参见张铁薇:《共同侵权制度研究》,法律出版社2007年版,第286—287页。

[⑭] 参见程啸:《共同危险行为》,载王利明主编:《人身损害赔偿疑难问题——最高法院人身损害赔偿司法解释之评论与展望》,中国社会科学院2004年版,第238页;程啸:《共同危险行为论》,载《比较法研究》2005年第5期;程啸:《论共同危险行为的构成要件——以〈侵权责任法〉第10条为中心》,载《法律科学》2010年第2期。

说。法国法认为这种因果关系是推定的,可以被推翻。德国法认为被告的行为与损害后果之间有要最低限度的潜在因果关系,因此,因果关系可以被证明不存在而免责。①《人身损害赔偿司法解释》第4条采纳了这个观点。

否定说认为,共同危险行为人光能证明自己没有实施加害行为,或者自己的加害行为没有造成损害后果的可能性,仍然不能免责,必须证明谁为真正的加害人后,才能免责。日本的我妻荣教授②,我国台湾地区的史尚宽③、郑玉波④、王伯琦⑤、曾隆兴⑥等学者,我国大陆的王利明⑦、杨立新⑧、王成⑨等教授,都持该观点。我国《侵权责任法》第10条采纳了这个观点。⑩

2. 本书的观点

本书赞同肯定说;之所以这样认为,是因为以下几个原因。

第一,共同危险行为中的侵权行为具有同质性,而某一行为人只要能够证明自己没有实施加害行为或自己的侵权行为没有造成损害后果的可能性,那就意味着他的侵权行为与其他侵权行为不具有同质性,他的行为就不可能造成损害后果。如此一来,他就无法被归入这个整体之中,他自然就无

---

① 参见王竹:《侵权责任分担论——侵权损害赔偿责任数人分担的一般理论》,中国人民大学出版社2009年版,第280页。

② 参见于敏:《日本侵权行为法》,法律出版社1998年版,第277页。

③ 参见史尚宽:《债法总论》,中国政法大学出版社2000年版,第176页。

④ 参见郑玉波:《民法债编总论》,中国政法大学出版社2004年版,第144页。

⑤ 参见王伯琦:《民法债编总论》,台湾编译馆1963年版,第87页。

⑥ 参见曾隆兴:《详解损害赔偿法》,三民书局2008年版,第93页。

⑦ 参见王利明:《侵权责任法研究》(上卷),中国人民大学出版社2010年版,第561页;王利明:《共同危险行为若干法律问题研究——兼评〈最高人民法院关于审理人身损害赔偿案件适用法律若干问题的解释〉第四条》,载《法学杂志》2004年第4期;王利明:《论共同危险行为中的加害人不明》,载《政治与法律》2010年第4期。

⑧ 杨立新:《共同侵权行为及其责任的侵权责任法立法抉择》,载《河南省政法管理干部学院学报》2006年第5期;杨立新:《侵权法论》,人民法院出版社2011年版,第724页;杨立新主编:《人身损害赔偿司法解释释义》,人民法院出版社2004年版,第92页。

⑨ 参见王成:《侵权责任法》,北京大学出版社2011年版,第121页。

⑩ 需要说明的是,尽管从文义上无法解释出这样的结论,但这点为《侵权责任法》立法者所明确说出。"这两种观点(即肯定说和否定说——笔者注)都有其合理性。本条规定,不能确定具体侵权人的,由行为人承担连带责任;换言之,只有在确定具体侵权人的情形下,其他行为人才可以免除责任。"参见王胜明主编:《中华人民共和国侵权责任法释义》,法律出版社2010年版,第67页;全国人大常委会法制工作委员会民法室编:《中华人民共和国侵权责任法条文说明、立法理由及相关规定》,北京大学出版社2010年版,第42页。

须像其他行为人那样对受害人的损害后果承担侵权责任了。

就像前文提及的一个例子,甲乙丙丁四人在水中嬉戏,之后乙、丙、丁先上岸,在乙的提议下用硬物投掷甲,结果有一枚石块将甲的眼睛击伤,花去医药费5000元。事后查证,乙、丙均使用石块投掷甲,丁使用土块投掷甲,鉴定为甲眼睛系石块所伤。既然已经鉴定为甲眼睛系石块所伤,那么只有投掷石块的行为才具有同质性,丁投掷土块的行为不具有同质性,进而不具有造成甲损害的可能性。此时,就不存在要丁对甲的损害后果负责的正当原因。对此,有人说道:"行为人若能证明自己的行为不可能导致损害结果的发生,要求其承担损害赔偿责任是不尊重事实,也是不合理的。"① 李锡鹤教授的言辞更是激烈:"法官既然确认行为人的行为不可能侵权,仍要行为人承担侵权责任,这算什么逻辑?"②

第二,就像很多学者已经指出的那样,如果要求共同危险行为人还必须证明谁是真正的致害人方可免责,就是变相地剥夺其通过举证免责的可能性。因为这一要求标准太高,事实上共同危险行为人与受害人一样,也往往对究竟谁是真正的致害人处于举证不能的状态。③

的确如此,当自己成为被告时,一般情况下,每个侵权行为人都会尽量举证证明谁是实际致害人,从而让自己避免成为共同危险行为人,进而避免承担连带责任;只有当举证不能时才可能成为共同危险行为人,这个举证不能往往都是客观不能,特殊情况下才是主观上故意不举证。所以,让已经举证失败的行为人再举证证明哪个共同危险行为人是实际致害人,则是他很难完成的任务——如果能,早就举证了。

第三,一些否定说的支持者担心每个侵权行为人都证明成功会出现无人赔偿的局面,因而不支持肯定说;笔者认为这种担心是杞人忧天,这种局面根本就不可能出现。因为数个侵权行为人中肯定至少有一个是实际致害人,所以,即使其他人都能通过举证而免责,这个人无论如何不可能举证成功。易言之,由于数个侵权行为人中肯定至少有一个是实际致害人,那么,就不可能所有的行为人都能成功举证"自己的行为不可能造成受害人的损

---

① 赵雪松:《论连带责任的抗辩事由》,载《连云港职业技术学院学报》2004年第3期。
② 李锡鹤:《论共同危险行为》,载《华东政法大学学报》2011年第2期。
③ 参见刘保玉、王仕印:《共同危险行为争议问题探讨》,载《法学》2007年第2期;程啸:《共同危险行为论》,载《比较法研究》2005年第5期。

害后果";除非是受害人弄错了,数个侵权行为人中的确连一个真正的致害人都没有——在这种情况下,还能让数个侵权行为人承担侵权责任?

更何况,担心者自己也承认了:一是在现有的文献上,并没有发现所有的共同危险行为人都证明了自己的行为没有造成损害后果、因而受害人的损害没有得到赔偿的文献记载;二是在司法实践中,也确实没有发现这样的案例。① 如果说这是学者的猜想而没有多少说服力的话,那么《人身损害赔偿司法解释》制定者的话就不应该被怀疑了。"实践中,共同危险行为人都能够通过证明而免责的情形是非常罕见的,换言之,受害人因此种非常罕见的可能几率的出现而得不到保护的情形几乎是不可能存在的。"②

3. 两个例子的辨析

否定说的支持者王利明教授举了每个侵权行为人都通过举证成功逃脱的两个例子,似乎可以证明笔者的上述判断错误;因此,有辨析的必要。

第一个案例是:甲乙丙三人在河边用石子进行打水漂游戏,比赛谁打得更远。正好有一个小孩丁在河对岸玩耍,被打过来的一个打水漂的石子击伤眼睛。到医院看病花去医药费5万元。受害人丁在法院起诉,要求甲乙丙三人负连带赔偿责任。甲提出抗辩,其是左撇子,按照水漂飞行的方位只能是右手打出的水漂击中了丁的眼睛,而不可能是左手打出的水漂击中的。而乙提出抗辩,其只有15岁,没有足够的力量将水漂扔出50米开外,从而不可能达到河对岸。而丙提出抗辩,在事故发生前手臂受伤,尽管参与了扔水漂,但水漂打不远,不可能击中对方。

第二个案例是:甲乙丙丁四人出差外地,住宿某旅馆。晚上四人在一起打牌,一直玩到凌晨1点,后四人出去吃夜宵,随即其居住房间起火。经查明是遗留的烟头造成火灾。旅馆遂向法院起诉,要求四人进行赔偿。甲提出抗辩,其不会抽烟,不可能扔烟头。乙提出抗辩,其在半年前业已戒烟,在此次打牌过程中其没有抽烟。丙、丁提出抗辩,尽管二人会抽烟,但是在此次打牌过程中没有抽烟。失火的烟头并非其所丢弃,因为在打牌过程中也

---

① 参见杨立新:《侵权法论》,人民法院出版社2011年版,第724页。
② 黄松有主编:《人身损害赔偿司法解释的理解与适用》,人民法院出版社2004年版,第76页。

有其他人进入房间,所以,不排除其他人进入房间时扔烟头的可能性。①

先看第一个案例。甲乙丙三人都提出了抗辩理由,如果能够确定丁眼睛受伤肯定是三人打水漂的石块所击中,那么,甲乙丙三人中肯定有的抗辩事由没有说服力。事实上,除了甲的抗辩事由笔者不好判断之外(因为这涉及物理知识,为了印证其真实性需要技术上的鉴定),乙、丙二人的抗辩事由都有可能是不充分的:15 岁的人扔出的石块完全有可能达到 50 米远,受伤后的胳膊扔石块也有可能扔到 50 米远。

再看第二个案例。在笔者看来,这就不是一个共同危险行为的案件。因为共同危险行为的构成要件之一就是"数个侵权行为人都实施了危险行为",而在这个案例中,甲乙丙丁四人并未都实施危险行为;只有四个人每个人都扔了一个烟头,不知道是四个烟头中的哪个烟头引发了火灾,这才是共同危险行为。

(二) 并发侵权行为人的免责事由

并发侵权行为人的免责事由,是"侵权行为人证明自己的侵权行为不是实际致害行为"还是"指出实际致害行为"? 笔者认为应当是后者。因为表面上数个侵权行为都造成了损害后果的发生,在这种情况下,法律不愿区分谁是实际致害行为谁是非实际致害行为;既然如此,某一侵权行为人证明自己的侵权行为不是实际致害行为就没有意义了,因为法律不在乎你的行为是否实际地造成了损害。所以,某一侵权行为人只有指出实际致害行为,让不确定的因果关系变为确定,进而变成一般的单人侵权行为;此时,自然就应当由实际致害行为人承担责任,非实际致害人自然就能免责。

(三) 直接结合行为人的免责事由

对于直接结合行为人的免责事由,学界没有研究。之所以没有研究,笔者认为,原因在于一旦构成直接结合行为,每个侵权行为人都必须承担侵权责任,没有什么可以抗辩的。所以,对于直接结合行为人来说,其免责事由就是自己的侵权行为与他人的侵权行为之间并没有构成直接结合行为,受害人的损害后果是由其他侵权行为单独造成的。

---

① 参见王利明:《〈最高人民法院关于审理人身损害赔偿案件适用法律若干问题的解释〉中共同危险行为规则评析》,http://www.dalianlaw.com/viewthread.php? tid = 3794,访问时间:2011 年 4 月 22 日。

第六章　分别加害行为的数人侵权责任(二):按份责任

第一节　间接结合行为:按份责任的存在空间

一、按份责任的指向:间接结合行为

在分别加害行为中,按份责任的存在空间是什么?根据学界现有的观点,可以总结出以下几种情形:一是我国《民通意见》第148条第3款规定的教唆、帮助限制民事行为能力人实施准侵权行为的情形,由教唆人、帮助人与被教唆人、被帮助人承担按份责任,其中教唆人、帮助人承担主要民事责任而被教唆人、被帮助人承担次要责任。二是辛德尔案等大规模侵权行为,适用市场份额规则,被诉的侵权行为人根据它们在市场上所占据的份额,来承担按份责任。三是间接结合行为,数个间接结合行为人向受害人承担按份责任。

笔者认为,上述三种情形的前两种,都不应该适用按份责任。

(一)教唆、帮助限制民事行为能力人不该是按份责任

关于教唆、帮助限制民事行为能力人的数人侵权责任,本书第三章第三节已经进行了详细论述,此处不再赘述。

(二)市场份额规则并不妥当

笔者认为,大规模侵权行为适用市场份额规则让被告承担按份责任,不仅在法律技术上存在障碍,而且存在与侵权法基本原理相冲突的地方。

1. 被告与实际侵权人的分离

之所以会出现这样的局面,主要是因为以下三个原因:第一,在受害人起诉时,由于距离侵权行为发生的时间比较长,造成损害的侵权行为人可能已经破产或解散。第二,受害人只是将可能造成其损害的、占有较大市场份额的侵权行为人列为被告,所以,真正的侵权行为人可能因为占据市场份额过小而未被起诉。第三,受害人使用了从外国进口的相同产品,但他只能起诉国内的生产者。

如此一来,被诉的侵权行为人承担侵权责任的正当性何在? 论者或曰,这是对传统侵权法的突破。从被告是否为实际侵权人的角度来看,单人侵权行为是一致的(被告就是实际侵权人);共同危险行为向前迈了一步(实际侵权人是被告中的一个,但是不知道是谁,但是肯定在被告中),突破了侵权法的一些规定,由于他肯定在被告中,该突破仍然能够为侵权法所容纳;而市场份额规则又在共同危险行为的基础上向前迈了一步(实际侵权人可能是被告中的一个或者数个,也可能不是),对侵权法又有突破。但是,这个步子迈得太大,无法为侵权法所容忍。这个步子大在两点:第一,实际侵权人可能并不在被告之中,承担责任的被告的行为并未造成损害后果。第二,即使某个被告能够证明自己并未造成原告的损害,仍然不能因此而免除其对原告的损害赔偿责任。

2. 因果关系的不确定

这是市场份额规则的致命之处。美国加州最高法院通过法律政策和价值衡量的方式解决 DES 案件中的因果关系证明问题,避开了法律技术和法律推理;在理论界,最有说服力的就是"证据共同体理论"。① 表面上,证据共同体理论和共同危险行为理论是一回事,也不考察某一个具体的侵权行为;但是,为什么把数个被告放在一起考察? 仅仅因为他们的侵权行为都有可能造成损害? 虽然不像共同危险行为那样具有高度的可能性,但是能够低到什么程度? 如果仅仅是一般的可能性,那么在其他类型的数人侵权行为中就会出现比较可怕的后果:某人在某商场买东西时钱包被盗,由于在商场的所有的人都有实施盗窃侵权行为的可能,那么在该商场的所有人都

---

① 关于证据共同体理论的详细介绍,参见孙大伟:《美国侵权法市场份额规则研究——兼论对我国侵权立法的启示》,吉林大学博士学位论文,2009 年,第 117—122 页。

要赔。

另一个确定办法是举证责任的倒置,让生产者来承担举证责任。众所周知,民事诉讼中"谁主张谁举证"有着严密的科学依据;举证责任倒置需要正当、充分的理由,不是简单地"为了保护受害人"、"救济弱者"所能够正当化的。对此,市场份额规则并无合理的解释。

正是因为因为市场份额规则从根本上悖离因果关系规则,美国许多州法院对该规则采取了否定态度①,该规则也未能在世界范围内推广。

3. 诉讼时效的无法跨越

由于大规模侵权的最终损害后果呈现出来较晚,从开始侵权行为的实施到最终损害后果的出现,可能会经历了很长的时间。比如在辛德尔案中,从原告母亲服用 DES 到原告因罹患癌症而起诉,都已经经历了二十年以上的时间。在这种情况下,诉讼时效问题也就成为市场份额规则无法跨越的难题。尽管纽约州立法机关在 1986 年颁布的《诉讼时效法》(the Statute of Limitations)中采"损害发生规则",对提起诉讼的服用 DES 的受害人进行救济。但这种做法违反了诉讼时效的制度宗旨,因为诉讼时效制度的宗旨就是保持长时间后的现有状态或秩序,尽管这种状态或秩序对部分当事人并不公正。

有学者认为,可以根据我国《民法通则》第 137 条后段的规定,作为在我国延长通用性产品致害案件诉讼时效的法律依据;比如,最高人民法院可以针对这一规定出台司法解释,将可以适用诉讼时效延长的有毒物质列举出来。② 如果这样能够成立的话,那么,其他类型的损害为什么不能延长? 如果都延长,诉讼时效制度的根本机理将会遭到严重的破坏。

因此,笔者认为,分别加害行为中能够适用按份责任的只有间接结合行为。因此,本章只围绕着间接结合行为而展开论述。

---

① 当然,王竹博士对此持不同意见。他认为:"市场份额责任之所以未能在美国司法实践中得到大量的运用,除其本身是一项补充性适用的规则之外,更重要的是许多产品案件类型本身无法满足'可替代性'和'市场份额数据'两项客观前提,属于适用的客观不能,而非因为该理论的合理性受到质疑。"参见王竹:《试论市场份额责任在多因大规模网络侵权中的运用——以"艳照门"事件为例》,载《政治与法律》2008 年第 4 期;王竹:《侵权责任分担论——侵权损害赔偿责任数人分担的一般理论》,中国人民大学出版社 2009 年版,第 289 页。

② 参见孙大伟:《美国侵权法市场份额规则研究——兼论对我国侵权立法的启示》,吉林大学博士学位论文,2009 年,第 144 页。

二、间接结合行为的含义

关于对间接结合的理解,《人身损害赔偿司法解释》制定者说道:"对'间接结合'的理解应当注意这样几个问题。虽然'多因一果'中的多个原因行为的结合具有偶然性,但这些行为对损害结果而言并非全部都是直接或者必然地导致损害结果发生的行为。其中某些行为或者原因只是为另一行为或原因直接或者必然导致损害结果发生创造了条件,而其本身并不会也不可能直接或者间接引发损害结果。比如在'触电'案件中,违章建筑本身并不会直接或者必然导致受害人被电击中身亡,却在事实上为受害人被电击这一损害结果的发生创造了条件。对这种特征的把握就构成了对'间接结合'的正确理解。"①

笔者赞同这种理解。也就是说,间接结合行为是指这样的一种分别加害行为,在这种分别加害行为中,数个侵权行为通过结合导致同一损害结果;但是数个侵权行为结合得比较松散并不紧密,有的侵权行为只是给其他侵权行为提供了条件从而帮助后者造成了损害后果,它本身并非造成损害的直接原因——后者才是。

三、间接结合行为的特征

间接结合行为作为一种独立的分别加害行为,有其自己的特征。

(一)存在两个②不同性质的侵权行为

在间接结合行为中,存在着两个不同性质的侵权行为:一个是直接造成损害发生的侵权行为,一个是为前者提供条件的侵权行为。对于前者,笔者称之为原因行为;对于后者,笔者称之为强条件行为。

众所周知,世上万物是彼此联系的,一个事件的发生往往是多个因素造

---

① 黄松有主编:《人身损害赔偿司法解释的理解与适用》,人民法院出版社2004年版,第65页。
② 本来间接结合行为应该是数个侵权行为的结合,为了论述上的便利,本书在同一意义上使用"数个"与"两个"二词。

成的结果,缺少中间任何一个都可能会导致因果链条的断裂。① 但是,法律不能把结果之前所有的、与之关联的因素都认定为原因,只能把其中对结果的发生起到决定性的重要因素认定为原因,把其他的因素认定为条件。② 但是,在某些特殊情况下,条件有可能转化成原因;即法律出于某种原因的考虑,将条件认定为原因。此时,对于损害后果而言,条件行为就变成了原因行为。在间接结合行为中,这个发生转化的侵权行为就是强条件行为——当然,所谓的"转化"并不像化学那样发生变化,而是指法律的新认定③;这种认定可能就在同一时间完成,而不像化学中的转化需要一定的时间。本文之所以使用这样词不达意的表述,是为了让表述更加形象。

需要指出的是,笔者不敢掠美,"强条件行为"这个概念不是本书的原创。曹世勇在《论侵权行为直接结合与间接结合致害》一文中提出了"强条件行为"这个概念。他认为:"所谓强条件行为(又称准原因行为或视为原因行为),是指对于同一损害,在区分了原因行为和条件行为的基础上,那些能够依据一定的情况和标准较大、极大趋近或转化为原因行为的条件行为。"④ 笔者对此的看法与其稍有区别,笔者认为,所谓强条件行为是指,在区分了原因行为和条件行为的基础上,那些能够依据一定理由而转化为原因行为的条件行为。

虽然强条件行为能够转化成原因行为,成为损害后果的原因行为,但它不是唯一的原因行为。因为在它转化之前,就已经存在了一个原因行为,即

---

① 英国有首童谣是最好的说明。"少了一颗铁钉,便失了马蹄铁;少了马蹄铁,便失了一匹马;少了一匹马,便少了一位骑士;少了一位骑士,就输了一场仗;输了一场仗,就亡了一个国家。"

② 诚如王利明教授所言:"原因说强调区分原因和条件,但是在很多情况下,原因和条件的区分是非常困难的。"参见王利明:《侵权行为法研究》(上卷),中国人民大学出版社2004年版,第415页。困难是困难,但这并不意味着不能区分;很多学者对此作出了努力。在"原因说"中,由于区别二者标准的不同,又形成必生原因说或必生条件说、直接原因说或最近原因说、最重要的原因说或最有利的条件说、决定原因说或优势条件说等几种学说。几种学说的详细介绍参见葛洪涛:《论侵权法中的因果关系》,山东大学博士学位论文,2008年,第30页。

③ 所谓新认定,其实就是二次认定。所谓二次认定,就是存在两次认定:在第一次认定中,按照一般的标准,区分条件与原因;在第二次认定中,基于某些特殊原因的考虑,将部分条件认定为原因。

④ 曹世勇:《论侵权行为直接结合与间接结合致害》,重庆大学硕士学位论文,2009年,第23页。

原因行为人实施的直接性侵权行为。所以,间接结合行为是本来的原因行为和转化后的原因行为(即强条件行为)的结合,二者共同组成了损害后果的原因,共同导致损害后果的发生。

(二) 两个侵权行为结合得较为松散

在间接结合行为中,两个侵权行为共同作用造成了同一损害后果。也就是说,是二者的结合而非哪一个侵权行为自己单独造成了损害后果。所以,间接结合行为是结合型数人侵权行为,与共同危险行为、并发侵权行为等非结合型数人侵权行为不同。

在这种结合中,原因行为是"老大",对损害后果的发生起到了直接作用;而强条件行为只是"小弟",对损害后果的发生仅仅是辅助的间接作用。这就决定了两种侵权行为的结合程度比较松散,不会像直接结合那样紧密——在直接结合中,数个行为都是"老大",无主次之分。

(三) 损害后果可分

这是间接结合行为与直接结合行为的一个根本区别。在直接结合中,数个侵权行为之间结合得非常紧密,以至于无法区分它们在同一损害后果中所造成的部分。而在间接结合中,则是另外一番风景:数个侵权行为之间结合得并不紧密,能够区分它们在同一损害后果中所造成的部分。

当然,这种可分,是指法律上可分,而不是物理上可分;因为在物理上,损害后果就是一个整体的100%,不会有80%、50%、20%、10%的部分。所以,从这个角度看,下面两种观点都不正确。

第一种观点认为,每个侵权行为人的损害果可以单独确定。如杨立新教授认为:"无过错联系的共同致害属于单独侵权而非共同侵权,各行为人的行为只是单独的行为,只能对其行为所造成的后果负责。后果可以单独确定的,每个侵权行为人就其行为的损害承担赔偿责任;后果无法单独确定的,则根据原因力和过错来划分责任的份额。"① 笔者认为,损害后果不可能单独确定,不可能物理上损害部分已经明确,各个行为人"拿走"已经清楚的自己"部分";只能是法律根据原因力等因素去确定,把不清楚变为清楚——这样各个行为人才能有份可按。

第二种观点认为,在区分为事实上不可分和法律上不可分基础上,损害

---

① 杨立新主编:《人身损害赔偿司法解释释义》,人民法院出版社2004年版,第80页。

尽管事实上可分但法律上可能会不可分。① 实际上,所谓事实上不可分就是物理上不可分,是指表面上、直观上无法确定各行为造成的损害范围的大小,不存在80%、50%、30%、10%的部分。而之所以如此,是因为在表面上、直观上无法看到或认定各每个侵权行为与损害后果之间的对应关系;因此,不可能存在"事实上可分"这种现象——既然事实上都可分了,法律为何不以此为基础分配数个侵权行为人的责任,还要认定为法律上不可分,岂不是多此一举?

刘生亮博士举了一个事实上可分但法律上不可分的例子,似乎可以直接回答笔者的疑问。"如果甲乙无意思联络侵权致丙眼伤和腿伤,则我们认为丙所受之损害在事实上是可分的,即分为眼伤和腿伤;但这并不意味着丙所受之损害在法律上是可分的。如果能够判定眼伤由甲所致,腿伤由乙所致,那我们则认为丙所受之损害在法律上是可分的;如果不能判定,则我们认为丙所受之损害在法律上是不可分的。"② 遗憾的是,这个例子并不妥当,因为眼伤和腿伤是两个不同的损害,而非一个损害后果。

四、间接结合行为的认定

(一)认定标准:合理预见规则

如前所述,一般来说,当数个侵权行为偶然竞合,不是同时发生,而是连续发生的,进而在时空上形成关联的进程,宜认定为"联系松散",进而构成间接结合行为。一般来说,数个侵权行为中并非都是作为而有的行为是消极的不作为,宜认定为"联系松散",进而构成间接结合行为。一般来说,数个侵权行为中有的行为只是造成损害结果的不良因素,对结果的发生仅是起辅助作用,只是加快或加重了结果的发生,宜认定为"联系松散",进而构成间接结合行为。

但是,这样的认定标准并没有解决:什么情况下条件行为会转化成原因行为,进而对原因行为造成的损害后果发挥了法律上认为应当承担侵权责

---

① 许鑫净、颜良伟:《论无意思联络的数人侵权》,载《太原城市职业技术学院学报》2007年第6期;刘生亮、许炜:《试论无意思联络的共同侵权行为——兼评两个侵权行为法草案的规定》,载《黑龙江省政法管理干部学院学报》2003年第3期。

② 刘生亮、许炜:《试论无意思联络的共同侵权行为——兼评两个侵权行为法草案的规定》,载《黑龙江省政法管理干部学院学报》2003年第3期。

任的作用?因为一般情况下,引起损害的众多因素中何为条件、何为原因,经过一次认定就应该固定。那么,在什么特殊情况下,法律会对有的条件行为进行二次判断,从而使得条件行为转化为原因行为呢?

笔者认为,这种转化发生在以下情形:前一个侵权行为人实施了侵权行为使受害人陷入一种危险境地或危险状态;在这种危险境地或危险状态中,受害人很可能因为他人的侵权行为而遭受损害;此时前一个侵权行为人基于这种危险境地也合理预见或应当预见损害后果会因为他人的侵权行为而发生,同时他能够采取妥当措施使受害人脱离这个危险境地或危险状态从而避免损害后果的发生,但他没有采取措施或采取的措施不妥当;身处危险境地或危险状态中的受害人果真因为后一个人的侵权行为而遭受损害。

由于后来发生的损害后果能够被前一个侵权行为人合理预见或应当合理预见,所以,笔者称之为合理预见规则。

(二)对合理预见规则的说明

该规则指明了条件行为向原因行为转化的情形,其中"危险境地或危险状态""合理预见""妥当措施"三个关键词有进一步解释的必要。

1. 危险境地或危险状态

前一个侵权行为人实施了某种侵权行为,使受害人接下来很有可能遭受损害;如果没有前一个侵权行为,则不会出现这样对受害人的不利局面。这种局面就是本书所指的危险境地或危险状态。比如在公路上开车将行人撞伤而逃逸。公路上汽车川流不息,被撞伤的行人昏迷不醒地躺在公路上很容易被后面高速行驶的汽车再次撞上;所以,这是一个危险境地或危险状态。再如在公路的主干道上堆放杂物。公路主干道是供机动车行驶用的,在上面堆放杂物会减少路面的宽度进而影响交通,机动车行驶就比较困难,很容易发生交通事故;所以,这也是一个危险境地或危险状态。

需要指出的是,合理预见规则中的受害人可能是特定的人,也可能是不特定的人。如上面第一个例子中被撞伤的行人,他就是一个特定的人;上面第二个例子中可能的受害人就是不特定的人。

2. 合理预见

(1)预见的内容

基于上述的危险境地或危险状态,前一个侵权行为人预见受害人会因为后一个侵权行为人的直接性侵权行为而遭受某种损害。需要强调的是,预见的内容不是该危险境地或危险状态本身会造成受害人的损害（如行人掉进公路上的大坑里而摔伤），而是该危险境地或危险状态给后一个侵权行为人的行为提供条件或者便利，受害人因为后一个侵权行为人的直接性侵权行为而遭受损害（如被他人推搡而掉进公路上的大坑里摔伤）。即该危险境地或危险状态会被后一个侵权行为人（主观上或客观上）利用进而给受害人造成损害。

如此一来，汽车撞上行人后送至医院，由于医院的过失而使行人死亡，则属于前一个侵权行为人（即交通事故的肇事者）所无法预见；因此，对于受害人的死亡，前一个侵权行为人不应对此承担侵权责任。Rogers 教授在评注《欧洲侵权法原则》第 9:101 条和第 9:102 条时曾经举了这样一个例子，"D1 和 D2 的轿车相撞，致使 P 的脖子骨折。两人承担侵权责任的条件都已满足。P 被送至医院，但是医院没有给他药物过敏反应测试，致使他的一只眼睛失明。脖子骨折和眼睛失明是两个独立的损害。D1 和 D2 都应对脖子骨折这一损害承担全部责任。医院因为没有造成脖子骨折这一损害，所以对此不承担责任。"①对于眼睛失明这一损害，由于 D1 和 D2 无法合理预见，所以 D1 和 D2 并不承担，只是由医院自己承担。在我国司法实践中也有这样的案件。在张甲与张乙、张丙、张丁等诉枣庄市山亭区中心人民医院案中，二审法院认为：交通肇事行为造成了张戊的人身损害，但并未致张戊死亡，仅侵害了其健康权；医疗救治行为虽由交通肇事行为而引起，但由于抢救中医疗过失行为的介入，从根本上改变了医疗救治的正常进程，造成了张戊病情恶化而不可逆转最终导致其生命终结，侵害了张戊的生命权。交通肇事行为与医疗过失行为二者侵害的客体不同，损害赔偿的请求权基础也不同，构成共同侵权的理由并不充分，各方应分别对各自的过失行为造成的损害后果负责。② 如此认定，比较准确。

（2）预见的标准

由于预见主体是前一个侵权行为人，为了防止他以"自己确实没有预见"、"以自己的能力预见不到"作为抗辩，应当以一个理性人所具有的通常

---

① 欧洲侵权法小组编著：《欧洲侵权法原则：文本与评注》，于敏、谢鸿飞译，法律出版社 2009 年版，第 204 页。

② 参见刘学圣：《共同侵权行为的认定与医疗侵权纠纷中被告的责任范围》，载黄松有主编：《民事审判指导与参考》（第 21 辑），法律出版社 2005 年版，第 117—119 页。

社会经验作为判断标准。如果一个理性人都能预见,即使前一个侵权行为人实际上没有预见,仍然认定预见的成立。如在公路上开车撞伤行人导致受害人昏迷不醒,肇事者见四周无人于是逃之夭夭。在这种情况下,一般的理性人都能预见:丙独自躺在公路上昏迷不醒,他的财产可能会被他人盗取;因为是川流不息的公路,丙可能会被其他车辆所撞上。这两个损害后果都是理性人能够预见的。

因为采取的是理性人的标准,所以,笔者把这种预见称为合理预见。

美国《侵权法重述(第二次)》也规定了这种情况。其第447条规定,"当第三人的介入行为为过失行为时,满足以下条件时初始行为人承担侵权责任:第一,他应该能够预见到第三人可能实施介入行为;第二,对于一个理性人来说,第三人对其过失行为的利用并非特别的出乎意料;第三,第三人的介入行为对初始行为人的造成的危险境地的正常反应,并且他的行为方式并非特别的异常。"①

(3)预见的义务

前一个侵权行为人可能真的已经预见损害可能会发生,也可能没有预见。尽管事实上前一个侵权行为人没有预见,但是他应当预见,即他有合理预见的义务。之所以有这个义务,是因为该危险境地或危险状态是由于他的侵权行为所造成的,他的先前行为导致了合理预见义务的产生。

(4)预见的时间

前一个侵权行为人预见的时间是他实施侵权行为制造出危险境地或危险状态时。因为在这个时间之前,危险境地或危险状态没有出现,不会被后一个侵权行为人利用,不会导致损害后果的发生。从这个时间开始,该危险境地或危险状态就可能会被后一个侵权行为人利用,受害人可能会因为后一个侵权行为人直接性侵权行为而遭受损害。

3. 妥当措施

既然前一个侵权行为人已经预见受害人因为自己的侵权行为而处于危险境地或危险状态、可能会遭受损害;根据"制造危险者应该消除危险"规则,前一个侵权行为人有义务采取妥当措施,让受害人脱离该危险境地或危险状态,进而避免遭受可能的损害。易言之,前一个侵权行为人因为自己的

---

① Restatement of the Law, Second, Torts: §447.

先前行为,使自己产生了一个作为义务:他应当采取妥当措施,使受害人脱离该危险境地或危险状态。

前一个侵权行为人所采取的措施必须是妥当措施。然而,什么样的措施是妥当的?这要视具体情况而定,不能一概而论;不过最终可以落脚为一点:能够让受害人脱离该危险境地或危险状态。比如,在公路上撞伤行人后将行人送至医院,则使受害人脱离了被其他汽车撞上和因昏迷不醒而财物被盗的危险境地或危险状态;再如,在公路上施工挖出大坑后将该大坑围起来,则使受害人脱离了被推搡而掉进大坑摔伤的危险境地或危险状态。

因此,前一个侵权行为人没有采取措施,或者采取的措施不妥当,都可能构成强条件行为。如在公路上撞伤行人后将行人拖到路边。这样的措施仅仅使受害人脱离了被其他汽车撞上的危险境地或危险状态,但是并没有使该受害人脱离了财物被盗的危险境地或危险状态;尔后第三人偷盗该受害人财物的,前一个侵权行为人的撞伤行为仍然是强条件行为。

(三) 一个错误观点的澄清

对于间接结合行为,学界存在这样一种观点:后一个侵权行为人在主观上只能是过失而不能是故意。对此,《人身损害赔偿司法解释》制定者说道:"如果行为人之一对受害人损害结果的发生出于故意,那么与该行为间接结合的过失行为的违法性即被阻却。此时的情形属于该故意行为人的单独侵权,不存在所有行为人按份承担责任的问题。试举一例:甲居住在二楼,其窗户距离地面为3米,时值夏季,甲开窗而卧。乙与甲素有积怨寻机报复,但3米的高度使其不能得逞。恰巧丙在该楼外搭建一违章建筑,使乙得以攀至二楼并伤害甲。本例中,乙与丙就不构成无意思联络的数人侵权中行为间接结合,因为乙实施的加害行为是故意而为,该违法性阻却了丙的责任承担。"[1]程啸博士说道:"一般来说,如果第三人的行为是故意的,那么常常

---

[1] 黄松有主编:《人身损害赔偿司法解释的理解与适用》,人民法院出版社2004年版,第66—67页。

会中断原来的因果关系。"① 王旸博士说道:"一般讲,该第三人的故意行为对侵权人的过失行为起到了抵销作用,切断了原有因果链条,成为替代原因,单独对损害结果负责。"② 姚辉教授说道,"如果行为人之一对受害人损害结果的发生系出于故意,那么与该行为间接结合的过失行为的违法性即被阻却,发生因果关系中断,此时不存在所有行为人按份承担责任的问题而由该故意行为人单独承担侵权责任。"③ 黄立林教授认为,"如果行为人一方对受害人损害结果的发生为故意,则与该行为间接结合的过失行为的违法性即被故意行为所阻却,此时的情形属于该故意行为人的单独侵权,不存在所有行为人按份承担责任的问题。"④

笔者对此不敢苟同,后一个侵权行为人的主观故意并不能阻却前一个侵权行为人的责任。在合理预见规则中,只要前一个侵权行为人实施侵权行为造成了危险境地或危险状态的存在,他能够合理预见后一个侵权行为人的直接性侵权行为给受害人造成的损害,他就有义务采取妥当措施使受害人脱离该危险境地或危险状态进而不会再遭受后一个侵权行为的损害,但是他没有这么做,该危险境地或危险状态给后一个侵权行为人实施侵权行为造成损害后果的发生提供了条件或便利,那么其侵权行为就是强条件行为,他就应该对受害人的损害后果负责。由此可见,在合理预见规则中,重要的是(主观上或客观上)利用了前一个侵权行为制造出来的危险境地或危险状态的后一个侵权行为及其损害后果能否被前一个侵权行为人所预见,后一个侵权行为人是故意还是过失并不重要;即使后一个侵权行为人的侵权行为是故意,只要能够被前一个侵权行为人合理预见,前一个侵权行为仍然构成强条件行为。

对此,美国《侵权法重述(第二次)》第 448 条规定:"即使过失行为人的

---

① 程啸:《侵权行为法总论》,中国人民大学出版社 2008 年版,第 386 页。对于同一问题,程啸博士又说道:"申言之,即便第三人利用了加害人过失行为所提供的机会,实施了故意侵权行为,但是被告能够合理预见到这种可能性的存在,也不会发生因果关系的中断。"参见程啸:《侵权行为法总论》,中国人民大学出版社 2008 年版,第 387 页。其两个观点似乎前后矛盾。
② 王旸:《侵权行为法上因果关系理论研究》,载梁慧星主编:《民商法论丛》(第 11 卷),法律出版社 1998 年版,第 498 页。
③ 姚辉主编:《中国侵权行为法理论与实务》,人民法院出版社 2009 年版,第 371 页。
④ 黄立林:《共同侵权与非共同侵权辨析》,载《社会科学辑刊》2009 年第 6 期。

行为给第三人实施故意侵权行为或犯罪行为创造了条件,该第三人的行为也应该被认为是导致损害结果出现的替代原因,除非初始过失人在其过失行为进行时已经预见到或者应该预见到这种情况发生,以及会有第三人利用其创造的便利条件实施侵权或犯罪。"①

在《人身损害赔偿司法解释》制定者所举的那个例子中,丙之所以不对甲的损害后果负责,并不是因为乙的主观过错是故意,而是因为不符合合理预见规则。丙在该楼外搭建一违章建筑时无法合理预见乙会利用自己的违章建筑进甲的房屋进而伤害甲,一般理性人都无预见该损害后果的发生。

五、间接结合行为的典型例子

在司法实践中,间接结合的例子也不少见。

在儿童玩耍雷管炸伤案②中,乙、丙用火柴点燃作业本纸和擦炮引爆了由乙带去的铜雷管,是导致丙遭受损害的原因行为;甲私藏雷管,该行为与丙的损害相距甚远,只是一个条件行为。但是,雷管属于高度危险物,不准私自存放;甲私自存放就应该采取安全的保管措施,在将雷管搬至乙父母家中乃至以后离开的时候,应该将雷管带走。他没有将雷管带走,就应当合理预见到该雷管不为乙父母所知、进而可能会当做普通物品对待、进而爆炸伤害他们或者其他人;所以,他应该采取合妥当措施来避免损害的发生。而他没有采取妥当措施,后来雷管果然被乙、丙当做普通物品玩耍进而爆炸伤人。因此符合合理预见规则,甲的行为是强条件行为,与乙、丙的行为构成间接结合行为。

在马×甲诉陈××、马×乙健康权纠纷案③中,法院认为:"原告乘坐了被告马×乙的摩托车,被告马×乙便有义务将乘车人安全送达目的地,在对面来车时,被告马×乙没有做到安全避让,确保行驶安全,这是导致损害发生的直接原因。被告陈××在公路上堆放石子,且没有设置明显标志和采取必要的安全措施,其主观上存在一定程度的过失,是导致损害发生的间接原因之一。"就被告陈××而言,他在在公路上堆放石子,该行为与原告的损

---

① Restatement of the Law, Second, Torts: §448.
② 参见梁世凤:《储存爆炸物品者与实施危险行为人不应承担共同侵权的连带赔偿责任》,http://mzfy.chinacourt.org/public/detail.php? id=20,访问时间:2011年4月30日。
③ 案件文书号:河南省浚县人民法院(2010)浚民初字第105号民事判决书。

害相距甚远,只是一个条件行为。① 但他应当合理预见到这样占用道路会影响交通,过往车辆轧上可能会翻车;因此,他应当采取妥当措施(如设置明显标志和采取必要的安全措施)避免可能的损害后果的发生,而他却没有。因此符合合理预见规则,被告陈××在公路上堆放石子的行为也是强条件行为,与被告马×乙的不当驾驶行为构成间接结合行为。

在余××诉名山县第二人民医院、电力有限责任公司、百汇置业有限公司触电人身损害赔偿纠纷案②中,法院认为"被告百汇公司在修三建百汇市场出入口处的路边护栏时,忽视了可能给他人造成的安全隐患,给原告余××创造了便利的条件,起到了为其登高搭梯助力的作用,使原告余××能轻易走上护栏并径直走到二医院的围墙上,造成电击损害的后果。""由于百汇市场的建成,变压器旁的二医院围墙外的地面被抬高,以及百汇市场在路边用红砖修砌了护栏与二医院的围墙相连,且为同一高度,应当预见可能发生的事故。"被告百汇置业有限公司修建护栏,该行为与原告的损害相距甚远,只是一个条件行为。但他应当合理预见自己的行为会导致他人顺利走上护栏并径直走到二医院的围墙上进而遭受电击,他就应该采取妥当措施避免这一损害后果的出现,而他没有。因此符合合理预见规则,被告百汇公司修建路边护栏的行为也是强条件行为,与名山县第二人民医院、电力有限责任公司的不作为构成间接结合行为。

在司法实践中,误读间接结合行为的情形也有发生。

在钟×甲、殷×甲诉钟×乙等生命权、健康权、身体权纠纷案③中,一审法院认为本案殷×乙的死亡系交通事故肇事行为和护理喂食行为间接结合共同造成的。二审法院认为,"殷×乙因本案事故仅是造成受伤的损害后果。事故发生后,在治疗过程中,因上诉人钟×乙的妻子李××对殷×乙喂食不当,致使殷×乙突然出现呼吸道堵塞无法正常呼吸死亡。"也就是说,造

---

① 对此,法院判决写道:"这两个间接原因(另一个间接原因法院认为是受害人自己没有戴头盔——笔者注)只是为损害结果的发生创造一定的条件,而其本身并不会也不可能直接或者必然引发损害结果。"
② 案件文书号:四川省名山县人民法院(2002)名民初字第81号民事判决书;四川省名山县人民法院(2003)名民重字第01号民事判决书;四川省雅安市中级人民法院(2003)雅民终字第268号民事判决书。
③ 案件文书号:广东省惠州市惠城区人民法院(2008)惠城法民一初字第1487号民事判决书;广东省惠州市中级人民法院(2009)惠中法民一终字第130号民事判决书。

成受害人死亡的原因行为是李××的不当喂食所造成的,钟×乙的不当驾驶引发的交通事故造成受害人受伤仅仅是造成受害人死亡的条件。而根据合理预见规则,前一个侵权行为人无法预见到将受害人送至医院后会因为他人的不当护理而死亡,这个损害后果是一个理性人所无法预见的。因此,前一个侵权行为人的侵权行为并不能构成强条件行为。所以,钟×乙的不当驾驶与李××的不当喂食两个侵权行为并不能构成间接结合。而一审二审法院都将其认定为间接结合,不妥。

在周××、张××诉祥盛厂、新亚公司、金龙公司人身损害赔偿纠纷案[①]中,祥盛厂所有的金龙 XML6390 型旅行车脱落的左后轮及半轴击中原告之子头部,后经抢救无效死亡,祥盛厂的行为是原因行为,应该对原告承担侵权责任,自不待言。金龙公司对其生产的金龙 XML6390 型旅行车存在重大安全隐患,从而使不特定的受害人陷入一种危险境地或危险状态,金龙公司应当合理预见这会造成受害人的伤害。所以,他应该在使用说明书中作出真实的说明和明确的警示,从而避免驾驶人驾驶中造成受害人的损害,但是他却没有;因此,金龙公司的不作为是一种强条件行为。此外,新亚公司在对该车辆进行一级维护过程中未尽规范、完整、良好的维护保养义务,以致该车辆半轴轴承长期缺油,导致本次事故的发生,也是一种强条件行为。所以,三被告的三个行为间接结合,共同造成了原告之子的死亡。因此,三被告都应当对此承担侵权责任。而法院却认为:"虽然三被告的侵权行为没有意思联系,但客观上三被告的加害行为是互有关联的,所造成的损害后果也是一致的,因此在法律适用上应按共同侵权的规定,由三被告承担连带责任。"法院将三被告的行为认定为直接结合,这样的判决是不妥的;新亚公司和金龙公司的不作为仅仅是祥盛公司直接性侵权行为的条件,他们的不作为并不必然导致损害后果的发生;所以,它们的结合是间接结合而非直接结合。

在拆卸废旧灭火机爆炸伤人案[②]中,原告遭受损害的直接原因是灭火机瓶体突然射出撞击人体;而之所以会出现这种情况,是源于第一被告的不当拆卸且未采取保护措施。国务院《化学危险物品安全管理条例》第 3 条规

[①] 案件文书号:上海市第二中级人民法院(2001)沪二中民初字第 180 号民事判决书。
[②] 案件文书号:上海市浦东新区人民法院(1993)浦民初字第 2444 号民事判决书。

定,氧化剂是七大类化学危险物品之一。按照《上海市化学危险物品的安全管理办法》第21条规定:盛过或盛有化学危险物品的容器包装,在危险状态未消除前,禁止进行修理或报废处理。所以,第二被告不应将报废、留有危险性气体的灭火机卖给第一被告。其将该灭火机卖给第一被告,并且未对灭火机的性能和有无存留气体作检查;该行为与原告的损害相距甚远,只是一个条件行为。但是,第二被告的行为制造出一种危险境地或危险状态;第二被告应当合理预见该灭火机会因为第一被告的不当操作而伤及他人,因此,他应该采取妥当措施;而他并未采取任何措施。所以,第二被告的行为构成强条件行为。该案是第一被告的直接性侵权行为与第二被告的强条件行为的结合,是间接结合。而法院却认为:"第二被告将留有气体的灭火机卖给第一被告,而第一被告又随便拆卸。这两个不可分割的、前后相连的因素构成了造成损害后果缺一不可的原因。虽然,两被告没有共同故意,但由于他们的两个过失行为,共同构成了损害后果就有了共同过错,按《中华人民共和国民法通则》第一百三十条规定,应共同承担赔偿责任。"虽然当时《人身损害赔偿司法解释》并未出台,但法院的判决其实就是认定为直接结合,不妥。

对于陈某诉昆明某传媒有限公司、昆明某房屋拆迁公司人身损害赔偿纠纷案①,有人认为:"本案两被告之间没有共同故意或者共同过失,本案中原告遭受人身损害的原因有二:首先,被告一作为广告牌的所有人,在选任拆除行为的承揽人问题上具有过错;其次,被告二作为实际拆除施工方,在拆除工作中未尽到相应的安全保障义务,被告一和被告二分别实施的上述数个行为间接结合导致了原告人身损害的后果。因此,本案属于无意思联络侵权行为的第二种情形。"②这样的理解明显有误,因为被告一之所以承担侵权责任,是基于选任承揽人有误;法律依据是《人身损害赔偿司法解释》第10条,而不是《人身损害赔偿司法解释》第3条第2款。

---

① 参见云淡风轻:《无意思联络共同侵权案例浅析——从陈某人身损害赔偿案件说起》,http://www.9ask.cn/blog/user/tokaylee/archives/2009/90599.html#,访问时间:2011年5月13日。

② 云淡风轻:《无意思联络共同侵权案例浅析——从陈某人身损害赔偿案件说起》,http://www.9ask.cn/blog/user/tokaylee/archives/2009/90599.html#,访问时间:2011年5月13日。

第二节　间接结合行为的责任形态：
按份责任而非无责

在强条件行为中，前一个侵权行为人在实施侵权行为造成危险境地或危险状态时，他已经或应当合理预见自己的行为会被他人（主观上或客观上）利用进而造成损害，此时他就有义务采取妥当措施避免这个损害后果的发生；但是，他却没有采取措施或者采取的措施不妥当，任由自己制造的危险境地或危险状态给他人实施侵权行为提供便利，并最终导致了损害后果的发生。因此，这样的侵权行为人在道德上应该受到责难，在法律上也应当承担侵权责任。但他承担什么样的侵权责任呢？或者说他和后一个侵权行为人承担什么样的数人侵权责任形态？笔者认为，他和后一个侵权行为人向受害人承担按份责任；之所以如此，是因为他们的侵权行为与受害人的损害后果存在并列因果关系。

一、按份责任的原因：并列因果关系

并列因果关系是指数个侵权行为与损害后果之间都存在因果关系，这些因果关系既独立、又并列、但不充分，必须加起来才构成一个完整（针对全部损害后果而言）的因果关系。因此，在这种分别加害行为中，数个侵权行为与损害后果都存在因果关系，每个侵权行为对于损害后果的发生都作出了贡献；每个侵权行为都造成了一部分损害后果，但是每个行为都不能导致整个损害后果的发生，数个行为结合起来才能共同导致整个损害后果的发生。

（一）原因行为与损害后果的因果关系

在间接结合行为中，后一个侵权行为人实施的侵权行为（主观上或客观上）利用前一个侵权行为人所制造的危险境地或危险状态，直接造成了损害后果的发生，其与损害后果之间存在直接因果关系。

有人认为，在间接结合中最终导致受害人的损害只能是一种行为，只有一种因果关系之间连接最后的损害后果。① 其描述的行为就是原因行为。

(二) 强条件行为与损害后果的因果关系

原因行为与损害后果之间的因果关系比较明显,略显模糊的是强条件行为与损害后果之间的因果关系。

尽管强条件行为没有直接造成损害后果的发生,只是为后一个侵权行为人实施原因行为提供了条件或便利;但是,强条件行为与损害后果之间的因果关系仍然是存在的。

之所以认定因果关系的存在,是因为合理预见规则。前一个侵权行为人在实施侵权行为制造出危险境地或危险状态时,一个理性人都预见到或应当预见到该危险境地或危险状态可能会被他人(主观上或客观上)利用从而给受害人造成损害后果。这是以一个理性人的标准进行的预见,与相当因果关系有异曲同工之妙。众所周知,相当因果关系与必然因果关系不同,是以社会共同经验作为判断标准;相当因果关系中的"社会共同经验"与合理预见规则中的"理性人"几乎是一回事。所以,强条件行为与损害后果之间的因果关系符合相当因果关系标准:没有该强条件行为,就不会有后来损害后果的发生;一个理性人会认为,该强条件行为与原因行为结合,通常会造成损害后果的发生;事实上,的确是该强条件行为与原因行为结合造成损害后果的发生。

(三) 两个因果关系之间的关系

原因行为与损害后果之间有因果关系,强条件行为与损害后果之间也有因果关系;那么,这两个因果关系之间又是一个什么样的关系呢?

首先,两个因果关系独立且并列。数个侵权行为在对损害后果发生方面差异性太大,以至于无法被一体对待,只能分别对待;既然是分别对待,彼此之间就是独立的,自然是一种并列关系;那么在因果关系上,数个因果关系也是独立的,自然也是并列的——这也是本书称之为并列因果关系的缘由。

其次,两个因果关系需要相加。数个侵权行为需要结合才能造出损害

---

① 参见邹建南、何向东:《论共同侵权行为的认定——解读〈最高人民法院关于审理人身损害赔偿案件若干问题的解释〉第3条》,载王利明、公丕祥主编:《人身损害赔偿司法解释若干问题释评》,人民法院出版社2005年版,第154页。不过,他们还认为"其他行为人基于本身的过错原因均无法预见最后的损害后果",这点为笔者所不赞同。

后果的发生,数个因果关系需要相加才能构成一个完整的因果关系。易言之,如果原因行为的因果关系是70%,那么强条件行为的因果关系就是30%;70%加上30%才是100%。如果原因行为的因果关系是70%,强条件行为的因果关系既不可能是20%,也不可能是40%;因为那样就无法组成一个完整的100%的因果关系,与二者结合造成损害后果发生的事实不符。

(四)并列因果关系与侵权责任承担

既然每个侵权行为人的侵权行为都与损害后果之间有因果关系,那么每个侵权行为人都应当对损害后果负责。但是,由于数个因果关系之间是独立且并列的关系,那么,在侵权责任承担上也是如此,即独立且并列。如此一来,间接结合行为的责任承担应该是这样的:每个侵权行为人对自己造成的、具有因果关系的那部分损害后果负责,即原因行为人承担70%或60%的份额,强条件行为人承担30%或40%的份额;并且每个侵权行为人仅仅对自己造成的部分负责,其他侵权行为人造成的部分与自己无关,自己向受害人承担责任后无权向其他侵权行为人追偿。

所以,在间接结合行为中,数个侵权行为人承担按份责任。这点也为《人身损害赔偿司法解释》第3条第2款所规定。

二、无责?——与曹险峰博士商榷

对于间接结合行为的责任承担,曹险峰博士不认可《人身损害赔偿司法解释》第3条第2款的规定。他认为,在间接结合行为中只应该由原因行为人承担全部侵权责任,条件行为人不应该承担侵权责任;并且从五个方面详细阐述了理由。[①] 笔者对此不敢苟同,下面就其五个理由与之商榷。

(一)危及人们的行动自由?

曹险峰博士认为,在"间接结合"侵权行为中,其中某些行为或者原因只是为另一个行为或者原因直接或者必然导致损害结果发生创造了条件,而

---

① 参见曹险峰:《论"多因一果"的侵权行为——兼论多数人侵权行为体系之建构》,载《法律科学》2007年第5期;曹险峰:《数人侵权的体系构成——对侵权责任法第8条至第12条的解释》,载《法学研究》2011年第5期。除了曹险峰博士,王占明博士也认为在数人侵权中没有按份责任的空间。其详细论述,参见王占明:《共同侵权构成理论之再检讨》,载梁慧星主编:《民商法论丛》(第43卷),法律出版社2009年版,第128页。但是其理由远远比不上曹险峰博士那样多,所以,笔者仅仅与前者进行商榷。

其本身不会也不可能直接或必然引发损害结果,而只有当某原因与其结合后,才能造成损害后果。如将前一个侵权行为人的行为作为某原因的条件,将后一个侵权行为人的行为作为与损害结果发生具有直接因果关系的原因,则两者承担按份责任的结果,会破坏前一个侵权行为人的合理信赖。这是因为行为人只有对自己行为所造成的后果有合理的信赖,方能真正实现行动自由。有合理信赖者,行为后果具有可预测性,故能行动自由。过错责任原则在近现代民法上被奉为圭臬,也正是根源于此。在"间接结合"侵权行为中,前一个侵权行为人无法了解后一个侵权行为人后续行为发生的可能性、时间性与空间性、与自己行为结合的方式与程度,等等。如此有可能出现如下不可想象之局面:今日前一个侵权行为人刮断的电缆、碰坏的路灯、撞断的路桩、发布的虚假信息等,在明日、明年、十几年或几十年后为后一个侵权行为人的侵权行为提供了条件,两者的"间接结合"使前一个侵权行为人要为当日之行为承担责任。如是,为避免这种情况,没有合理信赖且理智的前一个侵权行为人就不会出来参与社会活动,而无数个前一个侵权行为人人人自危之结果,就是社会的不发展。①

曹险峰博士认为信赖是行为自由的前提,笔者深表赞同,但是让强条件行为人承担侵权责任并没有打破其合理信赖,也不会危及人们的行为自由。因为这里并非让所有的前一个侵权行为人对后来发生的损害后果都负责,只是强条件侵权行为人而已。而强条件行为人,如前所述,是根据合理预见规则界定出来的;易言之,强条件行为人已经或应当合理预见到后来损害后果的发生,既然为其所预见到,那么对此就不存在合理信赖,更无被打破之可能。

值得考虑的是,按份责任会不会阻止人们的更多行为,进而危及人们的行为自由?答案是肯定的,因为前一个侵权行为人要承担侵权责任,承担侵权责任肯定会限制他的行为自由;但是,这些行为是什么行为?刮断电缆不予修复、碰坏路灯置之不理、撞断路桩不予理会、发布虚假信息,它们不是正常的行为,而是不当的行为,是可能会造成他人损害的行为。这些行为应当

---

① 参见曹险峰:《论"多因一果"的侵权行为——兼论多数人侵权行为体系之建构》,载《法律科学》2007年第5期;曹险峰:《数人侵权的体系构成——对侵权责任法第8条至第12条的解释》,载《法学研究》2011年第5期。

为法律阻止;而正常的行为,由于不符合合理预见规则,并不会对无法预见的损害后果负责。因此,依据本书的合理预见规则,强条件行为人承担责任仍然维系了行为人的合理信赖,人们的行为自由并未因此而受到危及。

(二)受害人的自我负担不当移转给加害人?

曹险峰博士认为,《人身损害赔偿司法解释》第3条第2款规定的目的主要在于对受害人权益的倾向性保护,但这种无充分理论支撑的利益调配,将应由受害人自我负担的事项不恰当的移转给加害人。侵权责任的承担,实质上是将损害在加害人与受害人之间进行分配。这种分配可能的结果就是:或者加害人100%承担责任;或者受害人100%自我负担;或者加害人与受害人按比例各自负担相应份额。在这种形式上分配的背后,需要考察的是,侵权行为法是站在何种立场上予以把握损害结果的分配。也就是说,侵权行为法究竟是站在受害人立场上,还是站在加害人立场上来把握责任的分配。这两种思考方式与相应的制度设置是完全不同的。如果侵权行为法是站在受害人立场之上,则应以加害人承担责任为原则,以加害人不承担责任为例外;而如果侵权行为法是站在加害人立场之上,则应以受害人自我负担为原则,以加害人负担为例外。可以说,侵权行为法是站在加害人立场之上,即以受害人自我负担为原则、以加害人负担为例外的。这是因为,原则上,除非有充分理由,足以移转损害由他人负担,否则个人应承担其自己不幸事件的后果。另外,这点原理其实也可以从具体规则的设置中体味出来。侵权行为法中归责原则的设置与构成要件的要求,无不是侵权行为法站在受害人自我负担的大原则下,寻求加害人承担责任的理由的正当依据。如是,在"间接结合"之"多因一果"侵权行为情形下,受害人只能要求后一个侵权行为人承担责任,法律不能仅凭存在受害人对后一个侵权行为人求偿不能的风险,就将前一个侵权行为人强行纳入责任人范围,进行在"一切为了受害人"旗号下的"株连"。受害人举证不能的风险、因加害人无偿付能力而使受害人求偿不能等都是受害人所必须直面的风险,法律不能以减少受害人求偿不能的风险为目的,强行扩大责任人范围。实质上,《人身损害赔偿司法解释》这种做法看似充分地保护了受害人的权益,但在受害人与加害人皆为"人人"的前提下,却可能达致"一切都不利于人"的恶果。①

笔者同样认为,侵权法是站在加害人立场上的,以受害人自我负担为原则、以加害人负担为例外。② 受害人举证不能的风险、因加害人无偿付能力而使受害人求偿不能等因素都是受害人必须直面的风险,在单人侵权中可能面对,在数人侵权中也要面对,在间接结合行为中亦然。但侵权法之所以将前一个侵权行为人纳入责任人范围,并非是因为受害人对后一个侵权行为人求偿不能的风险,而是因为其行为与损害后果之间具有因果关系。关于强条件行为与损害后果的并列因果关系,上文已述,此处不再赘述。

诚如曹险峰博士所言,在不考虑受害人过错的情况下,受害人与加害人要么是100%要么是0%,即全有全无。但是,这种安排是在只有一个侵权行为人的场合,如果侵权行为人一方是多个人,那么,每个侵权行为人可能就是20%、30%、50%、70%或80%。

(三) 回到"条件说"?

曹险峰博士认为,按《人身损害赔偿司法解释》第3条第2款的规定,有可能回到"条件说"之因果关系判断标准,将会无限制地扩大了责任的范围。条件说又称等值说,其认为所有造成损害的原因都是条件。而且所有的引起损害发生的条件都是导致损害的不可或缺的因素,只有那些在其欠缺时就不会导致损害发生的条件才属于损害的原因。用上述学说对照"间接结合"说,可以发现,两者是完全吻合的:前一个侵权行为人的行为为后一个侵权行为人的致损行为提供了条件,如果没有前一个侵权行为人的行为,则后一个侵权行为人不可能导致损害结果的发生,所以,前一个侵权行为人与后一个侵权行为人的行为都是损害结果发生不可或缺的条件。由此,"条件说"固有的缺陷亦可在《人身损害赔偿司法解释》第3条第2款中完全地展示出来。"条件说否定了区别原因和条件的必要性,把与结果有关的全部原因和条件等量齐观,将使因果关系链条过长,这有可能会使因果关系的检验

---

① 参见曹险峰:《论"多因一果"的侵权行为——兼论多数人侵权行为体系之建构》,载《法律科学》2007年第5期;曹险峰:《数人侵权的体系构成——对侵权责任法第8条至第12条的解释》,载《法学研究》2011年第5期。

② 张民安教授对此有过精辟的论述。他认为:"侵权法的首要目的是保护人们的行为自由,保护受害人的利益是次要目的。"参见张民安:"序",载张民安主编:《侵权法报告》(第1卷),中信出版社2005年版。

变得非常复杂。"更为严重的是,"一个加害人甚至要对行为遥远的、偶然的后果负责,这自然就无限制地扩大了责任的范围"。这种不恰当扩张责任的做法是与责任自负思想严重违背的。①

笔者时刻谨记:"不能仅仅因为数人的行为因相互结合而在事实上导致了损害的发生,就贸然将它们看做与损害的发生有法律上的因果关系或责任范围的因果关系。"②本书的合理预见规则,也是严格区分条件行为与原因行为,将条件行为人排除在责任人的范围之外,只是把符合合理预见规则的一部分条件行为认定为原因行为。所以,间接结合行为与"条件说"有着本质区别,不会回到从前。

(四) 不符合相当因果关系的通说?

曹险峰博士认为,《人身损害赔偿司法解释》第3条第2款的规定,不符合相当因果关系之通说。相当因果关系分为"条件关系"与"相当性",就条件关系,其采用的判断规则是"若无……则不……";而"相当性"则是"以行为时存在而可为条件之通常情事或特别情事中,于行为时吾人智识经验一般可得而知及为行为人所知情事为基础,而且其情事对于其结果为不可缺之条件,一般的有发生同种结果之可能者,其条件与其结果为有相当因果关系"。相当因果关系说不要求法官对每一个案件均脱离一般人的知识经验和认识水平,去追求客观的、本质的必然联系,只要求判明原因事实与损害结果之间在通常情形存在联系的可能性,这种判断不是依法官个人的主观臆断,而是要求法官依一般社会见解,按照当时社会所达到的知识和经验,只要一般人认为在同样情况下有发生同样结果的可能性即可。按此规则,"寄放的炸药因电线走电引燃爆炸案件"与"堆置的保利龙因焚烧冥纸引起火灾案件"中,皆因不存在"相当性"而使寄放炸药者与堆置保利龙者免于成为责任人。对比上述两个案例,就会发现:前一个侵权行为人寄放炸药的行为或堆置保利龙的行为为后一个侵权行为人使电线着火或焚烧冥纸致人损害提供了条件,而衡量一般情形,第一个行为的发生,通常情况下并不能导致

---

① 参见曹险峰:《论"多因一果"的侵权行为——兼论多数人侵权行为体系之建构》,载《法律科学》2007年第5期;曹险峰:《数人侵权的体系构成——对侵权责任法第8条至第12条的解释》,载《法学研究》2011年第5期。

② 程啸:《无意思联络的数人侵权》,载王利明主编:《人身损害赔偿疑难问题——最高法院人身损害赔偿司法解释之评论与展望》,中国社会科学出版社2004年版,第196页。

损害结果的发生。因不符合相当因果关系之"相当性",故因果关系不成立。而依据构成要件理论,欠缺因果关系,侵权责任不成立。《人身损害赔偿司法解释》第 3 条第 2 款的规定违背了侵权行为法的基本原理,因此不妥。①

本书的合理预见规则借鉴了英美侵权法的可预见规则,而英美侵权法的可预见规则与大陆法的相当因果关系有类似之处:相当因果关系是以社会共同经验作为判断标准,合理预见规则也是以一个社会中的理性人为标准。既然一个理性人能够合理预见前一个侵权行为人行为会为他人(主观上或客观上)利用而致受害人损害,那么,就符合了相当因果关系的"相当性",在强条件行为与损害后果之间存在因果关系。对此,前文已经作了论述,此处不再赘述。

就曹险峰博士所引用王泽鉴先生书中的"寄放的炸药因电线走电引燃爆炸案件"与"堆置的保利龙因焚烧冥纸引起火灾案件",笔者有不同看法。寄放的炸药因电线走电引燃爆炸案与前文的儿童玩耍雷管炸伤案情节十分相似。由于炸药属于高度危险物,不管当时的法律是否允许私自存放炸药,炸药的所有人都应该能够预见到该炸药会因为他人的各种火源发生爆炸进而伤人,因此,他有义务采取一定的安全保管措施(比如远离火源,既包括明火,也包括漏电出现的电走火)防止炸药爆炸,而上诉人却没有采取合理措施对高度危险的炸药进行保管。所以,本书认为上诉人的行为构成强条件行为,应该对丙的损害负责。堆置的保利龙因焚烧冥纸引起火灾案中,保利龙属于易燃品,在存放保管时也不同于一般物品,前一个侵权行为人甲却将保利龙堆置于公共楼梯,他应当能够预见到人来人往的楼梯可能会有火源产生,进而造成火灾伤及他人;所以,他应当采取妥当措施避免该损害的发生,但是他却没有;尔后一个侵权行为人的焚烧冥币而导致保利龙燃烧发生火灾。所以,本书认为前一个侵权行为人甲的随意堆放保利龙于楼梯的行为构成强条件行为,应该对火灾致人死伤的损害后果负责。

(五)不符合过错的本质含义?

曹险峰博士认为,根据《人身损害赔偿司法解释》规定,"间接结合"之侵

---

① 参见曹险峰:《论"多因一果"的侵权行为——兼论多数人侵权行为体系之建构》,载《法律科学》2007 年第 5 期;曹险峰:《数人侵权的体系构成——对侵权责任法第 8 条至第 12 条的解释》,载《法学研究》2011 年第 5 期。

权行为人应按过错或原因力比例分担责任,也就是说,在一般侵权行为情形下,"间接结合"侵权行为的成立是以前一个侵权行为人具有过错为前提的。而在"间接结合"侵权行为中,前一个侵权行为人恰恰不具有针对最终结果而言的过错。一般侵权行为的构成要件要求具备违法行为、损害事实、因果关系与过错,这四要件具有严密的逻辑性与顺序性,前一要件的不成立,就会导致后一要件无考量的必要。如是,在因果关系不具备的情况下,前一个侵权行为人的过错根本就不被考虑,因此,前一个侵权行为人当然也就不能与后一个侵权行为人按过错比例分担责任。另外一点至关重要的理由是,所谓侵权行为法中的过错,都是针对于损害事实而言的过错。在"间接结合"之侵权行为情形下,由于是与后一个侵权行为人的行为偶然结合,只是为后一个侵权行为人造成损害结果创造了条件,所以前一个侵权行为人对于损害结果的发生根本就无预见能力。没有相应的注意义务,根本无法谈及过错的存在。①

在间接结合行为中,在不考虑无过错的特殊侵权行为的情况下,后一个侵权行为人具有过错,前一个侵权行为人也有过错。根据合理预见规则,前一个侵权行为人在实施侵权行为造成危险境地或危险状态时,已经或应当预见自己的行为可能会被他人主观或客观上利用进而致人损害,他预见到的就是后一个侵权行为导致的损害后果,即曹险峰博士的"最终结果"。但是,他却没有采取妥当措施避免这一损害后果的发生,他就有过错:要么是过于自信的过失,要么是放任的间接故意。

此外,曹险峰博士的第二个理由与本书的合理预见规则明显相悖,本书强调前一个侵权行为人能够或者应当合理预见到损害后果的发生。

第三节 按份责任的承担

在间接结合行为中,既然数个分别加害行为人承担的是按份责任,那么整个侵权责任被分成几个部分,每个部分是独立的;每个侵权行为人都只按

---

① 参见曹险峰:《论"多因一果"的侵权行为——兼论多数人侵权行为体系之建构》,载《法律科学》2007 年第 5 期;曹险峰:《数人侵权的体系构成——对侵权责任法第 8 条至第 12 条的解释》,载《法学研究》2011 年第 5 期。

照一定的份额向受害人承担侵权责任,承担完自己份额的责任后就可以从数人侵权责任中脱身;既不需要担心受害人不能获得完全赔偿,也不能就自己已经承担的部分向其他侵权行为人追偿。

如此一来,确定每个侵权行为人所承担的份额,就是按份责任承担中最重要的问题了。而份额的确定,尽管理想的状态是实现分配正义意义上的"应得",但实际上是比较棘手的;因为间接结合行为中数个侵权行为导致同一损害后果,这个损害后果在物理上并不可分,所以,不会出现"损害部分一眼皆知"的局面,必须由法律根据一定的标准进行划分。①

一、一般情况下责任份额的确定

间接结合行为中每个侵权行为人责任份额的确定依据,学界对此主要有过错说、原因力说、综合说三种观点。其中,综合说是通说②;当然综合说内部还有"以过错为主、以原因力为辅"和"原因力为主、过错为辅"之分。

本书认为,在间接结合行为中确定数个侵权行为人的责任份额,主要考虑原因力比例,辅助地考虑过错程度。

因为在间接结合行为中,数个侵权行为人没有主观上的意思联络,不存在共同的过错,就不应该从主观上考察。既然数个侵权行为是基于偶然的因素客观上结合在一起的,就应该重点考察客观行为,即客观上每个侵权行为对于损害后果形成的"贡献度"、所起到的"作用"。这就是原因力。由于原因行为直接导致了损害后果的发生,所以,一般情况下,原因行为的原因力要大于强条件行为的原因力。

但是,考虑到存在某些侵权行为虽然原因力比例较小但是在实施加害

---

① 因此,"在损害后果可以单独确定的前提下,法官应当责令各行为人就其行为的损害承担赔偿责任"(参见杨立新:《侵权法论》,人民法院出版社2011年版,第719页;杨立新:《侵权责任形态研究》,载《河南政法干部管理学院学报》2004年第1期)的观点并不妥当。

② 参见王利明:《侵权行为法研究》(上卷),中国人民大学出版社2004年版,第707页;黄松有主编:《人身损害赔偿司法解释的理解与适用》,人民法院出版社2004年版,第65页;张新宝主编:《人身损害赔偿案件的法律适用》,中国法制出版社2005年版,第50—51页;王利明主编:《中国民法典学者建议稿及立法理由·侵权行为编》,法律出版社2005年版,第47页;杨立新主编:《中华人民共和国侵权责任草案建议稿及说明》,法律出版社2007年版,第64页;奚晓明主编:《〈中华人民共和国侵权责任法〉条文理解与适用》,人民法院出版社2010年版,第98页。

行为时主观恶意较大,为了避免失衡,辅之以过错程度的考量。比如,肇事者在人流如织的马路上开车撞伤他人后逃之夭夭,受害人后来又被后一个驾驶员无意开车撞上致死。很明显对于受害人的死亡,前一个侵权行为的原因力很小,但是前一个侵权行为人对受害人放任不管的过错为间接故意,主观上恶意较大。所以,他不能仅仅承担非常小的责任份额,否则有违公平正义理念。

因此,在确定数个侵权行为人的责任份额时,主要考虑原因力比例,辅助地考虑过错程度。

二、特殊情况下责任份额的确定

在某些特殊情况下,数个侵权行为的原因力可能真的无法确定。就像我国《侵权责任法》立法者所言:"在某些情形下,由于案情复杂,很难分清每个侵权行为对损害后果的作用力究竟有多大。"[①]此时,只有推定数个侵权行为的原因力相同,由数个侵权行为人平均承担责任。

[①] 参见王胜明主编:《中华人民共和国侵权责任法释义》,法律出版社 2010 年版,第 70 页;全国人大常委会法制工作委员会民法室编:《中华人民共和国侵权责任法条文说明、立法理由及相关规定》,北京大学出版社 2010 年版,第 45 页。令人吊诡的是,在这句话之前,还有一句,"责任分配的尺度很难有一个可以数量化的标准"。确定一个可以数量化的标准怎么就很难了? 笔者不知所谓。

第七章 分别加害行为的数人侵权责任(三):大补充责任

第一节 大补充责任的作业范围

一、大补充责任的指向:大安全保障义务违反行为

如前所述,大补充责任是这样一种数人侵权责任形态:数个侵权行为人中有的侵权行为人承担全部的损害赔偿责任,并且是第一顺位;有的侵权行为人承担部分的损害赔偿责任,并且是第二顺位。对于第一顺位责任人承担的侵权责任,学界称之为直接责任;对于第二顺位责任人承担的侵权责任,学界称之为补充责任。对于这种数人侵权责任形态,学界也称之为补充责任。如此一来,补充责任就有两种指代。如有的学者说道:"在补充责任结构中,直接责任具有主导性,补充责任具有从属性。"①这句话里就出现了两个"补充责任",但它们的含义并不相同:第一个补充责任就是本章标题中的补充责任,即数个侵权行为人所承担的数人侵权责任形态,第二个补充责任仅仅指后顺位责任人自己向受害人所承担的侵权责任。用同一术语表达两个意思,并且是同一语境中的两个意思,明显不妥;为了避免理解上的歧义,笔者就将这种数人侵权责任形态称为"大补充责任"。尽管这种做法过于较真,甚至有些钻牛角尖,但这样有利于概念的精确,所以笔者仍然创设

---

① 王竹:《补充责任在〈侵权责任法〉上的确立与扩展适用——兼评〈侵权责任法草案(二审稿)〉第14条及相关条文》,载《法学》2009年第9期。

了"大补充责任"这个术语。

之所以用在补充责任前面加个"大"字,主要是出于这样的考虑:这个术语首先要能够直接表明其与补充责任之间的包含与被包含关系,又不能与"补充责任"的表述差别过大、距离太远;"大补充责任"则能够担当起这两个任务。

当然,需要承认的是,这个术语也有弊端:补充责任与大补充责任从文义上并无关联之处,但只差一字的表述容易让人混淆。① 但是,和补充责任一词二用相比,大补充责任的表述利大于弊。

关于分别加害行为中补充责任的作业范围,有的学者认为比较广。王宇娣认为最高人民法院的《人身损害赔偿解释》规定了四种侵权补充责任的形态。第一种是第6条第2款规定的违反安全保障义务的补充责任,第二种是第7条第2款规定的学校对学生伤害事故承担的补充责任,第三种是第14条第2款规定的被帮工人的补充责任,第四种是第15条规定的见义勇为受益人的补充责任。② 笔者认为,第7条第2款其实就是第6条第2款的一种特殊情况;至于第14条第2款和第15条,是补偿而非赔偿,更与补充责任相差甚远;由于已经有学者对其进行了批评,笔者不再赘述。③

杨立新教授认为我国《侵权责任法》中补充责任的适用情形包括第32条第2款的监护人补充责任、第34条第2款的劳务派遣单位的补充责任、第37条第2款的安全保障义务人的补充责任、第40条的教育机构的补充责任。④ 笔者对此不敢苟同:第一,姑且不管《侵权责任法》第32条第2款规定的监护人责任是否科学,这种责任无论如何也不是补充责任;由于已经有学者对其进行了批评,笔者不再赘述。⑤ 第二,《侵权责任法》第34条第2

---

① 几乎每一个阅读本书初稿的人都以为笔者多打了一个字。
② 参见王宇娣:《论侵权补充责任》,载《河北师范大学学报(哲学社会科学版)》2006年第6期。
③ 典型者如杨连专:《论侵权补充责任中的几个问题》,载《法学杂志》2009年第6期;黄龙:《民事补充责任研究》,载《广西警官高等专科学校学报》2007年第4期。其中,后者还详细了论述了补充责任与补偿责任的区别。
④ 参见杨立新:《侵权法论》,人民法院出版社2011年版,第753页。
⑤ 典型者如薛军:《走出监护人"补充责任"的误区——论〈侵权责任法〉第32条第2款的理解与适用》,载《华东政法大学学报》2010年第3期。

款的规定不甚科学;由于已经有学者对其进行了批评,笔者不再赘述。① 第三,《侵权责任法》第 40 条规定的教育机构的补充责任其实就是第 37 条第 2 款的一种特殊情况,就像《人身损害赔偿解释》第 7 条第 2 款是第 6 条第 2 款的一种特殊表现形式。

王竹博士认为侵权法中应该适用补充责任的情形更多。"因第三人导致侵权人醉酒、滥用麻醉品等而暂时丧失辨别能力致人损害的,由含酒饮品、麻醉品提供人在过错范围内承担补充责任。""出租人、出借人怠于审查承租人、借用人驾驶经历、身体状态等不利于安全驾驶的因素,因此造成道路交通事故的,出租人、出借人承担补充责任。""雇员在职场范围内遭受第三人性骚扰造成损害,雇主未尽保护注意义务的,应该承担补充责任。""雇员在从事雇佣活动中因安全生产事故遭受人身损害,发包人、分包人知道或者应当知道接受发包或者分包业务的雇主没有相应资质或者安全生产条件。此时发包人或者分包人应当承担补充责任。""展销会举办者或者柜台出租者、市场开办者应承担补充责任。""提供内容服务的网络服务提供者,对权利人要求其提供侵权行为人的注册资料以追究他人的侵权责任,无正当理由拒绝或者无法提供的,应当承担补充责任。""负有信赖义务的专家提供不实信息或不当咨询意见,使得第三人有机可乘,使受害人遭受损害的,专家承担补充责任,但能够证明自己无过错的除外。""对交易安全负有保护义务的交易平台,对第三人盗用姓名、账号、密码、执照等进行交易,造成他人损害的,应当对受害人承担补充责任,但是能够证明自己没有过错的除外。""《产品质量法》第 57 条第 2 款前段和第 21 条第 2 款均应统一规定为补充责任。"②笔者对其提及的九种情形也不敢苟同。第一种情形中,提供含酒饮品、麻醉品难谓实施侵权行为;更何况,即使承担侵权责任,也因为符合合理预见规则而承担按份责任。第二种情形中,鉴于机动车伤害的严重性,笔者认为此时出租人、出借人与审查承租人、借用人应该承担连带责任,是一种技术意义上的连带责任。第三种情形中,补充责任的承担都是因为

---

① 典型者如张景良、黄砚丽:《关于侵权补充责任形态的若干思考》,载万湘鄂主编:《探索社会主义司法规律与完善民商事法律制度研究——全国法院第 23 届学术讨论会论文集(下)》,人民法院出版社 2011 年版,第 1108—1116 页。
② 参见王竹:《补充责任在〈侵权责任法〉上的确立与扩展适用——兼评〈侵权责任法草案(二审稿)〉第 14 条及相关条文》,载《法学》2009 年第 9 期。

补充责任人与受害人之间特殊的关系,而非补充责任人实施了侵权行为,不属于本书探讨的数人侵权责任。第四种情形中,发包人或者分包人应当与雇主承担连带责任,这不独为《人身损害赔偿解释》第11条第2款所规定,我国《安全生产法》第86条第1款也作出同样的规定。第五种情形中,补充责任的承担也是因为补充责任人与受害人之间特殊的关系,而非补充责任人实施了侵权行为,也不属于本书探讨的数人侵权责任。第六种情形中,网络服务提供者似乎应该承担全部责任而非补充责任。第七种情形中,专家提供不实信息或不当咨询意见是受害人损害的条件行为而非原因行为,不应该承担侵权责任。第八种情形是大安全保障义务违反行为的一种。第九种情形中的连带责任是一种技术意义上的连带责任,有其合理性,不应该是补充责任。①

因此,笔者认为,在数人侵权中,大补充责任只适用于大安全保障义务违反行为这一种情形。

二、大安全保障义务违反行为的含义

(一)大安全保障义务违反行为的界定

大安全保障义务违反行为也是笔者发明的一个术语,用以表达这样一种数人侵权行为样态:第三人的直接侵权行为和安全保障义务人的侵权行为(即安全保障义务人的不作为,本书称之为安全保障义务违反行为)。在大安全保障义务违反行为中,存在两个侵权行为人:一个是实施直接侵权行为造成受害人损害后果的第三人,一个是违反安全保障义务的安全保障义务人;因此,也就存在第三人的直接侵权行为和安全保障义务人的安全保障义务违反行为两类侵权行为。

关于这种数人侵权行为样态,学界并无相应的表述;安全保障义务违反行为只是指安全保障义务人自己的侵权行为,并不能涵盖上述两个侵权行为,无法与共同加害行为、共同危险行为、直接结合行为等能够涵盖数个侵权行为的概念相并列。就像补充责任不能一词二用一样,安全保障义务违反行为一词也不能既用来指代安全保障义务人自己的不作为侵权行为,又

---

① 需要说明的是,由于王竹博士在文中没有详细论述每种情形为什么要承担补充责任,因此,笔者的反驳理由也就比较简单。

用来指代第三人的侵权行为与安全保障义务人的侵权行为这种数人侵权行为样态。因此,笔者新造了一个新术语,用来表达第三人的侵权行为与安全保障义务人的侵权行为这种数人侵权行为样态,以期实现概念表达的准确性。

之所以用大安全保障义务违反行为这个表述,和前文提及的大补充责任的设想一样:这个术语首先要能够直接表明其与安全保障义务违反行为之间的包含与被包含关系,又不能与安全保障义务违反行为的表述差别过大;而大安全保障义务违反行为比较能够担当起这两个任务,因此为本书所用。

在大安全保障义务违反行为中,第三人的直接侵权行为就是一个普通的单人侵权行为,没有什么研究价值;值得研究的是安全保障义务人的安全保障义务违反行为。

(二)安全保障义务违反行为的界定

简单地说,安全保障义务违反行为就是安全保障义务人违反自己的安全保障义务,没有实施合理的作为,从而造成他人损害的侵权行为。这个概念中,关键词就是安全保障义务;如果理解了安全保障义务,自然也就明白了安全保障义务违反行为的含义。因此,本书接下来就将重心转向安全保障义务。

对于安全保障义务的称呼,学界并不一致,"安全关照义务""安全保障义务""安全注意义务""交往安全义务""交易安全义务""交易往来安全义务"等术语都曾使用过。还好的是,自从我国《人身损害赔偿司法解释》和《侵权责任法》出台后,大家都使用"安全保障义务"这一表述。

1. 学界已有的观点

杨立新教授先是从义务违反后承担的责任的角度将安全保障义务分为三种类型:一是装备设施方面的安全保障义务,二是服务管理方面的安全保障义务,三是防范制止第三人侵害方面的安全保障义务;其中第一种是指经营者设置的硬件要达到保障安全的要求,第二种是指经营者员工提供的服务软件上的安全保护义务,第三种是指防范和制止他人侵害方面的安全保护义务。① 后来他又将安全保障义务分为四种类型：一是装备设施方面的安全保障义务，二是服务管理方面的安全保障义务，三是对儿童方面的安全保障义务，四是防范制止侵权行为方面的安全保障义务。其中第一种是指经营者设置的硬件要达到保障安全的要求；第二种又包括提供安全的消费、活动环境，坚持服务标准、防止出现损害，必要的提示、说明、劝告、协助义务；第三种是指竭力做到保护儿童的各项措施，以保障儿童不受场地内具有诱惑力危险的侵害；第四种是指防范和制止他人侵害，避免受保护人损害。②

张新宝教授认为，安全保障义务既包括硬件方面的义务，也包括软件方面的义务。其中，硬件方面既包括建筑物、设施等物的方面之安全保障，还包括配备安全保障人员人的方面之安全保障。软件方面包括消除内部的不安全因素、为消费者创造一个安全的消费环境，外部不安全因素的防范、制止来自第三方对消费者的侵害，不安全因素的提示、说明、劝告、协助义务。③ 杨垠红博士也是这种观点，只不过将人的方面的安全保障义务归入了软件方面。④

张民安教授认为，安全保障义务有两种：其一，物的安全保障义务。凡是对某种物施加控制力的人，如果在控制该物时没有尽到合理的注意义务，致使所控制的物造成他人损失，即应对他人承担侵权责任。其二，人的安全保障义务。行为人如果同其他人存在某种关系，即应对他人承担安全保障义务，确保他人免受第三人侵权行为或犯罪行为损害的义务，否则，即可能

---

① 参见杨立新主编：《人身损害赔偿司法解释释义》，人民法院出版社2004年版，第110—111页。

② 参见杨立新：《论违反安全保障义务侵权行为及其责任》，载《河南省政法管理干部学院学报》2006年第1期；杨立新：《〈中华人民共和国侵权责任法〉条文解释与司法适用》，人民法院出版社2010年版，第233—235页；杨立新：《侵权法论》，人民法院出版社2011年版，第439—441页。

③ 张新宝：《侵权责任法原理》，中国人民大学出版社2005年版，第272页；张新宝、唐青林：《经营者对服务场所的安全保障义务》，载《法学研究》2003年第3期；张新宝主编：《人身损害赔偿案件的法律适用》，中国法制出版社2004年版，第105页。

④ 参见杨垠红：《侵权法上安全保障义务之研究》，厦门大学博士学位论文，2006年，第108—110页。需要说明的是，除此之外，国内还有三篇专门研究安全保障义务的博士学位论文，它们分别是李昊：《交易安全义务论》，清华大学博士学位论文，2005年；周友军：《交往安全义务理论研究》，中国人民大学博士学位论文，2006年；熊进光：《侵权行为法上的安全注意义务研究》，西南政法大学博士学位论文，2006年。不过这三篇博士学位论文都没有对安全保障义务作出非常明确的界定。

要承担侵权责任。①

程啸博士认为,安全保障义务分为防止特定的人遭受义务人侵害的安全保障义务和防止特定的人遭受第三人侵害的安全保障义务:前者是指安全保障义务人负有不因自己的行为而直接使得特定的人身或财产遭受到侵害的义务;后者是指安全保障义务人负有不因自己的不行为而直接使得特定的人身或财产遭受自己之外的第三人侵害的义务。②

《人身损害赔偿司法解释》制定者认为,安全保障义务包括"物"之方面的安全保障义务和"人"之方面的安全保障义务。前者要求安全保障义务人对其所能控制的场所的建筑物、运输工具、配套设施、设备等的安全性负有保障义务;后者主要体现为应有适当的人员为参与其社会活动的他人提供与其活动相适应的预防外来侵害的保障,此外还要对该场所内可能出现的各种危险情况要有相适应的有效预警,以防他人遭受损害。③

尽管学者们观点各异,但他们都承认安全保障义务包括以下三个方面:一是安全保障义务人对自己能够控制的物件的控制义务,避免给权利人造成损害;比如,商场保证自己的大厅地面不滑,防止顾客进入而摔伤。二是安全保障义务人自己的作为义务,在不涉及第三人的情况下避免自己的不当行为给权利人造成损害;比如,游泳馆要安排救生员,游泳者落水后救生员要及时救助。三是面对第三人致害时安全保障义务人的作为义务,避免第三人的侵权行为给权利人造成损害;比如,保安要及时制止在酒店内的打架斗殴行为,保安要及时把在酒店内被伤害的客人送往医院。

2. 本书的观点

笔者认为,通说的前两个方面,其实就是一个类型。不论是因为自己物件的致害,还是因为自己员工的不作为致害,这都是安全保障义务人内部原因给受害人造成损害,都是由安全保障义务人对受害人承担直接责任、自己

---

① 张民安:《人的安全保障义务理论研究——兼评〈关于审理人身损害赔偿案件适用法律若干问题的解释〉第 6 条》,载《中外法学》2006 年第 6 期;张民安:《安全保障义务理论的比较研究》,载张民安主编:《侵权法报告》(第 1 卷),中信出版社 2005 年版,第 86 页。

② 参见程啸:《安全保障义务》,载王利明主编:《人身损害赔偿疑难问题——最高法院人身损害赔偿司法解释之评论与展望》,中国社会科学出版社 2004 年版,第 265—266 页。

③ 黄松有主编:《人身损害赔偿司法解释的理解与适用》,人民法院出版社 2004 年版,第 106—107 页。

责任。① 如此一来,学界公认的安全保障义务的三个方面其实就是两个方面:第一个方面是安全保障义务人的作为义务,避免权利人因为自己的内部原因而受到损害;第二个方面是安全保障义务人的作为义务,避免权利人因为安全保障义务人的内部原因和第三人的外部原因而受到损害。② 其中,第一个方面为我国《人身损害赔偿司法解释》第 6 条第 1 款、《侵权责任法》第 37 条第 1 款所规定,第二个方面为我国《人身损害赔偿司法解释》第 6 条第 2 款、《侵权责任法》第 37 条第 2 款所规定。

本书的观点与通说不同,笔者认为,安全保障义务只包括后一个方面,仅仅包括面对第三人实施侵权行为侵害权利人时安全保障义务人的作为义务。因此,《人身损害赔偿司法解释》第 6 条第 1 款、《侵权责任法》第 37 条第 1 款规定的作为义务不应当是安全保障义务,《人身损害赔偿司法解释》第 6 条第 2 款、《侵权责任法》第 37 条第 2 款规定的作为义务才是安全保障义务。

3. 如此界定的理由

笔者之所以这样界定安全保障义务,主要是从"爱你的邻人"理念的发展历程中总结出来的。

在 13 世纪中期,普通法认为,任何人均有法定的阻却他人实施重罪行为的义务。如果人们知道某个人正在实施严重的犯罪行为,并且他们有能力阻却此种犯罪行为的实施,他们应当采取行为阻却此种犯罪行为的实施;否则,法律会对他们给予刑事制裁。法律之所以课以人们这种作为义务,是因为当时政府的警力有限,无法给市民提供充分的保护;因此,法律要求人们之间相互提供保护。而到 19 世纪,随着民族国家的普遍建立,现代警察

---

① 笔者认为,安全保障义务人为员工的不作为承担责任不是替代责任而是自己责任。尽管侵权行为人是员工而非安全保障义务人,表面上看安全保障义务人是替代员工承担责任,但是,员工的意志是安全保障义务人意志的体现或反映;所以,安全保障义务人是为自己意志支配下的侵权行为承担责任,是自己责任。

② 程啸博士认为,这分别是防止特定的人遭受义务人侵害的安全保障义务和防止特定的人遭受第三人侵害的安全保障义务。参见程啸:《安全保障义务》,载王利明主编:《人身损害赔偿疑难问题——最高法院人身损害赔偿司法解释之评论与展望》,中国社会科学出版社 2004 年版,第 265—266 页。笔者不敢苟同,因为在后一种情况下,权利人遭受损害并不是仅仅因为第三人实施侵权行为的原因,还有安全保障义务人的不作为的原因。

力量的出现，政府能够为人们提供有效的保护，上述制度自然就式微。① 民族国家建立之初，侵权法严格奉行着"勿害他人"的理念，即行为人不得以积极的行为侵害他人的合法权益。硬币的另一面就是，行为人没有作为义务，不作为往往并不会侵害他人的权益。

随着人类社会的不断进步和发展，人类交往日益频繁、伤害事故越发频繁，"爱你的邻人"理念慢慢地渗入到侵权法中。它要求行为人在一定情况下，要实施一定的行为保护他人的合法权益不受侵害。易言之，"爱你的邻人"理念课加给行为人的作为义务，要求人们通过各种作为，来保护他人的人身和财产不因自己控制下的动物、物件和人而受到伤害。当然，这里的"他人"要作广义的理解，不仅包括自己的被监护人、员工等内部人，还包括客户、潜在的客户等外部人。比如，要把自己门前的雪清理，防止行人通过时摔伤；比如，要保证自己酒店内的电梯安全运行，防止运行到一半突然坠落；比如，要采取一定的劳动保护措施，防止自己的员工患上职业病；比如，要在游泳池设置救生员，防止游泳者出现危险；比如，出门遛狗时要紧紧拉住链子，防止狗咬人；比如，扛着铁棍在大街上走要包住尖锐的头，防止碰到别人。这些义务中，针对内部人（如员工）的保护很多都被一些专门的法律所规定，一般安全注意义务的范围日益萎缩，剩下的主要是用来保护外部人。

随着社会的发展，人类社会生活更加纷繁复杂，人们的接触日益密切、社会风险日渐增大；而与此同时，人权观念广为接受，人文主义深入人心，法律上也通过更多的制度来保障人们的人身安全和财产安全。现实生活中，宾馆、车站、商场、银行、演唱会、篮球比赛场等公共场所不仅是顾客（或参与者）经常光顾的地方，也是犯罪分子经常光顾的地方；所以，在公共场所发生了很多侵害他人人身安全或财产安全的事情。遗憾的是，国家通过警察并不能完全有效制止这些行为的发生，在公共场所侵害他人合法权益的行为一直存在；与此同时，很多犯罪分子未能被抓获或者没有赔偿能力，受害人无法得到充分的民事救济。在这个背景下，侵权法就课加给公共场所的管

---

① 参见张民安：《人的安全保障义务理论研究——兼评〈关于审理人身损害赔偿案件适用法律若干问题的解释〉第6条》，载《中外法学》2006年第6期；张民安：《安全保障义务理论的比较研究》，载张民安主编：《侵权法报告》（第1卷），中信出版社2005年版，第86页。

理人一定的作为义务,让其采取合理措施避免第三人对其控制领域中的不特定人的伤害;如果管理人没有采取合理措施而第三人致人损害的,管理人要承担一定的损害赔偿责任。从某种意义上说,公共场所的管理人承担了一定的警察所承担的职责,即保护进入其控制领域的人的人身安全和财产安全。之所以如此要求,一是因为警力不足,无法在众多公共场所都安排足够的警察;二是因为该场所在管理人的控制之下,履行该职能也具备可行性。

随着人类社会更进一步的发展,对人更加尊重,社会成员间互助的观念更加增强,法律上慢慢又衍生出救助义务。在适当的情形下,法律要求人们在极小成本下,尽力救助身处险境的人,即法律要求人们做个撒玛利亚人。本来法律没有课加给人们这个义务,因为这至多是道德上的义务。就像美国侵权法学者 Steven Chapman 所说的那样:"政府可以因为你伤害别人而将你关进监狱,但不能因为你不帮助别人而将你关在那里。"①但是,卡特林娜·杰洛维塞(Catherine Genovese)案后,经过理论界的呼吁,1959 年加利福尼亚州制定了美国各州中最早的一部《好撒马利亚人法》;到 1983 年为止,美国各州外加哥伦比亚特区、波多黎各和维京群岛都制定了自己的《好撒马利亚人法》,尽管这些州法中的绝大多数都只规定消极的好撒马利亚人的民事责任豁免问题。在大陆法国家,进入 20 世纪后,以刑法课加积极救

---

① Steven Chapman, Should Doing Nothing about a Crime Be a Crime? *Lasregas Rev. J. Aug. 31*, 1998. 比这更刺耳的是 Cappier v. Union Pacific Railway 中最高法院的判决,以致后来成为司法冷酷无情的典型代表。"法院不关心这一争议的人道方面,只有法律义务的不履行或过失履行属于法院的管辖权范围。对于拒绝给予受难者救济、没有回应值得怜悯的人的呼救、迟疑是否给予不幸的同胞爱护,人类法律没有惩罚措施,但在更高的规范中,这些将遭到良知声音的谴责,它对怯懦者的惩罚宣判是快速且单纯的。"See Thomas C. Galligan, Aiding and Altruism: A Mythopscholegal Analysis, *University of Michigan Journal of Law Reform* 1994, Winter, 439(27):pp. 448—449.

助义务好撒马利亚人行为模式的大陆法系国家刑法典越加增多[①];当然,这些国家和地区的民事法律只是通过无因管理来解决救助人的费用和损害,很少规定不救助时的赔偿责任(法国、葡萄牙是为数不多的例外)。[②] 在我国,刑法上没有"见死不救罪",民法上也没有规定不救助时的赔偿责任。由此可见,"爱你的邻人"的救助义务并没有获得人类社会的广泛认可,目前只为部分国家和地区的立法所规定,并且主要是刑法而非侵权法。但是,它与宗教、道德上的义务是一致的,指引人们为善,也符合人类社会的发展趋势。笔者乐观地估计,在不远的将来会它会被人类普遍接受,侵权法会规定不救助者的侵权赔偿责任。

由此可见,"爱你的邻人"理念包括三个层次:第一个层次是对于自己的危险源(自己控制下的物、物件和人),有义务控制该危险源,不要让其伤及他人;第二个层次是对于自己控制领域内发生的第三人侵权,有义务采取措施防范、制止和救助,避免他人因此而遭受损害;第三个层次是面对陌生人的伤害,如果发现者只需要很小的成本,发现者对其有救助的义务。在这三个层次上,行为人的作为义务一点比一点高,注意义务在不断变高。目前,第一点已经被人类社会普遍接受,第二点基本被接受,第三点目前只有少部分人接受。这三点反映了人类社会发展的三个不同层次、不同境界,也是人类社会不断进步和发展的体现。

这三个层次的发展是一个不断保护社会生活中人们人身安全和财产安全的发展过程;硬币的另一面,这也是对人们在社会交往中的行为自由不断限制的过程。侵权法认为,限制这些行为自由而获取他人的人身安全和财

---

① 它们是1902年的《挪威刑法典》(第387条)、1926年的《土耳其刑法典》(第476条)、1930年的《意大利刑法典》(第593条)、1933年的《波兰刑法典》(第247条)、1930年的《丹麦刑法典》(第253条)、1936年的《罗马尼亚刑法典》(第489条)、1940年的《冰岛刑法典》(第221条)、1944年的《西班牙刑法典》(第489条)、1950年的《希腊刑法典》(第307条)、1951年的《保加利亚刑法典》(第148条)、1951年的《南斯拉夫刑法典》(第147条)、1952年的《阿尔巴尼亚刑法典》(第157条)、1953年的《德国刑法典》(第330条)、1957年的《埃塞俄比亚刑法典》(第547条)、1960年的《苏俄刑法典》(第127条)、1960年的《乌克兰刑法典》(第112条)、1961年的《捷克斯洛伐克刑法典》(第207条)、1961年的《匈牙利刑法典》(第259条),1999年的《越南刑法典》(第102条)。

② 参见徐国栋:《见义勇为立法比较研究》,载《河北法学》2006年第7期。关于救助义务的详细介绍,参见蔡唱:《不作为侵权行为研究》,法律出版社2009年版,第五章(旁观者不作为侵权行为)。

产安全,符合侵权法的利益平衡。

从"爱你的邻人"理念的发展历程可以发现,通说中的安全保障义务的前一个方面属于"爱你的邻人"理念的第一层次,其实就是一般安全注意义务;其最初体现就是德国法上的一般安全注意义务和英美法上的注意义务。德国通过枯树案、撒盐案、兽医案等案件建立起来一般安全注意义务,尔后借助学说得到发展;英国通过 Macpherson v. Buick Motor Co.、Donoghue v. Steven、Anns v. Merton London Borough Council 等案件逐渐建立的注意义务课加给人们在更多情况下的作为义务。它在侵权法中已经有了自己的位置,无须纳入安全保障义务之中。

事实上,我国《人身损害赔偿司法解释》第6条第1款、《侵权责任法》第37条第1款所规定的义务,和一般安全注意义务也没有本质的区别。不论是私人场所还是公共场所,只要存在可能危及他人人身或财产安全的物件,物件管理人都应该采取措施避免该损害的发生。主体和场所对于案件的解决、法律的适用没有影响。① 不论是酒店的电梯在上升过程中突然坠落,还是自己阳台的花盆掉下砸中楼下行人,都是一般的侵权行为,并无特殊性。可以说,即使没有《人身损害赔偿司法解释》第6条第1款、《侵权责任法》第37条第1款、《侵权责任法》第85条,根据《侵权责任法》第6条也能解决这些问题。

易言之,"爱你的邻人"理念第一个层次的义务已经广为大家接受,已经成为侵权法的一部分,即一般安全注意义务,大家都觉得是理所当然的事情,目前已经没有了特殊性。而"爱你的邻人"理念第二个层次的义务虽然已经被大家接受,但并没有到"理所当然"的程度,还有一定程度的特殊性;所以,需要侵权法专门作出规定,将其规定为安全保障义务。

因此,本书的结论是,安全保障义务只包括后一个方面,仅仅包括面对第三人实施侵权行为侵害权利人时安全保障义务人的作为义务。《人身损害赔偿司法解释》第6条第1款、《侵权责任法》第37条第1款规定的安全保障义务不是真正的安全保障义务。

《人身损害赔偿司法解释》制定者说道:"本条系以一般安全注意义务

---

① 如果非要说有区别,那就是由于危险度不同,采取的措施就不同,即注意义务的高低不同。而实际上,注意义务本来就是一个弹性概念,存在高低的区别。

理论为基础,剥离出并着重调整那些尚未被法律法规等纳入规范范围的一般安全注意义务类型,将其命名为(社会活动)安全保障义务。但应当承认,这一称谓仍然具有接近于一般安全注意义务的层次感,是一个统和性概念。"①笔者认为,司法解释制定者之所以感觉"这一称谓仍然接近于一般安全注意义务",是因为它规定的内容不完全是安全保障义务的内容,第1款仍然是一般安全注意义务的内容,使安全保障义务与一般安全注意义务有了交集;科学的界定应当将交集部分还给一般安全注意义务,如此一来,上述感觉就不会存在了。

(三)安全保障义务的当事人

安全保障义务的当事人既包括义务主体,也包括权利主体。

1. 义务主体

(1)法律的规定

关于安全保障义务的义务主体,我国《人身损害赔偿司法解释》第6条规定为"从事住宿、餐饮、娱乐等经营活动或者其他社会活动的自然人、法人、其他组织";《侵权责任法》第37条规定为"宾馆、商场、银行、车站、娱乐场所等公共场所的管理人或者群众性活动的组织者"。

(2)立法者的解释

有的学者认为后者的范围比前者窄②,笔者倒认为二者没有什么区别,两个规定都是比较抽象,所以,关键是对于法律规定的解释。《人身损害赔偿司法解释》第6条中的"经营活动"比较好理解,稍微复杂的是"其他社会活动"。对此,《人身损害赔偿司法解释》制定者说道:"社会活动不以有偿(交易)为必要","只要该活动具备了与社会公众接触的主动性和客观上的可能性、现实性,即为本条规定的社会活动。""比如,参加社区运动会或者公益性晚会等。"③

---

① 黄松有主编:《人身损害赔偿司法解释的理解与适用》,人民法院出版社2004年版,第100页。

② 参见杨立新主编:《人身损害赔偿司法解释释义》,人民法院出版社2004年版,第224页;廖焕国:《论安全保障义务的制度设计——以〈侵权责任法(草案)〉第37条为中心的考察》,载《求索》2010年第4期。

③ 黄松有主编:《人身损害赔偿司法解释的理解与适用》,人民法院出版社2004年版,第113页。

关于我国《侵权责任法》第 37 条中的"公共场所",《侵权责任法》立法者解释道:"公共场所包括以公众为对象进行商业性经营的场所,也包括对公众提供服务的场所。比如本条列举的宾馆、商场、银行、车站、娱乐场所等,除了本条列举的这些场所外,机场、码头、公园、餐厅等也都属于公共场所。"关于《侵权责任法》第 37 条中的"群众性活动",《侵权责任法》立法者解释道:"群众性活动是指法人或者其他组织面向社会公众举办的参加人数较多的活动,比如体育比赛活动、演唱会、音乐会等文艺演出活动,展览、展销等活动,游园、灯会、庙会、花会、焰火晚会等活动,人才招聘会、现场开奖的彩票销售等活动。"①

(3) 本书的观点

① "公共场所的控制人"的表述更为妥当

在笔者看来,公共场所的管理人和群众性活动的组织者没有什么本质区别:公共场所的管理人,就是对该场所具有事实上控制力的人。而群众性活动,不论什么样的群众性活动,既然是群众性的,就应该在公共场所举行;如此一来,该活动的组织者自然也就对该活动所在场所具有事实上的控制力,成为该场所的控制人②,同时,该场所的原来控制人因为暂时失去控制力而不再为控制人。③ 因此,笔者认为"公共场所的控制人"的表述既突出了

---

① 参见王胜明主编:《中华人民共和国侵权责任法释义》,法律出版社 2010 年版,第 201 页;全国人大常委会法制工作委员会民法室编:《中华人民共和国侵权责任法条文说明、立法理由及相关规定》,北京大学出版社 2010 年版,第 159—160 页。

② 从这个意义上说,笔者同意杨立新教授的"借鉴英美法上的土地利益占有人或者土地占有者的概念,更容易处理实际问题。不论是经营者,还是社会活动的组织者,他们都占有土地,在土地上进行活动"观点。其详细论述,参见杨立新:《论违反安全保障义务侵权行为及其责任》,载《河南省政法管理干部学院学报》2006 年第 1 期。

③ 程啸博士认为:"公共场所的管理人是指对公共场所具有事实上的管理和控制力的自然人、法人或其他组织。何人为管理人,判断标准并非单纯的所有权关系,要看重是否对公共场所有实际的管理和控制之力。"参见程啸:《侵权责任法》,法律出版社 2011 年版,第 349—350 页。引用中的着重号为笔者所加。

对场所的事实上控制力,又能够涵盖立法上的两类人,既简练又不失周延。①

需要说明的是,某些群众性活动如果是在私人场所举办(比如,某银行借用某富豪的别墅,举办年终 VIP 客户答谢酒会),那么在活动期间,私人场所就丧失了其私人性,暂时具有公共性,因而也就被视为公共场所。

由此可见,安全保障义务针对的是对其场所具有事实上控制力的主体,所以,安全保障义务的主体为公共场所的控制人。

② 政府机关(党群机关)、事业单位的所在地也是公共场所

需要考虑的是,政府机关(党群机关)、事业单位的所在地也是公共场所,它能否为我国《侵权责任法》第 37 条所包含?《侵权责任法》立法者提及的"对公众提供服务的场所"能否将其涵盖进去?笔者认为,在这一点上,不论是政府机关(党群机关)所在地,还是事业单位所在地,它们都是公共场所,除了自己的职工之外(对于职工的保护,无须通过安全保障义务,因为工伤保险或者医疗保险可以解决),还有不特定的人进出这些公共场所。作为该公共场所的控制人,政府机关(党群机关)、事业单位对这些进出的不特定人,同样负有保障其免受第三人侵害的义务。在这一点上,政府机关(党群机关)、事业单位的所在地和其他公共场所,并无本质区别②,应该

---

① 有人也承认,无论是公共场所的管理人还是群众性活动的组织人,都对该场所具有事实上的控制力。如我国《人身损害赔偿司法解释》制定者指出:"社会活动安全保障义务的主体是借以从事社会活动的特定场所的所有者、经营者以及其他对进入该场所的人具有安全保障义务的人(包括公民、法人、其他组织)。他们的共同特点是,对该场所具有事实上的控制力。"参见黄松有主编:《人身损害赔偿司法解释的理解与适用》,人民法院出版社 2004 年版,第 115 页。最高人民法院侵权责任法研究小组认为:"社会活动安全保障义务的主体是那些从事社会活动的特定场所的所有者、经营者以及其他对进入该场所的人具有安保障义务的人,他们的共同特点是,对该场所具有事实上的控力……。"参见奚晓明主编:《〈中华人民共和国侵权责任法〉条文理解与适用》,人民法院出版社 2010 年版,第 272 页。韦国猛法官说道:"无论行为人是社会活动的组织者还是活动场所的维护者、管理者,只要他对活动场所有事实上的控制力,那么他就应当承担保障他人人身不受损害的义务。"参见韦国猛:《违反安全保障义务侵权责任浅析——以〈最高人民法院关于审理人身损害赔偿案件适用法律若干问题的解释〉第六条为中心》,载《安徽大学法律评论》(第 14 辑),安徽大学出版社 2008 年版,第 106 页。既然如此,为何不把二者统一称为场所的管理人?

② 有人认为,政府的安全保护义务与一般意义上的安全保障义务存在本质区别。其详细论述,参见陈国辉、毛德龙:《溜冰场承担的安全保护义务——安全保障义务的限制、限度与免责条件探析》,载张民安主编:《侵权法报告》(第 1 卷),中信出版社 2005 年版,第 222—223 页。由于他的安全保障义务与本书的界定不同,所以结论自然就不同。

同样对待,否则违反"相同事物应为相同处理"的平等原则。①

更何况,政府机关(党群机关)违反安全保障义务的不作为并不属于《国家赔偿法》规定的赔偿范围,受害人无法通过《国家赔偿法》获得救济。

综上,笔者认为,我国《侵权责任法》第37条的"公共场所"包括政府机关(党群机关)、事业单位的所在地。

③ 不包括私人场所的控制人

笔者赞同立法的规定,将安全保障义务人的范围限定在公共场所的控制人,而不包括私人场所的控制人。笔者之所以这样认为,主要是基于以下几点考虑。

第一,安全保障义务的历史演变。前文已述,安全保障义务产生于"爱你的邻人"的第二个阶段,其社会背景是"人类社会生活更加纷繁复杂化,人们的接触更加日益密切";而这种接触主要是发生在公共场所,人们在公共场所受到人身伤害或财产伤害。所以,安全保障义务也是针对公共场所的控制人。

此外,安全保障义务人还承担一部分警察所承担的职责,警察的职责主要是管理公共场所,保护公共安全。

第二,赔偿能力。其实,从某种意义上说,安全保障义务是想为遭受第三人侵害但又无法从第三人处获得救济的受害人寻找一个"深口袋"——关于这点,后文将会详细论述。既然是想找一个"深口袋","浅口袋"就不是目标对象。一般情况下,公共场所控制人都是企业或组织,才会财大气粗;而私人场所的控制人都是私人,是"浅口袋"。所以,安全保障义务的目标仅仅需要对准前者,后者不必纳入安全保障义务的范畴。

第三,时代背景。前文已述,现代社会有着风险社会的一面,而在风险社会中,企业的地位越发举足轻重,企业责任也越发受到重视。将安全保障义务人的义务主体限定为公共场所的控制人而不包括私人场所的控制人,契合这样的时代背景。

第四,我国的国情。我国《侵权责任法》立法者说道:"合理确定安全保

---

① 对此,有的学者说道:"如行人在银行门前滑倒可以请求赔偿,但在行政事业单位内就不能,这不但不利于大众的安全预期,结果上也难言公平。"参见廖焕国:《论安全保障义务的制度设计——以〈侵权责任法(草案)〉第37条为中心的考察》,载《求索》2010年第4期。

障义务人的范围,既要……又要考虑我国国情,从距今社会和谐稳定的目的出发,不能盲目扩安全保障义务人的范围,避免引发过多社会纠纷;同时还要……"①

不论是《人身损害赔偿司法解释》还是《侵权责任法》都提及了安全保障义务的社会背景,都是公共安全领域出了问题②,都没有提及私人领域的安全问题。尽管后者也存在,但是,两个立法者的目标都是对准了前者。这说明前者在我国比较严重,需要法律干预;而后者的严重性不足,暂时还没有规范的必要(当然,不排除以后会被法律规范、调控)。

此外,课加安全保障义务就意味着对其行为自由进行一定程度的限制;在中国当下,对私人领域的侵犯反而较多。所以,还是少限制私人场所管理人的行为自由为宜。

2. 权利主体

关于安全保障义务的权利主体,即保护对象,学界普遍认同《人身损害赔偿司法解释》制定者的观点,即"基于前述有关'社会活动'的理解,我们认为社会活动安全保障义务的保护对象不仅包括经营活动中的消费者、潜在的消费者以及其他进入经营活动场所的人,还包括虽无交易关系,但出于合乎情理的方式进入可被特定主体控制的对社会而言具有某种开放性的场所的人。如穿行地铁(地下通道)过街的行人等"③。

相比之下,《侵权责任法》立法者的态度就不那么明确了:"考虑到司法

---

① 王胜明主编:《中华人民共和国侵权责任法释义》,法律出版社 2010 年版,第 200 页;全国人大常委会法制工作委员会民法室编:《中华人民共和国侵权责任法条文说明、立法理由及相关规定》,北京大学出版社 2010 年版,第 161 页。

② 《人身损害赔偿司法解释》制定者在"制定背景"部分说道:"近年来,社会上出现了许多社会公众在住宿、餐饮、娱乐等经营场所或者其他社会活动场所遭受损害的事件。还有一些犯罪分子在上述场实施严重侵害他人人身安全的侵权行为,但直接侵害人无法确定或者虽已确定但其无力承担赔偿责任。"参见黄松有主编:《人身损害赔偿司法解释的理解与适用》,人民法院出版社 2004 年版,第 98 页。《侵权责任法》立法者说道:"《侵权责任法》在总结司法实践经验的基础上,借鉴了国外相关规定,对未尽到安全保障义务的侵权责任作出了明确规定。"参见王胜明主编:《中华人民共和国侵权责任法释义》,法律出版社 2010 年版,第 200 页;全国人大常委会法制工作委员会民法室编:《中华人民共和国侵权责任法条文说明、立法理由及相关规定》,北京大学出版社 2010 年版,第 159 页。这里的"总结司法实践经验",主要就是指《人身损害赔偿司法解释》第 6 条。

③ 黄松有主编:《人身损害赔偿司法解释的理解与适用》,人民法院出版社 2004 年版,第 115 页。

实践中的情况较为复杂,仅仅进入商场上洗手间、问路或者躲雨的人能不能界定为顾客,上错了公交车又准备下车的人是否属于保护对象,特别是对于非法进入者如到宾馆里打算偷窃的人是否给予保护,争议很大。在法律中明确哪些人属于保护对象较为困难,因此,本法对安全保障义务的保护对象规定为'他人',没有明确具体的范围,实践中哪些人属于保护对象应根据具体情况判断。"①

在这种情况下,如何解释"他人"呢?是按照《人身损害赔偿司法解释》制定者的观点吗?笔者认为,根据本书对安全保障义务的界定,安全保障义务的权利主体是指有特别法保护的特殊人②之外所有进入安全保障义务人控制领域的人,不论其进入是否出于合乎情理的方式。易言之,只要进入安全保障义务人的控制领域,安全保障义务人都有义务保护其免受第三人的侵害。

之所以这样认为,是因为不管他人通过何种方式进入,都事实上进入了安全保障义务人的控制领域;基于安全保障义务人对该场所的事实上控制力,当他遭受第三人侵害时,安全保障义务人应当给予保护,避免损害的发生或扩大。安全保障义务人不能因为其不当或非法进入自己的控制领域,而眼睁睁地看着他遭受第三人的侵害而坐视不管。

这个道理其实非常简单,就像在警察保护人们的生命财产安全时,并不会区分好人、坏人;在面临第三人的侵害时,好人、坏人都能够得到警察的保护,连小偷、妓女③也能够得到警察的保护。前文已述,安全保障义务从某种意义上是在自己的控制领域履行了警察的部分职责,自然也要像警察一样对待每一个公民④那样对待每一个进入者。

当然,尽管每一个进入者都是安全保障义务的保护对象,但是安全保障

---

① 王胜明主编:《中华人民共和国侵权责任法释义》,法律出版社2010年版,第201—202页;全国人大常委会法制工作委员会民法室编:《中华人民共和国侵权责任法条文说明、立法理由及相关规定》,北京大学出版社2010年版,第161页。
② 如员工。我国《劳动合同法》等法律会专门保护员工的人身及财产安全,并且力度更大。
③ 小偷和妓女也被王泽鉴教授认为是安全保障义务的保护对象。参见王泽鉴:《侵权行为》,北京大学出版社2009年版,第266页;王泽鉴:《侵权行为法》(第一册),中国政法大学出版社2001年版,第95页。
④ 严格说来,"公民"一词并不妥当,因为对于外国人、无国籍人,警察同样也会给予保护。

义务人对于不同的进入者的安全保障义务会有区别。① 原因非常简单,就像火车的卧铺比硬座舒服、酒店的总统套房的设施更豪华一样,权利是和义务对等的;不同类型的进入者对安全保障义务人负担的义务不同,其能够享有到的权利自然会有差别。当然,差别要具体情况具体分析,不能笼统地一概而论。

有人认为,当被害人因为求助、躲避歹徒的追赶而进入或请求进入有保安人员值守的经营场所,保安人员不得拒绝救护援助。② 基于上述理由,笔者赞同这个观点。

（四）安全保障义务的内容

安全保障义务人应该采取什么样的措施来避免安全保障义务权利人受到第三人的侵害？如前所述,这需要具体情况具体分析;但是,这并不妨碍我们进行归纳总结。笔者认为,这些措施大致可以归为三类:事先的防范义务、事中的制止义务和事后的救助义务。

1. 事先的防范义务

在第三人没有实施侵权行为侵害权利人之前,安全保障义务人要采取一定的合理措施来预防侵害的发生。比如,一定级别的宾馆或酒店安置相应的监控设备③、报警装置④;比如,夜总会、歌舞厅等配备一定数量的保安人员;比如,饭店不能将菜刀放置于任何人都能接触到地方;比如,保安对于

---

① 对此,屈茂辉教授说道:"当然,基于分配正义,法律对旅馆的安全注意义务的要求层次是有差异的。一般而言,与旅馆房客之间由于合同关系的存在,从而形成比一般社会关系更为紧密的信赖关系,相应地旅馆要承担更高的安全注意义务。与不存在缔约关系的一般人之间,旅馆的安全注意义务只需符合法律的一般要求即可。"参见屈茂辉:《旅馆安全注意义务研究》,载张民安主编:《侵权法报告》(第1卷),中信出版社2005年版,第197页。

② 汤啸天:《经营者场所安全责任的合理边界》,载《法律科学》2004年第3期。

③ 应当说,监控设备的主要功能是事后的证据,但它事先也能给侵权人起到一定的威慑作用:有了摄像头,作案后被抓住的可能性就大大增加了,侵权人就不敢轻易地实施侵权行为了。在中国农业银行南昌市分行洪城分理处劫案中,劫犯被捕后供述,他们之所以选择该分理处实施抢劫,就是因为该分理处的营业场所没有监控"摄像头"。参见黄勇:《银行劫案遇难储户家属状告银行:银行冤？还是储户冤？》,载《南方周末》2001年6月21日。

④ 在吴成礼等诉中国建设银行云南省分行昆明市官渡支行人损害赔偿纠纷案(案件文书号:云南省昆明市(2003)昆民一初字第158号;云南省高级人民法院(2004)云高民一终字第72号)中,法院认定"官渡建行提交的录像资料,只能证明该营业厅内设置了电视监控系统,不能证明按规定还安装了联网报警装置和必须安装的探测报警等技术设施"。被告违反的就是这个事先的防范义务。

行踪可疑人要予以盘问①;等等。

此外,安全保障义务人还应该承担充分和明确的警示义务,这样可以使权利人采取足够的自我保护措施。比如,超市的大厅不仅要有防滑垫,还应该有"Wet caution"的警示牌。

其实,关于这点,我国有的行政管理规章和行业规范已经作出了规定。比如,《旅馆业治安管理办法》第5条规定,旅馆须建立安全管理制度,设置治安保卫组织或者指定安全保卫人员等。比如,《金融机构、金库安防规定》专章规定了营业场所的安全防范设施,包括必须安装坚固的金属防护门、金属防护网(栏)以及与公安机关联网的报警装置等。

2. 事中的制止义务

在第三人实施侵权行为侵害权利人之时,安全保障义务人要采取一定的合理措施制止该侵权行为,避免侵害后果的发生。比如,酒店保安发现有人在酒店打架斗殴,应当上前劝架而不能袖手旁观②;比如,一定级别宾馆或酒店应安置相应的监控设备和负责监控设备的工作人员,以便能够发现在本领域的侵权行为③;比如,酒吧的保安发现打架事故后立即打电话报警等等。

就像有的学者所言,由于犯罪的复杂性,安全保障义务人能否成功地制止第三人的侵权行为并不影响对其主观努力的评价。易言之,不能苛求安全保障义务人百分之百地成功制止犯罪或抓获侵害者,安全保障义务人所应当做到的是在制止犯罪时勇敢果断、尽心竭力、不畏缩、不慌乱,在最短的

---

① 在王利毅、张丽霞诉上海银河宾馆赔偿纠纷案(案件文书号:上海市高级人民法院(2000)沪一中民终字第2309号)中,警方事后从宾馆的安全监视系统记录资料中发现,罪犯仝瑞宝在入室作案前,曾尾随受害人王某,并在不到两个小时内,7次上下银河宾馆的电梯进行跟踪。而被告却无人发现这一可疑现象进而制止,被告违反的就是这个事先的防范义务。

② 在谢雪芬诉晋江万通大酒店不履行保障顾客人身安全义务损害赔偿案(案件文书号:福建省晋江市人民法院(1996)晋青民初字第90号)中,在原告遭受殴打的过程中,有数人进行围观,其中有被告的保安人员及服务人员。尽管原告大声呼救,却无人出来制止。被告就是违反了这个制止义务。

③ 在吴成礼等诉中国建设银行云南省分行昆明市官渡支行人损害赔偿纠纷案(案件文书号:云南省昆明市中级人民法院(2003)昆民一初字第158号民事判决书;云南省高级人民法院(2004)云高民一终字第72号民事判决书)中,官渡支行未按《中国建设银行安全防护设施建设及使用管理暂行规定》第62条的要求安排专门人员值守电视监控,从而不能发挥安装的设施应当具有的预见、防止或者减少损害的作用。被告就是违反了这个义务。

时间内报警。①

3. 事后的救助义务

在第三人实施侵权行为侵害权利人之后,即损害后果已经发生了,安全保障义务人要采取合理措施救助权利人,避免侵害后果的扩大。比如,对权利人的伤口进行简单的包扎;比如,打120电话求教;比如,及时送往医院;等等。

有人认为,营业场所发生侵犯人身权、财产权案件时,营业者有义务及时向警方报案,积极提供案件侦破线索,妥善保全并提供监控录像等证据,配合警方缉拿案犯。② 笔者认为:"积极提供案件侦破线索,妥善保全并提供监控录像等证据,配合警方缉拿案犯"是刑事诉讼法中的义务,这些义务的履行也很难避免损害后果的发生或扩大,与安全保障义务距离较远。

安全保障义务人的这三方面的义务其实在有的判决中已经有所体现。在李永亮诉深圳市银座渔港酒楼有限公司人身损害赔偿纠纷案③中,法院指出:"(被告)在有人持棍棒类工具进入酒楼时,没有及时发现并予以制止,在打架事件发生时,没有积极、有效地劝阻和制止,在原告受伤时,没有及时送其去医院救治。""进入酒楼时"就是"事先",其义务是"及时发现";"在打架事件发生时"就是"事中",其义务是"积极、有效地劝阻和制止";"在原告受伤时"就是"事后",其义务是"及时送其去医院救治"。

(五)违反安全保障义务的认定

安全保障义务人在权利人遭受第三人侵害时没有尽到自己的安全保障义务,就是安全保障义务违反行为。那么,如何认定安全保障义务违反了自己的安全保障义务呢?笔者认为,以下四点应当注意。

1. 不能太重

如果把安全保障义务人违反行为比喻成一个坐火车的儿童,认定其是

---

① 参见汤啸天:《经营者场所安全责任的合理边界》,载《法律科学》2004年第3期。
② 参见王军:《论营业者保护顾客免受第三人侵害的义务》,载《法商研究》2005年第5期。持相同观点的还有汤啸天教授,他认为:"经营场所发生侵犯人身权、财产权案件时,经营人必须及时向警方报案,积极提供侦破线索、妥善保全并提供监控录像等证据,配合警方缉拿案犯。否则,应当认定场所经营者未能尽到场所安全保障责任。"参见汤啸天:《经营者场所安全责任的合理边界》,载《法律科学》2004年第3期。
③ 案件文书号:广东省深圳市盐田区人民法院(2004)深盐法民初字第219号。

否违反安全保障义务就是看该小朋友的身高是否超过儿童购票线（从而决定是否买票）；那么，安全保障义务就是火车上的儿童购票线。在儿童身高不变的情况下，该儿童是否需要购票取决于儿童购票线的高度。因此，认定安全保障义务违反与否其实取决于安全保障义务：如果安全保障义务过重，则有可能违反；如果安全保障义务过轻，就可能不违反。

笔者认为，不论是事先的防范义务、事中的制止义务，还是事后的救助义务，安全保障义务都不能太重。因为安全保障义务对于安全保障义务人来说，是对其行为自由的限制，而自由对于民事主体来说，犹若灵魂之于生命。所以，侵权法不仅要考虑到安全保障义务权利人的保护，还要考虑到安全保障义务人的行为自由，要在二者之间实现平衡。利益平衡就不能要求安全保障义务人不惜一切代价采取各种措施，而只是要求安全保障义务人采取合理措施[①]；毕竟安全保障义务不是绝对的注意义务。

如果不把安全保障义务人的作为义务限制在合理限度内，将会带来一系列负面影响。就像有的学者说的那样："这一方面可能会导致经营者风险的增加，进而提前对消费者进行风险、责任转嫁，构成对消费者的不利情形。"[②]有的学者以旅馆业为例分析的结果是："如果对义务人可以过重的拘束负担，不但不利于该行业的发展（成本投入过高而影响利润，从而导致投资者减少，行业发展萎缩），而且会影响社会公众的整体利益（如旅游业、商务会展等相关行业势必受到影响）。"[③]对此，有德国学者认为，在确定该义务时，要考虑所谓的国民经济上的妥当性，不能因为该义务的设定而窒息法律允许的活动。[④]

说到底就是，侵权法给安全保障义务人设定安全保障义务、在认定安全保障义务人所采取的措施是否合理时，必须考虑到安全保障义务人为此而

[①] 有的法理学者很早以前就说过："从哲学上看，任何义务的限定都是对个人行为自由的减损，因而义务设定的合理性就表现为它是必要的、适度的。"参见张恒山：《义务先定论》，山东人民出版社1999年版，第196页。

[②] 姚海放：《第三人行为介入中的安全保障义务责任承担》，载《中国社会科学报》2010年6月22日第10版。

[③] 屈茂辉：《旅馆安全注意义务研究》，载张民安主编：《侵权法报告》（第1卷），中信出版社2005年版，第197页。

[④] Hans-Joachinm Mertens, Verkehrspflichten und Deliktsrecht, VersrR 1980, S.401f. 转引自周友军：《交往安全义务理论研究》，中国人民大学出版社2008年版，第79页。

付出的成本。就像我们不能要求中学食堂的饭菜像饭店的饭菜那样色、香、味俱全一样,侵权法不能给招待所和五星级酒店设置同样的安全保障义务,毕竟招待所不可能像五星级酒店那样有足够的金钱招聘保安、购买监控设备等等。

关于这一点,《人身损害赔偿司法解释》制定者认识得非常清楚:"不考虑安全保障义务违反人能够防止或者制止损害的能力和范围,认为只要实施积极加害行为的第三人无法确定或者根本无力承担赔偿责任,就要让他对受害人的损害后果承担全部责任不利于利益平衡。毕竟设定社会活动安全保障义务的目的不是使他成为另一种责任保险制度。"[①]笔者还要加上一句,安全保障义务人毕竟并不是警察。

2. 认定的个案分析

认定是否违反安全保障义务不能一概而定,只能个案分析;因为安全保障义务人应当采取的措施是合理措施,而合理措施中的"合理"就像合理期限中的"合理"一样,是一个模糊、弹性的概念,只能在具体案件中确定。对此,我国《侵权责任法》立法者有着清醒的认识:"由于安全保障义务人的范围很广,涉及多个行业、多类主体,不同义务人对不同保护对象所负有的安全保障义务是不同的,在法律中无法明确其具体内容。"[②]可见《侵权责任法》立法者非不为也,实不能也!

有学者批评《人身损害赔偿司法解释》第 6 条混淆了"经营活动"和"社会活动"的界限,以及"经营活动"规定过窄,"社会活动"规定过宽。理由是"'经营活动'往往存在于营利性的公司、企业之间;此时'经营者'应该尽到更加严格的安全注意义务和安全保障义务,而不应当仅仅限于'合理限度范围内'。对其免责事由,应当由法律予以明确的规定。'社会活动'义务更加倾向于公益性,而且组织上存在诸多的细节无法把握,所以,可以仅仅限

---

① 黄松有主编:《人身损害赔偿司法解释的理解与适用》,人民法院出版社 2004 年版,第 111 页。

② 参见王胜明主编:《中华人民共和国侵权责任法释义》,法律出版社 2010 年版,第 202 页;全国人大常委会法制工作委员会民法室编:《中华人民共和国侵权责任法条文说明、立法理由及相关规定》,北京大学出版社 2010 年版,第 162 页。

于'合理限度范围内',由'社会活动组织者'证明'无过错'即可免责。"①这种观点没有准确把握"合理限度"的内涵,"合理限度"或者"合理措施"作为一个弹性概念,在不同的安全保障义务人中有不同体现,用"合理限度"或者"合理措施"来概括一点问题都没有——不仅没有,并且只能如此概括。

在这种情况下,类型化是一个比较有效的使抽象变为具体的途径,即根据不同的类型,设置不同的安全保障义务。比如王利明教授认为:"应当看到,违反安全保障义务的责任在救济财产损害与人身损害的情况下,应当存在一定的差异。具体表现为:在保护人身的时候,安全保障义务人所负担的义务较重;而在保护财产时,安全保障义务人所负担的义务较轻。例如,在酒店就餐时,顾客的财产丢失,对此,酒店一般情况下不负有违反安全保障义务的责任。但如果顾客在酒店遭受他人的人身侵害,酒店原则上负有违反安全保障义务。这是考虑到人身权益与财产权益的重要程度,而对安全保障义务的内容作出的不同界定。"②张民安教授认为:"判断被告是否违反了安全保障义务,判断标准是理性人标准。但是,在现代社会,由于商事经济的发展,因此,法官在判断被告是否尽到合理的注意义务时,往往要考虑被告的身份、职业,考虑被告的可预见能力,考虑被告所在的职业领域的惯例,并分别根据这些因素做出结论。分为医师的标准、会计师的标准、律师的标准、酒店的标准、银行的标准等等。"③杨垠红博士列举出学校对学生的安全保障义务、雇主对雇员的安全保障义务、主人对客人的安全保障义务、体育活动组织者对观众的安全保障义务、旅游营业者对游客的安全保障义务、旅馆对消费者的安全保障义务、公共承运人对乘客的安全保障义务、物业管理公司对业主的安全保障义务、银行及其他金融机构对客户的安全保障义务、医师对病人的安全保障义务等十项。④ 苗延波教授甚至列举出十八

---

① 关今华:《〈关于审理人身损害赔偿案件适用法律若干问题的解释〉述评》,载张民安主编:《侵权法报告》(第1卷),中信出版社2005年版,第367页。

② 王利明:《侵权责任法研究》(下卷),中国人民大学出版社2010年版,第171页。

③ 张民安:"序",载张民安主编:《侵权法报告》(第1卷),中信出版社2005年版,第XV页。

④ 参见杨垠红:《侵权法上作为义务:安全保障义务之研究》,法律出版社2008年版,第201—220页。

种不同类型的安全保障义务。①

另外一个途径就是最高人民法院通过公布一些示范判例。在这些案例中,法官能够根据当时的具体情况,准确合理地确定安全保障义务人的义务范围和判决安全保障义务人应当采取措施的合理程度,并且能够给出充分的理由。如此一来,就给全国的法院以示范,逐渐使部分的安全保障义务案件由模糊变具体。②

3. 考量的因素

既然安全保障义务具有弹性,那么认定安全保障义务违反与否必须借助一些客观的因素,只有这样才能得出一个相对客观的结论。有学者认为,确定安全保障义务人采取措施的合理标准是不可能完成的任务,就像在商业公司运作中去判断何种情况下公司董事是否足够勤勉一样。③ 笔者虽然基本赞同其态度,但并不完全赞同其观点;因为在判断时考量的因素相对还是比较客观的。

对此,《人身损害赔偿司法解释》制定者认为:"判断的标准一般是,该安全保障义务人的实际行为是否符合法律、法规、规章或者特定的操作规程的要求,是否属于同类社会活动或者一个诚信善良的从业者应当达到的通常的程度。另外,预见可能性的大小也是作为判断保障义务是否属于'合理限度范围内'的标准之一。"④《侵权责任法》立法者认为:"对于实践中需要确定义务人应当负有的具体安全保障义务的内容,进而判断安全保障义务人是否以及尽到安全保障义务的,可以参考该安全保障义务人所在的行业的普遍情况、所在地区的具体条件、所组织活动的规模等各种因素,从侵权

---

① 参见苗延波:《经营者对服务场所承担安全保障义务的类型及其内容研究》,载《河南省政法管理干部学院学报》2007年第2期。

② 其实两年前就有学者提出这个建议了。李友根教授说道:"正如司法解释制定者们所预料到的,在如何理解安全保障义务人危险控制义务的履行问题上,衡量是否已经尽危险控制义务是一个非常复杂的问题。因此,最高人民法院通过公布判例,予以合理界定安全保障义务人的义务范围与程度。"参见李友根:《经营场所安全保障义务研究——基于最高人民法院公报判例的回顾》,载漆多俊主编:《经济法论丛》(第17卷),中国方正出版社2009年版,第32页。

③ 姚海放:《第三人行为介入中的安全保障义务责任承担》,载《中国社会科学报》2010年6月22日第10版。

④ 黄松有主编:《人身损害赔偿司法解释的理解与适用》,人民法院出版社2004年版,第116页。

行为的性质和力度、义务人的保安能力以及发生侵权行为前后所采取的防范、制止侵权行为的状况等方面,根据实际情况综合判断。"① 此外,一些学者也提出了自己的看法。② 由于他们的安全保障义务与本书的安全保障义务内涵并不相同,所以,笔者就不再评价上述观点。笔者认为,在认定安全保障义务人采取的措施是否合理、是否违反安全保障义务时应当考虑以下几个因素。

(1) 营利与否及程度

营利性主体与非营利性主体,其安全保障义务的强度有所不同,法律对其所采取的措施要求也不会相同,认定时必须考虑这点。一般认为,前者的安全保障义务的强度高于后者,前者更应该采取有效的措施避免第三人的直接侵权行为给权利人造成损害。比如,宾馆一般都有保安,而举办社区趣味运动会则不要求有保安。

同为营利性主体,营利的程度不同,其安全保障义务的强度也会有所不同,认定时也要考虑这点。一般认为,高营利主体安全保障义务的强度高于低营利主体,前者更应该采取有效的措施避免第三人的直接侵权行为给权利人造成损害。比如,相同地段、相同面积的五星级酒店的保安数量肯定要

---

① 参见王胜明主编:《中华人民共和国侵权责任法释义》,法律出版社 2010 年版,第 202 页;全国人大常委会法制工作委员会民法室编:《中华人民共和国侵权责任法条文说明、立法理由及相关规定》,北京大学出版社 2010 年版,第 162 页。

② 王泽鉴教授认为:"此须斟酌的危险的性质、严重性、对义务人期待可能性、行为效益、防范费用、被害人的信赖及自我保护可能性,及法令规章等因素,就个案加以认定。"参见王泽鉴:《侵权行为》,北京大学出版社 2009 年版,第 265 页。杨立新教授认为,在确定防范、制止侵权行为违反安全保障义务的侵权行为中是不是尽到安全保障义务时,可以从安全保障义务的性质、侵权行为的性质和力度、安全保障义务人的保安能力以及发生侵权行为前后所采取的防范、制止措施等方面,综合判断,确定义务人是否以及尽到安全保障义务。参见杨立新:《侵权法论》,人民法院出版社 2011 年版,第 436 页。程啸博士认为,注意义务的几个判断标准包括是否获益,风险或损害行为的来源,预防与控制风险或损害的成本,普通民众的情感。参见程啸:《安全保障义务》,载王利明主编:《人身损害赔偿疑难问题——最高法院人身损害赔偿司法解释之评论与展望》,中国社会科学院 2004 年版,第 273—275 页。周友军博士认为:"要考虑如下因素:开启或持续了危险、社会生活参与人的合理期待、危险的控制可能性、危险本身的特点、防免危险的费用高低、受害人自我保护的可能性、行为人的收益以及法律、行政法规、政府规章、技术规则和事故防免规则等。"参见周友军:《交往安全义务理论研究》,中国人民大学出版社 2008 年版,第 178 页。

多于三星级酒店。①

(2) 开放程度

公共场所对社会公众的开放程度不同,安全保障义务人的强度自然也就不同。向社会开放程度高的公共场所的管理人的安全保障义务要重于开放程度低的公共场所的管理人的安全保障义务。② 比如,不考虑其他因素的情况下,商场的安全保障义务显然要重于学校的安全保障义务。

(3) 保护的客体

安全保障义务既保护人身安全,也保护财产安全;但安全保障义务人在两种情况下所采取的措施力度不会相同。一般认为,人身安全更为重要一些;所以,人身性安全保障义务强度应高于财产性安全保障义务强度。

(4) 保护的对象

在认定安全保障义务人所采取的措施是否合理时,还要看被保护的对象,即权利人的自我保护能力。一般认为,不考虑其他因素的情况下,对于自我保护能力较差的权利人(如未成年人、残疾人),安全保障义务人的措施力度应大于自我保护能力较好的权利人。

需要说明的是,这里笔者强调的是权利人的自我保护能力;因为面对第三人的侵权行为,权利人需要进行一定的自我保护。很多学者也提及了被保护对象问题,但是他们更多强调的是公共场所内的设施或设备对儿童的诱惑力。③ 这与本书不同。

当然,需要说明的是,由于现实情况非常复杂,在具体案件中,需要综合考量多个因素,兼顾双方当事人、社会三者利益才能作出判断。在此,笔者通过对一个案件的分析来阐明这点。尽管这个案件不是本书所研究的安全保障义务,但是在"合理措施"的认定上很有研究价值;所以,本书以其为例

---

① 有学者认为:"宾馆的星级标准可以在提供服务的舒适程度上有差别,却不能在安全上'打折扣'。"参见汤啸天:《经营者场所安全责任的合理边界》,载《法律科学》2004年第3期。笔者对此不敢苟同,不同级别的服务者提供的服务肯定有区别,这个服务自然就应当包括采取合理措施避免遭到第三人损害方面;所以,"打折扣"是不可避免的。

② 参见杨垠红:《侵权法上作为义务:安全保障义务之研究》,法律出版社2008年版,第224页。

③ 参见杨立新:《侵权法论》,人民法院出版社2011年版,第441页;杨立新:《论违反安全保障义务侵权行为及其责任》,载《河南省政法管理干部学院学报》2006年第1期;杨震主编:《侵权责任法》,法律出版社2010年版,第212页。

进行分析,强调"法院在认定'合理'与否时应该综合考虑多种因素而不能简单地得出结论"。

在姚芳等诉胡小健等人身损害赔偿案[①]中,一审法院和二审法院都认为,莫荣辉倒入浴池水中窒息而未被洗浴中心工作人员及时发现并得到救助也是受害人死亡的原因之一。笔者对此不敢苟同。实施救助是以发现受害人为前提的,问题的关键是被告工作人员没有及时发现莫荣辉倒入浴池水中是否违反自己的注意义务。

一开始,被告工作人员在发现莫荣辉往水池内吐痰时,提醒其不要吐痰后即自行离开浴室;七八分钟后才进来,发现莫荣辉已经死亡。原告称"莫荣辉往水池内吐痰"是反常行为,这恐怕不妥;对于顾客的这种行为,工作人员看到只是不文明的行为,不能发现危险的苗头,所以,此时他能够做到的合理措施只能是提醒,他不能阻止莫荣辉进入浴池。

接下来需要考虑的是被告工作人员在受害人入池七八分钟之后再进来观看(或检查)是否合理?易言之,被告工作人员是否应该在更短的时间捏进来观看(或检查)

这很难一概而论,需要考虑在那个浴池(或当地的浴池)洗浴的顾客一般情况下的洗浴时间。如果一般人五分钟就能洗完,而受害人七八分钟没有出来,则可能发生特殊情况,被告有早点进来查看的义务;如果一般人二十分钟才能洗完,被告的工作人员七八分钟的时候就进来查看就并无不妥。当然,还要考虑莫荣辉是否是这里的常客;如果是,他经常的洗浴时间是多少?是多于还是少于七八分钟。

此外,在考虑被告的工作人员的查看时间是否合理时还必须考虑到受害人已经喝酒自我保护能力差这一点:如果被告的工作人员已经闻到受害人的酒气,就说明他知道被告已经喝酒,进入浴池后自我保护能力较差,就应当比一般人较短的时间内进来观看;如果被告的工作人员没有闻到受害人的酒气,那么他并不知道被告已经喝酒,没有义务对受害人进行特殊的保护,按照平常的时间内进来观看也并无不当。

遗憾的是,法院在认定时并没有考虑这些因素。

---

① 案件文书号:贵州省黔南州荔波县人民法院(2008)荔民初字第234号;贵州省黔南州中级人民法院(2008)黔南民一终字第467号。

4. 公平责任原则的适用

如果经过一番努力,认定安全保障义务人采取的措施并无不当、并不违反自己的安全保障义务,按道理安全保障义务人就不该向受害人承担侵权责任了。此时,法院能否再适用公平责任原则,让安全保障义务人向受害人进行一定的赔偿？这虽然不再是安全保障义务违反的认定,但是与认定的后果密切相连,涉及安全保障义务与公平责任原则的对接问题,仍有研究的必要。

笔者之所以提出这一问题,是因为在司法实践中出现了这样的情况。在李萍、龚念诉五月花公司人身伤害赔偿纠纷案[①]中,一审、二审法院都认为被告没有违反安全保障义务;但是二审法院基于《最高人民法院关于贯彻执行〈中华人民共和国民法通则〉若干问题的意见》(以下简称为《民通意见》)第157条判决被告给予原告30万的补偿。而《民通意见》第157条,就是所谓的公平责任原则。[②]

众所周知,安全保障义务违反行为的侵权责任过错责任,安全保障义务人没有采取合理措施具有过错才承担侵权责任,那么,在其已经采取了合理措施之后,他就没有过错,自然不应该承担侵权责任。如果此时再适用公平责任原则让没有过错的安全保障义务人承担一定的责任,哪怕是补偿,其实就是非要安全保障义务人赔钱不可。二审法院的判决不自觉地流露出这个意思:"五月花公司在此爆炸事件中虽无法定应当承担民事责任的过错,但也不是与李萍、龚念一家受侵害事件毫无关系。"难道有关系就要承担责任？什么样的关系才承担责任？对于这些,二审判决却保

---

① 参见《最高人民法院公报》2002年第2期。
② 需要指出的是,一审法院也考虑到了公平责任原则,一审法院在判决中写道:"在某些特殊情况下,即使四个要件没有同时具备,但法律规定当事人承担民事责任的,当事人也必须承担,这是特殊侵权损害。特殊侵权适用过错推定、严格责任和公平责任几种归责原则,但必须是法律有明文规定。原告李萍、龚念提起的侵权损害赔偿之诉,其事由不具有法律规定的其他特殊侵权损害情形。本案有明显的加害人存在,不能适用无人过错承担责任时才适用的公平责任原则,因此只能按一般侵权损害适用过错责任原则。"

持了沉默,自然难以服人。①

其实,法官在认定安全保障义务人所采取的措施是否合理时,就已经考虑到其经济能力了,前文提及的营利与否及程度其实就是经济能力。一旦认定安全保障义务人所采取的措施合理,那么法官就不能以公平责任原则再次进行自由裁量②;否则,不仅与该安全保障义务制度相抵触③,而且还对安全保障义务人不公平——安全保障义务人已经尽到了法律所要求的义务,为什么他还要承担责任?

因此,笔者认为,在认定安全保障义务人没有违反安全保障义务之后,法院不能以公平责任原则为由,再让安全保障义务人承担责任。

三、大安全保障义务违反行为的特征

(一) 存在数个侵权行为

大安全保障义务违反行为中存在数个侵权行为,即第三人的直接侵权行为和安全保障义务人的安全保障义务违反行为。并且,数个侵权行为人之间没有意思联络,其侵权行为也非同一行为。

有学者说道:"这就是说,违反安全保障义务的人不一定是直接侵权人,但是其要对损害后果承担责任。因此,出现了责任人的范围大于行为人范围的现象。正是因为这一原因,安全保障义务被置于第四章'关于责任主体的特殊规定'。"④这个说法可能不妥,虽然安全保障义务人不是直接侵权

---

① 对本案公平责任原则的适用,不仅本案被告的律师不赞同(参见曹宇瞳:《"五月花"餐厅也是最大的受害者》,载《中国律师》2002年第5期;罗筱琦:《对"五月花案件"适用公平原则的思考》,载《中国律师》2002年第5期),有的学者也表示了质疑。参见李友根:《经营场所安全保障义务研究——基于最高人民法院公报判例的回顾》,载漆多俊主编:《经济法论丛》(第17卷),中国方正出版社2009年版,第32页;赵盛合:《餐饮经营者对顾客承担的安全保障义务——李萍、龚念诉五月花公司人身伤害赔偿纠纷案评析》,载张民安主编:《侵权法报告》(第1卷),中信出版社2005年版,第278页。
② 法官适用公平责任原则,其实就是在进行自由裁量。
③ 实际上,笔者对公平责任原则本身就持一定的保留态度,因为它的适用必然会和过错责任原则相抵触。笔者对这一问题的详细论述参见,杨会:《一元主义还是多元主义?——侵权行为法归责原则体系研究》,http://www.civillaw.com.cn/qqf/weizhang.asp? id = 17049,访问时间:2011年2月7日。
④ 王利明:《侵权责任法研究》(下卷),中国人民大学出版社2010年版,第158页。

人①,但他也实施了侵权行为,只是不作为;因此,在大安全保障义务违反行为中,责任人的范围与行为人的范围是一致的。

(二)数个侵权行为之间的关系特殊

如前所述,根据数个侵权行为对造成损害后果之间的关系,大概可以把分别加害行为分为结合行为和非结合行为。前者中数个侵权行为需要相互结合、共同作用才能造成损害后果的产生,如直接结合行为、间接结合行为。后者中数个侵权行为无须与其他行为结合,每一个侵权行为单独地就能造成损害后果的发生,如共同危险行为、并发侵权行为。

而大安全保障义务违反行为却是一种特殊的分别加害行为样态,它既不是结合行为,也不是非结合行为;或者说,它既是结合行为,又是非结合行为。笔者将这种其称为半结合行为。

对于安全保障义务人来说,光是自己的安全保障义务违反行为并不能单独地造成受害人的损害后果,需要与第三人的直接侵权行为相结合才行。从这个角度看,它是结合行为。对第三人来说,光是自己的直接侵权行为就能单独地造成受害人的损害后果,无须与安全保障义务人的安全保障义务违反行为相结合。从这个角度看,它是非结合行为。因此,从两个角度来看,它是一种半结合行为。

也正是因为两个侵权行为如此的特点,所以,两个关联度(每个数个侵权行为分别与损害后果的关联度)的组合也比较特殊,由此也导致了因果关系上的特殊性。

(三)第三人追求损害后果而安全保障义务人不追求

在大安全保障义务违反行为中,对于损害后果,数个侵权行为人的主观过错是不同的。其中,大部分情况下第三人是直接故意,而安全保障义务人是过失或间接故意。

1. 第三人的主观心态

就第三人而言,其主观心态是直接故意,即第三人故意实施侵权行为试图去侵害权利人。前文提及所有关于安全保障义务的例子,都能印证这点。

---

① 按照本书对于安全保障义务的理解,违反安全保障义务的人一定不是直接侵权人,而非不一定是。

很多学者也都是这种观点。①

2. 安全保障义务人的主观心态

安全保障义务人主观心态为过失或间接故意。因为安全保障义务人没有实施直接危及权利人人身安全或财产安全的侵权行为，他不可能直接追求损害后果的发生，所以不可能是直接故意。一般情况下是疏忽大意或过于自信的过失，但也有见死不救时的放任损害后果发生的间接故意。如在谢雪芬诉晋江万通大酒店不履行保障顾客人身安全义务损害赔偿案②中，在原告遭受殴打的过程中，被告的保安人员及服务人员进行围观而没有出来制止。对于原告的损害后果，被告的过错是间接故意。我国大部分学者都认为安全保障义务人的过错是过失。他们没有意识到还存在间接故意的情形。

当然，安全保障义务人的过失可以推定，无须受害人证明。就像有的学者所言："义务人如果要证明自己没有过错，应当做到：证明自己的注意标准是什么，自己的行为已经达到了这样的注意标准，因此没有过失；或者证明自己虽然没有达到要求的注意标准，但是另有抗辩的原因，或者由于不可抗力，或者由于自己意志以外的原因，或者是第三人的原因行为所致，等等。义务人能够证明这些内容，应当认定其没有过错，不承担侵权责任。"③所以，安全保障义务具有过失推定功能。对此，熊进光教授说道，安全注意义务的违反在客观上具有违法性，并且因"违法视为过失"即认定主观上具有过失。即违反安全注意义务 = 具有构成要件该当性 = 具有违法性外，违反安全注意义务可以视同有过失（有责）。④

四、大安全保障义务违反行为的典型例子

除了前文提及的王××、张××诉上海银河宾馆赔偿纠纷案、吴××等诉中国建设银行云南省分行昆明市官渡支行人损害赔偿纠纷案、谢××诉

---

① 参见焦艳红：《我国侵权补充责任之反思与重构》，载田土城、刘保玉、李明发主编：《民商法评论》（第1卷），郑州大学出版社2009年版，第223页；郭明瑞：《补充责任、相应的补充责任与责任人的追偿权》，载《烟台大学学报（哲学社会科学版）》2011年第1期。

② 案件文书号：福建省晋江市人民法院(1996)晋青民初字第90号。

③ 杨立新：《论违反安全保障义务侵权行为及其责任》，载《河南省政法管理干部学院学报》2006年第1期。

④ 参见熊进光：《侵权行为法上的安全注意义务研究》，法律出版社2007年版，第240页。

晋江万通大酒店不履行保障顾客人身安全义务损害赔偿案、李××诉陆×、陆××、朱××人身损害赔偿纠纷案之外,司法实践中有关大安全保障义务违反行为的例子比较多,《最高人民法院公报》和《人民法院报》也都公布了不少①,无须笔者再一一列举。下面笔者介绍几个被法院认定错误的大安全保障义务违反行为的例子。

在公交售票员掐死清华大学教授女儿案②中,朱××在公共汽车上殴打晏教授女儿晏××,是第三人实施的直接侵权行为;受害人晏××乘坐的公共汽车当班司机和售票员既没有制止朱××的殴打行为,也没有及时将挨打的晏××送往医院,其不作为是安全保障义务违反行为。朱××的直接侵权行为与巴士公司(公共汽车当班司机和售票员是职务行为)的安全保障义务违反行为构成了大安全保障义务违反行为。遗憾的是,一审法院和二审法院都认定巴士公司与朱××构成共同侵权。

在滑雪对撞致死案③中,第三人陈××在受害人张××没有从滑道上安全撤离之前就鲁莽下滑,撞上张××并将其撞死,是直接侵权行为;滑雪场的业主冯××在滑雪场终点处没有设置保护网,仅以一个缓坡替代,没有尽到自己的预防损害发生的义务,其不作为是安全保障义务违反行为。所以,这两个侵权行为也构成了大安全保障义务违反行为。法院将其认定为直接结合的共同加害行为,不妥。

第二节　分别加害行为人承担大补充责任的原因

大安全保障义务违反行为实施后,数个侵权行为人要承担大补充责任:第三人为自己的直接侵权行为向受害人承担第一顺位、全部的损害赔偿责

---

① 李友根教授对于《最高人民法院公报》和《人民法院报》上的有关大安全保障义务违反行为的案例进行了整理。参见李友根:《经营场所安全保障义务研究——基于最高人民法院公报判例的回顾》,载漆多俊主编:《经济法论丛》(第17卷),中国方正出版社2009年版。

② 《公交售票员掐死清华大学教授女儿案终审》,http://blog.jrj.com.cn/7653348926,5508288a.html,访问时间:2011年10月1日。

③ 参见贾程璇、刘军:《两同事滑雪对撞导致一死一伤》,http://www.chinacourt.org/public/detail.php? id=193000&k_title=%E4%B8%A4%E5%90%8C%E4%BA%8B%E6%BB%91E9%9B%AA%E5%AF%B9%E6%92%9E,访问时间:2011年3月22日。

任;安全保障义务人为自己的安全保障义务违反行为向受害人承担的是第二顺位的、部分的损害赔偿责任。

第三人承担第一顺位、全部的损害赔偿责任,理所当然、天经地义,无须多言;但是,安全保障义务人并没有实施直接侵权行为,他为什么要向受害人承担侵权责任呢?承担的为什么又是补充责任而非其他呢?这里既有抽象的原因,也有具体的原因。

一、抽象的原因:损失分担观念下的"深口袋"

张新宝教授在谈及经营者对其服务场所的安全保障义务时说道:"不作为为什么在一定条件下要承担侵权责任,必须着眼于该行为在社会上的价值的角度予以考察。考察不作为只有将之置于社会关系中才能找到实际内容。"[①]笔者赞同这个观点,接下本书就从安全保障义务的社会背景谈起。

前文已述,安全保障义务的产生社会背景是社会生活纷繁复杂,人们接触日益密切,社会风险逐渐增大;与此同时,人文主义观念广为传播,法律对人的保护更加到位,"有损害必有救济"观念深入人心,侵权法更加注重对受害人的救济,分配正义慢慢渗入到侵权法、进而侵蚀了矫正正义的部分空间,如何将受害人的损害合理分担出去是侵权法的一个重要任务。

现实生活中,宾馆、酒店、商场、银行、演唱会现场、足球比赛场等公共场所不仅是经营者的顾客或潜在的顾客经常走动的地方,而且也是违法、犯罪分子经常光顾的地方。在这些场所内,违法、犯罪分子实施了直接侵权行为(大多数又是犯罪行为)后,容易逃窜而不易被警察捉获。并且通常情况下,实施直接侵权行为的第三人往往都是自然人,其赔偿能力有限。这两种情况不论是哪一种,都使得受害人无法得到充分的救济。因此,如何救济在公共场所遭受不幸损害的受害人,就成为侵权法所面临的一个问题。

在实施直接侵权行为的第三人"不堪重任"的情况下,侵权法只有把目光转向该公共场所的控制人。第三人实施的直接侵权行为发生在某个公共场所,而该场所的控制人对该场所(即案发地)有事实上的控制力;因此,不能说公共场所的控制人与损害后果的发生一点关联都没有。此外,公共场所的控制人一般都是企业或者其他法人或组织,往往也都是具有一定赔偿

---

① 张新宝、唐青林:《经营者对服务场所的安全保障义务》,载《法学研究》2003年第3期。

能力的机构,它们可以通过价格、保险等方式分散风险。所以,侵权法给公共场所的控制人课加了安全保障义务,要求他采取合理措施保护其控制领域内所有人的人身安全和财产安全;自然而然地,如果在第三人实施直接侵权行为时公共场所的控制人没有采取合理措施避免损害后果的发生或扩大,该公共场所的控制人要对受害人的损害后果承担一定的侵权责任。但是,公共场所控制人的不作为对损害后果所起的作用远远低于第三人的直接侵权行为,所以,其侵权责任的顺位后于第三人;在赔偿范围上,也仅仅是部分损害。就像有人提到的那样,补充责任没有连带责任苛刻,不像垫付责任不问过错,比单纯的过错责任更有利于受害人,是一个很温和而杰出的责任方式①;所以,它比较适合安全保障义务人。

由此可见,安全保障义务的课加,有两个益处:一是预防。通过安全保障义务的履行,一定程度上可以减少第三人实施直接侵权行为,避免损害后果的发生或扩大,从而保护了人们在公共场所的人身安全和财产安全。二是赔偿。在第三人实施直接侵权行为导致损害后果发生后,如果第三人无法确定或者没有赔偿能力,通过安全保障义务人的补充责任,一定程度上可以救济受害人。但是,不能不指出的是,前者的作用是有限的;因为在很多情况下,即使安全保障义务人履行了自己的作为义务,仍然不能避免损害后果的发生或扩大——关于这点,下文将会详细阐述。所以,安全保障义务的功能更多地体现在第二点上。从某种意义上可以说,安全保障义务的制度设计主要就是找一个"深口袋",使受害人尽可能地获得赔偿。因此,补充责任背后的法哲学思想是"损害分担",其更多体现的是分配正义的色彩,矫正正义的成分比较淡。

关于补充责任抽象的原因,学界已经自觉或不自觉地发现了这点。如有人说道:"可见,安全保障义务的理论最原始的动因就是源于一种受害人应当受到一定补偿的公平理念,上述四种理论②只不过是在不同情况下解释了这种理念的依据而已。"③有人通过分析《人身损害赔偿司法解释》的内容

---

① 代晨:《论侵权补充责任之重构》,载梁慧星主编:《民商法论丛》(第42卷),法律出版社2009年版,第284页。
② 即危险控制理论、信赖理论、获利理论和契约义务理论——笔者注。
③ 陈九波、毛德龙:《经营者的安全保障义务初探》,载张民安主编:《侵权法报告》(第1卷),中信出版社2005年版,第152页。

及其产生背景后指出:"补充责任的深层责任基础在于:特定情况下社会活动风险重新合理分配的特别需要。"① 有人说道:"经营者安全保障义务是一个复杂的社会问题,其本质是选取特定的标准对社会风险分配与承担。"② 有人说道:"而补充责任人一般也是具有一定的赔偿能力的机构,其可以通过商业保险分散风险,因此该制度实际上较好地适应了当前的司法现状,起到了意外损害社会分担的作用。"③

也正是因为这点,"企业社会责任理论"被认为是安全保障义务理论基础之一。④ 其支持者们肯定知道企业社会责任的主体只是企业,但他们仍然支持这个观点,笔者猜测,他们心中的应然主体远不止企业,应该还包括和企业类似的其他类型的法人或组织。这些主体一来经济实力强,二来能够通过价格、保险将自己的赔偿分散出去,是个"深口袋";所以,"企业社会责任理论"可以作为安全保障义务的理论基础。

这样的理由也解释了为什么安全保障义务的义务主体只包括公共场所的控制人而不包括私人场所的控制人。因为公共场所的控制人一般都是企事业单位或其他组织,经济实力比较强大,赔偿能力强,能够通过价格、保险将成本外部化,是能够参与损害分担的"深口袋";而私人场所的控制人一般都是自然人,其经济实力较弱,赔偿能力差,算不上"深口袋"。

在我国现阶段,这点更是明显:我国的社会综合救助体系比较薄弱,社会保障差,责任保险少,商业保险也不发达,侵权法需要承担一部分社会保障法的职能;所以,如何将损害合理分担出去在我国更是侵权法必须考虑的问题。而补充责任的制度设计,将有经济实力的安全保障义务人拉进来,让其承担一定的损害赔偿责任,实现了损害的分担,比较妥当。还有一点是中国目前民众的心理。就像有的学者所指出的那样:"在消费者运动不断高涨、深化甚至有些情形下走向极端的背景下,尤其是社会公众往往有着同情

---

① 张洁:《数人侵权责任研究》,中国政法大学硕士学位论文,2008年,第25页。
② 邓世新:《第三人侵权情况下经营者安全保障义务:由案件生发》,载《重庆社会科学》2011年第2期。
③ 王竹:《补充责任在〈侵权责任法〉上的确立与扩展适用——兼评〈侵权责任法草案(二审稿)〉第14条及相关条文》,载《法学》2009年第9期。
④ 参见熊进光:《侵权行为法上的安全注意义务研究》,法律出版社2007年版,第210页;张新宝、唐青林:《经营者对服务场所的安全保障义务》,载《法学研究》2003年第3期。

死亡消费者的普遍心理……"①因此,在第三人无法给予受害人损害赔偿时,民众往往认为由于事情发生在安全保障义务人控制的领域内,与安全保障义务人有一定的关系②,因此倾向于该场所的控制人承担一定的侵权责任。然而,安全保障义务人承担什么样的侵权责任呢?补充责任即不让安全保障义务人承担全部的损害赔偿责任,只让其承担部分的损害赔偿责任,并且是第三人无法赔偿的情况下;在我国传统的中庸思想浓厚的社会里,补充责任在民众的法感情上更容易被接受。③

二、具体的原因:或有因果关系

如前所述,价值判断是内在于概念体系的,某种价值也只有当它能与某种逻辑结合,融于既有的概念体系之中时,才能获得真正的认可,具有生命力。在大安全保障义务违反行为中设计安全保障义务人的侵权责任,也必须遵循既有的侵权法逻辑,而不能违反侵权法的基本原理。

分配正义观念下的"深口袋"固然是安全保障义务人承担补充责任的原因,但它过于抽象而不能成为安全保障义务人承担补充责任具体的原因,就像诚实信用原则一般不作为处理问题的直接依据而是通过具体制度、规则而体现出来那样④,它要通过法律技术得以实现,否则就会游离于既有的侵权法逻辑体系之外。笔者认为,这个法律技术就是因果关系。因为承担侵权责任必须符合侵权责任的构成要件,而在补充责任的四个

---

① 李友根:《经营场所安全保障义务研究——基于最高人民法院公报判例的回顾》,载漆多俊主编:《经济法论丛》(第17卷),中国方正出版社2009年版,第41页。

② 五月花案的二审判决也不自觉地流露出这个意思,"五月花公司在此爆炸事件中虽无法定应当承担民事责任的过错,但也不是与李××、龚××一家受害事件毫无关系。"——着重号为笔者所加。

③ 参见焦艳红:《我国侵权补充责任之反思与重构》,载田土城、刘保玉、李明发主编:《民商法评论》(第1卷),郑州大学出版社2009年版,第215页。记得七年前的这个时候,笔者在撰写硕士毕业论文《论占有脱落物的善意取得》时,曾询问过好几个非法律人士对于善意取得及占有脱落物善意取得的态度;大部分人都认为应该由原权利人和善意第三人一起承担向无权处分人追偿不能的风险,即各打五十大板。由此可见,焦艳红博士提及的"中庸思想"的确一定程度上支配着我国民众的心理。

④ 严格说来,它和诚实信用原则还是稍有区别。在某些特殊情况下,诚实信用原则也可以作为处理具体问题的直接依据;而无论如何,"分配正义"观念都不能作为处理问题的具体、直接依据。

的请求权已经实现,则第二顺位的请求权消灭;如果第一顺位的请求权没有实现或者没有完全实现,受害人则可以向安全保障义务人行使第二顺位的请求权从而实现自己的权利。由此可见,安全保障义务人享有顺位上的优惠。

安全保障义务人之所以享有顺位上的优惠,既有抽象的原因,也有具体的原因。抽象说来,既然安全保障义务的初衷是为受害人寻找一个"深口袋",其前提就是受害人不能从第三人处得到足额赔偿;如果能够,还需要什么"深口袋"? 所以,应该先让第三人承担第一顺位的赔偿责任,作为"深口袋"的安全保障义务人承担第二顺位的赔偿责任。具体说来,由于安全保障义务人的不作为与受害人的损害后果之间的因果关系存在与否并不确定,所以,既不能按照存在处理、也不能按照不存在处理,只能折中处理——第二顺位就是第一顺位和零顺位(不承担责任)之间的一个折中产物。

因为顺位上的优惠,安全保障义务人享有类似于先诉抗辩权的权利。有学者以"受害人只有在找到第三人并且请求未果后才能向安全保障义务人主张权利"和"很多情况下第三人无法寻找"为由否定先诉抗辩权的存在。[1] 笔者认为,这种理解可能误读了先诉抗辩权。先诉抗辩权的存在并不否认"受害人无法找到第三人后即可向安全保障义务人主张权利",并不需要"一定找到第三人向其主张权利"。

关于安全保障义务人的顺位利益,《人身损害赔偿司法解释》第6条第2款和《侵权责任法》第37条第2款都没有确定规定。但是,《人身损害赔偿司法解释》制定者认为存在[2],《侵权责任法》的立法者对此没有表态。有人认为《侵权责任法》对此持否定态度,理由是"《侵权责任法(一次审议稿)》曾经规定安全保障义务人只有在无法确认侵权人或者侵权人没有能力

---

[1] 参见王利明:《侵权责任法研究》(上卷),中国人民大学出版社2010年版,第47页;王利明、周友军、高圣平:《中国侵权责任法教程》,人民法院出版社2010年版,第36—37页。

[2] 《人身损害赔偿司法解释》制定者说道:"本条第二款规定的补充赔偿责任的含义是,实施直接加害行为的当事人可以确定的,加害人或其他负有赔偿义务的人承担责任。加害人无法确定或者无资力承担赔偿责任的,安全保障义务违反人在其能够防止或制止损害的范围内承担补充赔偿责任。"参见黄松有主编:《人身损害赔偿司法解释的理解与适用》,人民法院出版社2004年版,第109页。

承担赔偿责任的情况下才承担补充责任,这一限制条件在二次审议稿被删除了。这表明,安全保障义务人承担责任不应以无法确认侵权人或者侵权人没有能力承担赔偿责任为前提,因而否定了顺位补充的可能性"①。从历史解释来看,似乎《侵权责任法》对此持否定态度,但如此解释将会破坏安全保障义务制度价值和补充责任的逻辑体系;因此,根据目的解释和体系解释,应解释为存在。

二、赔偿范围

安全保障义务人的补充责任与第三人的侵权责任相比,不仅享有顺位上的优惠,还享有赔偿范围上的优惠:安全保障义务人不像第三人那样对受害人的全部损害承担赔偿责任,仅仅赔偿其中的部分损害。之所以如此,同样既有抽象的原因,也有具体的原因。抽象说来,既然安全保障义务的初衷是为受害人寻找一个"深口袋",参与到受害人的损害分担;作为"深口袋"参与损害分担,那么比较妥当的安排是只分担其中的部分损害。具体说来,由于安全保障义务人的不作为与受害人的损害后果之间的因果关系存在与否并不确定,所以,既不能按照存在处理、也不能按照不存在处理,只能折中处理——部分赔偿就是全部赔偿与不赔偿之间的一个折中产物。

但是,安全保障义务人承担的赔偿范围到底是多少呢?

(一)学界已有的观点

1. 对"部分"的不同认识

关于安全保障义务人的赔偿范围,《人身损害赔偿司法解释》出台后、《侵权责任法》出台前学界存在两种观点:第三人无力承担部分的全部补充和与安全保障义务人过错范围相应的部分补充。前一种观点被称为完全补

---

① 陈现杰主编:《中华人民共和国侵权责任条文精义与案例解析》,中国法制出版社2010年版,第129页。

充说或无限补充说,代表人物是杨立新教授和张新宝教授。① 后一种观点被称为部分补充说或有限补充说,为《人身损害赔偿司法解释》第6条第2款所采纳。

对于这个问题,《侵权责任法》第37条第2款的规定是"相应的补充责任"。尽管《侵权责任法》没有明确指出赔偿的范围,但是学界都理解为部分补充说或有限补充说,连"完全补充说或无限补充说"的代表人物杨立新教授和张新宝教授都改变了自己的观点。②

2. 确定范围时的考量因素

就如何解释"相应的补充责任"或者"其能够防止或者制止损害的范围",或者确定安全保障义务人的赔偿范围时应当考虑哪些因素,学界又有不同的观点。

主流学者认为需要考虑过错和原因力③,有的学者认为应该考虑除了过错和原因力之外的更多因素。其中,程啸博士认为:"判断'能够防止或者制止损害的范围'时,应当通过对安全保障义务人的经济能力、对损害的控制

---

① 杨立新教授认为:"补充责任人的赔偿责任范围,就是直接责任人不能赔偿的部分,即直接责任人不能全部赔偿的,则承担全部赔偿责任;直接责任人赔偿不足的,只承担赔偿不足部分的赔偿责任。"参见杨立新:《论违反安全保障义务侵权行为及其责任》,载《河南省政法管理干部学院学报》2006年第1期。张新宝教授认为:"补充责任的含义是:在能够确定加害人时,由加害人或其他负有责任的人(如加害人的雇主、监护人)承担责任,安全保障义务人不承担责任;只有在加害人无法确定时,由安全保障义务人承担全部责任;如果能够确认加害人,但是加害人或者对损害负有赔偿责任的人的资力不足以承担全部责任时,则先由加害人或者对损负有赔偿责任的人尽力承担责任,剩余部分由负有安全保障义务的人承担。"参见张新宝、唐青林:《共同侵权责任十论》,载张新宝:《侵权责任立法研究》,中国人民大学出版社2009年版,第277页。此外,据《侵权责任法》立法者介绍:"在《侵权责任法》的立法中,有的专家建议,直接责任人不能赔偿的部分都属于安全保障义务人补充责任的范围。"参见全国人大常委会法制工作委员会民法室编:《侵权责任法立法背景与观点全集》,法律出版社2010年版,第633页。

② 杨立新教授认为:"补偿责任人的赔偿责任的范围,并不是直接责任人不能赔偿的部分,而是'相应'的部分。"参见杨立新:《侵权法论》,人民法院出版社2011年版,第443页。张新宝教授认为:"补充责任的含义是:因第三人侵权导致损害结果发生的,由实施侵权行为的第三人承担责任的。安全保障义务人有过错的,应当在其能够防止或制止的范围内承担相应的补充赔偿责任。"参见张新宝:《侵权责任法》,中国人民大学出版社2010年版,第187页。

③ 王利明:《侵权责任法研究》(下卷),中国人民大学出版社2010年版,第191—192页;杨立新:《侵权法论》,人民法院出版社2011年版,第443页;张新宝:《我国侵权责任法中的补充责任》,载《法学杂志》2010年第6期。

能力与有效性、损害的性质与来源等多个因素综合衡量。"①焦艳红博士认为："补充责任的数额应参考补充责任人的过错程度、能够防止损害发生的几率、受害人的受害程度及经济状况而作出综合的评定，以确定一个公正与公平的数额。"②《人身损害赔偿司法解释》制定者认为，对"能够防止或制止损害的范围"的把握应当遵循以下几方面的原则：(1) 经营性社会活动中的安全保障义务人防止或制止损害的范围要大于非经营性的社会活动。(2) 获利多的社会活动安全保障义务人防止或制止损害的范围对防止或制止损害的范围要大于获利少的。(3) 具有专业知识的安全保障义务人防止或制止损害的范围要大于没有专业知识的安全保障义务人。(4) 向社会开放程度高的安全保障义务人防止或制止损害的范围要大于开放程度低的安全保障义务人。(5) 安全保障义务人的实际经济能力往往也是判断标准之一。③

(二) 本书的观点

1. 补充责任的唯一性

笔者认为，补充责任在不同法律中的含义可能会有所不同，但是在侵权法中，至少在数人侵权中，补充责任就只有一个；不管是叫"补充责任"还是叫"相应的补充责任"，其含义只有一个，那就是补充责任人只对受害人的损害后果承担部分赔偿责任。易言之，补充责任只能是部分补充或有限补充，不可能是完全补充或者无限补充。所谓的完全补充或无限补充，其依据是《侵权责任法》第32条第2款；前文已述，这种责任形态根本就不是补充责任。

对于"相应的补充责任"的表述，廖焕国博士认为，"相应"和"补充"本身存在一定的矛盾。④ 王利明教授也认为："从表面上看，相应的和补充的

---

① 程啸：《安全保障义务》，载王利明主编：《人身损害赔偿疑难问题——最高法院人身损害赔偿司法解释之评论与展望》，中国社会科学院2004年版，第281页。
② 焦艳红：《我国侵权补充责任规则之漏洞分析与完善》，载《中共郑州市委党校学报》2009年第1期。
③ 黄松有主编：《人身损害赔偿司法解释的理解与适用》，人民法院出版社2004年版，第116页。
④ 参见廖焕国：《论安全保障义务的制度设计——以〈侵权责任法(草案)〉第37条为中心的考察》，载《求索》2010年第4期。

是矛盾的,因为相应的就不会是补充的,补充的就不会是相应的。"①郭明瑞教授也持这个观点。他说道:"在立法过程中,我也曾主张去掉'相应的'这一限制,这种意见并未被立法机关接受。"②笔者赞同上述学者的观点,也认为没有必要在"补充责任"前面加上"相应的"定语,应该径直称为"补充责任"。

此外,《人身损害赔偿司法解释》第6条第2款的"能够防止或制止损害的范围"的表述也不准确,因为受害人的损害可能无法为安全保障义务人防止或制止,自然可能不存在什么"能够防止或制止损害的范围"。

2. 确定范围时的考量因素

尽管没有了"相应的"这个定语,补充责任人向受害人承担的损害赔偿也只是相应的部分。但是,这个部分如何确定呢?易言之,根据什么因素来确定安全保障义务人的赔偿范围?笔者认为,在确定安全保障义务人的赔偿范围时,应当考虑以下两个因素。

(1) 安全保障义务人的过错

学界大部分观点都认为,需要考察安全保障义务人的过错程度和行为的原因力。但是笔者认为,在确定安全保障义务人的赔偿范围时只能考察前者,安全保障义务人的不作为对受害人损害后果发生或扩大的原因力无法考察。

① 原因力无法考量

前文已述,原因力是指数个侵权行为人实施的数个侵权行为对于损害后果的发生或扩大所起到的作用,即对于损害后果发生或扩大的"贡献度"。在安全保障义务违反行为中,由于安全保障义务人的不作为与受害人的损害后果之间的因果关系是否存在并不确定,可能存在也可能不存在。因此,安全保障义务人的不作为对受害人损害后果的原因力也就无法确定,原因力可能存在、也可能不存在;既然无法确定,自然就不能考量。

---

① 王利明:《侵权责任法研究》(上卷),中国人民大学出版社2010年版,第48页;王利明、周友军、高圣平:《中国侵权责任法教程》,人民法院出版社2010年版,第37页。

② 郭明瑞:《补充责任、相应的补充责任与责任人的追偿权》,载《烟台大学学报(哲学社会科学版)》2011年第1期。

在这个问题上,笔者有两个盟友,他们也都认为此时原因力不能被考量①,尽管其理由笔者并不完全赞同。一个是张新宝教授。他认为:"而第三人介入情况下违反安全保障义务的侵权责任情况下,有些案件可以分析原因力,有相当一部分案件无法分析原因力。尤其是在该类案件中,安全保障义务人主要是因其不作为而承担侵权责任。对其行为与损害后果之间的因果关系也是从'如果尽到了相应的安全保障义务,是否可以避免或者减轻损害后果'的角度予以理解的。在这种情况下,很难分析出第三人的直接侵权行为与安全保障义务人的消极不作为行为哪一个是导致损害后果发生的主要原因。因为,如果没有第三人的直接加害行为,损害后果就不会发生;如果安全保障义务人尽到了安全保障义务,损害后果也可以避免。在此情况下,利用分析原因力的大小来确定侵权各方责任是否承担侵权责任以及承担多大责任的方法显然难以适用。"②

另一个是郭明瑞教授。他认为:"从原因力上说,作为侵权与不作为侵权结合造成损害时,作为侵权属于主要原因或直接原因,不作为侵权属于次要原因或间接原因。正因为如此,不作为侵权的行为人承担补充责任,因此,相应的补充责任也就不能再以与原因力是否相应作为判断标准。"③

② 过错的具体考量

对安全保障义务人过错的考量,需要结合具体的案件,看安全保障义务人的措施采取与否(是根本没有采取措施还是采取的措施不合理)、安全保障义务人采取的措施不合理程度(当受害人被第三人打伤后,安全保障义务人送往的是比较远的医院还是自行采用土方法治疗)、安全保障义务人的情

---

① 王利明教授勉强算第三个盟友。他也承认:"在安全保障义务案件中,判断原因力的大小相对困难。"参见王利明:《侵权责任法研究》(下卷),中国人民大学出版社2010年版,第192页。之所以说勉强,因为他只是说考量起来困难而不是说不能对此进行考量。

② 张新宝:《我国侵权责任法中的补充责任》,载《法学杂志》2010年第6期。对于其观点,笔者有不同看法:一是范围。本书认为所有案件而非有些案件的原因力都无法考量。二是原因力无法确定的原因。虽然我们都认为原因力无法确定源于因果关系,但是在因果关系的认识上,笔者与张新宝教授存在分歧。

③ 郭明瑞:《补充责任、相应的补充责任与责任人的追偿权》,载《烟台大学学报(哲学社会科学版)》2011年第1期。郭明瑞教授的意思似乎是,因为原因力已经在责任形态的确定上被考量过了,所以,在确定责任范围时就不能再次使用了。对于这个观点,笔者也有两个不同看法:第一,补充责任的原因不是因为主要原因或者次要原因,而是因为分配正义和或有因果关系。第二,原因力就是从因果关系角度进行考察,不能不考虑因果关系。

况(是五星级的酒店还是无星级的旅馆)、安全保障义务人能够采取的合理措施(在场的保安人员是一个还是多个)、第三人的直接侵权行为的性质和方式(是多人公开实施侵权行为还是一个人秘密实施侵权行为)、侵权行为发生的地点(第三人的直接侵权行为是发生在酒店的大厅里还是受害人的房间内)、安全保障义务人没有采取合理措施的时间(安全保障义务人是事中没有制止还是事后没有救助)、安全保障义务人与受害人之间的关系(受害人是安全保障义务人的顾客还是访客)、受害人的损害情况(是导致受害人伤残还是死亡)等等。

很多学者都提及了安全保障义务人的经济能力这个因素。① 如前所述,笔者认为,在认定安全保障义务人所采取的措施是否合理时,就已经考虑到其经济能力了。易言之,经济能力已经在过错考量②中被考量过了,能够为过错所涵盖,无须被再次考量。焦艳红博士也指出了这点。她说道:"但是经过对上述四个原则的分析,我们不难发现,所谓经济分析原则或控制能力标准,是认定过失时所考虑的因素,而不是运用相当性因果关系理论在判断责任范围时要考虑的因素。"③

③ 赔偿基数的确定

确定了安全保障义务人的过错之后,结合第三人的过错程度、甚至受害人的过错程度会得到一个百分比,然后用这个百分比再乘以赔偿基数,就能得到安全保障义务人的初步赔偿数额。

赔偿基数有两个选择:一是受害人全部损害的数额,二是受害人未获赔偿的数额,即全部损害数额减去已从第三人处获得的赔偿数额。

本书的选择是第一个,因为第三人向受害人的赔偿情况属于下一个需要考量的因素,无须在此考量。

---

① 参见张新宝:《我国侵权责任法中的补充责任》,载《法学杂志》2010年第6期;程啸:《侵权责任法》,法律出版社2011年版,第354页。

② 合理措施的认定与过错认定虽然不是一回事,但是,如前所述,一旦认定安全保障义务人所采取的措施不合理,则可以推定其具有过错。

③ 焦艳红:《我国侵权补充责任规则之漏洞分析与完善》,载《中共郑州市委党校学报》2009年第1期。

（2）第三人向受害人的赔偿情况

安全保障义务人的过错程度所占百分比乘以赔偿基数，得到的仅仅是安全保障义务人的初步赔偿数额；因为安全保障义务人的补充责任属于第二顺位的赔偿责任，第三人的侵权责任才是第一顺位的赔偿责任；所以，初步赔偿数额还要再减去第三人向受害人赔偿的数额，才能得到安全保障义务人的最终赔偿数额。而第三人向受害人的赔偿情况存在多种可能，不同情形对于安全保障义务人的赔偿范围又有影响。因此，在确定安全保障义务人的赔偿范围时必须要考量"第三人向受害人的赔偿情况"这个因素。

第三人的赔偿情况会有三种情形：第一种情形是第三人没有任何赔偿；第二种情形是第三人向受害人的赔偿很少，低于剩余百分比乘以受害人的全部损害数额；第三种情形是第三人向受害人的赔偿很多，高于剩余百分比乘以受害人的全部损害数额。

三种情形下安全保障义务人的赔偿范围并不相同。在第一种情形下，由于第三人没有任何赔偿，安全保障义务人的最终赔偿数额就是安全保障义务人的初步赔偿数额。在第二种情形下，安全保障义务人的最终赔偿数额仍然是其初步赔偿数额。比如，受害人的全部损害是 10 万元，安全保障义务人的过错所占百分比是 20%；那么剩余百分比就是 80%，乘以受害人的全部损害就是 8 万元；如果第三人的赔偿额是 5 万元，那么安全保障义务人承担的范围就是 2 万元。在第三种情形下，安全保障义务人的最终赔偿数额就是受害人未获赔偿的部分。比如，受害人的全部损害是 10 万元，安全保障义务人的过错所占百分比是 20%；那么剩余百分比就是 80%，乘以受害人的全部损害就是 8 万元；如果第三人的赔偿额是 9 万元，那么安全保障义务人承担的范围就是 1 万元。

3. 小结

上述两个因素中的第一个，由于具有弹性，法官在考量时肯定享有自由裁量权。就像丹宁勋爵所言，法官绝对不可以改变法律织物的纺织材料，但他可以也应当把法律的皱褶抚平。① 但是，由于这两个因素已经是全部应该考量的因素，因此，在司法层面，法官就应该仅仅针对上述两个因素行使自

---

① 〔英〕丹宁勋爵：《法律的训诫》，杨百揆等译，法律出版社 1999 年版，第 13 页。

己的自由裁量权,而不能僭越法律之外考量其他因素①,否则就可能使法律在制度设计时追求的利益平衡化为泡影。

考虑到中国的司法现状,有些学者对此没有信心。如在《侵权责任法》的立法过程中,有的专家就提出:"补充责任在实践中歧义很大,不同法院理解不一样,在很多案件中,法院从稳定社会和保障受害人的权益出发,补充责任最后都变成了全部责任。"②焦艳红博士也表达过这样的担忧,她说道:"所以,补充责任反而更容易使安全保障义务人陷入责任的泥沼,而且补充责任可能会沦落为另一种'公平责任'而被滥用。"③笔者希望这些担心都是多余的,并在此呼吁,法官在确定安全保障义务人的赔偿范围时要慎用自己的自由裁量权,仅仅考量安全保障义务人的过错和第三人的赔偿情况,而不去考量其他因素。

三、追偿权

安全保障义务人的追偿权是指向受害人承担了部分赔偿责任的安全保障义务人就自己已赔偿部分向第三人进行追偿的权利。这里的追偿并不考虑第三人是否下落不明、是否具有财产;尽管第三人下落不明、第三人没有任何赔偿能力,承担了赔偿责任后的安全保障义务人仍然对其享有追偿权,只是很难实现而已。所以,王利明教授的"在违反安全保障义务人承担责任之后,如果发现第三人有财产,在时效期限内,可以随时向第三人追偿"④和朱理博士的"如果安全保障义务人对被侵权人的赔偿数额超过了其应承担的份额,则构成对加害第三人债务的无因管理,可以就超出的部分向加害第三人追偿"⑤不是本书所讨论的对象。

这里其实只需研究一个问题,安全保障义务人是否应该享有追偿权。即安全保障义务人向受害人承担了赔偿责任后,就自己已赔偿部分是否有

---

① 在李××、龚××诉五月花公司人身伤害赔偿纠纷案中,二审法院就犯了这样的错误。
② 参见全国人大常委会法制工作委员会民法室编:《侵权责任法立法背景与观点全集》,法律出版社2010年版,第634页。
③ 焦艳红:《我国侵权补充责任之反思与重构》,载田土城、刘保玉、李明发主编:《民商法评论》(第1卷),郑州大学出版社2009年版,第214页。
④ 王利明:《侵权责任法研究》(下卷),中国人民大学出版社2010年版,第195页。
⑤ 陈现杰主编:《中华人民共和国侵权责任条文精义与案例解析》,中国法制出版社2010年版,第131页。

权对第三人追偿?

对于这个问题,本书采肯定说。安全保障义务人享有追偿权的原因,笔者曾经认为是安全保障义务违反行为与受害人的损害后果之间因果关系的特殊性,即安全保障义务人的不作为与受害人的损害后果之间的因果关系并不确定,有可能存在,也可能不存在;这与一般的侵权责任因果关系不同。一般的侵权责任因果关系中,侵权行为与损害后果之间的因果关系确定。基于这种特殊的因果关系,法律给以安全保障义务人一个优惠,让其对第三人享有追偿权。现在看来,这种观点有所不妥。安全保障义务人之所以对第三人享有追偿权,是因为安全保障义务人向受害人承担的损害赔偿责任的性质所导致的。

(一) 安全保障义务人侵权责任的性质

尽管安全保障义务人向受害人承担补充责任是为自己的安全保障义务违反行为买单,但对于损害后果来说,安全保障义务人的安全保障义务违反行为并不是导致损害后果发生的唯一原因;导致受害人合法权益遭受侵害的另一个原因是第三人的直接侵权行为。易言之,是安全保障义务人的安全保障义务违反行为和第三人的直接侵权行为两个行为的结合,共同导致了损害后果的发生;单单安全保障义务人一个人的安全保障义务违反行为并不能造成受害人合法权益遭受侵害。如前所述,这是一种半结合行为。

在这种半结合行为,对于损害后果的发生,安全保障义务人的安全保障义务违反行为和第三人的直接侵权行为两个侵权行为所起到的作用并不相同:第三人的直接侵权行为是造成损害后果的"主谋",其直接侵权行为是造成损害后果的根本原因;而安全保障义务人的安全保障义务违反行为至多是造成损害后果的"帮凶",其安全保障义务违反行为是造成损害后果的轻微原因。所以,尽管安全保障义务人和第三人都要向受害人承担侵权责任,但两个侵权责任的性质并不相同:前者是中间责任,后者是最终责任。

中间责任是指责任人基于一定的原因向受害人承担损害赔偿责任,但他的行为并非造成受害人损害后果的最终原因,他人的行为才是造成受害人损害后果的最终原因;这样的损害赔偿责任是中间责任。最终责任是指责任人基于一定的原因向受害人承担损害赔偿责任,并且他的行为是造成受害人损害后果的最终原因;这样的损害赔偿责任是最终责任。

这是广义的中间责任和最终责任。此处所指的中间责任是指责任人因为自己的侵权行为向受害人承担损害赔偿责任,但是他的侵权行为并非造成受害人损害后果的根本原因,他人的侵权行为才是造成受害人损害后果的根本原因;这样的损害赔偿责任是中间责任。最终责任是指责任人因为自己的侵权行为向受害人承担损害赔偿责任,并且其行为是造成受害人损害后果的根本原因;这样的损害赔偿责任是最终责任。

在大安全保障义务违反行为中,造成受害人权益受损,既有第三人实施直接侵权行为的原因,也有安全保障义务人没有履行自己的安全保障义务的原因。其中,第三人的直接侵权行为是造成受害人权益受损的最终原因,该行为不需要与安全保障义务人的安全保障义务违反行为结合就能造成全部损害后果的发生,因此,他承担的赔偿责任是最终责任;而安全保障义务人的安全保障义务违反行为并非造成受害人权益受损的最终原因,该行为必须与第三人的直接侵权行为相结合才能造成损害后果的发生,因此,他所承担的损害赔偿责任是中间责任。

本书的中间责任涉及责任人和受害人两个人,但是相关的法律关系的主体并非只有他们两个;因为损害后果的发生源于中间责任人和最终责任人,所以,有中间责任,必然有最终责任;加上最终责任人,中间责任的相关法律关系至少涉及受害人、中间责任人、最终责任人三个主体。在大补充责任中,受害人是权利人,中间责任人是安全保障义务人,最终责任人第三人。

中间责任与最终责任的情况在民商法领域并不鲜见。比如担保责任。在担保中,当担保权的实现条件成就时,担保人应当向主债权人承担担保责任。担保人之所以向主债权人承担责任并不是他实施了侵权行为或者违约行为,该责任是基于担保合同而产生的,它是一种中间责任。被担保的主债权债务发生在主债务人与主债权人(即担保权人)之间,主债务人有义务向主债权人履行从而消灭主债权债务关系和担保法律关系,因此,他向主债权人承担的责任是最终责任。再比如我国《公司法》第94条中其他发起人的资本充实责任。有的发起人没有按照公司章程的规定缴足出资,其他发起人应当向公司承担资本充实责任。其他发起人承担资本充实责任并非因为他们没有缴足自己的出资,而是基于他们之间的发起人身份,让其他发起人承担连带责任以保证公司资本到位。[①] 这个责任也是一种中间责任。瑕疵出资的股东肯定向公司承担资本充实责任,只有他履行了自己的出资义务,纠纷才能得以彻底解决,因此,他所承担的责任是最终责任。

上面两个例子都是广义的中间责任和最终责任,由于本书所指的中间责任和最终责任是侵权责任,接下来就举一个侵权法上中间责任和最终责任的例子。比如我国《侵权责任法》第 40 条的教育机构责任。即未成年的学生在学校、幼儿园等教育机构内遭受校外人员侵害的,如果教育机构没有尽到自己的照顾、管理职责的,应当向受害学生承担一定的赔偿责任。教育机构没有对受害学生实施直接的侵权行为,它的未尽到自己的照顾、管理职责的侵权行为至多是造成损害后果的"帮凶",因此,教育机构承担的侵权责任就是中间责任。校外人员对受害学生实施直接性的侵权行为,他的侵权行为直接造成损害后果的发生,他的侵权行为是造成损害后果的"主谋",该校外人员向受害学生承担的赔偿责任是最终责任。

(二)安全保障义务人的追偿权——从中间责任的性质出发

1. 中间责任人享有追偿权

在广义的中间责任中,中间责任人向受害人承担责任的原因比较复杂:有的是因为中间责任人的意思自治,该中间责任为约定责任;有的则是因为法律的规定,中间责任人承担的是法定责任。在法定责任中,有的中间责任人是基于自己与受害人之间的身份关系而承担中间责任,有的中间责任人是基于自己的侵权行为而承担中间责任。在基于身份关系而承担中间责任的情况下,中间责任人承担责任是基于身份关系,这是其正当化依据;但是从另外一个角度来看,他其实是为最终责任人的不当行为承担责任,因为最终责任人的不当行为才是导致损害后果发生的根本原因。所以,从某种意义上可以说,这种中间责任是替代责任。在基于自己侵权行为而承担中间责任的情况下,中间责任人向受害人承担损害赔偿责任是为自己的侵权行为负责;因此,这种中间责任是自己责任,并非替代责任。

中间责任人向受害人承担中间责任后,最终责任人就该已获赔偿的部分免责,因而造成中间责任人与最终责任人之间的利益失衡。在中间责任

[①] 全国人民代表大会常务委员会法制工作委员会编:《中华人民共和国公司法释义》,法律出版社 2005 年版,第 138 页。

为约定责任时,赋予中间责任人向最终责任人追偿权理所当然,这点无须多言。比如我国《担保法》第 31 条规定。在中间责任为身份责任时,除去特别法的规定,这种利益失衡不应当予以矫正,中间责任人不应当对最终责任人享有追偿权。在中间责任为其他类型的法定责任时,尽管中间责任人与最终责任人之间也存在利益失衡,但中间责任人向受害人承担责任是为自己的侵权行为买单,因此,似乎就应该得出"中间责任人对最终责任人并不应该享有追偿权"的结论。

  然而,事实并非如此。中间责任人向受害人承担赔偿责任固然是为自己侵权行为买单,但是,他承担中间责任会让最终责任人享受事实上的利益:由于受害人只能就自己的全部损害获得救济而不能获得超额赔偿,受害人从中间责任人获得赔偿后,他就只能就未获赔偿的部分向最终责任人主张损害赔偿责任,而不能就全部损害向最终责任人主张损害赔偿责任,此时最终责任人仅需就剩余部分承担损害赔偿责任。由此可见,中间责任人的责任承担在为自己的侵权行为买单的同时,也使最终责任人获得利益。这种结果的出现就使得他与最终责任人之间出现不公平的局面。一方面,作为损害后果发生的根源和"主谋",最终责任人本应当承担全部的损害赔偿责任,现在却只需要承担剩余部分的损害赔偿责任。另一方面,对损害后果发生起到非常小作用的中间责任人还要承担赔偿责任。这种局面对最终责任人有利,对中间责任人不利。如果中间责任人向受害人承担他应当承担的赔偿责任,最终责任人向受害人承担全部的赔偿责任,这对中间责任人和最终责任人都是公平的;但是,法律又不允许受害人获得超额的损害赔偿。因此,法律只有在"中间责任人承担部分赔偿责任、最终责任人承担部分赔偿责任"和"中间责任人不承担赔偿责任、最终责任人承担全部赔偿责任"[①]两个选项之间作出选择。尽管这两个选项看上去都不那么公平,但考虑到最终责任人的行为单独就能造成损害后果的发生而中间责任人的不当行为要和最终责任人的行为结合才能造出损害后果的发生;所以,相对而言,后者不公平的程度比前者更小,更能够让一般民众接受,它应该是法律的选择。因此,法律应当赋予中间责任人向最终责任人追偿权。

[①] 严格说来,这种表述并不妥当,因为追偿权有不能实现的危险,中间责任人并非是不承担赔偿责任。

2. 安全保障义务人享有追偿权

既然在大补充责任中安全保障义务人承担的损害赔偿责任是中间责任,如前所述,中间责任人对最终责任人享有追偿权,那么,他对第三人就应当享有追偿权。

郭明瑞教授曾经提出一个安全保障义务人是否享有追偿权的判断标准。他说道:"我认为,责任人是否有追偿权,关键在于其承担的责任是否是其应承担的或者说是否是为他人承担的责任。如果责任人承担的责任是其不应承担的或者是替他人承担的,那么在其承担责任后当然应可向他人追偿;如果责任人承担的责任本就是其应当承担的,那么也就不发生向他人追偿的问题。"①在一般情况下,这个标准没有问题,因为责任人承担的责任就是自己的过错行为所致,没有理由向他人追偿;但在大补充责任中,就不能再这样理解。尽管安全保障义务人承担的补充责任是自己责任而非替代责任,但由于该责任性质的特殊性,安全保障义务人仍然对第三人享有追偿权。

否定说的支持者担心赋予安全保障义务人追偿权可能会纵容安全保障义务人,可能会给安全保障义务人提供不认真履行自己义务的激励机制,进而导致确立安全保障义务的目的无法实现。笔者认为这种担心是多余的,因为该追偿权有不能实现的风险。安全保障义务人向第三人享有的追偿权只是一个尚未实现的权利,该权利完全有可能不能实现——由于第三人要么下落不明,要么没有赔偿能力,该权利往往都实现不了——与此同时,他已经向人身或财产安全遭受损害的权利人承担了赔偿责任,自己就实实在在地遭受了不利益。因此,为了避免向权利人承担损害赔偿责任,安全保障义务人仍然会认真履行自己的安全保障义务;即使赋予安全保障义务人追偿权,并不会安全保障义务人提供反激励,确立安全保障义务的目的仍然可以实现。

更何况,即使该追偿权能够实现,其实现仍然需要一定的时间成本和金钱成本;这对已经向受害人承担了损害赔偿责任的安全保障义务人来说,仍然是一种不利益。所以,赋予安全保障义务人追偿权并不会给他提供不认

---

① 郭明瑞:《补充责任、相应的补充责任与责任人的追偿权》,载《烟台大学学报(哲学社会科学版)》2011年第1期。

真履行自己安全保障义务的反激励,他仍然会履行自己的安全保障义务从而避免向权利人承担赔偿责任。

对于安全保障义务人的追偿权,《人身损害赔偿司法解释》第6条第2款明确规定:"安全保障义务人承担责任后,可以向第三人追偿。"《侵权责任法》第37条没有明确规定,立法者也没有对此表态。但是,基于安全保障义务人承担的损害赔偿责任为中间责任的性质,笔者认为应当将《侵权责任法》第37条解释为享有,和《人身损害赔偿司法解释》第6条第2款一样。

(三)进一步的阐释:以公司增资时未履行勤勉义务的董事的追偿权为例①

如前所述,中间责任在民商法领域有诸多体现,接下来本书就以公司法中的一个例子,即《最高人民法院关于适用〈中华人民共和国公司法〉若干问题的规定(三)》(以下简称为《公司法司法解释(三)》)第13条第4款规定的公司增资时未履行勤勉义务的董事的追偿权,来证明本书观点的正确。

《公司法司法解释(三)》第13条第4款规定:"股东在公司增资时未履行或者未全面履行出资义务,依照本条第一款或者第二款提起诉讼的原告,请求未尽公司法第一百四十八条第一款规定的义务而使出资未缴足的董事、高级管理人员承担相应责任的,人民法院应予支持;董事、高级管理人员承担责任后,可以向被告股东追偿。"根据该规定,在增资时未履行勤勉义务董事应当向公司的其他股东或者债权人承担损害赔偿责任,他承担责任后可以向瑕疵出资股东进行追偿。

关于该款后段董事承担赔偿责任后对瑕疵出资股东的追偿权,《公司法司法解释(三)》的制定者说道:"根据民法相关原理,董事、高级管理人员承担责任后,可以向未履行或未全面履行出资义务的股东追偿。"②这样的一句话并没有清晰说明如此规定的原因。"民法相关原理"是哪个(些)原理?殊不知,按照民法相关原理,可能会得出相反的结论:公司增资时,每个股东都应该按照约定的日期和数额向公司缴纳自己所认缴的出资额;如果股东没有履行自己的出资义务(包括一般意义上的未履行和未全面履行,即拒绝

---

① 参见杨会:《未履行勤勉义务的董事的追偿权——公司法司法解释(三)第13条第4款之正当化依据》,载《人民司法》2012年第17期。

② 奚晓明主编:《最高人民法院关于公司法解释(三)、清算纪要理解与适用》,人民法院出版社2011年版,第205页。

出资、不能出资、虚假出资、部分出资、延迟出资等情形），违反了公司资本维持原则，致使公司实际资本金减少，对公司本身、其他已经履行的股东造成不利影响；在公司资产不足以全部清偿时，也侵犯了公司债权人的利益。而向股东催缴出资属于董事的勤勉义务范围，如果董事没有履行该义务的，则违反了自己对公司、其他股东和公司债权人的勤勉义务，对于损害后果（公司实际资本金的减少、公司债权人受偿不能）的发生也有过错。易言之，对于损害后果的发生，客观上董事有勤勉义务违反行为，主观上有过错；因此，他向公司、其他股东或公司债权人所承担的赔偿责任是过错责任，为自己的不当行为买单，并非代他人而受过；这个损害赔偿责任是自己责任，并非替代责任。如此一来，董事对瑕疵出资股东就不应该享有追偿权。

未履行勤勉义务的董事向公司的其他股东或者债权人承担的损害赔偿责任，《公司法司法解释（三）》的制定者认为它补充责任、有限责任、一次性责任。① 这样的认识是正确的，但殊不知，它还是一种中间责任！

尽管董事向公司、其他股东或公司债权人承担赔偿责任是为自己的勤勉义务违反行为买单，但是，对于损害后果来说，董事的勤勉义务违反行为并不是导致损害后果发生的唯一原因；导致公司实际资本金的减少、公司债权人受偿不能的另一个原因是瑕疵出资股东没有履行自己的出资义务。是董事的勤勉义务违反行为和股东的瑕疵出资行为两个行为的结合，共同导致了损害后果的发生；单单董事一个人的勤勉义务违反行为并不能导致公司实际资本金的减少、公司债权人受偿不能的损害后果。

和一般的结合行为不同的是，如果股东按照约定的日期和数额向公司缴纳自己所认缴的出资额，即使董事没有履行自己的勤勉义务，也不会造成公司实际资本金的减少、公司债权人受偿不能的损害后果。但是，如果股东没有履行自己的出资义务，即使董事履行了自己的勤勉义务，可能仍然无法避免公司实际资本金的减少、公司债权人受偿不能等损害后果的发生。

由此可见，尽管公司实际资本金的减少、公司债权人受偿不能损害后果的发生是因为董事的勤勉义务违反行为和股东的瑕疵出资行为两个行为的结合，但是，二者结合程度或者方式与直接结合行为、间接结合行为并不相

---

① 奚晓明主编：《最高人民法院关于公司法解释（三）、清算纪要理解与适用》，人民法院出版社2011年版，第205页。

同,是一种半结合行为;其中,董事的勤勉义务违反行为需要与股东的瑕疵出资行为相结合才能造成损害后果的发生,而股东的瑕疵出资行为并不需要与董事的勤勉义务违反行为结合、单独就能造成损害后果的发生。

因此,对于损害后果的发生,未履行勤勉义务的董事和瑕疵出资的股东所起到的作用并不相同:瑕疵出资股东是造成损害后果的"主谋",其瑕疵出资行为是造成损害后果的根本原因;而未履行勤勉义务的董事至多是造成损害后果的"帮凶",其勤勉义务违反行为是造成损害后果的轻微原因。所以,尽管未履行勤勉义务的董事和瑕疵出资的股东都要向公司、其他股东或公司债权人承担赔偿责任;但两个赔偿责任并不相同,前者承担的赔偿责任是中间责任,后者承担的赔偿责任是最终责任。

之所以这样认为,是因为瑕疵出资股东的未履行出资义务是造成公司实际资本金的减少、公司债权人受偿不能的最终原因,该行为不需要与董事的勤勉义务违反行为结合就能造成全部的损害后果,因此,他承担的赔偿责任是最终责任;而董事的勤勉义务违反行为并非造成公司实际资本金的减少、公司债权人受偿不能的最终原因,该行为必须与股东的瑕疵出资行为相结合才能造成损害后果的发生,因此,他所承担的损害赔偿责任是中间责任。

既然董事向公司、其他股东或公司债权人承担的赔偿责任是中间责任,他的中间责任承担后,在他与瑕疵出资股东之间出现了不公平的局面:董事承担中间责任而承受了不利益,同时作为"主谋"的瑕疵出资股东却减少了自己的赔偿责任。因此,法律应该赋予董事向该瑕疵出资股东的追偿权,让造成公司实际资本金的减少、公司债权人受偿不能的"主谋"(瑕疵出资股东)承担全部的赔偿责任,扭转二者之间的利益不均衡的局面,同时也彻底地解决了所有的纠纷、所有的法律关系。

由此可见,未履行勤勉义务的董事对瑕疵出资股东之所以享有追偿权,是因为他向公司的其他股东或者债权人承担的损害赔偿责任是中间责任。

结　　语

叶金强教授曾说过："共同侵权的上空总是阴云密布,俯视之下难见其清晰面目,置身其中则令人眼花缭乱、方向感尽失。"[①]笔者认为,这样的描述用在数人侵权身上同样妥当。源于自身的特殊性,数人侵权责任的确定和承担,比单人侵权行为更为复杂,研究起来也比较棘手。

研究数人侵权责任,关键就是两点：一是给不同的数人侵权行为进行定性或归类,二是给不同性质或不同种类的数人侵权行为确定相应的数人侵权责任形态。把握住这两点,就是抓住了数人侵权责任的"七寸"。

在定性或者归类时,必须要遵循事物内在的规律或逻辑,不能为了其他目的而违反逻辑或体系。而这偏偏就是已有研究的不足。他们为了更好地救济受害人,不断地扩张连带责任的适用范围;而实现该目标的途径就是扩大共同加害行为的内涵和外延,将一部分虽无意思联络但有客观关联的数人侵权行为纳入共同加害行为的范畴,全然不顾"意志支配行为,进而决定责任"的内在逻辑;而他们之所以如此,又源于"（数人侵权中）只有共同加害行为才能产生连带责任"的传统思想。

本书打破了"只有共同加害行为才能承担连带责任"的桎梏,认为不仅共同加害行为,分别加害行为也能产生连带责任。如此一来,按照共同加害行为的内在逻辑将共同加害行为界定为意思联络行为则是理所当然的结果,也就避免了"重价值判决、轻体系考量"的弊端。当然,除了意思联络型的共同加害行为,还有同一行为型的共同加害行为。

尽管分别加害行为也能和共同加害行为一样产生连带责任,但是此连带责任非彼连带责任。共同加害行为中的连带责任是逻辑意义上的连带责

[①] 叶金强：《共同侵权的类型要素及法律效果》,载《中国法学》2010年第1期。

任,而分别加害行为中的连带责任是技术意义上的连带责任。前者基于法律逻辑而产生,归责基础强,能够为普通民众所接受,它对行为人有着较强的激励作用;后者基于法律技术而产生,逻辑体系上的考虑较少或没有,普通民众基于朴素的法感情可能不太理解,很难发挥激励作用或者激励不足。由于产生依据的不同,二者在责任成立上也有区别,技术意义上的连带责任成立需要"门槛":只有责任份额到一定比例和过错到一定程度的侵权行为人才承担连带责任。

对于分别加害行为,已有研究大多还是"共同加害行为人承担连带责任,分别加害行为人承担按份责任"的传统思维。面对《侵权责任法》第11条的规定,学界不得不承认分别加害行为也能产生连带责任,但尚缺乏对该连带责任的正当性及其与共同加害行为中连带责任区别之详细研究。

分别加害行为的侵权行为样态纷繁复杂,笼统地确定其侵权责任形态比较困难。如果不找到妥当的办法,只有诉诸"保守受害人的需要"、"基于公平的考虑"等理由,又难免会犯下"重价值判决、轻体系考量"的错误。本书从因果关系出发,准确地确定不同因果关系下的数人侵权责任形态。尽管共同危险行为、并发侵权行为和直接结合行为的行为样态不同,但它们的因果关系都是一体的,所以,三种分别加害行为都产生连带责任。间接结合行为中,每个侵权行为都与损害后果有独立的因果关系,但是这些因果关系只有加起来才能组成一个完整的因果关系;所以,数个侵权行为人要根据自己侵权行为的原因力承担按份责任。在大安全保障义务违反行为中,安全保障义务人的不作为与受害人的损害后果之间的因果关系可能存在、可能不存在;所以,大安全保障义务违反行为与受害人损害后果之间的因果关系是或有因果关系;所以,第三人与安全保障义务人向受害人承担大补充责任。

综上,笔者用一个图表来描述一下数人侵权责任体系。

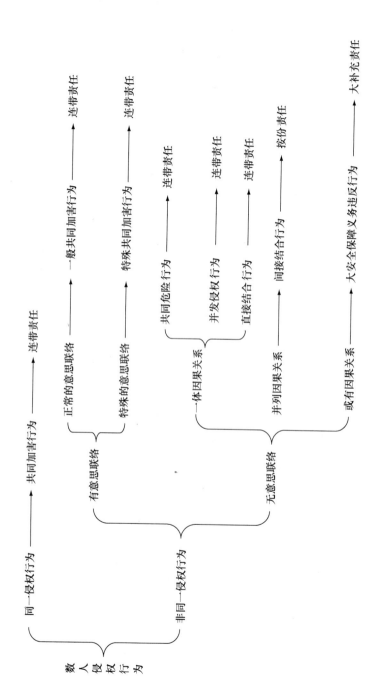

该表比较清晰地勾勒出了我国的数人侵权责任体系。为了理解上的便利,笔者再介绍一下各种数人侵权行为的认定顺序,从而结束本书。

面对一个数人侵权行为,首先看其是否为同一侵权行为。如果是,则该数人侵权行为是共同加害行为,数个侵权行为人承担连带责任;如果不是,则看该数个侵权行为人之间有无意思联络。如果有,则是共同加害行为,该数个侵权行为人承担连带责任;如果没有,则看该数个侵权行为之间是否相互依赖,即单独能否造成全部的损害后果:(1)如果不相互依赖,则是非结合行为;再看是否每个侵权行为表面上都导致了损害后果的发生。如果是,则是并发侵权行为,该数个侵权行为人承担连带责任;如果不是,则是共同危险行为,该数个侵权行为人承担连带责任。(2)如果相互依赖,则是结合行为;再看数个侵权行为对于损害后果的发生起到了什么样的作用。如果每个侵权行为都直接导致了损害后果的发生则是直接结合行为,该数个侵权行为人承担连带责任;如果有的侵权行为仅仅是为其他侵权行为提供了条件或便利则是间接结合行为,该数个侵权行为人承担按份责任。(3)如果有的侵权行为需要与其他侵权行为结合而其他侵权行为并不需要与该侵权行为结合就能单独造成损害后果,则是大安全保障义务违反行为,该数个侵权行为人承担大补充责任。

参 考 文 献

中文参考文献

一、著作类

（一）原著

1. 陈聪富：《因果关系与损害赔偿》，北京大学出版社2006年版。
2. 陈现杰主编：《中华人民共和国侵权责任法条文精义与案例解析》，中国法制出版社2010年版。
3. 程啸：《侵权行为法总论》，中国人民大学出版社2008年版。
4. 冯钰：《英美侵权法中的因果关系》，中国社会科学出版社2009年版。
5. 黄松有主编：《人身损害赔偿司法解释的理解与适用》，人民法院出版社2004年版。
6. 季境主编：《共同侵权导致人身损害赔偿》，中国法制出版社2004年版。
7. 麻锦亮：《人身损害赔偿新制度新问题研究》，人民法院出版社2006年版。
8. 全国人大常委会法制工作委员会民法室编：《中华人民共和国侵权责任法条文说明、立法理由及相关规定》，北京大学出版社2010年版。
9. 王利明：《侵权行为法归责原则研究》，中国政法大学出版社2004年版。
10. 王利明：《侵权行为法研究》（上卷），中国人民大学出版社2004年版。
11. 王利明主编：《人身损害赔偿疑难问题——最高法院人身损害赔偿司法解释之评论与展望》，中国社会科学出版社2004年版。
12. 王利明：《侵权责任法研究》（上卷），中国人民大学出版社2010年版。
13. 王利明：《侵权责任法研究》（下卷），中国人民大学出版社2010年版。
14. 王利明、周友军、高圣平：《中国侵权责任法教程》，人民法院出版社2010年版。
15. 王胜明主编：《中华人民共和国侵权责任法释义》，法律出版社2010年版。
16. 王卫国：《过错责任原则：第三次勃兴》，中国法制出版社2000年版。
17. 王泽鉴：《侵权行为》，北京大学出版社2009年版。

18. 王竹:《侵权责任分担论:侵权损害赔偿责任数人分担的一般理论》,中国人民大学出版社2009年版。

19. 奚晓明主编:《〈中华人民共和国侵权责任法〉条文理解与适用》,人民法院出版社2010年版。

20. 杨立新主编:《人身损害赔偿司法解释释义》,人民法院出版社2004年版。

21. 杨立新:《〈中华人民共和国侵权责任法〉条文解释与司法适用》,人民法院出版社2010年版。

22. 杨立新:《侵权法论》,人民法院出版社2011年版。

23. 阳雪雅:《连带责任研究》,人民出版社2011年版。

24. 张民安主编:《侵权法报告》(第1卷),中信出版社2005年版。

25. 张铁薇:《共同侵权制度研究》,法律出版社2007年版。

26. 张新宝:《中国侵权行为法》,中国社会科学出版社1998年版。

27. 张新宝:《侵权责任法原理》,中国人民大学出版社2005年版。

28. 张新宝主编:《人身损害赔偿案件的法律适用》,中国法制出版社2005年版。

29. 郑玉波主编:《民法债编论文选辑》(中),五南图书出版公司1984年版。

30. 周友军:《侵权责任法专题讲座》,人民法院出版社2011年版。

31. 朱岩:《侵权责任法通论》,法律出版社2011年版。

(二)译著

1. 〔英〕H. L. A.哈特、托尼·奥诺尔:《法律中的因果关系》,张绍谦、孙占国译,中国政法大学出版社2005年版。

2. 〔荷〕J.施皮尔主编:《侵权法的统一——因果关系》,易继明等译,法律出版社2009年版。

3. 〔德〕克雷斯蒂安·冯·巴尔:《欧洲比较侵权行为法》(上卷),张新宝译,法律出版社2001年版。

4. 〔德〕克雷斯蒂安·冯·巴尔:《欧洲比较侵权行为法》(下卷),焦美华译,法律出版社2001年版。

5. 〔美〕肯尼斯·S.亚伯拉罕、阿尔伯特·C.泰特选编:《侵权法重述——纲要》,许传玺等译,法律出版社2006年版。

6. 欧洲侵权法小组编著:《欧洲侵权法原则:文本与评注》,于敏、谢鸿飞译,法律出版社2009年版。

二、论文类

(一)期刊论文

1. 曹险峰、刘丽丽:《论共同危险行为》,载《法制与社会发展》2000年第6期。

2. 曹险峰:《论"多因一果"的侵权行为——兼论多数人侵权行为体系之建构》,载《法律科学》2007年第5期。

3. 曹险峰:《数人侵权的体系构成——对侵权责任法第8条至第12条的解释》,载《法学研究》2011年第5期。

4. 陈现杰:《共同侵权的立法规制与审判实务》,载《人民司法》2010年第3期。

5. 程啸:《论意思联络作为共同侵权行为构成要件的意义》,载《法学家》2003年第4期。

6. 程啸:《共同危险行为论》,载《比较法研究》2005年第5期。

7. 程啸:《论〈侵权责任法〉第八条中"共同实施"的涵义》,载《清华法学》2010年第2期。

8. 程啸:《论共同危险行为的构成要件——以〈侵权责任法〉第10条为中心》,载《法律科学》2010年第2期。

9. 程啸:《论无意思联络的数人侵权——以〈侵权责任法〉第11、12条为中心》,载《暨南学报(哲学社会科学版)》2011年第5期。

10. 丁海俊、吴克孟:《论作为法律技术的连带责任——兼评我国〈侵权责任法草案(二次审议稿)〉第12、13条及相关条文》,载《政法论丛》2009年第4期。

11. 郭明瑞:《补充责任、相应的补充责任与责任人的追偿权》,载《烟台大学学报(哲学社会科学版)》2011年第1期。

12. 何文杰:《论连带责任制度从绝对主义向相对主义的转变》,载《兰州大学学报(社会科学版)》2003年第6期。

13. 胡海容:《美国侵权法上连带责任的新发展及其启示》,载《法商研究》2008年第3期。

14. 黄龙:《民事补充责任研究》,载《广西警官高等专科学校学报》2007年第4期。

15. 焦艳红:《我国侵权补充责任规则之漏洞分析与完善》,载《中共郑州市委党校学报》2009年第1期。

16. 李锡鹤:《论共同危险行为》,载《华东政法大学学报》2011年第2期。

17. 李新:《数人侵权形态划分及其责任承担标准的法律探析——兼评我国〈侵权责任法〉的相关规定》,载《法学杂志》2010年第1期。

18. 李永军:《论连带责任的性质》,载《中国政法大学学报》2011年第2期。

19. 廖焕国:《论安全保障义务的制度设计——以〈侵权责任法(草案)〉第37条为中心的考察》,载《求索》2010年第4期。

20. 林诚二:《共同危险行为之构成与界限》,载《金陵法律评论》2008年春季卷。

21. 刘生亮、许炜:《试论无意思联络的共同侵权行为——兼评两个侵权行为法草案的规定》,载《黑龙江省政法管理干部学院学报》2003年第3期。

22. 彭熙海:《论连带责任制度立法价值取向之调整》,载《湘潭大学学报(哲学社会科学版)》2009年第6期。

23. 邱文华:《连带责任求偿模式研究》,载《襄樊职业技术学院学报》2006年第6期。

24. 王利明:《共同危险行为若干问题研究——兼评〈最高人民法院关于审理人身损害赔偿案件适用法律若干问题的解释〉第四条》,载《法学杂志》2004年第4期。

25. 王利明:《论共同危险行为中的加害人不明》,载《政治与法律》2010年第4期。

26. 王竹:《我国侵权法上特殊数人侵权责任分担制度立法体例与规则研究——兼评〈侵权责任法(二次审议稿)〉第14条及相关条文》,载《政法论丛》2009年第4期。

27. 王竹:《补充责任在〈侵权责任法〉上的确立与扩展适用——兼评〈侵权责任法草案(二审稿)〉第14条及相关条文》,载《法学》2009年第9期。

28. 王竹:《再论共同危险行为——以客观关联共同侵权行为理论为视角》,载《福建师范大学学报(哲学社会科学版)》2010年第4期。

29. 王竹:《论数人侵权责任分担中最终责任份额的确定方式》,载《法商研究》2010年第6期。

30. 吴志正:《民法特殊侵权行为之因果关系逻辑与归责》,载《东吴法律学报》第24卷第4期。

31. 杨立新:《侵权责任形态研究》,载《河南省政法管理干部学院学报》2004年第1期。

32. 杨立新:《论违反安全保障义务侵权行为及其责任》,载《河南省政法管理干部学院学报》2006年第1期。

33. 杨立新:《共同侵权行为及其责任的侵权责任法立法抉择》,载《河南省政法管理干部学院学报》2006年第5期。

34. 叶金强:《共同侵权的类型要素及法律效果》,载《中国法学》2010年第1期。

35. 张景良:《关于数人侵权责任形态的思考》,载《法律适用》2009年第11期。

36. 张民安:《人的安全保障义务理论研究——兼评〈关于审理人身损害赔偿案件适用法律若干问题的解释〉第6条》,载《中外法学》2006年第6期。

37. 张新宝、唐青林:《经营者对服务场所的安全保障义务》,载《法学研究》2003年第3期。

38. 张新宝:《我国侵权责任法中的补充责任》,载《法学杂志》2010年第6期。

39. 周友军:《我国共同侵权制度的再探讨》,载《社会科学》2010年第1期。

(二)论文集论文

1. 曹青:《论美国法上的共同侵权》,载沈四宝、王军主编:《国际商法论丛》(第8卷),法律出版社2006年版。

2. 陈聪富:《侵权行为法上之因果关系》,载《因果关系与损害赔偿》,北京大学出版社 2006 年版。

3. 陈现杰:《最高人民法院人身损害赔偿司法解释精髓诠释(下)》,载王利明主编:《判解研究》(第 17 辑),人民法院出版社 2004 年版。

4. 程啸:《共同侵权行为》,载王利明主编:《人身损害赔偿疑难问题——最高法院人身损害赔偿司法解释之评论与展望》,中国社会科学出版社 2004 年版。

5. 程啸:《狭义的共同侵权行为的构成要件》,载王利明主编:《人身损害赔偿疑难问题——最高法院人身损害赔偿司法解释之评论与展望》,中国社会科学出版社 2004 年版。

6. 程啸:《共同侵权行为人的连带赔偿责任》,载王利明主编:《人身损害赔偿疑难问题——最高法院人身损害赔偿司法解释之评论与展望》,中国社会科学出版社 2004 年版。

7. 程啸:《无意思联络的数人侵权》,载王利明主编:《人身损害赔偿疑难问题——最高法院人身损害赔偿司法解释之评论与展望》,中国社会科学出版社 2004 年版。

8. 程啸:《准共同侵权行为》,载王利明主编:《人身损害赔偿疑难问题——最高法院人身损害赔偿司法解释之评论与展望》,中国社会科学出版社 2004 年版。

9. 程啸:《共同危险行为》,载王利明主编:《人身损害赔偿疑难问题——最高法院人身损害赔偿司法解释之评论与展望》,中国社会科学出版社 2004 年版。

10. 程啸:《安全保障义务》,载王利明主编:《人身损害赔偿疑难问题——最高法院人身损害赔偿司法解释之评论与展望》,中国社会科学出版社 2004 年版。

11. 程啸:《〈侵权责任法〉中多数人侵权责任的规范目的与体系之构建》,载王利明、周林彬主编:《民商法司法适用新论:经验与学术》,法律出版社 2011 年版。

12. 胡建萍:《共同侵权判断标准之类型化实证研究》,载黄松有主编:《民事审判指导与参考》(第 32 辑),法律出版社 2008 年版。

13. 焦艳红:《无意思联络的数人侵权——以类型化研究为目的》,载《安徽大学法律评论》(第 12 辑),安徽大学出版社 2007 年版。

14. 焦艳红:《我国侵权补充责任之反思与重构》,载田土城、刘保玉、李明发主编:《民商法评论》(第 1 卷),郑州大学出版社 2009 年版。

15. 李国阳:《论共同侵权行为的基本类型》,载田土城、刘保玉、李明发主编:《民商法评论》(第 1 卷),郑州大学出版社 2009 年版。

16. 李友根:《经营场所安全保障义务研究——基于最高人民法院公报判例的回顾》,载漆多俊主编:《经济法论丛》(第 17 卷),中国方正出版社 2009 年版。

17. 田荣成:《侵权法中教唆、帮助行为的类型与界定——借鉴刑法学相关理论》,载刘保玉、董翠香主编:《民法问题研究与立法完善》,中国人民公安大学出版社 2008

年版。

18. 田国兴:《共同侵权行为立法研》,载田土城、刘保玉、李明发主编:《民商法评论》(第1卷),郑州大学出版社2009年版。

19. 王利明:《共同侵权行为的概念和本质——兼评〈最高人民法院关于审理人身损害赔偿案件适用法律若干问题的解释〉第三条》,载王利明主编:《判解研究》(第17辑),人民法院出版社2004年版。

20. 王占明:《共同侵权构成理论之再检讨》,载梁慧星主编:《民商法论丛》(第43卷),法律出版社2009年版。

21. 王竹:《论客观关联共同侵权行为理论在中国侵权法上的确立》,载《南京大学法律评论》(第33期),法律出版社2010年版。

22. 温汶科:《共同侵权行为之研讨——以与人共同之意思与损害之单一性为中心》,载郑玉波主编:《民法债编论文选辑》(中),五南图书出版公司1984年版。

23. 许娟:《从无意思联络的数人侵权看侵权法的价值取向》,载梁慧星主编:《民商法论丛》(第45卷),法律出版社2010年版。

24. 杨立新:《应当维护侵权连带责任的纯洁性——〈关于审理人身损害赔偿案件适用法律若干问题的解释〉规定的侵权连带责任研究》,载王利明主编:《判解研究》(第20辑),人民法院出版社2005年版。

25. 张景良、黄砚丽:《连带责任人之共同诉讼地位探究》,载万湘鄂主编:《审判权运行与行政法适用问题研究——全国法院第22届学术讨论会论文集》(上),人民法院出版社2011年版。

26. 张民安:《安全保障义务理论的比较研究》,载张民安主编:《侵权法报告》(第1卷),中信出版社2005年版。

27. 张新宝、唐青林:《共同侵权责任十论》,载张新宝:《侵权责任立法研究》,中国人民大学出版社2009年版。

28. 张钰光:《共同侵权行为类型化之初探》,载《进入二十一世纪之民事法学研究——骆永家教授七秩华诞祝寿论文集》,元照出版公司2006年版。

29. 周彬彬:《共同故意侵权再探讨》,载刘保玉、李明发、田土城主编:《民商法评论》(第2卷),郑州大学出版社2010年版。

(三)学位论文

1. 邓玲玲:《共同侵权制度研究》,华东政法大学硕士学位论文,2007年。

2. 葛洪涛:《论侵权法中的因果关系》,山东大学博士学位论文,2008年。

3. 宋丽娜:《论无意思联络的数人侵权之责任承担》,吉林大学硕士学位论文,2008年。

4. 孙莉:《论无意思联络的数人侵权》,中国政法大学硕士学位论文,2007年。

5. 孙维飞:《当代侵权行为法学之发展——以法教义学理论为视角的观察》,华东政法大学博士学位论文,2008年。

6. 王永霞:《共同侵权行为论》,北京大学博士学位论文,2009年。

7. 颜良伟:《无共同过错之数人侵权问题研究》,华侨大学硕士学位论文,2008年。

8. 张洁:《数人侵权责任研究》,中国政法大学硕士学位论文,2008年。

英文参考文献

一、著作类

1. Dand G. Owen (ed.), *Philosophical Foundations of Tort Law*, Oxford University Press, 1995.

2. Glanville L. Williams, *Joint Torts and Contributory Negligence: A Study of Concurrent Fault in Great Britain, Ireland and the Common-Law Dominions*, Stevens, 1951.

3. H. L. A. Hart & Tony Honoré, *Causation in the Law*, Clarendon Press, 1985.

4. Jack B. Weinstein, *Individual Justice in Mass Tort Litigation: the Effect of Class Actions, Consolidations, and Other Multiparty Devices*, Northwestern University Press, 1995.

5. J. Spier (ed.), *Unification of Tort Law: Causation*, Kluwer Law International, 2000.

6. Wayne V. McIntosh, Cynthia L. Cates. *Multi-party Litigation: the Strategic Context*, UBC Press, 2009.

7. W. V. H. Rogers (ed.), *Unification of Tort Law: Multiple Tortfeasors*, Kluwer Law International, 2004.

二、论文类

1. Fletcher, Fairness and Utility in Tort Theory, *Harvard Law Review*, Vol. 85, 1972.

2. Richard W. Wright, The Logic and Fairness of Joint and Several Liability, *Memphis State University Law Review*, Vol. 23, 1992.

3. Frank J. Vandall, A Critique of the Restatement (Third), Apportionment as It Affects Joint and Several Liability, *Emory Law Journal*, Spring, 2000.

4. Nancy C. Marcus, Phantom Parties and Other Practical Problems with the Attempted Abolition of Joint and Several Liability, *Arkansas Law Review*, Vol. 60, 2007.

5. Satish K. Jain, Rajendra P. Kundu, Characterization of Efficient Simple Liability Rules with Multiple Tortfeasors, *International Review of Law and Economics*, Vol. 26, 2006.

后　　记

一

著作的后记，作者可写可不写；而我，肯定是要在我的著作中写上的，因为我觉得它就是著作本身不可或缺的一部分，甚至是最吸引我这种类型读者的那部分——拿到一本著作后，我的阅读顺序是：作者简介、后记、序、目录、具体内容。看到有些著作没有作者简介，我觉得不可思议（怎么不向读者介绍你自己啊？）；看到有些著作没有后记，我替作者感到惋惜（怎么不向读者吐露一下写作的心声啊？）。

至于后记的写法，有很多种。房绍坤教授曾总结过："后记的形式很多，大致可以分为五种：一是说明式，即阐述写作意图、写作历程、写作分工等，以便读者了解；二是诉苦式，即将自己做学问的酸甜苦辣付诸笔端，以示做学问的不易；三是感谢式，即将对自己有所帮助的亲朋好友大大地赞赏一番，以表心意；四是传记式，即将自己的学习、工作乃至生活经历娓娓道来，使读者了解作者的身世；五是综合式，即将作者想要说明、表达的内容和感情统统道来，以使读者对作者及作品有全面的了解。"[①] 我想，我的著作的后记可能这五种都不属于。也许从猜测自己以后可能会有著作出版开始，我就开始构思我以后出版著作的后记，这些年我的想法一直没有变。我计划的后记大概分为两部分（本书是一个例外，因为它是我的第一个后记，所以第一部分相当于总论，也只有在我的第一个后记中会出现）：第一部分是就讲著作本身的一些事宜，比如一些特殊内容的说明，感谢相关的人，写作过程中发生的事情，等等。第二部分就是说说被献者。也不知道从何时开始，

---

① 房绍坤：《民商法问题研究与适用》，北京大学出版社2002年版，后记。

我就打定主意,以后若自己有机会出版著作,肯定会将其献给一个人(作广义理解)。所以,在我后记的第二部分,我就要写写被献者,说说我和他(她、它)之间的事情,说明为什么要将该著作献给他(她、它)。

我的后记第一部分是和大部分著作的后记差不多,而第二部分的内容其实是私人感情,因为被献者往往都是和我具有某种特殊感情的人(作广义理解)。其实我和尹田老师一样,不习惯把内心的感念用语言表达,也不习惯把自己纯粹的私人情感外露给对此也许完全不感兴趣的读者[①];但再三思考之后我仍然决定把自己纯粹的私人情感外露给读者,把自己与被献者之间的事情说出来,用这种方式来表达自己与被献者之间的感情。之所以如此,还是觉得有些情感用语言表达出来可能更好一些;某些情感通过公开的方式,可能更具有特殊的意义,毕竟进入被献者名单的都不是一般人(我现在能够想到的有父母、妻子、儿子、母校、初恋);就像有句广告语,"爱要大声说出来"。也许有人看到这一部分认为我矫揉造作,我并不会因此感到不好意思。因为与其说这部分是写给读者看的,不如说是写给我自己看的、写给被献者看的(尽管有些被献者可能客观上无法看或看不到)。

二

关于数人侵权责任,我国早有研究,特别是共同侵权,其研究成果甚至可以用"汗牛充栋"来形容;但是,专门的、系统的研究,实事求是地说,还真没有。在申请学院的资助专著出版基金时,我对学术委员会的委员们说,我的这本书是我国关于数人侵权责任体系化研究的第一本书,以后研究我国的数人侵权责任可能都绕不开我的这本书。这话说得有些夸张,但并不是无中生有;因为这本书构建了我国的数人侵权责任体系:从共同侵权行为的数人侵权责任到分别侵权行为的数人侵权责任,每一种数人侵权行为的数人侵权责任形态,本书都进行了比较详细的分析。这30万字的内容,毕竟不是一篇普通的论文所能匹敌的。

本书有38万字,38万字在专著中字数不算多也不算少,但有一点可以肯定的是:这38万字都是有感而发,而非无病呻吟。王竹博士曾经说道:"与许多初出茅庐的年轻学人将自己的博士论文扩成为专著出版不同的是,

---

① 参见尹田:《法国物权法》,法律出版社2009年版,再版序。

| 后　记 |

本书一开始就是按照书稿写的。扪心自问,正文注释,毫无水分,可谓字字斟酌。"①在这点上我和王竹博士有点类似,这本书是我的博士学位论文的修改稿,从一开始也是按照书稿写的,虽然达不到王竹博士的"字字斟酌",但都是三思而后写——我的博士学位论文写了大半年,之所以花了这样多的时间,除去天资鲁钝、在职读博等原因外,还有一点就是认真思考。

对于数人侵权责任,我自认为这本书还是写出了不一样的东西。比如共同加害行为连带责任的承担。通说是绝对主义的连带责任,赋予了受害人任意求偿权,这样明显不妥,忽视了其他主体的利益;因此本书建议共同加害行为人承担相对主义的连带责任:受害人必须起诉所有共同加害行为人,每个共同加害行为人承担时"先自己后他人",受害人免除部分共同加害行为人的责任产生相对效力,受害人与部分共同加害行为人和解也产生相对效力。比如分别加害行为人承担的连带责任。本书主张不仅共同加害行为能够产生连带责任,分别加害行为也能够产生连带责任,但前者产生的逻辑意义上的连带责任,后者产生的技术意义上的连带责任;虽然都是数人侵权行为中的连带责任,但是二者并不是一回事,后者在成立上还有"门槛"。比如安全保障义务的界定。通说认为,安全保障义务包括两个方面:一是安全保障义务人的作为义务,避免权利人因为自己的内部原因而受到损害;二是安全保障义务人的作为义务,避免权利人因为第三人的外部原因而受到损害。本书从"爱你的邻人"理念的发展历程指出,第一方面其实是一般安全注意义务,安全保障义务仅仅是指第二方面。再比如安全保障义务人享有追偿权的原因。本书认为,安全保障义务人对受害人承担的是自己责任,但仍然对第三人享有追偿权;之所以如此,是因为他对受害人承担的侵权责任性质为中间责任,第三人对受害人承担的是最终责任。

尽管我自我感觉良好,但本书不可避免地存在一些不足;我想,最大的不足可能就是资料问题。首先是外国资料少,这主要是因为我的外语水平低。其次就是两篇重要的台湾文献没有获得,即温汶科的《共同侵权行为之研究》和李木贵的《共同危险行为之研究——以要件论为中心》。我穷尽了所有的手段,就是找不到,十分遗憾。再次,这本书是我的博士学位论文的

---

①　王竹:《侵权责任分担论——侵权损害赔偿责任数人分担的一般理论》,中国人民大学出版社2009年版,自序。

修改稿,而我的博士学位论文完稿于2012年3月份,所以,在此之后的资料本书没有涉及。从博士毕业到现在,不仅张铁薇教授的《共同侵权制度研究》一书再版了,姬新江副教授还出版了《共同侵权责任形态研究》一书。我想,本书只有日后进行修订才能弥补上述缺陷。

如前所述,这本书是我的博士学位论文的修改稿。2012年7月我从北京大学获得法学博士学位,靠的就是本书的底稿。毕业后我对博士学位论文进行了修改,然后本书就面世了。修改主要是文字性的,因为虽然历经一年半,我的关于数人侵权责任的学术观点并没有改变(估计在相当长的一段时间内我是不会改变的)。当然有的修改属于观点上的,比如安全保障义务人追偿权的部分,我就改变了博士学位论文中的观点。

之所以在博士毕业一年半后才出版,当然有很多的原因,一个重要的原因是等待我们学院的资助专著出版基金。易言之,现在这本书的出版,是得到了天津师范大学法学院的资助专著出版基金的资助。对此,我表示感谢。与此同时,本书的出版也得到了天津市"优秀青年教师资助计划"的资助,虽然它的资助力度明显低于前者,我同样表示感谢。

就本书而言,最应该感谢的当然是我的博士生导师尹田教授。我的博士论文原来没有打算写数人侵权,是尹老师建议写的;写作之初,他指出我第一章中的薄弱环节,甚至给我草拟了第一章的提纲;初稿完成之后,他又指出我文章的诸多问题,提出了一些修改意见;本书出版时,他又拨冗为本书写序,使本书增色。当然,几年来尹老师给我的帮助远不止这本书。由于我内向的性格加上是在职博士,与尹老师的交流不是很多,也没有听过尹老师弹奏钢琴曲和吃过他炒的川菜①;但是从尹老师那里的确学到了很多做人和做学问的道理和方法,每一次交流也都有收获。特别是2009年春节后,听他讲三十年前他刚工作时的情况和十五年前他工作的变动,让浮躁的我更深地理解了一些道理。所以,能够成为尹老师的学生,是我的幸运。今年恰逢尹老师60寿辰,祝他福如东海,桃李天下。

本书的出版还要感谢刘凯湘教授。在读博期间,刘凯湘老师主持了国

---

① 我的同门师姐孙玉红在其博士论文后记中提及,她偶尔听到尹老师弹出悠扬的钢琴曲,吃到他亲手烹饪的地道川菜。参见孙玉红:《侵权法功能论》,北京大学博士学位论文,2009年,后记。对此,我是非常地羡慕。

| 后　记 |

家社科基金项目"侵权损害赔偿范围研究",我作为课题组成员参与其中,收获不少。博士毕业后,刘老师又将我的博士论文推荐到北京大学出版社;如果没有刘老师的热心肠,本书有可能不会在北大出版社出版。谢谢刘老师。

重庆理工大学知识产权学院的胡海容博士阅读了本书的最初稿,并且提出了很多建议,特别是在表达方面。对于她的帮助,我表示深深的谢意。

在本书的写作期间(即我读博期间),梁津明院长、吴宏书记、杨金颖副院长等领导在生活方面给我很多帮助。此外,民商法教研室的贾邦俊老师、郝磊老师等诸位同事,也给我很多的关心和帮助。对于来自工作单位的温暖,我铭记在心。

毫无疑问,更多的温暖来自家庭。我读了博士之后,经济上有些拮据,我的父母和岳父岳母,都从经济上支援我们。在读博期间,我的儿子出生了,四位老人都花了很多时间和精力帮助我们照顾孩子。正是由于他们的帮助,我才可能在北京安心读书、写论文。还有我的爱人,她对我的支持更是无与伦比,她的"英勇"事迹见本后记的第三部分。所以,我这个博士能够读下来、这本书能够出版,靠的是家人的支持。对于家人,对于他们不求回报的付出,我以后只有更加努力。

当然,本书的出版还要感谢北京大学出版社和周菲编辑。作为一个民商法研习者,早就知道北京大学出版社的"民商法论丛"书库,看到过很多名家的著作在其中,也看到过高质量的博士论文在其中。承蒙北京大学出版社的错爱,我的这本书能够进入该书库,成为"民商法论丛"的第41本。感谢北京大学出版社的慧眼。周菲编辑作为这本书的最初联系人和责任编辑,为了这本书的出版做出了很多工作;对于她的辛勤劳动,我很感谢。

张广兴研究员曾在一次讲座中说道:"人要常怀感恩之心。对你的学术研究提供了实质性帮助或者实质性贡献的人,尽管不能署名,但你要感谢。当然感谢也要有个度。我看到一篇博士论文,在后记上感谢的人,有名有姓的就有248个。"①我没有见过248这么夸张的,但看到过上百个的情况,感觉作者有炫耀或攀亲的嫌疑,同时觉得这样的感谢不值钱了;所以,我的致谢就此打住,尽管需要感谢的人还有很多,比如北大法学院的一些老师,比

---

① 张广兴:《法学研究与学术规范》,http://www.civillaw.com.cn/Article/default.asp? id=55609,访问时间:2013年12月1日。

如就书中某一个问题与我交流乃至争论的一些朋友。

最后,让我破例还要感谢的是已经对数人侵权责任做出研究的学者们。正是有了他们的研究成果,才能让我的研究顺利进行。

三

我将这本书献给我的爱人何莉苹。

我和她相识于西南政法大学的图书馆。两个刻苦认真的学生都喜欢在图书馆看书,慢慢地就认识了,然后相爱了。晚我一年毕业的她,也到天津工作,我们在天津安家了。

在我没有考上博士之前,我把工作之余的大部分时间都用来准备考博,陪她的娱乐时间较少;她对此并不计较,有时周末还会和我一起去上自习。2008年9月份我去北大读书,那时我们俩才刚刚结婚;新婚燕尔就她一个人呆在天津,我也只是两周回来一次(那时为了有更多的时间学习,我们俩商量好我两周而非一周回天津一次。现在想来,我过于自私了,没有考虑到她一个人过周末的孤独)。2009年她怀孕了,我在北大读书,我没有在她身边照顾她。2010年我们的孩子出生了,她在老家生的孩子,我只是在孩子出生的前三天才去她们家,七天后我就回天津办理生育保险事宜然后回北京读书了。2011年我为了专心地写博士论文,我又去北大大半年,只是每周末回家一次。2012年我博士毕业了,又花了很多时间修改博士论文来发表文章和出书。长久以来,她都没有怨言,都尊重我的决定、支持我的想法。

所以,对于这个家,她的付出多于我。而实际上,她也是一个非常优秀的人。刚工作的时候,因为种种原因,她无法从事审判工作。由于文笔较好,她从业务庭调到研究室。后来通过自己的努力,考入了高院。在前后两个单位,她都努力工作,都获得过若干荣誉。此外,她的科研能力也较强:参加过全国法院系统征文比赛,并且多次获奖;还在《法律适用》《人民司法》《天津法学》《人民法院报》等报刊上发表多篇学术论文。

在当今这个金钱至上的物质社会里,几乎每个人(特别是年轻人)都要受到社会主流评价体系的影响。我虽然早在读硕士的时候就通过司法考试并且几年后也取得了执业证书,但一直没有兼职做律师。事实上我们俩的收入并不高,特别是孩子逐渐大了之后甚至有些入不敷出,但她并没有让我做兼职律师增加收入,相反她一直鼓励我工作之余作科研。她希望我能够

后　记

做自己喜欢的事情。在这样的一个喧闹的社会里,我每天能够有很多时间在书桌旁看书,我感觉自己很幸福。我能够拥有这样的幸福,则离不开她的理解和支持。

因此,我将这本书献给她。

杨会
2014 年 3 月 8 日